CHRISTianity &
HomoSEXuality

기독교와 동성애

동성애에 대한 수정주의와 전통주의 두 시선

CHRISTianity & HomoSEXuality

기독교와 동성애

동성애에 대한 수정주의와 전통주의 두 시선

강상우 지음

한국학술정보

| 차례 |

본고를 출판할 수 있도록 십시일반 참여해 주신 지인들에게 감사드립니다. 이들의 기도와 물질적 후원이 마중물 역할을 했기에 출판이 가능했음을 밝힙니다. 신앙을 가지고 있는 지인들은 동성애가 하나님 앞에서 신앙적인 죄임을 인정하지만, 실정법상의 범죄가 아니기("Homosexuality is a sin in a religious sense, but not a crime in a legal sense.")에 동성애 문제에 대해 매우 조심스럽게 접근해야 한다는 점에 동의합니다. 더 나아가 차별금지법에서 동성애를 제외해야 한다고 생각하는 이들입니다. 왜냐면 법률로 제정될 경우 신앙적 죄인 동성애를 조장하는 부정적 효과를 가져올 수 있다고 보기 때문입니다. 일부 지인은 하나님을 믿지 않는 이들이지만 동성애를 반대하고 동성애를 포함한 차별금지법 제정에 반대하는 이들입니다. 동성애로 인한 부작용-AIDS와 성적 감염병 등과 같은 의학적 부작용-이 문제가 되고 있는데 굳이 이를 법률로까지 보호할 필요가 있는지에 의문을 지니는 이들입니다. 이들은 동성애에 대한 차별과 혐오를 다른 방식으로 다루어야 한다고 합니다.

책 속으로 들어가기 전에

다음 두 기사에 대해 어떤 느낌이 드는지요? 첫 번째 기사는 고등학생 A(16)군과 중학생 B(15) 양이 강북구의 한 아파트 놀이터에서 하의를 모두 탈의한 상태로 성행위를 하는 것을 목격한 주민의 신고로 적발되었다고 합니다 (2021.09.14.).[*] 두 번째 기사는 37년 만에 대법원이 판례를 변경해 남편 몰래 집에 들어온 불륜남에 대해서 주거침입을 적용하지 못한다는 판결을 내놓았다고 합니다(2021.09.09.).[**]

섹스(intercourse)는 인간이라면 누구나 때가 되면 거의 다 하는 것이니까? 언젠가는 아는/하는 것이기 때문에 문제가 되지 않는지요? 본능에 충실한 것인데 뭐(?!)라고 할 수 있는 것인가요? 조금 꼰대처럼 들릴지 모르지만, 또는 구닥다리로 평가받을지도 모르겠지만, [첫 번째 기사의 경우] 만약 성행위의 당사자가 여러분의 자녀라면은요? 아니면 여러분 자녀의 배우자나 주위 지인의 누군가가 된다면요? [두 번째 기사의 경우] 당신의 배우자와 연관된 일이라면은요? 아니면 가족이나 친척에게서 일어난 사건이라면은요?

과거 제가 자주 이용하던 도서관 근처에 있는 공원에서 학생들이 담배를 피

---

[*] https://cp.news.search.daum.net/p/110711166; 김정래, "고등 · 중학생 놀이터서 성관계하다 적발…경찰 처분 고심" 〈아주경제신문〉 (2021.09.14.)

[**] https://v.daum.net/v/20210909160145945?f=o; 김민철, "남편 없을 때 집에서 불륜, 주거침입으로 처벌 못 해" 〈KBS NEWS〉 (2021.09.09.)

운 것을 공원을 산책하신 어떤 나이 드신 분[당시 얘들에게는 일명 '찐꼰대 님'으로 알려진, 그러나 행동에는 아무런 문제가 없으신 나이 드신 분]이 경찰에 신고—공원에서의 흡연은 과태료 부과 대상이라고 합니다—해서 그 당사자 중의 한 학생의 부모님이 와서 자기 자녀에게 큰 소리로 호통치는 것을 아내와 함께 길을 가다 들은 적이 있었습니다. 당시 그 학생의 어머니는 흡연을 한 자녀에게 이런 식의 말을 했던 것 같습니다. "성인이 되면 자유롭게 피울 수 있는데 왜 그것을 참지 못하냐?"고요. "그것을 참지 못해 이런 창피함을 주냐?"고요. 섹스를 할 것인가 말 것인가 문제도 개인의 자유이고 선택의 문제겠지요. 성적 자유를 강조하는 오늘날에는 더욱더 그러하겠지요. 그러나 그 시기[年齡]와 장소(場所)와 대상[相對]은 있는 것 아닐까요. 이러한 생각을 하는 제가 구닥다리일까요?

다음 기사의 내용은 어떤 느낌이 드십니까? 퀴어 축제(2019년) 때 축복기도를 한 감리교회 이동환 목사의 일과 관련해서 개신교 연합기관인 한국기독교교회협의회(KNCC, The National Council of Churches in Korea, NCCK)의 신승민(60) 국장은 교회 안에서의 동성애 논란에 대해서 "맞고 틀리고의 문제가 아니다"라고 합니다.[*] 신승민 국장의 주장처럼 동성애 문제가 단지 맞고 틀리고의 문제가 아닐까요? 동성애 문제에 대해서 저는 교리 수준[本質, doctrine]의 문제는 아니지만 그렇다고 해서 무시(無視)/소홀히 되어서는 안 되는 성도의 거룩한 삶[聖化, Sanctification]과 관련된 중요한 문제라고 봅니다. 그러한 견지에서 개인적으로 동성애를 교리적 수준[극단적으로 유사-교리화(類似-敎理化, pseudo-doctrinalization)]으로 이해하는 보수주의자들의 극단적 관점에는 문제가 있다고 봅니다. 또한 동성애에 대해서 틀림(wrong, a sin)의 문제가 아닌 다

---

[*] https://v.daum.net/v/20210816103055630?f=o; 양정우, "교회 안의 동성애 논란, 맞고 틀리고의 문제가 아닙니다", 〈연합뉴스〉, (2021.08.16.)

름(difference, not a sin)의 문제로 이해하는 극단적 진보주의/자유주의적 태도에도 문제가 있다고 봅니다. 동성애 문제는 기독교 본질의 문제는 아니지만, 칭의(Justification) 이후 성화(Sanctification/거룩함)의 문제이기 때문에 그리스도인이라고 스스로 선언하면서 동성애를 하는 것은 그 자체로 모순되며 성경과 거리가 먼 삶의 행태라는 것입니다. 이러한 행태-스스로 그리스도인이라면서도 동성애적 삶을 지속해서 사는 모습에 대해서-에 대해서 "저분 진짜 그리스도인 맞아?"라고 의문을 가질 수밖에 없다는 것입니다.

시중(市中)에는 동성애(同性愛/homosexuality) 관련된 책들이 많이 나와 있습니다. 그런데도 저는 또 한 권의 동성애에 관한 내용의 책을 쓰려고 합니다.* 동성애를 주제로 글을 쓴다는 것은 어떻게 보면 저에게는 무거운 주제 중 하나입니다. 왜냐면요? 동성애 문제에 대해서 이 사회를 과잉 대표(過剩代表, overrepresentation)하는 일부 구성원들-'시끄러운 소수'[組織化된 小數強硬派]'- 가운데 너무나 극단적인 사고와 발언이 만연해 있기 때문입니다. 저는 동성애와 관련된 이러한 극단적인 사고와 행동에는 '반사적 이익'[政治的 經濟的 利益: 金錢이나 勢力化]이라는 것이 자리하고 있다고 생각합니다. 그래서 동성애 문제에 관한 논쟁에 앞서 '쿠이 보노'(누가 이익인가?)**라고, 물어보는 것이 어느 정도 필요하다고 봅니다. 논쟁의 불을 붙이며 극단적 사회적 대립으로 나아가게 하는 세력의 정체가 누구냐는 것입니다. 더 나아가 그러한 행동을 통해 그들이 얻고자 하는 것이 무엇이냐는 것을 물어야 한다는 것입니

---

* 2023년 6월 10일 배제대학교(대전)에서 열린 기독교학문연구회 춘계학술대회 도중 점심시간을 이용한 백석대학교 최태연 교수님과 짧은 대화에서 최 교수님은 동성애 관련 새로운 책 출판에 대해서 긍정적인 생각을 하고 계셨다.

** Cui bono("to whose benefit?")

다. 대립과 갈등을 통해 이익을 추구하는 이들은 극단적 보수주의자들도 극단적 진보주의자들도 모두 포함된다고 봅니다. 쉽게 말하면 슈퍼챗(SuperChat, 後援金)이나 정치적 세력화(政治的 勢力化)와 같은 그 어떤 이익이 일부 존재하기 때문이라고 봅니다. 즉 동성애 문제에 돈과 세력화의 문제가 작동하고 있다는 생각이 듭니다.

동성애는 개인적으로 교회 공동체의 구성원에 속한 저에게 있어서 죄(a sin)입니다.[2] 죄(a sin)[3] 즉, '신앙적인 성적 일탈 행위(性的逸脫行爲)'라는 관점에서의 죄입니다.[4] 이태희 국제변호사가 잘 설명해 준 것처럼 "창조주의 창조 질서를 거스르는 '틀린 취향(wrong)'"이라는 것입니다.

> "남자와 남자끼리 성관계를 갖고자 하는 성적 취향은 일반인들과 단순히 '다른 취향'(different)이 아니라, 창조주의 창조 질서를 거스르는 '틀린 취향'(wrong)이다."
> (이태희, 2016: 806)

또 동성애를 바라볼 때 이재현 교수가 근원적인 죄(The Sin)와 근원적인 죄로부터 파생된 죄들(sins)과 구별하는 것이나 동성애를 하지 않는다고 해서 구원(救援)을 얻는 것이 아니라는 지적에 대해서도 깊이 있게 고민할 필요가 있는 것 같습니다. 동성애는 성적 일탈 행위(性的逸脫行爲, sexual deviance)의 한 행태로 파생적인 여러 죄 중의 하나의 죄(a sin of the sins)에 불과하기 때문입니다. 그러나 기억해야 할 것은 파생적인 죄(a sin)라고 해서 동성애를 가볍게 보아서는 안 될 것 같습니다.

> 비록 동성애가 죄인 것은 맞지만, 하나님 진노의 궁극적 원인은 아니라는 것도 인식해야 한다. 하나님을 창조주로 인정하지 않는 근원적인 죄(The Sin)와 그로 인해

파생된 죄들(sins)을 구분하지 않으면 몇 가지 문제들이 생길 수 있다. 가장 흔한 문제는 파생적 죄들을 해결하는 것을 구원으로 오해하는 경우이다. 물론 파생적 죄들이 윤리와 관련 있기 때문에 구원을 얻기 위해서는 이런 것들에 대한 회개의 과정이 필요하다. 하지만 그런 문제들이 생겨나게 되는 근본적인 죄의 문제를 인식하고 그것을 해결하지 않으면 참다운 구원은 없다. 동성애 문제도 마찬가지다. 동성애는 죄다. 하지만 파생적인 죄 중 하나이기에 동성애를 하지 않는다고 해서 구원을 얻는 것은 아니다.(이재현, 2016: 180-181)[5 · 6 · 7]

저의 이러한 원론적인 주장에 대해서 동성애자들(Homosexuals)이나 친동성애자(Pro-Gay)들이 봤을 때 구닥다리, 즉 구시대의 유물로 취급하고 비난할지도 모르겠습니다. 심지어 친동성애자(Pro-Gay) 쪽에서 혐오 발언(hate speech)이라고 얘기하시는 분도 계실 것입니다.[8] 반면에 반동성애자들(Anti-gay, Pro-Hetero)은 성경의 가르침에서 벗어난 현실 타협적인 주장이라고 비난하실 분도 계실 것입니다.

균형을 잃은 지지나 극단적 혐오주의는 예수의 말씀을 무색하게 만들었습니다.
(대학출판부 편, 2020: 4)

참고로 일부 기독교 내에서 과잉 대표되는 극단주의자들의 경우 동성애와 관련해 혐오 발언이라고 볼 수 있는 것을 행하고 있는 것을 자주 볼 수 있습니다. 심지어는 동성애 문제를 색깔 논쟁[反共問題]으로 바라보는 이들도 있는 것이 사실입니다.[9] 그래서 제가 "오늘날 동성애는 실정법상으로 범죄(犯罪, a crime)는 아닙니다. 정신의학적으로 질병(疾病)도 아닙니다"(Today, homosexuality is not a crime[犯罪] in law, it is not even recognized as a disease[疾病] in the Diagnostic and Statistical Manual of Mental Disorders [DSM-V])[10]라고 하면 앞의 과격한 친동성애자들과 반대편에 서 있는 극단적인 반동성애자들(친이성애자, Anti-Gay보다는 Pro-Hetero라는 개념을 개인적으로 더 선호합니다.)이나 동성애와 관련해서 극단적 모습을 보이는 신앙의 공동체에 속하신 분 중에는 "지금 뭔[犬] 소리야"라고 하실 분들도 계실 것입니다. 왜냐하면 교회 공동체에 속하신 분 중에는 동성애의 문제에 대해서 매우 극단적인 발언[主張]을 하시는 분들이 간혹 있는 것을 볼 수 있기 때문입니다(소수의 극단적 태도를 보이는 분들이 과잉 대표되어 사회적으로 문제 되는 경우가 많습니다). 이러한 극단적인 분들의 다수가 차지하는 곳[陣營]에서는 앞의 저와 같은 주장- 동성애는 범죄나 질병이 아닙니다. (Not a crime/disease)-은 아마 믿음이 없는 사람처럼-성경이 무오(無誤)함을 부정하는 모습으로, 심지어는 이단아(異端兒)로-취급될 수도 있을 것입니다. 동성애에 관한 이러한 극단적인 주장과 태도에는 상대편에 있는 극단적인 주장에 대한 반작용[과거 미국선거에서 Anything But Clinton에서처럼 Anything But Christianity]도 크나큰 역할을 했을 것입니다[陣營論理]. 물론 누가 잘했네, 잘못했네, 누가 먼저네, 아니네, 하는 것은 무의미하겠지만 말입니다. 왜냐면 반대편에 있는 극단적인 친동성애를 주장하는 이분들의 태도 또한 오십보백보이며 안 봐도 비디오(video)인 경우가 많기 때문입니다.

다시 말씀드리지만, 이 글을 통해서 무엇보다도 저는 동성애에 대해서 종교적인 죄, 즉 종교적 의미의 죄들(sins) 중의 하나(a sin)라고 주장할 것입니다. 그러나 실정법상의 犯罪/罪/죄, 즉 크라임은 아니라고 주장할 것입니다. 이는 쉽게 말해 동성애가 오늘날의 성적 일탈 행위 중의 하나인 간통(姦通) 등과 성격이 같다는 것을 지적할 것입니다.[11] 여러분도 아시다시피, 오늘날 간통은 실정법상으로는 죄/범죄가 아닙니다. (Not a crime)[12] 이것이 성경적으로 맞고 틀리나를 떠나 과거 헌법재판소의 판결을 통한 사회적으로 합의가 된 부분입니다. 그렇다고 해도 신앙의 공동체에 있는 이들에게 있어서 간통은 여전히 하나님 앞에서 하나의 죄(a sin)로 여전히 존재합니다. 왜냐면 하나님의 말씀은 간통과 같은 성적 일탈 행위를 허용하지 않기 때문입니다. 그래서 기독교 공동체 내에서는 간통이라는 말 뒤에는 여전히 죄(罪)라고 하는 단어─종교적 의미의 죄─가 붙는 것입니다. 간통에 대해서 죄(罪)라고 할 때 오늘날, 이 나라의 실정법상으로는 죄(crime)가 아니기 때문에 간통죄라는 것은 없지만 [실정법상조문(實定法上條文)에서 사문화(死文化)되었지만, 형법 제241조(간통), 2015년 2월 26일 대한민국의 헌법재판소가 위헌 결정을 하여 효력상실 하였고, 2016년 1월 6일 형법에서 삭제되었다], 신앙의 공동체에서는 간통죄(姦通罪)라는 죄(a sin)는 여전히 존재하는 것입니다. 제가 동성애를 얘기하면서 간통죄를 예로 들어서 이야기한 이유는 다름이 아니라, 동성애자들을 바라볼 때 오늘날 사람들로부터 지적되고 있는 극단적인 혐오(嫌惡, phobia)의 시선이 아닌 2000년 전에 저 유대 땅에서 간음하다가 잡혀 온 여인(the adultress)을 바라보셨던 우리의 하나님이신 예수 그리스도의 시선(視線)이 필요하다는 점에 대해 말씀드리기 위함입니다.

중언부언(重言復言)처럼 들릴 수 있겠지만 동성애는 간통과 같이 신앙 공동체의 눈에는 여전히 죄(a sin, 宗敎/信仰的罪)이기 때문에, 신앙 공동체의 차원에서 '동성애는 죄입니다'라고 하는 진술에 대해서 동성애에 대한 혐오 발언이네, 호모포비아(homophobia)네 하는 판단에 대해서도 자제해 주셨으면 하는 것입니다. 물론 앞서 언급했듯이 극단적인 이들에 의해서 오늘날 동성애에 대한 혐오 발언이 존재하는 것은 어느 정도 사실입니다. 그러한 극단적인 혐오는 교회 공동체 내에서도 실질적으로 그렇게 힘을 발휘하지 못할 것입니다 (그래야만 된다고 믿고 싶습니다. 사실 동성애에 대한 극단적 논쟁은 소수의 극단적 성격을 지닌 극렬한 이들에 의해서 전개되고 있기 때문입니다. 단지 그러한 주장을 하는 이들에게 무엇인가-돈이나 조회 수의 증가- 되기 때문에 그것이 상대적으로 부각[浮刻]되고 있을 뿐입니다). 아니 그들의 극단적 혐오가 힘을 발휘하지 못하도록 하기 위해서는 의도적으로라도 친동성애에 속하는 분들이 이들의 극단적 혐오 발언에 대해서 어떠한 반작용[대꾸]도 보이지 않았으면 합니다. 부탁이지만 종교 지도자들이 동성애에 대해서 죄라고 할 때에는 공동체 밖의 사회구성원들과의 원만한 커뮤니케이션을 위해서 '신앙의 관점에서는'이라는 수식어를 '가급적(可及的)' 붙여 주셨으면 합니다. 그리고 이러한 수식어가 붙을 때 일반 사회구성원들이나 친동성애자분들도 조금 과한 요구인 것처럼 보일 수 있겠지만, "아! 저 사람들은 신앙적 관점에서 그렇게 믿고 있는 거구나" 하는 정도로 받아들였으면 합니다. 그리고 친동성애자들의 경우 고의적(故意的)으로 분란을 야기(惹起)하기 위한 행동들은 자제해 주셨으면 합니다. 그중의 하나가 동성애에 대해서 극단적인 태도를 지닌 분들[극단적 성향을 지닌 일부 목회자들이나 그리스도인들]에게 동성애와 관련해서 분쟁을 조장할 목적으로 동성애에 대한 견해를 묻지 않으셨으면 합니다. 그들에게 "동성애가 죄냐?"라고 물으면 그들은 십중팔구 죄라고 할 것이며 심지어는 죽일 놈 살릴 놈[지옥에 갈 놈] 할지도 모르는데 군이 그런 질문을 극단적인 이들에게 해야만 하는지 고민을 해 주셨으면 합니다. 물론 반대편에 있는 극단적 모습을 보이는 친동성애자들의 경우도 마찬가지이겠지요.

이 나라가 정교분리(政敎分離)의 사회-世俗國家-라는 것에 대한 인식이 무엇보다도 필요합니다. 그리스도인들이 착각하고 있는 것 중의 하나가 동성애의 문제와 관련해서 마치 과거 중세 시대의 기독교 국가(Christendom, Constantinianism)가 되는 것처럼 행동하시는 분이 있는데요. 우리가 발 딛고 있는 이곳은 그런 곳이 아니라는 것입니다. 현실을 직시하자면 한마디로 정교 (政 · 敎)가 분리된 세속사회라는 점입니다. 우리는 이곳에서 믿지 않는 이들과 또는 다른 것을 믿는 이들과 한 국가의 시민(市民)으로 공존-선한 영향력을 끼치며-하면서 살아가야 한다는 것입니다. 우리의 믿음이 힘을 발휘하기 위해서는 입으로 떠들어대는 것보다도 거룩하고 신실한 삶을 통해서 우리와는 다른 견해를 가진 이들을 설득하는 것이 필요하다는 것입니다. "우리는 이렇다. 우리는 이것을 믿는다"라는 식의 일반적인 입술의 선포가 아니라, "우리가 이렇게 행동하는 것은 이런 이유 때문이다"라는 식의 실천과 같은 적극적인 실천(實踐/作爲, praxis)을 통해서 일반인들에게 설득할 수 있도록 드러내 보여야 한다는 것입니다. 그리고 우리가 보이는 것들이 다른 이들에게 공감과 호응을 얻어야만 우리가 믿는/주장하는 것들이 이 사회에서 정책이나 프로그램 등으로 구현되어서 실질적인 힘을 발휘하게 된다는 것입니다. 이 나라가 정교분리의 국가라는 것은 또한 신앙적인 것이든 그 무엇이 되었든지 간에 자력구제(自力救濟)라는 것이 법적으로 금지되어 있다는 것을 의미합니다. 그러므로 폭력적인 행동은 그 어느 것도 지양(止揚)되어야 한다는 것입니다. 믿음이라는 이유로 또는 하나님의 뜻이라는 이유로 모든 것이 허용되지는 않는다는 점을 기억해야 할 것입니다.

연구자들이 지적한 것처럼 오늘날 신앙은 사적인 영역으로 사사화(私事化, privatization) 되어버렸습니다. 그럼에도 불구하고 여러분들도 아시다시피 신앙은 삶의 전 영역에 영향을 미쳐야만 하기에 신앙의 영역은 사적 영역으로 끝나서는 안 됩니다. 신앙은 공적 영역으로 확대되어야만 하겠지요. 그렇기 위해서는 사회구성원들의 입장에서 그들이 수용/理解할 수 있는 수단[方法]을 통해 호소할 수 있어야만 한다는 것입니다. 동성애 문제의 경우도 마찬가지입니다. 일반 사회구성원들을 설득하지 못하고, 단지 입으로만 주장하는 것-그것도 극단적 발언을 통해-은 기독교를 사적 영역에 머무르게 하는 것으로 끝나고 마는 결과를 가져올 뿐입니다[Ghettoization]. "'아니, 우리가 동성애가 죄다'라고 거리에서 외쳤는데-피케팅을 하고 전단지(傳單紙)를 나누어 주면서 캠페인을 하였는데- 어떻게 사사화라는 것인가"라고 생각하실 줄 모르겠습니다. 사회의 구성원들이 호응/動感하지 않는 것은 공적인 것이 되기는 어렵습니다. 설령(設令) 공적인 것이 되더라도 사회문제가 될 뿐입니다. 동성애 문제가 공적 영역으로 그리고 공적 이슈가 되기 위해서는 바깥에 있는 일반인들이 공감할 수 있는 이유[論理]가 있어야 한다는 것입니다. 무작정 외치는 것보다는 그들이 받아들일 수 있는 논리를 사용해서 적극적으로 설득하고 사회적 호응을 얻어야만 하는 것입니다.[13]

약간 바깥으로 나간 주제인 것 같습니다만-글을 쓰다가 갑자기 생각이 나서 덧붙입니다- 젠더와 관련된 문제의 경우도 마찬가지입니다. 오늘날 성(性, sex)을 생물학적인 성(biological sex)과 사회적인 젠더(gender, "Gender Is A Social Construct.")로 구분하는데, 개인적으로 생물학적 성을 가리키는 섹스는 공적 영역에서의 성에 대한 구분에 상대적으로 가깝다고 봅니다. 과거부터 공적 영역에서는 남성과 여성으로 성[男女 兩性]을 구분하였지요. 섹스(sex)에 비해 젠더(gender)는 상대적으로 사적인 영역에서의 성에 가깝다고 봅니다. 자신들이 그렇게 느끼는 것-예로 들어 questioning이나 gender fluid처럼 젠더는 상황에 따라서 바뀔 수도 있다고 그들 스스로가 생각하기 때문에-이 일차적으로 중요하다고 생각하고 있는 것처럼 보이기 때문이니까요. 젠더를 유동적인 스펙트럼(fluid spectrum)으로 구분하는 경향이 있으므로 사적인 영역에 가까운 개념인 젠더가 공적 영역으로 무조건 나가게 된다면 많은 잡음이 발생하게 되는 것은 당연한 이치입니다. 왜냐하면 성이라는 개념이 사회에서 일반적으로 성(sex, 남성과 여성/cock and pussy)이라는 관점에서 이해되는 것이 일반적인데 갑자기 젠더라는 주관적 신념에 가까운 성적 개념을 공적 영역에서 부르짖고/강조하고 있는 것으로만 비칠 수 있어서 공적 영역에서 이해/적용하기 어려운 많은 소음/문제들을 발생할 수 있기 때문입니다. 앞서 언급한 동성애에 대한 신념-사적이며 종교적인 신념- 을 기독교인들이 공적 영역으로 가지고 나갔을 때와 비슷한 현상이 발생하게 되는 것입니다. 공적 영역의 성에 대한 인식은 아무리 세상의 인식이 바뀌고 있다고 하더라도 젠더(gender)보다는 성(sex)에 대한 인식이 우세하기/일반적이기 때문에 당연한 결과라고 생각됩니다. 그렇다면 상대적으로 사적 영역에 가까운 젠더가 공적 영역으로 나가기 위해서는 공적 영역을 이해시킬 수 있는 다양한 방법에 대한 모색이 필요하다는 것입니다.[14] 그래야만 잡음 없이 더 많은 사회적 호응을 얻을 수 있고 또한 긍정적인 방향으로 이끌어 갈 수 있기 때문입니다. 젠더 개념에 대해서는 부정적이지만-동의하지 않지만- 개인적인 견해는 이렇습니다. 트랜스젠더의 화장실 사용 문제를 한번 생각해 보십시오. 일반적으로 공적 영역은 남녀 구분이라는 생물학적인 성(sex, ♂♀)으로 인식되었습니다. 남녀 화장실, 남녀 목욕탕 등으로 말입니다. 트랜스젠더는 상대적으로 사적인 영역에 더 가깝습니다. 개인적인 무지인지 모르겠습니다만 남녀라는 생물학적인 성(sex)을 떠나 자신이 여성(남성)으로 느끼면 여성(남성)이라고 한다면 공적 영역보다는 사적 영역에 가까운 것이겠지요. 트랜스젠더-특히 남성 성기를 그대로 지니고 있으면서 스스로 여성(gender)이라고 생각하는, 트랜스젠더라고 말하면서 남성의 성기를 가지고 있는(shemale)-가 여탕이나 여자 화장실에 들어갔을 때 여성들(gender 개념보다는 biological sex의 개념이 지배하는 여성들의 경우)이 이를 긍정적으로 이해할 수 있겠는가 하는 것입니다. 당사자가 스스로 여성이라고 느끼는 젠더의 개념에 대해서 사회의 일반 여성 모두가 이를 인정하는 것이 아니기 때문입니다.[15] 우스갯소리를 하자면 남성 성기를 가지고 여탕에 들어가면 불법무기소지죄(不法武器 所持罪)가 성립하는 것입니다. 성 중립적 화장실(gender-neutral toilet)이라는 것을 이론적으로 인정하는 여성/여성학자/여성 신학자라고 하더라도 막상 화장실이나 목욕탕에서 이러한 경험을 하게 되면, 그것도 아무도 없는 가운데 아니면 외진 곳에서 혼자서 그런 경험을 하게 되면 그러한 상황을 인정하기에는 쉽지 않을 것입니다. 개인적인 생각으론 그렇습니다. 여러분들도 다들 경험해서 아시겠지만, 이론과 현실은 그 간격이 큰 경우가 많기 때문입니다.

그런 의미에서 동성애 축제의 관계자도 공적 영역에서 이를 어떻게 바라보고 있는가에 대해서 스스로 고민할 필요가 있지 않은가 하는 생각을 해봅니다. 기독교인들만 반동성애자들이 있다고 생각하시는데 일반인들에게도 반동성애자들이 있고, 일반인들에게도 극단적 동성애 혐오론자들이 있다는 것을 망각하지 않기를 바랍니다. 저는 일반인 중에 극단적인 동성애 혐오를 가지고 계신 분들이 더 위험하다고 생각합니다. 왜냐고요? 그래도 기독교인 중의 일부 극단적 동성애 혐오주의자들에게는 형식만으로라도 신(神)이라는 것이 존재하고 있으니까요. 게이 프라이드(Gay Pride) 축제를 공적 영역으로 가지고 나올 때 어떻게 표현할 것인가에 대한 고민이 많이 필요할 것 같습니다. 일반적으로 이성애 축제의 경우에도 그런 야한 옷차림과 퍼포먼스를 잘 하지 않습니다. 하더라도 통제되는 제한된 장소에서 하는 경우가 많지요? 개인적으로 30여 년 전 대학교 단과대학 축제를 나이트클럽을 얻어서 했던 것 같습니다. 그 나이트클럽에서 어우동 쇼라는 것을 처음 본 것 같습니다. 여성 댄서가 얇은 겉옷에 속이 다 비치는 란제리(수영복?)를 입고 춤과 음악에 맞춰서 물을 자기 몸에 천천히 끼얹는 쇼 말입니다. 당시 대학생이었던 저에게도 매우 쇼킹했던 기억의 하나로 자리 잡고 있습니다. 참고로 저는 아내가 말한 것처럼 거룩함과는 거리가 먼 변타이[變態]에 가까운 존재임인데도 말입니다. 그런데도 어우동 쇼(?)는 내 기억 속에 충격으로 자리 잡은 것만은 사실입니다. 공적 영역에는 다양한 연령층이 살아가고 있기에 우리의 행위는 제한받을 필요가 있다는 것입니다. 가정에서 성에 관련된 부분에 대해서 자녀들에게 더 주의하는 것처럼 말입니다. 요즘 아이들이 부모들인 우리보다 성에 대해서 더 많이 알고 있는지도 모릅니다. 그런다 하더라도 가정에서 부모들은 성에 대해서 대부분 자녀에게 주의하는 것 아니겠습니까? 하여튼 간에 오늘날 사회는 공적 영역의 다른 사회구성원들을 설득하고 그들에게 공감[支持]을 얻어야 한다는 것입니다. 그 무엇을 주장하든 간에 상관없이 말입니다. 잘못된 행동과 발언에 대해 시도 때도 없이 구글링(Googling, internet surfing) 당하는 사회라는 점에 대해 의식할 필요가 있을 것 같습니다. 잘못된 행동거지는 지워지지 않는다는 사실에 대해서 말입니다.

사회문제=동성애, 동성애라는 문제만으로 사회의 모든 문제들이 극단적으로 환원되어서는 안 될 것 같습니다[極端的過沒入事態].[16] 다시 말해서 사회의 모든 문제를 동성애 찬반의 문제로 환원시켜서는 안 되는 것입니다. 반동성애적 성향을 지닌 보수 기독교인들의 경우에 동성애 문제가 블랙홀로 작용하여 다른 사회적 중요 이슈들을 빨아들임으로써 사회가 더 이상한 곳으로 가게 하거나 진짜 더 중요한 문제들을 보지 못하도록 눈을 가리는 역할을 한다는 것입니다.[17] 미국에서 도널드 트럼프(Donald Trump)가 대통령으로 당선되고 또 그로 인해서 미국이라는 국가가 그의 재임 동안 시끄러웠던 것도 따지고 보면 바로 '대통령 자격=반동성애'라는 환원적 도식이 미국의 보수 기독교인들에게 작동함으로써 다양한 다른 중요한 문제들을 올(ALL)바로 바라보지 못하도록 한 것도 일부 있다고 보이기 때문입니다[直觀].[18] 이와 유사한 경향이 이 나라의 일부 보수 그리스도인들에게도 보이지 않는가 하는 우려스러운 생각이 사실은 듭니다. 이와 관련해서 손봉호 교수님의 다음과 같은 지적에 주의를 기울여야 할 것입니다. 개인적으로 노(老) 교수님의 지적에 격하게 동의합니다. 이러한 지적을 해주신 것에 대해서 노 교수님께 개인적으로 감사드리고 싶습니다.

> "성경에는 동성애에 대한 경고보다는 가난한 자를 돌보고 정의롭게 행동하라는 가르침이 압도적으로 많다. 그런데도 한국과 미국의 보수교회는 후자는 무시하고 전자에만 열정을 보인다."(손봉호, 2018: 92-93)

> "기독교가 그런 사소한 것에 목을 맬 이유는 없다. 동성애 반대보다 훨씬 더 중요한 것들이 매우 많기 때문이다. 예수님은 바리새인들이 그렇게 중시했던 십일조를 하루살이에, 그들이 무시했던 정의와 긍휼을 낙타에 비유했다(마23:23-24). 둘 다 지킬 수 있으면 좋겠지만 하나를 택해야 한다면 당연히 낙타를 택해야 한다. 적어도 하루살이 지키느라 낙타를 포기하는 어리석음은 범하지 말아야 하는 것이다. 한국교회가 초기처럼 예수님이 낙타에 비유했던 '정의와 긍휼'에 힘을 기울였다면 그때 누렸던 도덕적 권위를 계속 유지할 수 있었을 것이고 하루살이 같은 동성애와의 싸움에도 쉽게 이길 수 있었을 것이다."(손봉호, 2018: 161)

이 사회의 모든 문제를 동성애의 문제로 환원할 수 없다는 말은 다음과 같은 의미를 지닌다고 생각됩니다. 먼저 일반 사회에서 직면하고 있는 문제 중에는 동성애보다 더 중요하고 심각하고 더 우선순위에 있는 문제들이 많다는 것입니다. 손 교수님이 앞에서 언급하셨던 정의[分配]와 긍휼(矜恤)의 문제처럼 말입니다. 그러므로 믿음의 공동체에서는 동성애 찬반의 문제가 교회 공동체에서 믿음을 측정하는 절대적인 리트머스(litmus)로 작용(使用)이 되어서는 안 된다는 것입니다. 이는 교회 공동체를 분열시키는 역할만을 할 뿐만 아니라, 교회 공동체가 함께 힘을 합쳐서 해야 하는 많은 사역들에 대해서 방해하는 구실을 할 수도 있기 때문입니다.

하나님을 믿는 사람은 하나님의 말씀을 따라 살아야 합니다. 이는 삶에서- 물론 개인적으로도 그렇습니다- 말처럼 잘 안 됩니다만 이론/原則的으로 항상 그렇습니다. 제가 지금까지 하나님의 말씀을 잘 실천했다면 좀 더 강하게 힘주어서 말하고 싶지만, 개인적으로 삶이 그렇지 못한 관계로 강하게 말씀드리지 못함에 대해서 양해해 주셨으면 합니다. '하나님의 자녀=하나님 말씀에 순종'은 말씀을 안 드려도 당연합니다. 성(Sex)과 관련해서 다양한 형태가 이 지구상에 존재합니다. 그런데 다양한 성을 향유(享有)하고 있는 이들이 하나님을 믿게 된다면 어떨까요? 성적 행위와 관련된 삶도 하나님의 말씀을 따르는 행위로 자연스럽게 바뀌어야 한다는 것입니다. 사회진화론이나 사회심리학과 관련된 책을 보게 되면 헉(🔥)하는 소리가 모르는 사이에 나오게 되는데 특히 성과 관련된 다양한 사례들을 접할 수 있기 때문입니다.[19] 여러분도 다큐멘터리나 책 또는 유튜브(YouTube) 등을 통해서 이미 접했을지도 모릅니다.

티베트의 형제일처제(Polyandry)의 경우 막내 남동생이 결혼할 수 있는 성인이 될 때까지 다른 남자 형제들이 결혼을 하지 못하고 기다린다고 합니다. 막내가 성인이 되면 합동으로 결혼식을 하려고 그러는 걸까요? 결혼식 비용을 한 푼이라도 아끼기 위해서일까요? 아닙니다. 그 집안의 남자 형제들은 한 여자에게 같은 날 장가를 가기 위해서 그렇게 막냇동생이 성인이 되는 날을 기다리고 있는 것입니다. '한 여자[一妻]=형제들의 아내, 한 집안의 형제들=한 여자의 남편들[多夫]'이 되는 것입니다. 그들 사이에서 아이가 태어나도 여러 형제의 아내는 아이들의 아버지가 누구인지에 대해서는 말하지 않는다고 합니다. 왜 이런 일이 벌어지고 있는 것일까요? 땅덩어리가 좁은데, 결혼을 각기 다른 여자들과 하게 되면 그나마도 있는 작은 땅덩어리가 나뉘게 되고 그러면 그나마 있던 작은 땅덩어리가 쉽게 사라질 수 있다는 생각 때문에 좁은 땅덩어리(재산, 基業)를 보호하기 위해서 이렇게 한 집안의 여러 남자 형제가 한 여자에게 한 날에 장가를 가는 것입니다.[20 · 21] 아내의 평가처럼 변타이[變態]이기에, 위의 사례보다 좀 더 강도가 있는 사례에 관해서 이야기해 보기로 하겠습니다.

> 남아메리카 아마존강 유역에는 불륜을 용인하고, 여성이 임신을 준비하며 한 명이상의 남성과 성관계를 가지면 이들의 모든 정자가 태아가 만들어지게 도움을 준다는 믿음을 이어가는 부족들이 있다. 학계에서는 이를 부성 나눔(partible paternity)이라고 부른다. 미주리 대학교의 인류학자 로버트 워커(Robert Walker)와 마크 플린(Mark Flinn) 그리고 애리조나 주립대학교의 인류학자 킴 힐(Kim Hill)은 이 지역에서 부성 나눔이 얼마나 흔한지를 확인했고, 아이들이 이런 종류의 가족제도로 혜택을 입는다고 주장한다. 아빠가 많아지면서 이들의 생존 가능성도 높아진다. 아이들은 더 풍족한 자원을 얻게 되고, 폭력으로부터 더 든든한 보호를 받게 된다(Saini, 2019: 211.; Angier, 2003: 526 참조, 강조는 본 연구자).

과거 책을 읽었던 기억에 의하면 남아메리카의 아마존강 유역에 사는 부족인 것 같습니다. 결혼한 한 여자와 마을의 여러 남자가 [의례적으로?] 성관계(性關係, intercourse)를 가진다고 합니다. 그것도 그 여자 남편의 묵인하에(!)에서-심지어는 약간 조장하는 느낌마저도 드는- 그러한 일이 벌어진다고 합니다. 심지어 어떤 부족은 다른 남자가 아니라 한 혈연관계에 있는 친족의 남자들이 결혼한 한 여자와 잠자리를 공유(?)한다고 합니다. 왜 그런 행동을 하는 걸까요? 이해가 잘 안 되시겠지만, 연구자들에 의하면 앞으로 태어날 아이의 생존

율을 상대적으로 높이기 위해서 그런다고 합니다. 먹을거리가 귀한 그곳에서 여자와 잠을 잔 남자들은 자신과 잠자리를 한 여인에게서 태어난 아이에 대해서 자신들이 그 아이의 생물학적 아버지라고 생각하게 됨으로써 그 아이의 생존과 성장에 필요한 것에 대해서 물질적으로 원조하게 된다는 것입니다. 그러한 마음이 없다고 해도 자신과 잠자리를 한 여자가 물질 등과 관련된 것들을 요구를 하면 들어줄 수밖에 없다는 것입니다.

앞에 언급한 책의 내용을 과거에 아내에게 이야기해 주었을 때 아내가 나에게 변타이(변태, 變態)라고 한 기억이 있습니다. "변태처럼 이상한 것 읽지 말고 좀 좋은 내용의 책 읽고 생산적인 사고를 하였으면 한다"라고 말입니다. 그럴 때마다 그 책들과 그러한 연구 결과물을 내놓은 이들이 세계적인 학자/교수라는 점을 말해왔습니다. 왜 여러분들에게 변타이라는 소리를 들을 수 있는 사례에 관한 이야기를 하는가 하면, 다음과 같은 물음을 하고 싶어서입니다. 만약 그들이 복음을 받아들이게 된다면, 그들의 성적인 행동들이 어떻게 될 것인가 하는 의문입니다[원론적으로라도]. 물론 과거의 성적 행동이 바뀌는 사람도 있고 그렇지 않은 사람도 있겠지요. 이론적으로 성령의 능력으로 모두 과거를 청산할 것이라고 믿고 싶지만 말입니다. 개인적으로 확신하는 것은 자신들 과거의 삶에 대해서 자기 행동과 사고의 변화 여부를 불문하고 아마도 이러한 자신들의 과거 성적 행동에 대해서 고민하게 될 것이라는 말씀입니다. 그리고 최소한 과거 자신들의 행동에 대해서 스스로 정당화하지는 않을 것이라는 생각이 들기 때문입니다. 그것이 염치(廉恥)가 아니겠습니까? 동성애와 관련해서도 개인적인 생각은 이렇습니다. 최소한 개인적으로 속한 교회 공동체가 하나님의 말씀인 성경이 동성애에 대해서 죄(a sin)라고 말씀하신다는 것을 믿는 교회 공동체에 속한 동성애자가 있더라면 그는 자신의 동성애적 행동을 억제하려고 할 것이며, 최소한 내놓고 자신의 동성애적 행동에 대해서 정당화 하지는 않을 것이라는 말씀입니다. 동성애적 삶을 지속하기 위해서는 자신이 원하는 교회(친동성애 지향적인 공동체)로 아무런 말 없이 떠나거나, 신앙을 버리고 친동성애 커뮤니티로 나가는 경우도 있을 수 있겠지만 말입니다. 교회 공동체에 거하는 한, 자기변명이 아닌 변화의 노력에 지속적일 것이라는 점입니다 [주여, 우리를 도우소서!].

D. 마틴 로이드-존스(David Martyn Lloyd-Jones) 목사님은 개인적으로 '양심적 병역거부자'(良心的兵役拒否者, conscientious objector)에 대해 반대하셨습니다. 그렇지만 그들도 또한 교회 공동체의 구성원임을 인정했습니다. 그렇기에 공동체 내의 양심적 병역거부자들에게 다음과 같은 주문을 하신 적이 있었다고 합니다. 교회 공동체 내에서 동성애에 대해 찬성하는 분들도 로이드-존스 목사님과 같은 스탠스가 최소한 필요하다는 생각이 듭니다.

> 즉 LJ[로이드-존스 (David Martyn Lloyd-Jones)]는 양심적 병역거부를 성경적, 신학적으로 인정하지 않지만, 그들의 입장은 존중해 주어야 함을 말한다. 그러나 그는 단서를 붙인다. 양심적 병역거부자는 "모든 그리스도인은 전투하는 것을 반드시 거부해야 한다고 말해서는 결코 안 된다"라는 것이다(황재범, 2019: 235 재인용: Lloyd-Jones, 2007: 105; 원문으로는 Romans 13,71 [ ] 본 연구자 첨가).

지금은 과거와 다르게 동성애자들에게 선택의 폭이 넓습니다. 제가 속하는 교회 공동체와 다르게 동성애를 인정하는 교회 공동체도 많습니다. 명시적으로 친동성애를 표방[消極的許容]하는 목회자들과 공동체들 그리고 신학교도 있습니다. 시민단체들도 많고요. 그렇다면 다음과 같은 것들에 대해서 친동성애와 반동성애자들이 생각해 보아야 할 것 같다는 생각이 듭니다. 친/동성애자가 일부러 반동성애를 지향하는 이들/集團/敎會/神學校에 들어가서 그들을 일부러 훼방하는 일이 없어야 한다는 것입니다. 고의(故意)로 사회적 분쟁을 조장하는 일은 없어야 한다는 것입니다. 동성애를 반대하는 기독교 계통의 대학교에 들어가서 그곳에서 반동성애를 주장하고 동성애 관련 동아리를 만드는 것에 대해서 사실 개인적으로 좀 더 서로에 대한 배려가 더 필요하지 않은가 하는 생각이 듭니다. 왜냐면 앞에서 말씀드렸던 것처럼 오늘날에는 선택지(選擇紙)가 다양하기 때문입니다. 과거처럼 선택지가 없는 상황에서 그러한 행동을 보인다면 좀 그래도 이해가 갑니다만, 거의 대부분 사람이 그 대학[특히 신학교나 기독교 재단의 대학교의 경우]은 동성애를 반대하는 곳인지 아는데도 불구하고 굳이 그 대학[22]에 입학해서 그곳에서 친동성애적 행동 즉, 동성애 동아리를 만들고 또 동성애 관련 학술대회[세미나] 등을 개최한다는 것은 시민적 예의(Civil decency)에서 서로 간의 배려와 이해가 부족한 모습으로 보이기 때문입니다. 그리고 반동성애자들의 경우 왜 친동성애자들의 학술대회 그것도 대회장 안(內)에까지 진입하여 그렇게 난리를 치는지도 이해가 안 됩니다. 세상은 법이 엄연히 존재하는 것이고 또 그 모든 것은 시민적 합의인 실정법이 정한 범위 내에서 제한받아야만 하기 때문입니다. 심지어 친한 친구라든가 같은 가족 구성원이라고 하더라도 때로는 지켜야 할 무엇[線]이 존재하는 것처럼 말입니다. 넘어서지 않아야 하는 선과 같은 사회적 합의가 존재하기 때문입니다. 그러면 본고에서 다루고 있는 내용에 대해서 살펴보기로 하겠습니다.

책 속으로: 내용 미리 들여다보기

이 책이 어떤 내용을 다루고 있는지에 대해서는 각 장(章)의 요약문(Abstract)을 실어 이에 대신하기로 하겠습니다.

1 「창세기」와 동성애: 「창세기」는 동성애 관련 문제들에 대해 무엇을 말해주는가

본 연구는 「창세기」(창1:27-28; 2:20-25)를 중심으로 「창세기」가 동성애와 관련된 오늘날의 문제들에 대해서 무엇을 말해줄 수 있는지 살펴보는 데 그 목적이 있습니다. 왜 동성애 문제를 다루는 데 「창세기」가 중요한가 하면 존 R. W. 스토트(John R. W. Sttot) 목사님이 지적하신 것처럼 「창세기」는 창조 기사를 통해서 기독교의 성과 결혼에 대한 가장 기본적인 전제[原則]를 말해주고 있기 때문입니다(Stott, 2011; 2014; Foster, 2007). 그러므로 동성애에 대한 『성경』의 구체적인 구절을 살펴보기에 앞서 「창세기」의 결혼제도[性과 性關係]에 대한 구절을 먼저 살펴보아야만 합니다. 「창세기」는 합당한 성행위를 결혼이라는 제도 안에서 그리고 남녀 부부간에 행해지는 경우만을 인정합니다(엄격하게 일부일처제와 부부관계에서의 이성애). 그러므로 동성애는 이러한 범주에서 벗어난 것(一種의 性的 逸脫行爲)으로 다루어져야만 합니다. 즉 『성경』에서 동성애는 간음과 같은 성적 일탈 행위(性的犯罪)의 한 유형인 것입니다. 이는 현실에서 교회 공동체가 동성애 문제를 어떻게 다루어야 하는지 보여주는 부분이기도 합니다. 그렇다면 동성애 문제를 어떻게 보아야 하는 걸까요? 동성애를 다룰 때 예수님이 간음한 여인(요8:11)을 다루었던 것처럼 다루어야만 합니다. 먼저 예수님이 간음이 하나님 앞에서의 죄(sin, 宗敎的罪)임을 확인해 주셨던 것처럼 동성애도 하나님 앞에서 성적 일탈 행위의 여러 죄 중의 한 죄(a sin)라는 것을 확실하게 해두어야만 합니다. 그리고 예수님이 간음한 여인[사람 그 자체]을 비난하지 않는 것처럼("Then neither do I condemn you"), 동성애라는 성적인 일탈 행위가 아닌 동성애자를 비난하는 것에 대해서도 재고해야 합니다. 동성애자가 기억해야 할 것은 특히 그가 교회 공동체-특히 보이지 않는 교회 공동체(invisible church)-에 거하고자 할 경우에는 간음한 여인이 간음이라는 과거의 삶에서 떠난 것처럼 동성애자는 그의 자신의 동성애라는 성적인 행위로부터 즉시 떠나야만 할 것입니다(go now and leave homosexual life of sin). 힘들겠지만 많은 고민과 노력이 필요하다[주제어:「창세기」. 동성애. 간음(姦淫)죄(Sin, 종교적 죄). 성적 일탈 행위(性的 逸脫行爲)].

2 구약과 동성애: 구약 동성애 본문에 대한 수정주의자 (revisionists)의 해석과 전통주의자(traditionalists)의 해석 비교

본 연구는 동성애와 관련된 구약 본문들에 대해서 수정주의자들의 해석과 전통주의자들의 해석을 비교하는 데 그 목적이 있습니다. 퀴어 신학자들은 과거 전통주의자들의 해석이 아닌 퀴어 해석(queer reading)과 게이 리딩(gay reading)을 주장하여 과거 동성애에 대해 부정적으로 해석된 구약 본문들을 재해석이라는 미명 아래에서 기이한(queer) 해석을 시도하여 과거 전통주의자들의 해석을 부정하는 것을 볼 수 있습니다. 수정주의자들은 소돔의 죄(창19:1-11)와 레위인과 그 첩(삿19:16-30)의 이야기에 나오는 '야다'(상관하다, yada, ידע)가 성적인 함의를 지니고 있음을 부정하고, 소돔의 죄를 동성 간 성적 관계의 요구가 아닌 환대의 관점에서 해석하려고 합니다. 이방인의 가증한 풍속(레18:22)과 반드시 죽어야 하는 죄(레20:13)에 대한 「레위기」의 규정에서 '가증스러운'(תועבה, to'ebah)의 의미를 윤리적인 금지와 무관한 제의적 규정으로 '여자와 동침함같이'(미슈케베 이샤, mishkebe-isha, '여자의 눕는 것')에 대해서는 오늘날 동성 간의 성관계와는 거리가 먼 성행위로 해석합니다. 그 밖의 본문에서 볼 수 있는 케데쉼(Qedeshim)이라는 단어에 대해서 성전의 남창을 의미한다고 해석합니다[주제어: 「레위기」. 퀴어 리딩. 게이 리딩. '야다'(상관하다, yada, ידע). '가증스러운'(תועבה, to'ebah. 토에바). '여자와 동침함같이'(미슈크베 이샤, mishkebe-isha, '여자의 눕는 것'). 동성애. 케데쉼(Qedeshim)].

3 신약과 동성애: 신약 동성애 본문에 대한 수정주의자들의 해석과 전통주의자들의 해석 비교

본 연구는 동성애와 관련된 신약 본문들에 대해서 수정주의자들의 해석과 전통주의자들의 해석을 비교해 보는 데 그 목적이 있습니다. 퀴어 신학자들은 과거 전통주의자들의 동성애와 관련된 본문에 대해서는 동성애의 관계성을 부정하거나, 오늘날 동성애와 거리가 멀다고 해석합니다. 그와 반대로 과거 동성애와는 무관하다고 보는 본문에 대해서는 동성애와 같은 성적인 것에 밀접한 관계가 있다고 주장합니다. 전통주의자들은 수정주의자들과 달리, '역리'(para physin, 롬1:24-27)를 동성애와 관련된 것이며, '말라코이'(malakoi)는 '수동적 역할을 하는 동성애자'(bottom)를, '아르세노코이타이'(arsenokoitai)는 '능동적 역할을 하는 동성애자'(top)를 지칭한다고 봅니다(고전6:9). '다른 육체'(sarkos heteras)에 대해서는 천사나 동물과 성관계를 하는 것뿐만 아니라 동성애도 포함하는 것으로 해석합니다(유1:7-8). 전통주의자들은 그 밖에도 예수님이 사랑하는 남자(요13:23), 예수님이 잡히실 때 벌거벗은 젊은이(막14:51-52), '백부장과 종'

과 '고자에 대한 말씀'(마19:10-12)에 대해서는 동성애와 무관하며 '마르다와 마리아의 관계'(요11장)에 대해서도 레즈비언 관계와는 전혀 무관하다고 봅니다[주제어: 퀴어 신학. '역리'(para physin). 말라코이(malakoi). 아르세노코이타이(arsenokoitai). '다른 육체'(sarkos heteras)].

4 그리스 · 로마 동성애에 대한 재고

오늘날 동성애자들은 자기 성적 지향[同性愛的性的正體性]에 대한 정당성의 근거를 그리스 · 로마의 동성애에서 찾는 경우를 자주 볼 수 있습니다. 찬란한 문화=그리스 · 로마=동성애 인정. 고로 오늘날 동성애 인정 필요함을 주장하고 싶은 것이지요. 이들의 주장처럼 그리스 · 로마 동성애가 오늘날의 동성애와 같은가에 대한 재고가 필요하다고 보는 것입니다. 본고는 재고를 통해서 그리스 · 로마의 동성애는 오늘날 동성애와 다르다는 점에 대해서 말하고자 합니다. 당시에는 항문성교(anal sex)는 일반적이지 않았으며, 동성애의 성적 상대자(partner)는 다수가 아니었으며, 동성애 관계는 지속적이지 않았으며, 현대의 눈으로 봤을 때 소아성애증(pedophilia)에 가깝다는 점이며, 더 나아가서 동성애 행위에 있어서 반드시 지켜야 하는 나름의 규율이 존재하였다는 점입니다[주제어: 그리스 · 로마 동성애. 항문성교(anal sex). 소아성애증(pedophilia). 파트너].

5 기준 없는 성에 대한 과도한 해석: 기이한 퀴어 리딩(queer reading)

고장 난 브레이크로 광란의 질주를 하는 자동차처럼 성(性)에 대한 기이한 해석 또한 멈출 줄 모르고 있습니다. 시쳇말처럼 생각은 자유입니다. 물론 착각도 여전히 자유이지요. 성경에 나타난 사건들을 성과 관련해서 어떠한 기이한 해석들이 행해지고 있는지에 대해서 대표적인 사례들에 대해서 살펴보고자 합니다. 과거 전통적인 성경의 해석과 달리 오늘날의 기이한 해석이 존재하는 기저(基底)에는 하나님의 하나님 됨에 대한 부인과 성과 관련된 일관성 없는 교회의 과거 스탠스(stance), 과거 잘못된 성경해석이 빌미를 제공하였기 때문이며, 더 나아가 교회 공신력의 저하(低下)에서 기인한다고 할 수 있습니다[주제어: 성경. 기이한 해석(queer reading). 성경해석. 동성애].

6 예수 그리스도와 성

오늘날 멈출 줄 모르는 퀴어한 해석은 예수 그리스도의 성에 대해서까지도 전통적인 해석과 거리가 먼 기이한 퀴어한 해석을 시도합니다. 본 연구는 바로 예수 그리스도의 성과 관련된 퀴어한 해석을 다루는 데 그 목적이 있습니다. 하나님이 남성이면 남성이 하나님이라고 여성주의자들(예로 들면, Mary Daly)의 극단적인 주장과 더불어 예수가 백인이라면 흑인을 구원할 수 있는가, 라는 흑인 신학자들의 물음에 미루어볼 때 만약 예수 그리스도를 게이라고 주장하는 수정주의자들의 견해처럼 예수 그리스도가 게이여야만 게이를 구원할 수 있는 것일까요? 그렇다면 게이가 아닌 나머지 성적 정체성을 가진 사람들은 어떻게 되는 것일까요? 신은 성(性)과는 무관합니다.[23] 신은 계급이나 인종 그 모든 것을 초월합니다. 그러므로 누구든지 예수 그리스도를 구세주로 믿는 이들을 구원할 수 있는 것입니다. 다만 예수 그리스도는 우리를 구원하시기 위해 당시 남성 중심의 가부장적 사회에 남성의 몸을 입고 오신 것에 불과합니다. 예수 그리스도를 성과 관련해서 그 어떤 사유를 하기 전에 그가 이 땅에 오신 하나님이라는 사실을 기억할 필요가 있습니다. 그리고 그가 자신을 주로 믿는 이들에게 어떤 삶을 살 것을 요구하셨는지에 대해서 고민할 필요가 있습니다[주제어: 예수 그리스도(Jesus Christ). 성(sex). 퀴어 해석(queer reading). 데일리(Mary Daly)].

본서의 한계

본서의 한계는 다음과 같습니다. 개인적으로 다른 저서에서도 밝힌 것처럼 본서 또한 짜깁기식의 기술이라는 점을 먼저 말씀드립니다. 그러므로 기본적으로 개인적으로 참고한 자료들을 저술해 주시고 또 번역해 주신 여러 선생님에게 감사의 마음을 전하고 싶습니다. 아니 전하는 것으로부터 시작해야만 할 것 같습니다. (큰절, 꾸벅 dm=^·^=m♡) 이들 연구자님의 귀한 선행연구가 존재함으로 인해서 개인적으로 그나마 짜깁기식 정도의 글이라도 쓸 수 있었기 때문입니다. 글을 읽기 전에 '표절(剽竊)'이라는 생각을 하지 않으셨으면 합니다. 저의 다른 저서에서 언급했던 것처럼 "실력이 저것밖에 안 돼서 그러는 거구나!" 하는 정도의 넓은 아량(雅量)을 가져 주셨으면 하는 것이 개인적인 바람입니다. 특히 긴 문장을 인용한 경우가 많은데, 이것 또한 실력이 부족함에서 발생한 문제라는 점을 밝힙니다.

글의 출처

본서의 내용 일부는 개인적으로 다음의 제목으로 발표한 글의 내용이 포함되어 있음을 밝혀드립니다. 4. '그리스·로마 동성애에 대한 재고'는 "동성애자들의 '세(勢, [數]) 불리기'에 대한 재고: 그리스·로마 시대의 동성애와 여러 문화권의 '유사 동성애'를 중심." 〈기독학문학회〉. (통권 34호) (2017년 11월)[24]

에서 일부 가져왔습니다. 그 외에도 "기독교, 동성애 그리고 선거: 손혜숙 교수와 이정훈 교수의 주장에 대한 재고". 〈기독학문학회〉. (통권 37호) (2020년 10월)[25] "간디와 함께, 간디를 넘어". 〈기독학문학회〉. (통권 33호) (2016년 11월)[26] "만들어진 예수: 잘못 맞춰진 예수 퍼즐에 대한 소고." 〈춘계학술대회〉. (통권 25호) (2018년 5월)[27] "정통 기독교 비판가들의 논리 구성-정통 기독교 비판가들은 어떤 논리를 사용하여 정통 기독교를 무너뜨리려고 하는가?." 〈기독교학문학회〉 (통권 31호). (2014년 11월)[28]에 쓴 글의 내용을 일부 가져왔음을 밝혀드립니다.

어려서부터 교회에 출석하면서 목회자들의 설교를 들으면서 개인적으로 느낀 점이 있는데요. 목사님의 설교보다는 깊이가 좀 있었으면 그렇다고 해서 신학대학교 신학 교재처럼 학문적으로는 어렵지 않은 내용을 지닌 책이 있었으면 하는 개인적인 바람이 있었습니다. 고등학교 시절부터 신학교에 다니는 선배에게 이해하기 힘든 책을 빌려 읽어 본 적도 있었습니다. 물론 거의 이해가 되지 않는 내용이었습니다. 본서는 개인적으로 그러한 경험이 있었기에 목회자들의 설교보다는 더 풍요로운 그러나 신학교 교재처럼은 어렵지 않은 그러한 수준(?)으로 글을 쓰려고 노력하였음을 또한 밝혀드립니다. 현실적으로 그렇게 되었는가는 전적으로 여러분의 평가에 맡기지만 말입니다.

P.S. 왜 동성애는 신앙적 관점에서 성적 일탈 행위의 한 행태인가!

24 이러므로 남자가 부모를 떠나 그의 아내와 합하여 둘이 한 몸을 이룰지로다
(창2:24, 〈개역 개정〉)
Therefore shall an ish [אִישׁ] leave his av and his em, and shall cleave unto his isha [אִשָּׁה]: and they shall be basar echad [one person, one body]. (《OJB》)
That is why a man leaves his father and mother and is united to his wife, and they

become one flesh. (〈NIV〉[ ] 본 연구자 첨가)

존 R. W. 스토트(John R. W. Stott) 목사님이 「창세기」(2:24)를 다음과 같이 분
석하고 있는 것을 볼 수 있습니다.

한 몸이 되고 이 신성한 신비를 체험하기 위해서는 특정한 사전 준비가 필요하다.
그것은 결혼의 구성요소다.
"이러므로"(24절)
"남자가"
(단수는 결혼이 두 개인의 배타적 연합임을 나타낸다.)
"부모를 떠나"
(공개적인 사회적 행사를 염두에 둔 것이다.)
"그의 아내와 합하여"
(결혼은 애정으로 연합하는 헌신 혹은 언약으로, 이성 간에 이루어지는 영원한 것이다.)
"한 몸을 이룰지로다"
(결혼은 성관계에서 완성되어야 하기 때문이다. 성관계는 결혼 언약의 표상이자 봉인이고, 그에
대해서는 일찍이 어떠한 수치나 당혹의 그림자도 드리워진 적이 없다. 24절.)(Stott, 2014: 520)

주의해서 봐야 할 것은 '남자'(단수)와 '그의 아내'(단수) 그리고 '한 몸을 이
룰지로다'라는 자구(字句)입니다. 성경에서 말하는 합법적인 성행위는 젠더
(gender)가 아닌 생물학적인 성(sex)을 기준으로 한, 결혼이라는 합법적인 관계
에 있는 한 쌍(一双)의 남·녀(♂·우, 異性, hetero) 간(間)의 肉體的/성적 결합
(性交, coitus/intercourse)을 의미한다는 것입니다. 성경적 기준으로 봤을 때 이성
혼과 동성혼 차이를 [표 1]로 나타내면 다음과 같습니다.

[표 1: 성경적 성행위 기준과 동성애] ※

구분	결혼 유·무	성행위 대상	성행위 목적	성행위 유형
이성혼 (異性婚)	결혼과 유관	한 쌍(一双)의 남녀 (異性)	생식과 쾌락(성적 즐거움)의 조화**	성경적 성행위
동성혼 (同性婚)	결혼*과 유/무관	동성(同性)	생식과 무관 상대적으로 쾌락 추구	비성경적 성행위*** 성적 일탈 행위

자료: 강상우(2022)

　　동성애가 성경이 얘기하고 있는 간음이나 강간 같은 성적 일탈 행위의 한 행태라는 것은 [표 2]를 참조하면 알 수 있습니다. 성적 일탈 행위=동성애, 간음, 간통, 스와핑 기타 등등. 결혼이라는 제도 가운데에서 합법적인 한 쌍의 이성 간의 성적 결합이라는 성경적 기준과 비교했을 때 차이가 있다는 것을 발견할 수 있을 것입니다.

※　＊　동성결혼이 합법적으로 인정된 나라라고 할지라도 성경적 기준에 부합되지 않는다는 점이다. 이는 간통(姦通)의 경우와 비슷한데 간통이 실정법적으로 처벌하지 않는다고 하더라도 성경의 가르침과는 여전히 거리가 멀다는 점에서 비성경적 성행위임과 동시에 성적 일탈 행위의 한 행태에 해당한다.

　　＊＊　이는 결혼 관계에서 출산 가능성을 배제한 성관계(sex without proliferation)를 완전히 배제하는 것은 아니다. 완경기 이후에도 여전히 성관계는 가능하고 불임 부부간의 성행위도 여전히 가능하기 때문이다. 생식과 쾌락은 삶의 자리(Sitz im Leben)에서의 정도의 문제로 봐야 한다. 다만 극단적으로 어느 하나만을 절대적 진리인 것처럼 강조하는 것은 성경의 가르침과 거리가 멀다는 점이다.

　　＊＊＊　참고로 성경적 성행위에서 벗어난 것은 비(非)성경적 성행위로 성적 일탈 행위(性的逸脫行爲)를 포함하는 개념이다. 성경적 성행위=성행위-비성경적 성행위(not a sin). 비성경적 성행위〉≠성적 일탈 행위(sin). 극단적으로 생식만을 강조하는 성행위는 비성경적 성행위이지만 그렇다고 해서 성적 일탈 행위는 아니기 때문이다.

[표 2: 성행위의 대상과 목적에 따른 유형] *

성행위 유형	결혼 유무	대상	성행위 목적	비고
일부일처제	결혼과 유관	한 쌍의 남녀(이성)	생식과 쾌락(성적 즐거움)	성경적 성행위
일부일처제	결혼과 유관	한 쌍의 남녀(이성)	생식만 강조(ex) 과거 교부(敎父)의 해석	비성경적 성행위
자위행위 (masturbation)	결혼과 무관	자신 (自身)	쾌락만 강조	아디아포라+++ 비성경적 성행위/ 성적 일탈 행위(?)#
스와핑	결혼과 유관	여러 쌍의 남녀	쾌락만 강조	성적 일탈 행위++++
혼전 성관계 (sex without love)	결혼과 무관	이성	쾌락만 강조	성적 일탈 행위
쓰리썸, 갱뱅, 그룹 섹스	결혼과 무관	혼성 (混性)	쾌락만 강조	성적 일탈 행위
동성애	결혼과 유/무관+	동성	쾌락만 강조++	성적 일탈 행위

　동성애가 성경이 말하는 성적 일탈 행위의 한 행태라면 성경이 말하는 또 다른 성적 일탈 행위의 한 형태인 간통(adultery)과 비교하면 아래 [표 3]과 같

*　+　동성결혼이 합법화된 경우도 있다.

　+ +　동성애자들은 동성애가 쾌락만을 추구하지 않는다고 말하지만, 현실적으로 생식과는 무관하기 때문이다.

+ + +　아디아포라(adiaphora, ἀδιάφορα, '무관심한 것'을 의미)는 '선도, 악도 아니고, 명령받지도 않고, 금지되지도 않은 것'을 뜻한다.(https://ko.wikipedia.org/wiki/%EC%95%84%EB%94%94%EC%95%84ED%8F%AC%EB%9D%BC) 개인적으로 자위행위를 아디아포라로 본다. 그 누가 평생 자위행위로부터 자유로울 수가 있겠는가? 자위행위에 대해서 성경은 적극적으로 말하지 않는다. 다만 오난 사례(Onan case)를 자위행위로 잘못 해석하고 생식과 금욕을 극단적으로 강조함으로써 자위행위를 죄악시했었다. 자위행위의 중독으로 인해 발생하는 부정적 결과로 인해 비성경적 성행위나 성적 일탈 행위로 보기도 한다. 다만 자위행위를 대리 섹스(sex by proxy)의 한 형태로 이해하게 되면 포르노(pronography)의 허용으로 이어질 수 있는 문제를 가질 수 있다.

　#　자위행위에 대해서 교부들은 생식과 관계가 없어서 성적 일탈 행위로 다루었다. 빅토리아 시대에는 심지어 질병으로 다루었다.

+ + + +　성적 일탈 행위는 큰 범위에서 비성경적 성행위에 해당한다. 비성경적 성행위 > 성적 일탈 행위

이 나타낼 수 있습니다.

[표 3: 동성애와 간통 비교]

동성애(同姓愛)		간통(姦通)	
동성애 · 퀴어 신학 존재 (gay · queer theology)	이단(heresy) 이단적(heretical)	간통 신학 부재(不在)	이단 아님
동성애 행위	신앙적 죄 a sin(O) a crime(X)	간통 행위	신앙적 죄 a sin(O) a crime(X)
동성애 행위자	신앙적 죄인 a sinner(O) a criminal(X)	간통 행위자 (상간자)	신앙적 죄인 a sinner(O) a criminal(X)

동성애(a sin)나 동성애자(a sinner)와 달리, 동성애 신학은 이단이거나 이단적(heresy · heretical)이라는 것입니다. 왜냐면 동성애 신학은 삼위일체 하나님의 신성(神性)을 침해할 뿐만 아니라, 하나님의 거룩함을 침해하기 때문입니다. 이신칭의가 성화로 이어지는 것처럼, 예수 그리스도에 대한 고백은 성화된 삶으로 이어지게 됩니다. 그러므로 동성애자가 예수 그리스도를 자기 삶의 주로 고백했다면(칭의적 측면) 그것으로 끝나지 않고 동성애적 삶과 결별하는 행위로까지 발전해야 한다는 것입니다(성화적 측면). 그렇다면 예수 그리스도를 주로 고백하고 동성애적 삶에서 벗어나지 못하는 동성애자들에 대해서 어떤 태도를 보여야 할 것인가 하는 것입니다. 혹은 교회 공동체 안에서 동성애 지향을 지닌 지체가 있다면 그가 성령의 능력으로 동성애적 삶에서 벗어날 수 있도록 기도하고 기다릴 필요가 있다는 것입니다. 교회 공동체 안에 거하며 예수 그리스도를 주로 고백하는 동성애 지향을 지닌 지체는 어떤 삶을 살아야 하는 걸까요? 동성애가 죄라는 사실의 인정과 더불어 동성애라는 성적 지향과 지속해서 싸우며 하루하루 삶에서 승리할 수 있도록 노력해야 한다는 것입니다. 그리고 최소한 자신의 동성애적 기질[性的指向, sexual orientation]에 대해서

'정당화'하는 것은 지양해야 한다는 것입니다. 강상우(2023)도 지적했듯이 예수님께서 간음한 여인을 만났을 때 그녀에게 왜 그녀가 간음했는지에 관해서 묻지 않으셨다는 것을 인식할 필요가 있습니다. 간음한 여인이 그러한 잘못된 행동(간음, 죄)을 하는 데에는 그녀만의 이유가 있을지 모르지만, 예수님께서는 그녀에게 왜 그러한 행동을 하는지 묻지 않으셨습니다. 다만 간음이 죄이기 때문에 거기서 떠나길 바라셨던 것이지요. 시쳇말로 '닥변삶'을 바라셨기 때문이지요. 그 이유가 무엇이 되었든지 '닥치고 변화의 삶을 살도록 노력하라'라는 것이지요. "가서 다시는 죄를 범하지 말라"[(요8:11 하), 〈개역 개정〉]*. "하나님께 돌아선다는 것은 예수님을 마음에 영접하는 것인데, 이 이후로는 예수님을 주인으로 모시고 새로운 삶을 삽니다."(김형국, 2019: 147)**

---

* "'어서 돌아가라. 그리고 이제부터 다시는 죄짓지 마라.' 〈공동 번역 개정판〉, 'Go now and leave your life of sin.', 〈NIV〉, 'go, and sin no more.' 〈KJV〉, 'You may go now, but don't sin anymore.' 〈CEV〉, 'Go and practice chet[חטא] no more.' 〈OJB〉, 'πορεύου, καὶ μηκέτι ἁμάρτανε [poreuou, kai mēketi hamaptane]' (강조와 첨가는 본 연구자)"라고 하신 것을 볼 수 있다. (강상우, 2023)

** 동성애자들에 대해서 혐오(嫌惡)도, 지지(支持)도, 하지 않는다는 내용의 다음 숏츠(shorts)를 참조하라. https://www.youtube.com/shorts/xj7-sXnO2y8?feature=share

|참고문헌|

강상우 (2023). "예수, 간음한 여인 그리고 사마리아인의 비유". 기독학문학회. (통권40호); https://www.worldview.or.kr/library/article/3703

강상우 (2020. 10). "기독교, 동성애 그리고 선거: 손혜숙 교수와 이정훈 교수의 주장에 대한 재고". 기독학문학회. (통권 37호); https://www.worldview.or.kr/library/article/3438.

강호숙 (2016).『여성이 만난 하나님』. 파주: ㈜넥서스.

계정민 (2007). "계급, 민족, 섹슈얼리티-18세기 영국 동성애 담론".『영어영문학회』. 53(2). 203-218.

고재길 (2017). "기독교 윤리학의 관점에서 본 종교인의 납세 문제".『선교와 신학』. 41. 187-221.

김영한 (2020). "제2장. 동성애 정당화 '퀴어 신학'은 이단 사상". 페터 바이어하우스 · 김영한 외 공저 (2020).『젠더 이데올로기 심층 연구』. 서울: 밝은생각. 58-87.

김진호 (2019). "1강. 혐오주의적 대중 정치와 교회". 김진호 · 이찬수 · 김홍미리 · 박미숙 공저 (2019).『우리 시대 혐오를 읽다: 종교, 차별, 여성, 법으로 살펴본 혐오 이야기』. 서울: 철수와영희. 11-45.

김형국 (2019).『풍성한 삶으로의 초대』. 파주: 비아토르.

대학출판부 편 (2020).『동성애, 성경에서 답을 찾다』. 대전: 침례신학대학교출판부.

박경미 (2020).『성서, 퀴어를 옹호하다: 성서학자가 들려주는 기독교와 성소수자 이야기』. 대구: 한티재.

박한선 · 구형찬 (2021).『감염병 인류』. 파주: ㈜창비.

손봉호 (2018).『주변으로 밀려난 기독교』. 3쇄. 서울: CUP.

시우 (2018).『퀴어 아포칼립스: 사랑과 혐오의 정치학』. 서울: 현실문화.

신원하 (2020).『죽음에 이르는 7가지 죄』. 확대개정판. 서울: IVP.

이상동 (2007). "영혼의 질병, 나병-11~14세기 서유럽에서".『사림』. 27. 326-347.

이재현 (2016). "1부. 제4장. 바울이 말하는 동성애와 하나님의 진노: 로마서 1:24-27을 중심으로". 김영한 외 공저 (2016). 『동성애, 21세기 문화충돌』. 용인: 킹덤북스. 142-183.

이태희 (2016). "8부. 제2장. 동성애, 과연 인권의 문제인가?". 김영한 외 공저 (2016). 『동성애, 21세기 문화충돌』. 용인: 킹덤북스. 800-827.

임준섭 (2019). "동성애에 대한 생리의학적 연구 동향 분석과 기독교 교육적 고찰". 『한국개혁신학』. 61. 32-61.

최혜영 (2008). "고대 그리스 사회의 종교". 『여성과 역사』. 8. 93-120.

최훈 (2019). "5장. 성소수자에 대한 편견: 논리적 오류를 넘어서". 한국성소수자연구회 (2019). 『무지개는 더 많은 빛깔을 원한다: 성소수자 혐오를 넘어 인권의 확장으로』. 파주: ㈜창비. 93-111.

Angier, Natalie (1999). Woman: An Intimate Geography. Houghton Mifflin Company. 이한음 역 (2003). 『여자: 그 내밀한 지리학』. 서울: 문예출판사.

Diamond, Jared (1997). Why is Sex Fun: The Evolution of Human Sexuality. Brockamn, Inc. 임지원 역 (2005). 『섹스의 진화』. 서울: 사이언스북스.

Lloyd-Jones, David Martin (2007). 『로마서 강해 제13권: 두 나라와 그리스도인의 삶』. 서문강 역. 서울: 기독교문서선교회.

Rosling, Hans, Ola Rosling and Anna Rosling Rönnlund (2018). Factfulness. 이창신 역 (2019). 『팩트풀니스: 우리가 세상을 오해하는 10가지 이유와 세상이 생각보다 괜찮은 이유』. 파주: 김영사.

Saini, Angela (n.d.). Inferior: How Science Got Women Wrong-and the New Research That's Rewriting the Story. 김수민 역 (2019). 『열등한 성』. 서울: 현암사.

van Leeuwen, Mary Stewart (1991). Gender and Grace: Love, work & parenting in a changing world. Downers Grove.: IVP. 윤귀남 역 (2000). 『신앙의 눈으로 본 남성과 여성』, 서울: IVP.

「창세기」와
동성애

「창세기」는 동성애 관련

문제들에 대해

무엇을 말해 주는가'

Ⅰ 들어가는 말

주변에 동성애와 관련된 문제들이 산재해 있습니다. 미국을 비롯한 서구에서 일어난 동성애 파고(波高)가 우리나라에 다다르게 된 것입니다. 학문의 영역에서 항상 한 박자 느리게 이 나라에 도착한 것처럼, 소수자 차별금지와 그것도 맞물려서 이곳에 도착한 것입니다. 동성애 파도의 작은 잔해들은 어떻게든 우리의 환경과 삶 속에 남게 되는 것만은 확실한 것 같습니다. 그래서인지 동성애와 관련된 다른 파생 문제들에 대해서 다양한 소리가 나오고 있는 것 같습니다. 선거철이 가까워지면 유권자들은 선거에 출마한 후보자들의 동성애에 대한 그들의 성향을 알고 싶어 하는 것 같습니다. 극단적으로는 한 나라의 대통령에 대한 평가에서도 동성애가 마치 후보자를 평가하는 단 하나의 기준-보수주의적 신앙을 지닌 이들에게는 매우 중요한 선택의 기준-이나 되는 것처럼 다루어지는 경우도 있는 것 같습니다. 세상은 많이 변해서 똘레랑스(tolerance, 寬容)를 얘기하고 다양성(diversity, 多樣性)을 얘기하면서도 자신들의 생각과 다른 의견에 대해서는 다양성과 관용을 인정하기를 거부하는 것 같다는 생각이 듭니다. 사실 동성애자들이 과거와 다르게 오늘날 목소리를 내는 것도 톨레랑스와 다양성이 중요한 역할을 했습니다. 그렇다면 동성애에 대해 반대하는 목소리에 대해서 그것이 혐오 발언이 아닌 이상 관용과 다양성을 가져야 하지 않을까 하는 생각도 조심스럽게 해봅니다. 물론 반동성애자들도 마찬가지의 자세를 가져야 하는 것은 매한가지입니다.

성경을 하나님의 말씀으로 믿는 그리스도인들이 동성애를 실정법상(實定法上)[2]의 범죄(犯罪, crime)가 아닌 성경/신앙적 관점에서 하나님(神)에 대한 종교적 죄(宗敎的罪, a sin)라고 언급한 것에 대해서 동성애 혐오증(嫌惡症, homophobia)[3][4]이라고 동성애자들과 친동성애자들은 맹비난하면서도 정작 동성애자들 자신과 동성애를 옹호(homophilia)하는 이들은 신성모독을 죄의식 없는 가운데서 일삼고 있는 것을 볼 수 있습니다.[5] 그저 아무렇지도 않은 것처럼, 또는 신이 존재하지 않는 것처럼 동성애자들은 신성을 모독하는 발언을 남발하기도 합니다. 실제로 신성모독을 하는 이들은 지금 자신들이 모욕하는 예수 그리스도(Redeemer, JESUS CHRIST)가 기독교인들(저를 포함한 교회 공동체의 구성원들에게)의 구원자이신 하나님 되심을 알고 있지 않은가요! 그런데도 왜 그런 심한 모욕을 하나님께 하는 것일까요? 인터넷이라는 환경은 기록이 지워지지 않는 장소라는 것을 잘 알고 있기에 더욱더 의도적으로 그러한 신성모독적인 행동을 하는 것일까요? 아니면 이 나라에서 동성애 문제를 다시금 이슈화시키기 위해서 기름 붓기를 위한 하나의 전략으로 선택한 것일까요? 이성적 자세(理性的姿勢)를 가지고 자제해야만 되지 않을까요? 일반적으로 인간 사회에서도 할 말이 있고 하지 말아야 할 말이 있는데 신앙의 영역에서는 더욱더 조심해야 하지 않겠는지요? 물론 어떤 경우에라도 그리스도인들도 상대방에 대한 기본적인 예의[禮儀凡節, civil decency]만은 지켜야 할 것입니다. 넘지 말아야 할 그런 선(線)이 존재하는 것을 기억해야만 할 것입니다.

동성애의 문제는 정치 · 경제 · 문화 등과 밀접하게 연결되어 있습니다. 특히 정치(政治)와도 매우 밀접하게 연결되어 있기에 유권자의 투표(投票)를 의식하는 정치인들은 동성애에 관한 문제가 그렇게 다루기 쉬운 문제는 아닐 것입니다. 일부 정치인들은 정치와 동성애를 의식적으로라도 상호연결시키려고 노력하는 경우도 존재할 것입니다. 동성애 문제는 경제와도 매우 밀접합니다. 그래서 나온 단어가 "핑크[게이]머니 경제(학)"[6 · 7]라는 단어입니다. 돈이 최고의 가치가 되어버린, 즉 맘몬(Mammmon)이 주인이 되어버린 이 현실 세계에서 돈의 지배에 대항한다는 것은 말처럼 그리 쉽지만은 않은 것은 사실입니다. 실제로 그 맘몬이 오늘날 동성애와 밀접하게 관련되어 있습니다. 이는 돈 때문에 동성애에 대해 침묵하기도 하고 또 돈 때문에 동성애 전위부대(avant-garde) 역할을 하는 경우도 나타나고 있는 것입니다. 과거와 달리 동성애자들이 언론을 비롯하여 사회 전반에 널리 적극적으로 참여하고 있다는 점입니다. 미국의 NLGJA(National Lesbian and Gay Journalists Association: '전국동성애언론인협회' 이들 사이트의 왼쪽 윗부분에는 Association of National Lesbian and Gay Journalists라고 써진 것 같습니다. http://www.nlgja.org/about)를 보면 그 모임에 굴지의 유명 언론사들과 저널리스트들이 참여하고 있음을 볼 수 있습니다. 현실적으로 이들은 여론을 자신들의 입맛에 맞게 할 수 있는 어느 정도의 힘을 지니게 되었다고 할 수 있습니다. 거기에 유명 배우(할리우드 배우 엘렌 페이지, 크리스틴 스튜어트)나, 정치인, 교수, 그리고 기업가(애플 CEO인 팀 쿡; 하얏트 상속자인 제니퍼 프리츠커[여성으로 성전환함]; 드림웍스 공동창업자인, 데이비드 게펜; 페이팔 공동창업자인 피터 틸) 같은 유명 인사들의 커밍아웃이 증가하는 추세에 있는 것을 볼 수 있습니다. 자연스럽게 문화와 언론 등에서 동성애자들의 주장이 힘을 가질 수 있는 환경이 존재하게 되는 것입니다.

　기독교 내에서는 어떤가요? 문제는 자칭 그리스도인(自稱 基督敎人)이라고 하는 이들조차도 동성애에 대해서 서로 다른 목소리를 내는 것이 현실입니다. 개인적 견해의 대립에서부터 교단에서도 대립 양상을 띠고 있습니다. 아니, 마치 보수와 진보의 진영논리 형태를 보이는 경우도 있는 것 같습니다. 동성애 성직 임명 문제와 동성결혼의 문제에 대해서도 각기 다른 목소리를 내고 있습니다.[8] 자칭 그리스도인이라는 이들 중 일부에서는 성경이 동성애를 단죄하지 않는다는 것을 주장하거나 옹호하기 위해서 재사고하기(再思考, Re-thinking), 재해석하기(再解釋, Re-interpretation), 또는 다시 읽기(Re-reading)라는 단어들을 사용하여 전통적으로 동성애에 대해서 반대하는 것으로 해석되었던 성경 본문들을[傳統主義解釋, 反同性愛的解釋] "친-동성애적 해석(親-同姓愛的解釋, Gay Reading, Queer Reading)"이라는 이름으로 전혀 다른 해석을 시도하기도 합니다[修正主義解釋, 親同性愛的解釋].[9] 이들 성경 구절이 친동성애에 대한 정당성을 표현하는 구절이라고 주장하면서 말입니다. (대표적 인물로는 John Shelby Spong, Daniel Helminiak, Theodore Jennings Jr. 등이다). 시어도어 W. 제닝스 Jr.(Theodore W. Jennings Jr)의 경우 자신의 책을 통해 "게이를 지지하는" 해석/읽기 방법(Gay Reading)을 표방(標榜)하고 있는 것을 볼 수 있습니다. (Jennings, 2011: 22)*

---

* 더 자세한 것을 위해서는 제닝스의 "동성애적 해석의 전략들"[Strategies of "Gay Reading", Jennings, 2011: 20-23] 참조.; 범영수, "성경 속 동성애 텍스트, 어떻게 읽어?" 〈뉴스파워〉 [2015.10.20.]; http://www.newspower.co.kr/sub_read.html?uid=28240 참조

1 연구 목적

일반적으로 볼 수 있는 것과 마찬가지로 동성애와 관련해서 발생하는 많은 문제점은 성경의 절대적 권위를 인정하려고 하지 않는다거나 성경에 대한 이해의 부족으로 나타날 수밖에 없는 일반적인 현상이라는 점입니다. 그래서 본 연구자는 무엇보다도 동성애의 이해를 위해서는 성경 전체의 맥락에서 이해하는 것이 필요하다고 봅니다. 그러기 위해서는 특정한 장(章)이나 구절(句節)을 중심으로 '증거본문(證據本文) 삼기(proof-texting, 즉 典據主義)'에 의존하는 것을 삼가야 한다는 것입니다. 특히 동성애와 같은 민감한 사항에 대해서는 더 그러한 주의가 필요합니다. 왜냐면 하나님께서는 성경 전체를 통해서 그분의 자녀들인 그리스도인들에게 포괄적이고 풍부한 계시를 주셨기 때문입니다. 고립된 한두 개의 본문만을 가지고 하나님의 의중(意中)을 묻고 또 그분의 뜻을 이해한다는 것은 하나님께서 우리에게 완성된 계시의 말씀을 주신 의도와는 매우 멀다고 보기 때문입니다. 실질적으로 동성애를 인정하는 이들이 '성경을 재해석(再-解釋)하네, 재사고(再-思考)하네, 다시 읽네(再-讀解)' 하면서 내세우고 있는 근거들이 바로 성경을 해석함에서 넓은 의미에서 볼 때 또 하나의 "증거본문 삼기"를 한 편협하고 한쪽으로 치우치는 성경 읽기의 예(例)에 불과하기 때문입니다. 성경 전체를 본다면, 성경이 어떻게 노예제도를 인정할 수 있으며, 아파르트헤이트(Apartheid)와 같은 남아공의 인종분리정책을 인정할 수 있겠습니까? 그러한 이유로 본고에서는 고(故) 존 스토트(John R. W. Stott) 목사의 지혜 있는 지적(指摘)을 받아들임으로써 위의 동성애와 관련된 많은 논란에 대해서 생각해 보려고 합니다.

내 생각에는, 우리의 연구를 시작해야 하는 핵심적인 지점은 창세기 제2장에 나오는 결혼제도다. '레즈비언과 게이 크리스천 운동' 회원들이 의도적으로 이성애자의 결혼과 동성애자의 동반자 관계를 서로 대등한 것으로 보고 있으므로, 이러한 대등성이 정당화될 수 있는지 확인하는 작업이 반드시 필요하다.(Stott, 2011: 31; Stott, 2014: 517-518 참조)

존 스토트 목사님은 동성애와 관련해서 논란의 중심에 있는 성경 구절로 무조건 뛰어 들어갈 것이 아니라, 그보다 먼저, 근본적인 성(결혼)에 대해서 다루고 있는 「창세기」(Genesis)의 가르침을 이해하는 것이 선행되어야만 한다고 말씀하십니다. 「창세기」에서의 성관계는 결혼의 범주에서만 이루어지는 배타적인 행위(권리이자 의무)이며, 합법적인 성행위라는 것은 세상이 아무리 바뀐다고 하더라도 결혼이라는 기본적인 제도 안에서 이루어져야만 한다고 성경은 가르치고 있기 때문입니다.[10] 더욱이 일부 동성결혼을 인정하려고 하는 교회 공동체도 있다고 주장하는 이들의 견해를 재고해 보기 위해서도 「창세기」에 대한 선행 이해가 더욱 필요한 시점에 있기 때문입니다. 울리히 W. 마우저 (Ulrich W. Mauser)도 같은 지적을 하는 것을 볼 수 있습니다.

"성서에 들어 있는 인간의 성에 대한 긍정적이며 윤리적인 가치는 내버려둔 채, 동성애에 관해 성서가 어떻게 말하고 있는지 무조건 열심히 토론하는 것은 근본적으로 잘못된 것이다."(Mauser, 1996: 48; Swartley, 2014: 39 인용)[11]

2 연구 문제 그리고 범위

본고는 다음과 같은 연구 문제를 다루고자 합니다. 연구 문제: 「창세기」는 성행위에 대해서 무엇을 말하는가? 즉, 「창세기」의 결혼(性) 관련 말씀이 성행위와 더불어 동성애에 대해 무엇을 말해주고 있는가에 대해 다루고자 합니다. 이를 위한 본고의 연구 범위는 다음과 같습니다. 「창세기」 본문 해석을 통해서 결혼(성)에 대해서 무엇을 말해주는가에 대해서 살펴볼 것입니다.[12] 특히 존 스토트 목사의 자료를 중심으로 살펴본 후에, 오늘날 「창세기」의 성(性)과 결혼(結婚)에 관한 규정이 친(親)동성애자들에게 주는 의미가 무엇이며, 또 반(反)동성애자에게 주는 의미가 무엇인지에 대해 기술하고자 합니다.

3 관점 밝히기

한마디로 연구자의 관점은 "복음주의적"이면서 하나님 말씀인 "성경의 통일성"을 받아들입니다. 무엇보다도 "복음의 능력"(Stott, 2014: 101-104)을 진정으로 믿습니다. 여기서 "복음주의적"이라 함은 존 스토트 목사님이 밝힌 것처럼 "성경의 교회에서 최고의 권위"를 지님을 인정[13]하는 것입니다.

> "'복음주의적'이라는 형용사는 사람마다 각기 다른 방식으로 사용하지만, 이 책에서는 종교개혁 계승자로서의 성경이 교회에서 최고의 권위를 가지고 있음을 강조하고, 그리스도의 십자가가 구원의 유일한 근거임을 강조하는 그리스도인들을 나타내는 말로 사용된다."(Stott, 2014: 589, "1장 2번 주")

이러한 이유로 본 연구자는 정경인 66권의 『성경』 외의 다른 어떤 전승들 즉, 게이 해석이나 퀴어 해석 등에서 자주 인용되고 있는 「도마복음」(The Gospel of Thomas), 「비밀의 마가복음」(The Secret Mark) 같은 자료에 대해서는 어떠한 권위도 부여하지 않습니다. 정경 외의 다른 문서는 그 당시 시대 상황이나 당시에 어떤 일이 일어났는지에 대한 이해를 위해 참고할 수 있는 그저 하나의 자료에 불과합니다. 여기서 "성경의 통일성"[14]이란 성경 전체가 하나님의 말씀(Verbum Dei)이기 때문에 성경은 통일성을 가진다는 것입니다. 이는 신학적 다양성이 존재할 수 있지만 그 다양성도 근본적으로 성경 안에서 조화를 이루어야만 한다는 것입니다. 그레고리 K. 비일(Gregory K. Beale)의 다음과 같은 주장은 이에 대해 다음과 같은 단서를 주고 있는 것을 알 수 있습니다.

> 이 연구의 기저에 깔린 한 가지 중요한 전제는 신·구약성경 전체가 신적 영감으로 써졌다는 것이다. 이 기초적인 관점은 성경 전체가 하나님의 말씀이기 때문에 성경에는 통일성이 있음을 의미한다. 분명히 의미 있는 신학적 다양성이 존재한다. 하지만 이 다양성은 궁극적으로 조화되지 않는 그런 종류의 다양성은 아니다. 따라서 신·구약 사이의 공통적인 주제들을 추적하려는 시도는 정당하다. 가장 중요한 통일적 주체가 무엇인가에 대해서는 해석자마다 의견이 다르3겠지만, 성경의 궁극적인 신적 영감과 저작성을 인정하는 사람들은 논의할 수 있는 공통적 데이터베이스를 가진다고 할 수 있다. (Beale, 2014: 33)

본 연구자는 '성경의 통일성'을 믿기 때문에 성경 전체의 맥락에서 동성애에 대한 이해가 필요하다고 봅니다. 이는 성경의 전체적 맥락에서 동성애가 하나님 앞에서 죄(sin)임을 보여주고 있기 때문이며, 특히 창세기(제1장과 제2장)의 결혼과 성에 대한 규율에서 근본적으로 이를 확인할 수 있기 때문입니다. 성경 어디에서도 남녀 부부관계를 떠난 성관계를 허용하지 않습니다.[15] 성경에 산재(散在)되어 있는 동성애 관련 구절들의 해석도 이런 전제에 대해 충실하게 따라야만 합니다.[16] 마지막으로 "복음의 능력"을 믿습니다. 복음은 능력이 있기에, 사람들을 변화시킵니다. 사람들을 변화시키는 복음은 또 그 주변 환경을 변화시키고, 그 문화를 변화시킵니다. 그래서 본 연구자는 진정으로 동성애 성향(orientation)을 지닌 사람이거나 혹은 현재에 동성애 성관계(homo sex)를 가지는 사람이라도 진정으로 복음의 능력에 의지하고 예수 그리스도를 통해 하나님의 구원 손길을 붙잡는다면 그러한 현재의 삶으로부터 자유함을 얻을 수 있다고 확신합니다. 동성애 성향과 동성애 관계를 경험한 사람이 과거의 그러한 동성애적 삶의 자리를 떠나 독신(獨身)[17][18]과 금욕(禁慾)의 삶을 산다(때로는 異性愛關係[19]의 삶을)는 것은 말처럼 쉽지 않지만, 성령의 도우심으로 그러한 변화의 일들이 일어날 수 있다고 보는 것입니다. "성령이여 도우소서."

II 「창세기」를 통해 본 결혼과 성, 그리고 동성애

> 창세기 제1장에 기록된 첫 번째 창조 이야기가 안식일에 절정을 이뤘던 것처럼, 창세기 제2장에 기록된 창조 이야기는 결혼에서 절정을 이룬다. 유대 공동체에서, 안식일과 결혼은 사회의 근간이 되는 두 기둥이다. (Swatley, 2014: 44)

1 「창세기」(창1:27-28; 2:20-25)

1) 「창세기」 살피기

성경은 성이라는 것이 하나님의 존재를 인정하는 것과 연결되어 있음을 인정하는 것에서부터 출발합니다. 폴 D. 트립(Paul David Tripp)은 이에 대해 다음과 같이 적고 있는 것을 볼 수 있습니다.

> 하나님이 당신과 성을 창조하셨기에, 하나님과 그분의 존재를 무시한다면 성을 바르게 이해하고 실천하는 것은 불가능하다. 그분이 창조하셨기에 당신도, 당신의 성생활도 그분의 소유다. 이것은 당신 인생과 몸을 당신 마음대로 할 수 있는 자연권이 없다는 뜻이다. 당신은 자율적으로 행복을 추구할 수 있는 권리가 없다. 사실 당신에게 자율성이 없다. 당신의 삶은 그분에게서 왔고, 그분께 속해 있다. 알든 모르든, 성은 당신과 하나님을 연결한다. (Tripp, 2014: 105)

그러므로 성에 관한 하나님의 규정에 대해 그리스도인들은 순종함으로 나아가야만 하는 것입니다. 그렇다면 성경에서 합당한 성에 관한 가장 기본적인 전제는 무엇인가요? 성경에서 말하는 합당한 성행위란 결혼이라는 제도(結婚制度) 가운데에서 이루어지도록 하였다는 점입니다. 결혼이라는 제도는 성관계가 오직(only) 합법적으로 이루어지는 곳입니다. 하나님은 자신의 형상대로 여자와 남자를 만드셨습니다(창1:27).[20] 바로 뒤에 나온 구절(창1:28)에 왜 하나님께서 자신의 형상대로 남자와 여자를 창조하셨는지 알 수 있습니다. "하나님이 그들에게 복을 주시며 하나님이 그들에게 이르시되 생육하고 번성하여 땅에 충만하라"(창1:28, 〈개역 개정〉). 하나님은 만세 전에 이미 결혼제도를 계획하고 계셨던 것입니다.[21] 결혼(結婚)이라는 제도를 통해서 이루어지는 성관계(性關係)에 대해서 인간 창조 이전부터 이미 계획하고 계셨고, 그 관계를 통해서 이루어지는 결과들을 이미 의식하고 계셨던 것입니다. "생육하고 번성하라"(창1:28)에서 우리는 하나님께서 결혼제도를 통한 자녀 출산과 더불어 가정에서 사랑으로 자녀들에 대한 양육 등을 계획하고 계셨다는 것을 알 수 있습니다.

> 27. 하나님이 자기 형상 곧 하나님의 형상대로 사람을 창조하시되 남자와 여자를 창조하시고 28. 하나님이 그들에게 복을 주시며 하나님이 그들에게 이르시되 생육하고 번성하여 땅에 충만하라, 땅을 정복하라, 바다의 물고기와 하늘의 새와 땅에 움직이는 모든 생물을 다스리라 하시니라. (창1:27-28, 〈개역 개정〉)

창세기 제2장은 우리의 이해를 돕기 위해서 구체적으로 이에 대해서 다시 다음과 같은 설명을 해주고 있는 것을 볼 수 있습니다. 아담에게 배필(配匹)이 없다는 것을 인지하셨습니다. 동성(同性)의 배필이 아닌 이성의 배필(異性 配匹) 말입니다. 그래서 하나님은 여자를 만드셨습니다. 다시 말하지만, 아담을 위해서 남자를 만들지 않으셨다는 점을 인지할 필요가 있습니다. 이는 남자와 여자 사이에 한 몸을 이루게 하기 위함이셨습니다. 그것도 단순 여자가 아니라 그의 아내가 되는 여자와 합하게 하셨습니다[婦人과의 性的聯合].

> 20. 아담이 모든 가축과 공중의 새와 들의 모든 짐승에게 이름을 주니라 아담이 돕는 배필이 없으므로 21. 여호와 하나님이 아담을 깊이 잠들게 하시니 잠들매 그가 그 갈빗대 하나를 취하고 살로 대신 채우시고 22. 여호와 하나님이 아담에게서 취하신 그 갈빗대로 여자를 만드시고 그를 아담에게로 이끌어 오시니 23. 아담이 이르되 이는 내 뼈 중의 뼈요 살 중의 살이라 이것을 남자에게서 취하였은즉 여자라 부르리라 하니라 24. 이러므로 남자가 부모를 떠나 그의 아내와 합하여 둘이 한 몸을 이룰지로다 25. 아담과 그의 아내 두 사람이 벌거벗었으나 부끄러워하지 아니하니라. (창2:20-25, 〈개역 개정〉)

2) 예수님의 인정하심(마19:3-6; 막10:2-9)

바리새인들이 예수님에게 이혼에 관해서 물으실 때 예수님은 구약의 창세기에 있는 결혼에 관한 규정에 대해 먼저 말씀하셨던 것을 볼 수 있습니다. 이는 예수님께서도 창세기의 결혼(성)에 관한 규정을 인정하셨음을 의미합니다 [一種의 神的 追認].[22 · 23]

> 3. 바리새인들이 예수께 나아와 그를 시험하여 이르되 사람이 어떤 이유가 있으면 그 아내를 버리는 것이 옳으니이까 4. 예수께서 대답하여 이르시되 사람을 지으신 이가 본래 그들을 남자와 여자로 지으시고 5. 말씀하시기를 그러므로 사람이 그 부모를 떠나서 아내에게 합하여 그 둘이 한 몸이 될지니라 하신 것을 읽지 못하였느냐 6. 그런즉 이제 둘이 아니요, 한 몸이니 그러므로 하나님이 짝지어 주신 것을 사람이 나누지 못할지니라 하시니. (마19:3-6, 〈개역 개정〉)

후에 예수님이 결혼에 대한 이 구약의 정의를 지지하셨다는 것을 주목하는 것이 대단히 중요하다. 그러면서 그분은 창세기 제1장 27절을 인용하며 시작하시고

(창조주가 '남자와 여자를 창조하시고'), 그분 자신의 해설로 결론을 맺으셨다('그런즉 이제 둘이 아니요, 한 몸이니 그러므로 하나님이 짝지어 주신 것을 사람이 나누지 못할지니라', 마 19:6). (Stott, 2014: 520)

창세기는 제1장부터 하나님이 서로를 위해 남자와 여자를 창조하셨다는 점과 건강한 성적 욕구가 이성 간의 결혼 안에서 해결되어야 한다는 점을 보여준다. 이 사실은 신약의 문맥에서도 확인되고 있다(막10:2-9; 살전4:3-8; 고전7:1-9; 엡5:21-33; 히 13:4). (이민규, 2017: 208)

예수님의 창세기 내용의 인용을 통해 창조주 하나님의 활동과 더불어 확언하신 것은 다음과 같습니다. "첫째, 하나님은 그들을 남자와 여자로 '만드셨다.' 둘째, 하나님은 남자가 자기 부모를 떠나 자기 아내와 연합하라고 '말씀하셨다.' 셋째, 하나님은 어떤 인간도 그들을 나누지 못하도록 하나로 '짝지어 주셨다.' 여기에 예수님이 확언하신 세 가지 진리가 있다. (1) 이성의 성은 신적 창조물이다. (2) 이성 간의 결혼은 신적 제도다.[24] (3) 이성 간의 정절은 신적 의도"라는 점입니다(Stott, 2014: 520-521. 강조는 본 연구자).[25] "판넨베르크에 따르면, 결혼에 대한 예수의 말씀은 시대의 흐름에 따라 변화되는 것이 아니라, 모든 그리스도인이 성(性)에 대해 생각할 때 가져야 할 가장 기초가 되는 말씀이다."(우병훈, 2019a: 41)[26] 크리스토퍼 라이트(Christopher Wright)를 인용하면서 일부일처제에 대해서 우병훈도 다음과 같이 적고 있는 것을 볼 수 있습니다. "'일부다처제'와 '중혼'을 생각해 보자. 일부다처제는 생각보다 광범위한 현상이 아니었다. 이스라엘 백성들 사이에서는 일부일처제가 일반적이었던 것 같다. 일부다처제가 있었다 하더라도 우리는 이것을 구약에서만 용인되었던 것으로 생각해야 한다. 예수님은 한 남자와 한 여자 사이의 결혼이 태초부터 있었던 창조 규례이며 그것은 오늘도 여전히 유효하다고 말씀하셨다." (우병훈, 2019b: 70)

2 텍스트의 함의[27]

그렇다면 결혼제도에 대한 「창세기」 본문이 우리에게 주는 함의(含意)는 무엇일까요? 이를 위해서 존 스토트 목사님의 분석을 중심으로 계속해서 살펴보겠습니다. 결혼이라는 제도 속에서 이루어지는 성관계를 통한 신비적 체험을 위해서는 다음과 같은 사전 준비가 전제되어야 한다는 것입니다. 왜냐면 이러한 사전 준비가 바로 결혼제도의 구성요소를 이루기 때문입니다.

> 한 몸이 되고 이 신성한 신비를 체험하기 위해서는 특정한 사전 준비가 필요하다. 그것은 결혼의 구성요소다.
> "이러므로"(24절)
> "남자가"
> (단수는 결혼이 두 개인의 배타적 연합임을 나타낸다.)
> "부모를 떠나"
> (공개적인 사회적 행사를 염두에 둔 것이다.)
> "그의 아내와 합하여"
> (결혼은 애정으로 연합하는 헌신 혹은 언약으로, 이성 간에 이루어지는 영원한 것이다.)
> "한 몸을 이룰지로다"
> (결혼은 성관계에서 완성되어야 하기 때문이다. 성관계는 결혼 언약의 표상이자 봉인이고, 그에 대해서는 일찍이 어떠한 수치나 당혹의 그림자도 드리워진 적이 없다. 24절). (Stott, 2014: 520)

1) 결혼 관계 속 남녀 부부 사이(heterosexual monogamous)에서의 정당한 성관계

성이 개방된 오늘날에는 고리타분하게 들릴지 모르지만, 성경은 모든 성적 결합은 결혼이라는 제도 속에서만 이루어져야 한다고 지적합니다. 누가 뭐라고 하더라도 정당한 성관계가 되기 위해서는 합법적인 결혼 관계-주의할 것은 결혼식이라는 요식행위(要式行爲)를 말하는 것이 아닙니다- 속에서 남녀 부부 관계 사이에서 이루어져야만 한다는 점입니다. 예외는 없습니다. 그래서 로널 드 롤하이저(Ronald Rolheiser)는 이와 관련해서 다음과 같이 적었던 것입니다.

> … 우리의 성욕은 모든 사람을 포옹하는 보편성으로 끌어올려진다 해도 단지 생명을 주는 두 가지 선택으로 제한될 뿐이다. 즉, 한 사람을 통해(일부일처제의 결혼 생활 안에서) 많은 사람을 포옹하거나 많은 사람을 통해(아무와도 자지 않는 독신생활 안에서) 한 사람만 포옹한다.[28] 이 두 가지 길을 통해 우리는 성욕을 한 차원 높게 열어 모든 사람을 포옹할 수 있다. 반면에 문란한 성관계에서는 아무도 포옹할 수 없을 것이다. (Rolheiser, 2006: 240, 강조는 본 연구자)[29 · 30]

데이비드 K. 포스터(David Kyle Foster)에게서도 같은 의미의 진술을 확인할 수 있습니다. "이브가 아담으로부터 취해졌기 때문에, '이러므로 남자가 … 그의 아내와 합하여 둘이 한 몸을 이룰 것이다.'(창1:24) 우리는 이것으로부터 하나님의 창조 목적은 '이성애', '일부일처'라는 것을 알 수 있다. 예수님은 마태복음 제19장 4~6절에서 바리새인들에게 말씀하실 때 이러한 구도의 중요성을 반복하셨다."(Foster, 2007: 85, 강조는 본 연구자)[31] 이는 지금은 고인이 된 팀 켈러(Timothy Keller)가 그의 인생 짝꿍과 같이 쓴 책에서도 확인할 수 있는 부분입니다. "그리스도인의 성 윤리는 한마디로 다음과 같이 압축할 수 있다. '섹스는 결혼의 울타리 안에서 남성과 여성 사이에 사용하도록 하나님이 주신 선물이다.'"(Keller and Keller, 2014: 296; VanDrunen, 2020: 328-329, "이성 간의 일부일처제인 지속성 있는 가족" 참조[32])

현 형법(現刑法)에서 간통죄가 폐지(姦通罪廢止)되었다고 해서 간통죄가 하나님 앞과 그리스도 공동체 안에서 죄(sin)가 되지 않는 것은 아닙니다. 물론 간통이 현 형법상의 범죄(crime)는 아니지만 말입니다. 간통은 실정법에서 이를 범죄로 규정하고 있지 않기 때문에 형법상의 범죄는 아닙니다. 그러나 간통은 여전히 하나님 앞에서 죄(sin)인 것은 확실합니다(김일수, 2019: 289 참조).[33] 왜냐면 간통은 하나님의 결혼 질서를 침범했기 때문에 여전히 하나님 앞에서는 죄(a sin, 중대한 범죄)인 것입니다. 동성애 관계도 마찬가지입니다. 동성애는 실정법상의 죄(crime)는 아니지만-현 군형법상에서는 예외[군형법 제92조의6(추행) 제1조 제1항부터 제3항까지에 규정된 사람에 대하여 항문성교나 그 밖의 추행을 한 사람은 2년 이하의 징역에 처한다]- 여전히 하나님 앞에서는 죄(sin)로 남습니다. 동성결혼도 마찬가지입니다. 미국과 같이 동성결혼에 대해서 실정법이 비록 인정[34]된다고 하더라도 동성결혼은 하나님 앞에서는 합당하지 못한 행위라는 것에 대해서는 변함이 없다는 것입니다. 하나님이 이를 인정하지 않았을 뿐만 아니라, 동성결혼은 하나님께서 세우신 이성 간의 결혼제도를 침해하기 때문입니다.

대럴 W. 레이(Darrel W. Ray)의 혼전 섹스에 관한 주장도 마찬가지입니다. 레이는 100년 전 혼전 섹스는 커다란 죄였지만 오늘날에는 미국인 중 95%가 혼전 섹스를 한다고 주장합니다. 그 정도로 지금 사회가 성에 대해서 개방되었다는 지적을 합니다. "100년 전 혼전 섹스는 커다란 죄였다. 오늘날에는 미국인들 중 95%가 결혼 전에 섹스를 한다."(Guttmacher Institute, 2006; Ray, 2013: 48 재인용) 성인들 간의(일정한 연령에 이르면) 합의에 따른 혼전 섹스에 대해서는 법적으로 처벌하지 않습니다. 실정법으로 죄가 아니라고 하나님 앞에서 정당한 것인가요? 여전히 실정법과는 관계없이, 또 사람들의 인식이나 여론과는 관계없이 하나님 앞에서 부정(不正·不淨·不貞)이요, 여전히 죄(sin)인 것이지요.

참고로 다음의 경우에 대해서 좀 생각해 보십시오. 역사적으로 독일에서 일어난 사례라고 합니다. 과거 독일에서 전쟁으로 인한 남녀 성비의 불균형과 인구의 감소로 인해 다음과 같은 법령이 그 당시에 실제로 선포되었습니다.

> "30년 전쟁이 끝나고, 중앙유럽에서 인구가 줄어들자, 뉘른베르크(Nürenberg)의 지방의회는 1650년 2월 14일의 포고령을 통해 일부일처제 요구를 폐지하였다. '신성로마제국의 시급한 요구는 질병, 전쟁, 기아로 인해 대량으로 사망한 인구를 증가시키는 것이다. … 따라서 이후 10년 동안 모든 남자가 두 명의 여자와 결혼하는 것을 허용한다.'"(Reich, 2013: 265 재인용)

그렇다면 이러한 경우는 어떻게 되는가요? 실정법상으로는 그 어떠한 하자(瑕疵)가 없겠지요. 법이 더욱이 이를 허용하고 있으니 말입니다. 그러나 이 또한 현실적인 문제에 얽매인 가운데에서 성경의 가르침에서 벗어난 결정을 한 것에 해당한다고 볼 수밖에 없습니다. 이유는 간단합니다. 하나님의 계획은 불변하기 때문입니다. 여전히 하나님은 이러한 것들에 대해서 기뻐하시지 않으신다는 것은 변함이 없는 사실이기 때문입니다.

2) 구체적 함의(含意)

그렇다면 결혼 관계 속에서 남녀 부부 사이에서만 이루어지는 정당한 성행위는 구체적으로 어떤 의미가 있는 것일까요?

(1) 먼저 배타성(排他性)

먼저 배타성을 지닙니다.[35] 결혼이라는 제도 속에서 남녀 부부 간의 성관계를 제외한 일부다처제나, 일처다부제는 물론이요, 배타적이지 않은 오늘날의 부도덕한 모든 유형의 성행위를 거부함을 의미합니다. 쓰리섬(threesome)이나 갱뱅(gangbang), 스와핑(swiping), 그룹 섹스(orgy) 같은 종류의 모든 형태의 성행위를 거부하는 것을 의미합니다. 왜냐하면 "남자(a man) … 그 아내와(his wife)"에서 알 수 있는 것은 성행위의 양(兩) 당사자가 모두 단수형이라는 점에서 이를 확인할 수 있기 때문입니다.[36·37·38]

(2) 공개성(公開性)

다음으로 공개성입니다. 은밀한 결합[密通]에 대한 부정을 의미합니다. 사회 구성원들이 공개적으로 인정하는 관계 속에서의 성적인 결합만을 의미하는 것입니다. "… 부모를 떠나(leave his father and mother)" 공개성을 가장 잘 보여주는 것은 그것이 얼마나 큰 것이든, 작은 것이든 관계없이 (될 수 있으면) 결혼예식(禮式) 등과 같은 어떤 형식을 갖추고 있다거나, 또는 혼인신고와 같은 최소한의 법률적 절차를 지녀야 함을 의미한다고 볼 수 있습니다. 공개성이 결여된 관계는 단절되기가 상대적으로 쉽기 때문입니다.

(3) 영구성(永久性)

> 한 몸으로 연합[창22:24]하는 성적인 교제를 의미하는 히브리어 '다바크'(דבק)는 바짝 달라붙어 있는 상태를 묘사하는 어휘로 '접착제로 붙여놓았다'라는 뜻이다. '하나님과 하나님 백성의 관계' 안에서 '다바크'는 사랑의 관계를 지속해서 유지하는 언약을 상징하는 표현이기도 하다. (박경희, 2020: 187)

영구성을 지닙니다. 우연한 만남을 통한 일시적인 결합-원 나이트 스탠드(one-night stand)나 Down To Fuck('만남 직후 바로 관계를 갖는 데 동의함')이나 Friends With Benefits('성관계를 같이하는 친구'로 친구 사이이지만 성관계까지 가능한 사이)-에 대한 반대를 의미합니다. 이는 실험적 동거(實驗的同居) 관계는 물론이요, 계약결혼(契約結婚)과 같은 것도 거부합니다. "(그 아내와) 합하여([will] … be united to [his wife])" 왜냐하면 이들의 성적 행위의 대상은 결혼 관계에서의 성경이 말하는 아내(wife)와 남편(husband) 간의 영구적(永久的)인 관계가 아니기 때문입니다. 연구자들에 따라서는 배우자와 결별한 후 다른 상대자로 재결합하는 것에 대해서도 회의적인 견해를 가지고 있는 이들도 있습니다. 왜냐하면 배우자와 결별 후 타인과의 재결합은 영구성을 해친다고 생각하기 때문입니다.

(4) 마지막으로 완전성(完全性)

마지막으로 완전성(肉體的 完全性)입니다.[39] "둘이 한 몸을 이룰지로라(the two will become one flesh)"에서 알 수 있듯이 이는 육체적 완전성을 의미하며, 더 좁은 의미에서 여성과 남성 간의, 즉 남편과 아내 간의 성기 간의 상보성(性器間 相補性)을 의미합니다. 이러한 이유에서 볼 때 남성(♂)과 남성(♂) 간, 또는 여성(♀)과 여성(♀) 간의 동성애적 성적 결합은 당연히 거부됩니다. 또 이는 동물들을 상대로 한 수간(獸姦)이나 섹스돌(Sex doll이나 '러브돌')에 대해서도 부정적임을 보여주고 있는 것입니다.

3) 성관계에 대한 성경의 구분

성경은 성관계를 어떻게 구분할까요? 결혼이라는 신적 제도 안에서 이루어지느냐, 또는 부부(남녀)관계에서 이루어지는 것이냐의 문제입니다. 그리고 앞서 언급했듯이 성경은 결혼 관계 속에서 남녀 간의 성관계만이 정당한 성적 관계로 인정합니다. 그 외의 모든 성적 관계는 모두 부당한 성적 관계(음행, 간음, porneia; πορνεια)에 지나지 않습니다.[40] "사실상 포르네이아(porneia)는 성적 부정 혹은 '부부간 부정'(NIV)을 나타내는 일반적인 단어이며, '적합하지 않은 모든 종류의 성관계'를 포함했다고 한다(Arndt-Gingrich)"(Stott, 2014: 421). 그러므로 성적 지향(sexual orientation)에 따른 동성애냐, 양성애냐 또는 이성애냐의 세상 학문적 구분은 성경적 구분과 거리가 멀다는 것을 확인할 수 있습니다. 동성애냐, 이성애냐, 양성애냐는 이러한 구분은 오늘날의 일반 학문의 구분에 지나지 않습니다. (그리고 이러한 구분은 연구자에 따라 다르게 나타날 수밖에 없습니다.)

[그림: 성경의 성행위 구분]

합당한 성행위(lawful, 單數)	부당한 성행위(unlawful, 複數)
결혼 관계에서의 남녀 부부간의 성행위 (이성애 · 일부일처제)	그 밖의 모든 성행위와 유사성행위 (類似性行爲)[41] (= 姦淫, porneia)

현실적으로 동성애(Queer) 연구자들에게서 제기되고 있는 것 중의 하나가 동성애라는 것을 범주화(範疇化)하기가 매우 어렵다는 지적입니다. 왜냐하면 동성애라는 것은 현실적으로 매우 다양한 형태들이 복합적으로 얽히고설킨 모습으로 나타나기 때문입니다. 그래서 콜린 윌슨(Colin Wilson)은 다음과 같은 의문을 제기하고 있는 것입니다.

> 동성애자나 이성애자라는 것은 단지 남성이나 여성, 또는 둘 다와 성관계를 맺는 문제가 아니라 한 사람 삶의 총체적 상황에 관한 것이다. 예를 들어, 코티징 ([cottaging], 공중화장실에서 성관계 상대를 찾는 것) 하는 남성의 많은 수가 기혼이다. 그 남성들은 게이인가? 그 사람이 아내와 아이들과 함께 산다면 어떻게 되는가? 모두 그 사람을 이성애자라고 생각한다면? 그가 자신을 이성애자라고 생각한다면? 어떤 여성이 남편을 떠나 다른 여성과 산다면 어떤가? 그 여성은 과연 줄곧 레즈비언이었을까? 전에는 한 번도 여성에게 끌리지 않았는데도? 사람들이 단순히 동성애자와 이성애자로 나뉜다는 생각은 너무 지나친 단순화다. (Wilson, 1995: 8; Dee, 2014: 21-22 재인용.)

본 연구자는 현실에 있어서 동성애에 관한 규정이 어려운 것과 또 동성애 전문가조차도 동성애를 어떻게 범주화할지에 대한 고민이 존재하는 이유는 다른 곳에 있지 않다고 생각합니다. 현실적으로 이러한 혼란이 야기되고 있는 것은 동성애가 이성애와 대응되는 개념이 아니라, 성경에서 말하는 간음의 범주, 즉 성적 일탈 행위(sin)의 한 형태[42]이기 때문에 이러한 현상이 일어나지 않는가 하는 생각을 조심스럽게 해보게 되는 것입니다.

본 연구자가 말하고자 하는 것은 다음과 같습니다. 성경은 하나님 앞에서 합당한 성관계와 그렇지 않은 성관계들에 대해서 말할 뿐입니다. 이는 성경은 '동성애네, 이성애네, 양성애네, 무성애네, 또 무엇이네'라고 구분하지 않는다는 점에서 알 수 있습니다. 그리고 실질적으로 동성애 연구자들도 동성애라는 개념(同性愛 範疇)에 대해서 앞서 언급한 것에서 볼 수 있는 것처럼 매우 혼란(混亂)스러워한다는 점에서 이를 확인할 수 있습니다. 다시 말하지만, 성경은 합당한 성관계와 그렇지 않은 부당한 성관계에 대해서만 말할 뿐입니다. 물론 합당한 성관계는 항상 단수일 수밖에 없습니다. 왜냐하면 성경에서의 합당한 성관계는 오직 결혼제도 속에서 부부(결혼한 이성, 남녀)간의 성행위만이 정당성을 지닌 유일한 성행위이기 때문입니다. 그리고 그 밖의 모든 성관계들(여기는 복수여야만 한다)은 모두 다 부당한 성관계에 속합니다. 부당한 성관계는 모두 성적 일탈 행위인 것입니다. 동성애도 이러한 구분(區分)에서 예외일 수 없는 것입니다.

3 간음했다 잡힌 여인과 예수님(요8:1-11)

앞에서 여러 번 언급했듯이 동성애라는 것은 성경이 말하는 합당한 성행위가 아닙니다. 미국처럼 동성결혼이 합법화된다고 해도 말입니다. 동성애에 대한 실정법의 처벌 규정이 없다고 해도 말입니다. 성경의 관점(아니, 이를 인정하기 싫으신 분은 본 연구자의 개인적 견해라고 해도 좋습니다)에서 보면 동성애는 부당한 성행위, 즉 성적 일탈 행위의 한 유형에 해당할 뿐입니다. 그러므로 동성애 행위를 다룰 때는 요한복음(8:1-11)에 나오는 "간음했다 잡힌 여인"(woman was caught in the act of adultery.)에 대한 예수님의 말씀을 기억해야 한다는 것입니다. 간음했다 잡힌 여인을 예수님께서 어떻게 대하셨는지에 대해서 말입니다.[43] "예수께서 이르시되 '나도 너를 정죄하지 아니하노니 가서 다시는 죄를 범하지 말라' 하시니라"(요8:11, 〈개역 개정〉, "'Then neither do I condemn you,' Jesus declared. 'Go now and leave your life of sin.'" John 8:11, NIV; cf. KJV. NASB도 "sin"이라는 단어를 쓰고 있습니다). 동성애라는 행위 자체를 비판하는 일이 있더라도 동성애자, 즉 사람은 비난하지 말아야 합니다. 그렇지만 기억해야 할 것은 동성애 성향을 지닌 사람은 반드시 그의 과거 동성애적 성향이라는 자리에서 떠나야만 한다는 것입니다(Go and leave). 간음한 여인에게 예수님께서 친히 요구(要求)하셨던 것처럼 말입니다. 왜냐하면 동성애는 간음과 같이 하나님 앞에서 "죄 된 삶"(life of sin)이기 때문입니다. 그러므로 다음과 같은 예수님의 명령을 따라야만 하는 것입니다. 반드시 'Go and leave' 해야만 되는 것입니다.[44]

참고로 데럴 W. 레이(Darrel W. Ray)는 자신의 책에서 "성에 관한 이런 근거 없는 주장들의 목록은 놀랄 만큼 길다"라면서 몇 가지 예를 간단히 들고 있는 것을 볼 수 있습니다. 레이가 근거 없는 주장들 중의 하나로 들고 있는 것이 바로, "*동성애는 간음보다 훨씬 더 큰 죄이다"입니다. (Ray, 2013: 59) 레이의 주장처럼 동성애는 간음보다 훨씬 더 큰 죄가 아닙니다. 동성애는 간음과 같은 유형의 죄들 중의 하나인 것입니다. 동성애는 간음처럼 부정직한 성적 일탈 행위인 것입니다. 이는 미국 풀러 신학교 신약학자(新約 學者)인 김세윤 교수가 자신의 책『김세윤 박사에게 묻다-바른 신앙을 위한 질문들』의 출간을 기념하는 '북토크'에서 "'동성애'를 어떻게 봐야 하나"라는 질문에 대해 다음과 같이 답한 것과 일맥상통한 내용이기도 합니다.

> 성경적 관점에서 동성애는 타락한 세계에서 나타나는 현상이다. 성경은 그것을 분명히 죄라고 한다. 그렇다고 무조건 정죄할 것이 아니라, 그들을 창조 질서 왜곡의 피해자로 여겨 따뜻하게 대할 필요가 있다. 기독교가 독선과 냉혈한적 태도를 가져선 안 된다. 단, 동성애적 성향을 가졌다는 것이 그것을 즐겨도 된다는 말은 아니다. 이성애자들이 성적 충동을 억제하고 순결을 지킬 것을 요구받듯이, 동성애자들도 마찬가지다. 그들 역시 하나님 나라를 위해, 그리고 교회와 사회를 위해 동성애적 충동을 억제하고 삼가야 한다.(김진영, "김세윤 교수, '성령 역사' '가나안 성도' '동성애'를 말하다"〈크리스천투데이〉[2015.10.19.])[*][45]

제프리 리처즈(Jeffrey Richards)도 자신의 책,『중세의 소외집단: 섹스 · 일탈 · 자주』(Sex, Dissidence and Damnation: Minority groups in the middle ages)에서 다음과 같이 기술하는 것을 볼 수 있습니다.

> 우리가 언급할 필요가 있는 문제는 (기독교는 동성애에 대해 분명히 반대했으므로) 동성애에 대한 기독교의 원칙적 태도가 무엇인가가 아니라, 기독교 세계가 동성애 범죄를 어떻게 처리해야 한다고 믿었는가 하는 점이다. 그리스도는 성 윤리에 대한 포괄적인 윤곽을 제시하지 않았으며, 그가 동성애자를 만났다는 기록도 없다. 그러나 돌팔매를 맞고 있는 간부(姦婦)(간통은 구약에서 동성애처럼 중죄였다)를 우연히 만났을 때, 그는 돌을 던지는 자들에게는, "너희 중에 죄 없는 자가 있거든 먼저 나에게 돌을 던져라"라고, 돌을 맞고 있는 간부에게는 "어서 가거라. 그리고 이제부터는 죄를 짓지 말거라"라고 말했다. 그러니까 처벌보다는 용서와 이해가 그리스

---

[*] http://www.christiantoday.co.kr/view.htm?id=286542.

1 「창세기」와 동성애   63

도의 메시지였다. 그렇다고 해서 그의 태도가 간통을 죄로 여기지 않았다는 말은 아니다. 죄를 짓지 말라는 것이 그가 추구한 바였다. 동성애에 대한 그의 태도도 이와 비슷했을 것으로 생각해도 무방할 것이다. (Richards, 1999: 201, 강조는 본 연구자)[46]

참고로 동성애자와 친동성애자들은 같은 성경 본문인 요한복음의 "간음했다 잡힌 여인"(요8:1-11)에 대한 이야기를 해석할 때 앞의 문장(요8:11 상반절)에만 강조점을 두는 상반절만을 강조함으로써 본문이 지니고 있을 메시지를 심하게 왜곡시키는 것을 간간(間間)이 볼 수 있습니다(곽영신, 2015: 353; Jennings, 2011: 116). 제닝스가 '간음했다 잡힌 여인'과 관련해서 어떻게 본문을 왜곡하고 있는지 또 그가 그렇게[歪曲] 함으로써 내린 결론이 무엇인지 확인할 수 있습니다.

> "예수께서 이르시되 '나도 너를 정죄하지 아니하노니'"(요8:11상, 〈개역 개정〉, "'Then neither do I condemn you,'" John 8:11a)에다만 강조점을 두고 그 뒤에 나오는 "… 가서 다시는 죄를 범하지 말라"(요8:11b 개역 개정, "'Go now and leave your life of sin.'" John 8:11b)는 생략하는 데 경향이 있다. "전통적인 해석은 흔히 '나도 너를 정죄하지 않는다. 가서, 이제부터는 더 이상 죄짓지 말라'라는 이 에피소드의 대미를 장식하는 예수의 말씀에 방점이 찍힌다. 하지만 예수는 이 여자의 성적인 생활양식에 대해 화를 내는 것이 아니다. 그는 그녀의 '죄'를 정죄하기보다는 이를 벌하는 것을 중단하는 데 훨씬 더 큰 관심을 보인다. 실제로 이 텍스트는 예수가 어떠한 경우에라도, 그러한 생활양식을 정죄하지 않는다는 것을 분명히 한다."(Jennings, 2011: 116)

그러나 제닝스와 같은 이러한 해석은 올바르지 않다는 점을 기억했으면 좋겠습니다. 왜냐하면 상식적인 수준에서 봤을 때 간음한 여인이 간음을 계속하는 것을 예수님께서는 전혀 원하지 않으셨기 때문입니다. 참고로 바울 사도가

'육체적 가시'에 대해서 어떻게 반응하였는지에 대해서 참고할 것을 원하는 손봉호 교수님의 견해를 참고해 보셨으면 합니다. "그보다 조금 덜 부자연스러운 해결은 동성애를, 바로 바울 사도가 가졌던 '육체의 가시'(고후 12:7)와 비슷한 것으로 취급하는 것이다. 바울의 가시가 무엇이었는지 분명하지는 않지만 적어도 그것은 고통스러운 것이었고, 바울이 원하지 않았던 것임은 분명하다. 바울은 그것을 제거해 달라고 기도했지만, 하나님은 그의 기도에 응답하시지 않았고, 바울은 일생 그 가시를 육체에 지닌 채 살아야 했다. 만약 동성애가 선천적이고 그리스도인이 그런 성향으로 태어났다면 그는 그 충동이 요구하는 대로 동성과 결혼하거나 성관계를 가질 것이 아니라 바울이 육체의 가시를 그대로 품고 고통을 참은 것처럼 그런 성향을 억제하며 살아야 한다. 그리고 주위의 다른 그리스도인들은 그런 동성애자들을 정죄하거나 비정상적인 사람들로 차별 대우할 것이 아니라 오히려 고통스러운 육체의 '가시'를 참고 견디는 사람으로 동정하고 이해하며 위로해야 한다."(손봉호, 2018: 156-157)

III 나가는 말

창세기를 통해서 결혼이라는 제도 가운데에서 남녀 부부가 성관계를 갖는 것만을 성경이 합법적으로 인정함에 대해서 살펴보았습니다. 결혼이라는 제도 가운데 남녀 부부 사이에서 이루어지는 성관계가 아닌 모든 성관계는 성적 일탈 행위[姦淫]에 해당합니다. 하나님 앞에서 죄(sin)인 것입니다. 동성애도 바로 그런 점에서 성적 일탈 행위의 한 유형입니다. 그러므로 예수님이 간음하다 잡혀 온 여인을 어떻게 대하셨는가는(What Would Jesus Do?) 바로 동성애자들을 향해 교회가 어떻게 대해야 하는지를 잘 보여줍니다. 간음 그 자체는 잘못된 행위였지만 간음한 여인도 귀중한 하나님의 형상['천하보다도 귀한 영혼'(마16:26 참조)]이었습니다. 예수는 간음한 여인에게 '간음'이라는 그녀의 과거 행위에서 떠날 것을 요구하셨습니다. 동성애자도 마찬가지입니다. 동성애 행위[習慣]에서 떠나야 할 것[聖化]을 요구하고 계심을 기억했으면 합니다.

|참고문헌|

김일수 (2019). 『성소수자의 권리 논쟁』. 서울: 세창출판사.

김형인 (2009). 『두 얼굴을 가진 하나님: 성서로 보는 미국 노예제』. 파주: ㈜살림출판사.

박경희 (2020). "창세기 1-3장의 창조 질서에서 성(Sexuality)정체성 이해". 대학출판부 편
    (2020). 『동성애, 성경에서 답을 찾다』. 침례신학대학교출판부. 175-196.

박유미 (2020). "신명기 22:13-29에 나타난 성 윤리와 성범죄에 대한 현대적 적용.『구약
    논단』. 77. 142-171.

박이은실 (2017). "08. 성노동 비범죄화, 한국에서는 안 될 일인가?". 윤보라 외 공저 (2017).
    『그럼에도 페미니즘』. 은행나무.

배정훈 (2016). "제1부. 제1장. 구약성경에 나타난 동성애". 김영한 외 공저 (2016).『동성
    애, 21세기 문화충돌』. 용인: 킹덤북스. 43-73.

백상현 (2015). 『동성애 is』. 서울: 미래사.

손봉호 (2018). 『주변으로 밀려난 기독교』. 3쇄. 서울: CUP.

안계정 (2013). 『기독교와 정의』. 파주: 한국학술정보㈜

우병훈 (2019a). "동성애에 대한 독일 개신교 신학자들의 이해 차이".『한국개혁신학』. 62.
    10-69.

우병훈 (2019b). 『기독교 윤리학』. 서울: 복있는사람.

이동일 (1999). "술의 이색지대: 게이바를 가다". 박재환, 일상성 · 일상생활연구회 (1999).
    『술의 사회학』. 서울: 한울아카데미. 234-255.

이민규 (2017). "성경으로 동성애를 논하는 것이 어디까지 가능할까?"『성경과 신학』. 81.
    301-338.

이태희 (2016). 『세계관 전쟁: 동성애가 바꿔 버릴 세상』. 서울: 두란노서원.

정소영 편저 (2020). 『미국은 어떻게 동성결혼을 받아들였나』. 서울: 렉스.

최윤 (2016). "9부. 제9장. 동성애와 맘모니즘".『동성애, 21세기 문화충돌』. 용인: 킹덤북
    스. 990-1018

한국게이인권운동단체 친구사이 〈게이컬처홀릭〉 편집위원회 (2011).『GAY CULTURE

HOLIC: 친절한 게이문화 안내서』. 시네21(주).

Badgett, M. V. Lee (2009). When Gay People Get Married. 김현경 · 한빛나 공역 (2016). 『동성결혼은 사회를 어떻게 바꾸는가』. 서울: (주)민음사.

Baird, Vanessa (2007). The No-nonsense guild to sexual diversity. 김고연주 역 (2007). 『성적 다양성, 두렵거나 혹은 모르거나』. 서울: 이후.

Balswick, Jack O. & Judith K. Balswick (1999). Authentic Human Sexuality: An integrated Christian approach. 홍병룡 역 (2009). 『진정한 성』. IVP.

Beale, G. K. (2008). We Become What We Worship. Downers Grove. Ill: IVP. 김재영 · 성기문 공역 (2014). 『예배자인가, 우상 숭배자인가?』. 서울: 새물결플러스.

Bloom, Paul (2013). Just Babies: The Origins of Good and Evil. Brockman Inc., 이덕하 역 (2015). 『선악의 진화심리학』. 서울: 인벤션.

Bogaert, Anthony F. (2012). Understanding Asexuality. Lanham: Maryland: Rowman & Littlefield. 임옥희 역 (2013). 『무성애를 말하다』. 서울: 레디셋고.

Butterfield, Rosaria Champagne (2012). The Secret Thoughts of an Unlikely Convert. Pittsburgh. PA: Crown and Covenant Publications. 오세원 역 (2014). 『뜻밖의 회심』. 서울: 아바서원.

Dee, Hannah (2010). The Red in the Rainbow: Sexuality, Socialism and LGBT Liberation. Bookmarks. 이나라 역 (2014). 『무지개 속 적색: 성소수자 해방과 사회변혁』. 책갈피.

Foster, David Kyle (2001). Sexual Healing. Ventura. CA: Regal Books. 문금숙 (2007). 『성의 치유』. 서울: 순전한나드. 특히, 제6장. "성정체성의 혼돈 원인: 동성애와 양성애", 120-148.

Goheen, Michael W. and Craig G. Bartholomew (2008). Living at the Crossroads. Grand Rapids. MI: Baker Academic. 윤종석 역 (2011). 『세계관은 이야기다』. 서울: IVP.

Griffiths, Michael (1975). Cinderella with Amnesia: A practical discussion of the relevance of the church. Leicester. IVP. 권영석 역 (1992). 『기억 상실증에 걸린 교회』. 서울: IVP.

Harari, Yuval Noah (2011). Sapiens. 조현욱 역 (2015). 『사피엔스』. 파주: 김영사.

Hedges, Chris (n.d). American Fascists. Creative Management Inc. 정연복 역 (2012). 『지사의 위험한 천국: 미국을 좀먹는 기독교 파시즘의 실체』. 서울: 개마고원.

Helminiak, Daniel A. (2000). What the Bible Really Says About Homosexuality? 김강일 역 (2003). 『성서가 말하는 동성애』. 서울: 해울.

Jennings, Theodore W. Jr. (2003). The Man Jesus Loved: homoerotic narratives from the new testament. 박성훈 역 (2011). 『예수가 사랑한 남자』. 서울: 동연.

Keller, T. with Kathy Keller (2011). The Meaning of Marriage: Facing the Complexities of Commitment with the Wisdom of God. 최종훈 역 (2014). 『팀 켈러, 결혼을 말하다』. 두란노.

Meeks, W. Atherton (2003). The First Urban Christians. 박규태 역 (2021). 『1세기 기독교와 도시 문화』. IVP.

Miller, William R. and Harold D. Delaney eds. (2005). Judeo-Christian Perspectives on Psychology: Human Nature, Motivation, and Change. 김용태 역 (2015). 『심리학에서의 유대-기독교 관점』. 서울: 학지사. 특히 Stanton L. Jones and Heather R. Hostler, "6장, 인간성에서의 성의 역할". 167-190.

Morreal, John & Tamara Sonn (2014). 50 Great Myths About Religions. John Wiley & Sons. 이종훈 역 (2015). 『신자들도 모르는 종교에 관한 50가지 오해』. 서울: 휴.

Pateman, C. (1988). The Sexual Contract. 이충훈 · 유영근 공역 (2001). 『남과 여, 은폐된 성적 계약』. 이후.

Piper, John (2009). This Momentary Marriage. Crossway. 이은이 역 (2013). 『결혼 신학』. 서울: 부흥과개혁.

Ray, Darrel W. (2012). Sex & God. 김승욱 역 (2013). 『침대 위의 신』. 서울: 어마어마.

Reich, Wilhelm (1966). Die sexulle Revolution. 윤수종 역 (2013). 『성혁명』. 중원문화.

Richards, Jeffrey (1991). Sex, Dissidence and Damnation: Minority groups in the middle ages. 유희수 · 조명동 공역 (1999). 『중세의 소외집단』. 느티나무.

Rolheiser, Ronald (1999). The Holy Longing: The search for a Christian spirituality. 유호식 역 (2006). 『聖과 性의 영성: 그리스도인들의 영성 탐구를 위하여』. 서울: 성바오로.

Snyder, Howard A. (1983). Liberating the Church. 권영석 역 (2005). 『참으로 해방된 교회』. 서울: IVP.

Sproul, R. C. (1992). Essential Truths of the Christian Faith. 윤혜경 역 (2013). 『기독교의 핵심 진리 102가지』. 2판 1쇄. 서울: 생명의말씀사.

Stott, John R. W. (2006). Issues Facing Christians Today. Grand Rapids, MI: Zondervan. 정옥배 역 (2014). 『현대 사회 문제와 그리스도인의 책임』. 개정4판. 서울: IVP.

Stott, John R. W. (1998). Same-Sex Partnerships? Grand Rapids, MI: Zondervan. 양혜원 역 (2011). 『존 스토트의 동성애 논쟁』. 홍성사.

Stott, John R. W. (1999). Evangelical Truth: A Personal Plea for Unity, Integrity and Faithfulness. 김현희 역 (2002). 『복음주의의 기본 진리』. 서울: IVP.

Swartley, Willard M. (2003) Homosexuality: Biblical interpretations and moral discernment. Herald Press. 김복기 역 (2014). 『동성애: 성서적 해석과 윤리적 고찰』. 대전: 대장간.

Tripp, Paul David (2013). Sex and Money: Pleasures That Leave You Empty and Grace That Satisfies. 이지혜 역 (2014). 『돈과 섹스』. 아바서원.

VanDrunen, David (2020). Politics after Christendom. Zondervan. 박문재 역 (2020). 『기독교 정치학: 기독교 세계 이후 다원주의 시대의 정치신학과 정치윤리학 연구』. 서울: 부흥과개혁사.

Welch, Edward T. (1998). Blame It on the Brain? 한성진 역 (2003). 『뇌 책임인가, 네 책임인가?』. 서울: CLC.

Wilson, Colin (1995). Gay Liberation and Socialism. Bookmarks.

Yancey, Philip (2012). Open Windows. 최종훈 역 (2012). 『단단한 진리』. 서울: 포이에마.

2

구약과
동성애

구약 동성애 본문에 대한

수정주의자(revisionists)의 해석과

전통주의자(traditionalists)의 해석 비교

Ⅰ 들어가는 말

1 구약에 대한 게이 리딩(Gay Reading)과 정통 기독교의 해석

　동성애자들과 그들을 지지하는 친동성애자들은 동성애를 정당화시키는 근거들을 찾기 시작합니다. 대표적인 예로 우리가 알고 있는 세계적인 유명 인사 중에도 동성애자들이 매우 많이 있다는 주장을 하기도 합니다(Jennings, 1999; Russell, 1996). "저, 유명한 누구누구도 우리와 같은 동성애자다"라고 주장하는 것입니다. 프레데릭 마르텔(Frederic Martel)이 자신의 책에서 공자(孔子)를 동성애자로 소개하는 레즈비언 블로거 리사의 인터뷰를 소개한 부분에서도 이를 확인할 수 있습니다. "그 높으신 공자 선생님도 동성애자다. 공자가 동성애자인데 동성애가 뭐 그리 문제 될 것이 있는가?"라는 식의 주장을 하는 것입니다.[1 · 2]

> "이곳 사람들은 공자의 사상을 절대적인 진리로 믿어요. 또 자기 이야기를 남에게 잘 하지도 않죠. 그렇다고 동성애자를 거부하며 밀어내는 것은 아니랍니다. 사실

공자도 알고 보면 동성애자였데요, 그 역시 살아생전에 결혼한 적이 없고, 좋아하는 남자 제자가 여럿 있었다는 이야기가 전해옵니다. 그중에서도 안회라는 젊은 제자를 끔찍이도 아꼈다고 들었어요!"(Martel, 2018: 233)

친동성애자들이나 자신이 동성애자인 연구자들은 자신의 전공 분야에서 동성애에 대한 정당성을 찾으려고 한다는 점입니다. 유전학 분야를 전공하고 있는 연구자들은 유전자에서 동성애 관련 유전자를 찾기라도 한 것처럼 언론 플레이를 하기도 합니다.* 유전자와 뇌 연구자들은 인간의 유전자와 뇌에서 동성애 관련 그 무엇인가를 찾고자 했습니다(동성애 유전자로 Xq28을 지적한 Hamer, Hu, Magnuson, Hu and Pattatucci, 1993; 뇌의 전 시상하부 간질 핵인 INHA3을 지적한 Simon LeVay, 1991).4 동물학을 연구한 이들은 동물[自然] 등에서 동성애 사례를 찾고자 합니다(Roughgarden, 2010; Joan Roughgarden은 Jonathan Roughgarden으로 트랜스젠더 여성으로 진화생물학자입니다).5 자연계를 살펴보았더니 많은 동물이 실질적으로 동성애를 한다는 주장입니다. "동물 속에서 동성애 사례를 많이 볼 수 있다. 동성애가 뭐 문젠가" 하는 것입니다. 문화와 인류학을 공부하는 이들은 역사적 사례와 비교문화 등을 통해 동성애라는 것이 역사적으로 과거에도 세계 여러 곳에 행해졌고 지금도 행해지고 있다는 점을 강조합니다. (Jennings, 1999; Ramet, ed., 2001; Nanda, 1998) 동성애라는 것이 별로 문제 될 것 없다는 것이지요.

---

* "사람들이 특히 깊은 관심을 보이는 영역은 동성애와 유전자와의 관련성이다. 쌍생아 연구에 따르면 남성 간 동성애에는 유전적 요소가 작용한다. 그러나 남성 일란성쌍생아 중 한 명이 동성애자면 다른 한 명도 동성애자일 확률이 20%에 이른다는 사실은(참고로, 전체 남성 인구 가운데 동성애자는 2~4%다) 성 지향성에 유전적 요소가 개입하지만 그것은 DNA에 장착된 하드웨어적 영향이 아니라는 점, 그리고 어떤 유전자가 간여하는 그것은 나중에 어떤 성향을 나타낼 수 있다는 뜻이지, 반드시 그렇게 된다는 뜻이 아니라는 점이다."(Collins, 2009: 261 강조는 본 연구자)

신학이 전공 분야인 친/동성애자들은 어떤 전략을 사용하여 동성애를 긍정할까요? 개인적으로 세 가지로 구분할 수 있다고 봅니다. 먼저, 가장 포괄적으로 동성애 관련 텍스트 자체를 부정하는 시도를 한다는 것입니다[聖經 自體 誤謬=反同性愛規定 自體 問題]. 동성애를 부정하는 성경 자체에 오류가 있다고 주장함으로써 동성애를 규정하는 본문들에 대한 신뢰를 무너뜨리는 것입니다. 성경 자체가 오류가 있는 텍스트이기 때문에 그 텍스트가 포함하고 있는 동성애에 관한 내용도 크게 잘못된 부분이라는 것입니다.

> 성서는 인간과 인간의 구원에 관한 진리를 담은 책이지만 과학적으로,[6] 역사적으로 많은 오류가 있는 책이다. 하느님의 진리는 인간의 불완전한 생각과 지식을 통해 알려지고 표현되고 기록되었다. 성서는 그것이 기록된 당시 삶의 자리에 기초하고 있으며, 하느님의 음성은 그 시대의 소리로 들린다. 따라서 성서의 기술을 문자 그대로 사실, 내지는 '하느님의 말씀'이라고 볼 수 없다. 이것은 성소수자 문제와 관련해서만이 아니라 다른 어떤 문제와 관련해서도 모든 기독교적 인식과 토론의 출발점이며, 실제에 대한 명료한 사실적 인식에 속한다. (박경미, 2020: 17-18)

그런가 하면 거기에 더 나아가 성경에는 동성애에 관한 단어 자체가 없다는 점을 지적한다[同性愛單語存在 自體不定]. 동성애라는 단어 자체도 없는데 무슨 동성애에 대해서 죄라느니 잘못된 행위라는 말을 할 수 있느냐는 주장을 합니다.

> 신약학자 리차드 헤이즈(Richard B. Hays)는 "'동성애'에 정확히 해당하는 헬라어도 히브리어도 없다"라고 주장했다.[7] (Rogers, 2018: 126 재인용)

또 다른 전략으로는 적극적으로 동성애적 해석(Gay Reading)을 통해서 성경에서 동성애의 근거를 적극적으로 찾고자 한다는 점입니다(Daniel A. Helminiak, 2003; Theodore W. Jennings, Jr., 2011; John Shelby Spong, 2007; 구미정, 2010; 조순애, 2010 등). 과거 반동성애적 본문으로 해석되어 오고 있는 성경 구절들의 과거 해석에 대해서 의문을 제기하고 동성애적 관점에서 재해석(Re-reading)을 시도하기도 합니다[同性愛 認定 聖經本文 疑問・聖經 解釋誤謬指摘⇨解釋 疑心⇨親同性愛的再解釋 試圖]. 거기서 한 걸음 더 나아가 성경 밖의 자료들, 즉 기독교의 위경(僞經) 등을 근거로 해서 동성애의 긍정적인 자료를 찾고자 한다-예수님에 대한 동성애 주장의 경우 영지주의 문서와 같은 위경 등에서-는 것입니다[親同性愛的解釋可能 異質資料選擇].

친/동성애자 연구자들은 동성애의 긍정적인 근거를 찾기 위해서 "성경이라는 텍스트 자체에 오류가 있다. 그래서 성경은 필요 없다"라는 주장보다는 성경에서 동성애에 대한 긍정적인 주장을 담고 있는 것처럼 보이는 본문에 더 주의를 가진다는 점입니다. 그래서 성경에서 동성애에 대한 긍정적 근거를 적극적으로 찾고자 노력합니다. 왜냐하면 교회 공동체와 관계되어 있는 경우 성경이라는 텍스트가 다른 그 어떤 자료보다도 더 권위를 지니기 때문입니다. 우병훈 교수가 기독교 윤리학에 대해서 언급했던 것처럼 '성경적 위치 잡기'를 하는 것이 현실적으로 교회 공동체 내에서 얼마나 중요한 역할을 하는지에 대해서 알고 있기 때문입니다.

"기독교 윤리학이 성경을 주목해야 하고 참조할 수 있다는 것은 기독교 윤리학의 의무이면서 특권이다. 이는 오늘날 다원주의, 상대주의, 개인주의와 같은 시대에 더욱 그러하다. 따라서 기독교 윤리학은 자신의 시작점과 근거를 언제나 성경 위에 두는 '성경적 위치 잡기'(biblical positioning)를 시도해야 한다."(우병훈, 2019: 319)

기독교인들에게 호소하기 위해서는 텍스트[聖經] 자체를 부정하는 것보다도 텍스트에서 그 근거를 찾는 것이 중요하기 때문입니다. 텍스트의 오류성을 주장하는 것만으로는 별로 효과가 없다는 현실을 인지하고 있기 때문입니다. 물론 텍스트의 오류성을 주장하는 이들도 그들의 주장에 대해 더 깊게 들어가 보면 텍스트의 오류성을 주장하는 데에만 그치지 않고 텍스트에 대한 재해석으로 들어가 친동성애에 대한 자신의 근거를 제시하는 것도 이러한 현실을 이해하고 있기 때문이 아닌지 하는 생각이 듭니다.

> 신앙을 가진, 즉 유신론적 사유를 하는, 한 개인의 종교관 또는 신앙관은 그 개인의 가치 판단과 행동을 결정하는 최고의 가치체계임(Hassen, 1948)을 전제로 하였을 때, 기독교인의 윤리적 판단과 행동에 지대한 영향을 주는 한국 개신교의 공식적 입장은 사회적으로 논란의 여지가 많은 여러 사안에 대한 기독교인의 가치 판단 기준을 설정하는 데 커다란 영향을 준다고 볼 수 있다. (김희철, 2018: 56)

성경을 기록하고 있는 히브리어(구약)나 헬라어(신약)에 오늘날의 동성애에 해당하는 단어가 존재하지 않는다는 주장은 '침묵으로부터의 논증'(arguments from silence, argumentum ex silentio)으로밖에 지나지 않습니다.[8] "동성애의 죄를 구체적으로 언급하지 않았다는 것이 동성애가 죄에서 배제되었다는 뜻은 아닐 것이다. 왜냐하면, 강간 행위는 분명히 이성 간이든 동성 간이든지 죄이고 소돔인들이 행하려던 범죄이지만 이 또한 언급되어 있지 않다. 당시 강간이 극악무도한 죄로 인식된 행동이라 추가적인 설명이 불필요했기 때문일 것이다."(이민규, 2017: 308)[9] 현실적으로 성경에 동성애라는 단어가 구약에는 히브리어로 존재하지 않고 신약에는 헬라어로 존재하지 않았다고 주장하면서도 친동성애자들은 이율배반적으로 동성애라는 단어가 존재하지 않는 곳[것, 聖經]에서 동성애를 찾고 있는 것을 볼 수 있기 때문입니다. 동성애 단어의 존재 여부와 관계없이 과거에 동성애가 존재했던 것이 현실이기 때문입니다. 그리스·로마 시대를 생각해 보면 그 당시에 오늘날 우리가 사용하고 있는 동성애라는 단어가 있었는가요? 물론 존재하지 않았습니다. 그렇지만 동성애 단어의 존재와 관계없이-헝가리 의사인 카롤리 벤케르트(Karoly M. Benkert; 혹은 M. Kertbeny라고 하기도 함)가 1869년에 만든 '동성애'(homosexuality)라는 용어는 그 당시에는 '동성애 행위라기보다는 동성애 성향'으로 사용되었다(우병훈, 2019: 12. 1번 각주)- 동성애라는 것이 엄연히 존재하고 있었기 때문입니다.

그래서 신학과 관련된 부분에서 동성애자들이나 친동성애적 성향의 연구자들이 동성애에 대한 자신들 근거의 정당성을 주장하기 위해서 반동성애에 관해 규정하고 있는 성경 텍스트-전통주의자들에 의해서 반동성애적으로 해석되는 본문들-를 친동성애적으로 재해석하는 방법을 선택한다는 것입니다. 실제로 퀴어 신학자들로 불리는 연구자들에게서 이러한 해석이 시도되고 있는 것을 볼 수 있습니다. 더 나아가서는 친동성애자들은 동성애와 아무런 관련이 없는 본문들에 대해서도 친동성애적으로 재해석을 시도한다는 것입니다.

2 연구 문제와 범위, 그리고 관점 밝히기

본고에서는 "구약성경 동성애 본문에 대한 수정주의자들과 전통주의자들의 해석"에 대해서 살펴볼 것입니다. 이에 대한 연구 문제는 다음과 같이 설정해 보았습니다. 연구 문제: [게이 리딩과 정통 기독교의 해석] 퀴어 신학자들 (queer theologians)은 동성애 관련 구약 본문에 관해서 어떤 식의 게이 리딩을 하고 있는가? 반면에 전통주의자들은 이들 본문에 관해 어떻게 해석하는가? [참고로 수정주의자들은 이성애를 '이성애적 독재'(Heterosexual Dictatorship [Patrick Higgin])로 이해한다][10] 구약성경에서 동성애와 관련해서 언급하고 있는 본문은 창세기 제19장 1-11절, 레위기 제18장 22절, 제20장 13절, 신명기 제23장 17~18절, 사사기 제19장 16~30절, 열왕기 상 제14장 22~24절, 제15장 11~2절, 제22장 43~46절, 열왕기 하 제23장 7절, 욥기 제36장 13~14절, 에스겔 제16장 48~50절입니다. 일반적으로 퀴어 신학자들에 의해서 빈번하게 다루어지고 있는 본문은 창세기 제19장의 소돔의 죄악에 관한 이야기, 레위기 제18장의 이방인의 가증한 풍속에 관한 규정과 레위기 제20장의 반드시 죽여야 하는 죄에 관한 규정에 관한 이야기입니다. 연구자들에 의해서 빈번하게 다루고 있는 본문들을 중심으로 다루고자 합니다.

개인적인 관점을 밝히고자 합니다. 본 연구자는 반동성애자로 정통 기독교의 해석공동체(解釋 共同體, interpretive community)[11]에 속하는 사람이기 때문에 게이 리딩(gay reading)에 대해서 부정적 관점에서 기술하고자 합니다[이런 입장에 대해서 修正主義와 대립하는 傳統主義라고 불립니다]. 더 나아가 성경 해석의 경우 불분명한 경우에는 무리한 해석보다는 거리 두기를 하는 것-과학과 관련된 해석에서 더욱더 그렇습니다-과 더불어, 성경을 전체적으로 보는 시각이 필요하다는 점을 밝힙니다. 이러한 견해를 갖게 된 것은 개인적으로 동성애는 성적 일탈 행위의 하나로 이는 간통이나 강간과 같은 유(類)의 성적 일탈 행위라고 보기 때문입니다. 성경은 간통이나 강간과 같은 성적 일탈 행위에 대해서 긍정한 적이 없기 때문입니다.

II 구약 본문에 대한 게이 리딩과 정통 기독교적 해석

1 소돔의 죄(창19:1-11)와 레위인과 그 첩(삿19:16-30)[12 · 13 · *]

1. 저녁때 그 두 천사가 소돔에 이르니 마침 롯이 소돔 성문에 앉아 있다가 그들을 보고 일어나 영접하고 땅에 엎드려 절하며 2. 이르되 내 주여 돌이켜 종의 집으로 들어와 발을 씻고 주무시고 일찍이 일어나 갈 길을 가소서 그들이 이르되 아니라 우리가 거리에서 밤을 새우리라 3. 롯이 간청하매 그제야 돌이켜 그 집으로 들어오는지라 롯이 그들을 위하여 식탁을 베풀고 무교병을 구우니 그들이 먹으니라 4. 그들이 눕기 전에 그 성 사람 곧 소돔 백성들이 노소를 막론하고 원근에서 다 모여 그 집을 에워싸고[4 Before Lot and his guests could go to bed, every man in Sodom, young and old, came and stood outside his house] 5. 롯을 부르고 그에게 이르되 오늘 밤에 네게 온 사람들이 어디 있느냐 이끌어 내라 우리가 그들을 상관하리라[5 and started shouting, "Where are your visitors? Send them out, so we can have sex with them!" CEV] 6. 롯이 문밖의 무리에게로 나가서 뒤로 문을 닫고 7. 이르되 청하노니 내 형제들아, 이런 악을 행하지 말라 [7 Then he said, "Friends, please don't do such a terrible thing!] 8. 내게 남자를 가까이 하지 아니한 두 딸이 있노라 청하건대 내가 그들을 너희에게로 이끌어 내리니 너희 눈에 좋을 대로 그들에게 행하고 이 사람들은 내 집에 들어왔은즉 이 사람들에게는 아무 일도 저지르지 말라[8 I have two daughters who have never been married. I'll bring them out, and you can do what you want with them. But don't harm these men. They are guests in my home."] 9. 그들이 이르되 너는 물러나라

* "'니느웨가 무너지리라'(웨니느웨 네헤파케트, 욘3:4, weninweh nehephaket)에서 무너진다는 것은 '뒤집힌 다'(하파)라는 의미인데, 이 단어는 소돔과 고모라를 칭하는 구절들(창19:25; 신29:23)에 나온다. 그래서 니느웨가 지은 죄악이 소돔과 고모라가 지은 죄와 같다고 할 수 있다."(이종록, 2016: 17, 28번 각주; Zlotowitz, 2012: 122 참조) 랍비(Rabbi) Zlotowitz, Meir (2012). (Translation and Commentary) Jonah-A New Translation with a Commentary Anthologized from Talmudic, Midrashic and Rabbini Sources. New York: Mesorah Publication.

또 이르되 이 자가 들어와서 거류하면서 우리의 법관이 되려 하는도다 이제 우리가 그들보다 너를 더 해하리라 하고 롯을 밀치며 가까이 가서 그 문을 부수려고 하는지라 10. 그 사람들이 손을 내밀어 롯을 집으로 끌어들이고 문을 닫고 11. 문밖의 무리를 대소를 막론하고 그 눈을 어둡게 하니 그들이 문을 찾느라고 헤매었더라.(창19:1-11, 〈개역 개정〉: [] 영어는 CEV. 강조와 첨가는 본 연구자)

계대결혼(繼代結婚, 또는 嫂兄弟結婚法, Levirate marriage, 신25:5-10)을 거부한 유다의 아들 중의 하나인 오난(Onan, 창38:4-10; 대상2:3)에게서 온 단어인 오나니즘(Onanism)이 자위행위(masturbation)[14]를 뜻하는 말로 쓰이는 것처럼, 소돔(Sodom)에서 온 단어인 소도미(Sodomy)는 동성애를 의미하는 단어로 사용되었습니다. 바로 소도미의 어원이 된 성경 기사가 바로 창세기 제19장의 내용입니다. 기독교에서는 일반적으로 이 본문을, 동성애를 금지하는 것으로 이해하는 것이 일반적입니다[傳統主義的解釋]. 이에 반해서 동성애 연구자들과 친동성애자들은 동성애의 긍정적인 근거를 위해 소돔의 이야기에 대해서 퀴어한 해석(queer reading)을 통해 반동성애가 아닌 동성애적 읽기(gay reading)를 시도하고 있다는 점입니다[修正主義的解釋].[15] 기존의 전통(정통) 해석을 부정하는 게이/퀴어 리딩을 하는 수정주의자들의 견해를 살펴보겠습니다. 수정주의자들의 견해를 살피기 위해서 먼저 살펴보아야 할 것은 바로 본문에 나오는 단어[文句]들의 해석에 대해서 살펴보는 것이 중요합니다. 왜냐하면 해석은 '해석자의 주관적 객관'(이민규, 2017: 303)이기도 하기 때문입니다. 항상 말씀드리지만, 하드 사이언스(Hard Science) 그것도 실험실(laboratory)에서 엄격한 통제를 통하지 않을 경우 이들이 말하는 객관성이라는 것은 상대적인 객관성을 의미하는 것에 불과하기 때문입니다.

"성서해석에서 중립이란 없다. 해석에는 객관이라는 것도 해석자의 주관적 객관임을 인정해야 한다. 어느 시대나 그 시대의 흐름은 늘 성경해석에 영향을 끼쳐왔다. 그러나 누구나 자기 시대의 문화, 개인의 경험과 입장을 가지고 해석하고 있다는 사실을 명료하게 인식할 때 오히려 한계를 잘 파악할 수 있고 관점의 실수를 최대한 피할 수 있을 것이다."(이민규, 2017: 303. 강조는 본 연구자)

어쨌거나 소돔의 범죄에 대해서 다양한 견해가 존재해 왔[었]습니다. 존 보스웰(John E. Boswell)은 지금까지 성서 신학자들의 연구 결과를 정리하여 다음과 같은 네 가지 가능한 해석을 제시하는 것을 볼 수 있습니다. 먼저 소돔의 죄에 대해서 수정주의자와 전통주의자들이 어떻게 해석하는지 살펴보기로 하겠습니다.

> 1) "소돔 사람들이 전체적으로 사악하였기 때문에 멸망하였다."
> 2) "소돔 사람들이 천사들을 강제로 범하려 하였기 때문에 멸망하였다."
> 3) "소돔 사람들이 천사들과 동성애적 관계를 강제로 범하려 하였기 때문에 멸망하였다."
> 4) "소돔 사람들이 주님이 보낸 손님들을 환대하지 않았기 때문에 멸망하였다."(Boswell, 1980: 93; 손호연, 2017: 142 재인용)

1) 수정주의자들의 해석

'상관하다'(창19:5) 즉, 야다(yada)의 성적 함의는 불분명

전/정[傳/正]통적인 해석을 거부하는 수정주의자들의 해석을 살펴보겠습니다. "상관하다"(창19:5)를 뜻하는 히브리어 단어 '야다(yada)'가 무엇을 의미하는가 하는 것입니다. 데릭 S. 베일리(Derrick Sherwin Bailey) 같은 학자들은 '야다'라는 단어가 성경에 사용되는 횟수를 분석하면서 '야다'라는 단어가 일반적으로 성(性)과는 무관하게 사용되었다는 주장—상호인식(became acquainted with)을 의미한다고 주장하기도 하지만(Brown, 1952)[16]-을 합니다. 구약성경에서 인용된 횟수를 지적하면서까지 말입니다. 야다가 구약성경에 모두 943회 사용되었지만, 그중에서 10회만 '육체적 지식'(carnal knowledge)을 의미한다고 주장합니다(Bailey, 1995: 2-3; 이신열, 2019: 107 참조). 이들의 주장에 따르면 일반적으로 히브리어 단어 '야다'의 구약성경에서의 사용이 성적인 것과 무관하므로 본문에서 성적인 의미로 해석하는 것을 자제해야 한다는 것입니다. 참고로 일부 수정주의자들의 경우에는 본문에서 '상관하다'(yadah)가 성교(性交)를 의미하는 경우도 있지만, 본문에서 야다가 구체적으로 무엇을 의미하는지에 대해서는 문맥상 명확하지 않다고 주장하기도 합니다.

> 히브리어 원문의 "야다"(yada; 상관하다)는 여러 가지 의미가 있는데 그중의 하나는 성교입니다. 군중이 천사들을 강간하기를 원했는지, 그저 만나기를 원했는지, 또는 구타하기를 원했는지는 문맥상 명확히 판단할 수 없습니다. (이민규, 2017: 306 재인용)

> [소돔] 문제는 동성 간 성관계(homosexual sex)가 연관되어 있느냐가 아니라, 그런 성적인 행위가 문맥에서 어떤 '의미'를 갖느냐이다. 무슨 일이 벌어지고 있든 간에, 롯은 손님이 윤간당할 거라는 예상이 너무 끔찍해서 대신에 결혼하지 않은 딸들을 제공한다. 그러나 여기서 죄가 되는 것이 동성 간 성관계의 성격(homosexual nature of sex)인지는 분명치 않다. (Long, 2021: 36)

그럼, 소돔의 죄는?[17]

그렇다면 소돔의 죄는 무엇일까요? 수정주의자들은 무엇을 말하려고 '야다'를 성관계와 거리가 먼 의미로 해석하려고 하거나, 문맥상 명확히 그 의미를 파악하기 어렵다고 말하는 것일까요? 먼저 소돔의 죄를 환대하지 않음(inhospitable)-롯의 환대를 방해하는 행위-에 대한 심판이라는 점을 강조하기 위한 것입니다(Boswell, 1980: 93-94; Bailey, 1995: 3-4; McNeill, 1976: 54-55).[18] 소돔의 죄에 대해서 환대하지 않음이라는 이들의 주장을 다음과 같이 요약할 수 있을 것 같습니다. '환대하지 않음=성관계와 무관함=소돔 멸망의 죄'

일부 연구가들은 '불의(不義)'를 소돔의 죄라고 주장하기도 합니다. "소돔의 죄가 동성애가 아니라는 증거는 창세기 이외의 부분에서 드러난다. 소돔의 죄는 자신들이 풍요로움을 누리면서도 가난하고 궁핍한 사람들은 돕지 않은 것이었다. 소돔이 멸망한 원인이 심각한 불의라는 것은 창세기 18:20과 에스겔 16:49-50, 이사야서 1:10 등을 통하여 알 수 있다. 창세기 18:20에서는 다른 사람들이 소돔의 불의로 인하여 탄식하는 소리를 하나님이 들으셨다는 것이며, 에스겔 16:49-50에서는 소돔의 불의를 서술한다. 이사야서에서는 소돔의 불의를 전제하고 불의한 관원들을 소돔의 관원이라고 표현한다."(배정훈, 2016: 55) 이러한 견해를 가진 이들은 '불의(不義)=사회적 약자를 돕지 않음=소돔의 죄'라는 것이지요.

앞서 언급했듯이 일부 수정주의자들 중에서는 '야다'가 성관계(intercourse)를 의미함을 인정하기도 합니다. 성관계로 이해할 경우에도 오늘날 동성애 관계에서 행해지는 그러한 종류의 성관계가 아니라 '정복을 의미하는 강간'이라고 해석하기도 합니다(야마구찌, 2018: 51-53; Helminiak, 2003: 42.) 퀴어 신학자인 로날드 E. 롱(Ronald E. Long)은 그레이 템플(Gray Temple)을 인용하면서 다음과 같이 적고 있는 것을 볼 수 있습니다. "그레이 템플(Gray Temple)의 날카로운 지적처럼, 다음과 같다. 곧 창세기에서 '소돔 사람들은 무엇보다도 환대하지 않는(inhospitable) 사람들이었다. 그들은 외부에서 온 손님들에게 수치를 주는 것을 재미난 장난이라고 생각했다.'[19] 성관계를 통해서 낯선 사람에게 수치를 주는 것이 창세기 제19장의 주제라는 점은 이 이야기를 사사기(판관기) 19:22 이하에 나오는 구조적으로 비슷한 이야기와 함께 읽을 때 더욱 설득력이 있다."(Long, 2021: 37; Temple, 2004: 58 참조) 소돔의 죄는 환대하지 않음인데 환대하지 않음은 소극적인 모습(passive, 不作爲)으로 끝나지 않고 적극적으로 수치심 주는 행동으로 나타났었는데, 그 '수치심 주기'의 일환[目的]으로 집단적인 성폭력[肛門性交]의 형태로 나타나게 되었다는 것입니다. 특히 남성에 대한 항문에 대한 관통(貫通)은 관통당한 남성들[受動的男性]에 대한 수치심과 더불어 관통하는 자[能動的男性]의 우월감—전투에서 패전한 병사들에게 교도소에서 약한 자[20]들에 대해서 행해지는 항문성교를 하는 경우도 있고, 상황적 동성애의 경우 약자가 바텀(bottom)의 역할을 하는 것처럼 말입니다—을 과시하기 위한 것이라고 합니다. '환대하지 않음=적극적으로 수치심 주기=[집단적] 성폭력(anal sex)=소돔의 죄'라는 것이지요. 이러한 견해를 가진 수정주의자들은 소돔의 죄를 언급할 때는 그러므로 집단적 성폭력이 중요한 것이 아니라 환대하지 않음이 더 강조되어야 한다는 것입니다.

> 성관계가 이 이야기들에서 관통당한(penetrated) 사람을 그렇게 쉽게 비하시키는 도구가 될 수 있었다는 사실은 성관계에 대한 고대의 구성(통념)을 보여주는 간접적 증거이다. 성관계는 무엇보다도 힘에 관한 것이었다. 성적인 관통은 사랑이나 즐거움에 관한 것이라기보다 우월성을 보여주는 것이었다. (Long, 2021: 38)

> 남자에게 섹스를 강요하는 것은 굴욕감을 주는 한 방법이었기 때문이다. 예를 들어, 전쟁 기간 동안 승리자들은 여자들을 겁탈하고 어린이들을 살육하는 것 외에도 패배한 병사들에게 특히 "비역질"도 했다. 그것은 남자들을 여자처럼 취급해 모욕을 주려는 생각에서 이뤄진 것이었다. (Helminiak, 2003: 42)

2) 전통[傳統 또는 正統]주의자들의 해석

소돔의 죄에 대해서 환대하지(손 대접하지) 않음으로 해석하는 베일리의 주장에 대해서 존 R. W. 스토트(John R. W. Stott) 목사는 다음과 같은 이유를 들어서 논박하고 있는 것을 볼 수 있습니다. 스토트 목사의 반박에 살을 붙임으로써 소돔의 죄에 대한 전통주의자들의 이해를 살펴보겠습니다.

> 베일리의 주장은 다음의 몇 가지 이유에서 설득력이 없다.
> 1. 악한, 망령된, 그리고 '수치스러운'(창19:7; 삿19:23)이라는 형용사는 손 대접의 법을 어긴 것을 설명하는 말로는 적합하지 않아 보인다.
> 2. 여자들을 대신 내놓은 것은 "이 사건에 어느 것도 성적 함의가 있는 것으로 보인다."[James D. Martin]
> 3. 히브리어 동사 '야다'가 구약성경에서 성관계의 의미로 쓰인 경우가 열 번밖에 안 되는 것은 사실이지만, 베일리는 그 열 번 중에서 여섯 번이 창세기에 나오며 그중 한 번은 바로 소돔 이야기에서 롯의 딸들이 아직 남자를 '가까이하지 아니한'(창19:8)이라고 하는 부분에 쓰이고 있음을 지적하지 않는다.
> 4. 신약성경을 진지하게 받아들이는 사람이라면, 유다가 명백하게 소돔과 고모라가 '음란하여 다른 육체를 따라'갔다고(유1:7) 지적한 것을 두고 단순히 유대인의 위서에서 베낀 오류라고 치부할 수는 없다. 물론 동성애가 소돔의 유일한 죄는 아니었다. 그러나 성경에 의하면 그것은 분명 소돔의 여러 죄 중 하나였으며, 그러한 여러 죄로 인해 하나님의 두려운 심판이 그 위에 내렸다. (Stott, 2011: 21-22)

야다는 성적 함의를 지님!

야다는 '성적 관계를 가지다'라는 의미를 나타낸다. "아담이 그의 아내 하와를 알았다"라고 하는 완곡어법과 그 병행구들(창4:1; 19:8; 민31:17, 35; 삿11:39; 21:11; 왕상1:4; 삼상1:19)에서 남녀 쌍방의 성적인 관계를 뜻하는 말로 사용되었다. 또한 남색

(창19:5; 삿19:22)이나 강간(삿19:25)과 같은 성적 도착을 묘사하기 위한 표현에도 이 단어가 사용되었다. (김영종, 2016: 359)²¹·²²·*

전통주의자들은 수정주의자들과 달리 본문의 야다라는 단어가 성적인 의미를 지닌 것으로 봅니다. 단어의 사용은 그 단어의 사용 횟수도 중요하지만, 그보다는 전체적인 맥락에서 이해하는 것이 필요하기 때문입니다. '악'(such a terrible thing, 창19:7)을 행한다는 표현이나, '남자를 가까이하지 아니한'(never been married, 창19:8)이라는 표현과 연결해서 보면 '야다'라는 단어가 성적인 함의를 포함하고 있다는 것입니다. 그렇지 않으면 롯의 제안(딸을 대신 주겠다는)이 왜 나왔는지에 대한 이해가 매끄럽지 않다는 지적입니다. '악을 행하다'라는 뜻을 지닌 '라아'[רעע]는 '파괴하다', '해를 끼치다', 그리고 '상처를 입히다'라는 의미도 지니고 있다고 합니다. '야다'와 '라아'가 본문에서 함께 사용된 것은 사실상 이들의 행위가 집단 성폭력 행위이었음을 알 수 있는 대목이기도 합니다. 스탠리 J. 그렌츠(Stanley J. Grenz) 등과 같은 연구자들은 이런 상황에 대해 다음과 같은 적절한 지적을 하는 것을 볼 수 있습니다.

소돔 이야기에 따르면, 롯은 "남자와 한 번도 동침하지 않은" 딸들을 주겠다고 제안하며 거주민들의 요구에 대응했다. 이와 비슷하게 레위인의 첩이 주어졌을 때, 기브아 사람들은 밤새도록 "그 여자를 윤간하여 욕보인 뒤에, 새벽에 동이 틀 때에야 놓아 주었다"(삿 19:25, 표준 새 번역). 각각의 경우에 분명히 같은 단어 '야다'가

---

* "구약에서 아는 것은 단지 인식의 차원에 머무르지 않고, 다른 사람이나 사물을 자기화한다는 의미가 있다. 그런데 '알다'라고 하는 히브리어 동사는 단지 아담과 하와의 부부관계에서뿐 아니라, 성폭행의 문맥에서도 사용된다는 것(삿 19:22, 25)은 이러한 성과 폭력, 앎과 폭력 사이의 형이상학을 드러낸다. 결국 성이 왜곡되는 것은 절제되지 않은 비정상적인 지식과 권력에 의해 영향을 받을 때인 사실을 알 수 있다."(김선종, 2017: 109) 김선종 (2017). "성, 자본, 권력: 성(sexuality)의 메타신학". 『구약논단』. 23(2). 101-127.

성관계를 언급하는 데 쓰였다. 따라서 베일리의 추측은 성경 저자가 매우 가까운 본문 속에서 '야다'를 전혀 다른 2가지 의미로 각각 사용했다는 매우 개연성 없는 추정을 불가피하게 한다. (Grenz, 2016: 74)[23]

사용된 빈도수를 근거로 '~와 성적 관계를 가지다'로 번역하지 않고 "~알다"로 해석한다. 그러나 가그논은 "세 가지가 매우 중요하다: 문맥, 문맥, 문맥"이라고 강조한다. 만약 이 구절이 성적 관계를 의미하지 않는다면 왜 롯은 그들의 행위를 "내 형제들아 너희는 제발 악을 행하지 말라"(창19:7, 사역)라고 간청했을까? 그리고 그는 여기에 멈추지 않고 자신의 두 딸을 제시하며 "보라! 나에게 남자를 알지 못하는 두 딸이 있다"(창19:8, 사역)라고 말한다. 여기에 사용된 ידע는 분명히 성적인 의미로 사용되었다(강규성, 2017: 93).

12족장들의 유언서(The Testament of twelve patriarchies)의 기초가 된 사해문서에서 발견된 나프탈리 언약서(The Testament of Naphrali, 137-107 B.C.)에서는 소돔인들이 나그네 학대라기보다는 천사들과 성관계를 하고 싶은 욕정 때문에 그들을 강간하려 했다고 한다. "해와 달과 별들은 그들의 질서를 바꾸지 않는다. 따라서 너희도 무질서한 행실로 하나님의 법을 바꾸어서… 그 본성의 질서를 바꾼 소돔과 같이 되어서는 안 된다. 또한, 마찬가지로 파수꾼들도(타락한 천사들) 그들의 본성의 질서를 바꾸었다(The Testament of Naphtali 3:4-5)."[24] (이민규, 2017: 310 재인용; 보컴, 2010: 103 참조)

소돔의 죄는 동성 간 성적 관계의 강요

전통주의자들에 따르면 야다는 성적 의미를 지닙니다. 야다를 얘기할 때 롯(Lot)이 결혼한 적이 없는 자기 딸들이 있다고 말하는 부분에서 이를 확인할 수 있습니다. 그런데 당시 거기에 온 사람이 모두 남성이라는 것입니다(every man in Sodom, young and old, 창19:4 참조). 이런 점에서 볼 때에 소돔의 죄는 동성(同性) 간 성적 관계에 대한 요구임을 알 수 있는 부분입니다. "4절의 히브리어 문장이 젊은 자나 늙은 자를 포함한 모든 소돔 백성을 남성 명사로 나타낸 사실들은 롯의 손님들에게 표출한 성적 욕구를 단순한 성관계를 요구한 행위가 아닌 동성 간의 성적 관계를 지향한 모습으로 받아들이게 한다."[25] (김정봉, 2020: 155; Wenham, 2001: 149-150 참조)

환대 거절(歡待拒絶)이 집단 동성 간 성적 관계의 요구로 이루어졌다는 수정주의자들의 견해에 대해서 개인적으로 다음과 같은 의문이 듭니다. 소돔 사람들의 주목적[그러한 행동을 하게 된 속마음(內心)]이 무엇이었는가 하는 부분입니다. 환대하지 않음의 근저에 있는 가치가 무엇이냐는 의문입니다. 소돔 사람들이 그러한 행동을 하게 된 우선순위[진정한 목적]가 무엇이었느냐는 것입니다. 주목적이 숨겨진 경우가 많이 있기 때문입니다. 그러므로 환대에 대한 거절과 동성 간의 성관계 요구를 분리해서 볼 것이 아니라 외면(外面)과 내면(內面)의 관계로 봐야 하지 않겠는가 하는 것입니다. 동성 간의 성관계 요구가 내면적인 이유로 더 중요한 것으로 보이는 이유는 그들의 환대에 대한 거절이 주목적이라고 한다면 뒤에 오는 행위로 연결되어서는 안 되는데 환대 거절에 대해 뒤따라온 행동이 성관계의 요구로 연결되고 있는 것을 볼 수 있기 때문입니다. 또 주의해서 보아야 할 점은 소돔의 이야기 전에 창세기 제18장의 이야기가 전개되고 있는데, 창세기 제18장이 불의(不義)에 대해서 다루고 있다는 점-그 성(城)의 의인의 수(數)에 대한 아브라함의 물음[妥協?!]-도 주목해야 한다는 점입니다. 그리고 소돔과 관련된 성경의 다른 책들에 기록된 구절들이 환대에 대한 거절이나 성적 타락의 관점에서 따로(다르게) 기술되고 있다는 점에 관해서도 관심을 가져야 한다는 점입니다.[26]

14. 나는 보았다. 예루살렘 예언자들의 망측한 짓을! 간음하며 헛소리를 따라가

고 못된 것들 편이 되어 주며 잘못을 뉘우치는 사람 하나 없어, 내 눈에는 모두 소돔같이만 보인다. 그 시민이 모두 고모라 주민같이만 보인다. (렘23:14, 〈공동 번역〉)

48. 주 여호와의 말씀이니라 내가 나의 삶을 두고 맹세하노니 네 아우 소돔 곧 그와 그의 딸들은 너와 네 딸들의 행위같이 행하지 아니하였느니라 49. 네 아우 소돔의 죄악은 이러하니 그와 그의 딸들에게 교만함과 음식물의 풍족함과 태평함이 있음이며 또 그가 가난하고 궁핍한 자를 도와주지 아니하며 50. 거만하여 가증한 일을 내 앞에서 행하였음이라 그러므로 내가 보고 곧 그들을 없이 하였느니라 (겔16:48-50, 〈개역 개정〉).

10. 어느 동네에 들어가든지 너희를 영접하지 아니하거든 그 거리로 나와서 말하되 11. 너희 동네에서 우리 발에 묻은 먼지도 너희에게 떨어버리노라 그러나 하나님의 나라가 가까이 온 줄을 알라 하라 12. 내가 너희에게 말하노니 그날에 소돔이 그 동네보다 견디기 쉬우리라(눅10:10-12, 〈개역 개정〉).

7. 소돔과 고모라와 그 이웃 도시들도 그들과 같은 행동으로 음란하며 다른 육체[σαρκὸς ἑτέρας sarkos eteras, 유1:7]를 따라가다가 영원한 불의 형벌을 받음으로 거울이 되었느니라(유1:7, 〈개역 개정〉[ ] 첨가는 본 연구자).

성경에서 소돔과 고모라 사람은 불의한 사람을 대표하는 어구로 사용되고 있거나-예로, '너희 소돔의 관원들아 … 고모라의 백성아(the leaders and people of Sodom and Gomorrah!(사1:10)- 소돔과 고모라는 불의를 행한 곳, 즉 파멸과 심판의 땅의 대명사로 사용되고 있다는 점입니다. 그래서 본 연구자는 소돔의 죄는 내면적(內面的) 이유와 외면적(外面的) 이유를 하나로 묶는 것이 필요한데 그것을 묶을 수 있는 것이 불의라는 점을 지적하고 싶습니다. 의로운 삶('거룩한 삶')으로부터의 일탈적 삶이 소돔 사람들과 같은 행위를 불러일으켰다는 점입니다. 소돔의 죄를 불의로 확장해서 이해해야 하는 것은 오늘날 기독교 내에서 일어나고 있는 동성애 혐오로 명명되고 있는 일부 극단적 행위-hate speech-

에 대한 지양(止揚)이 필요하기 때문이기도 합니다. 그러한 이유로 '종북 좌파 게이'라는 색깔 논쟁과 같은 다양한 극단적 행위 등에서 벗어나야 할 필요가 있는 것입니다.[27] 동성애 행위는 또한 성적 일탈 행위의 한 형태라는 점에서 개인적 관점에서 볼 때에 불의를 행하는 것이기도 하기 때문입니다. 소돔의 죄에 대한 개인적 견해를 그림으로 표현하면 다음과 같습니다. (강철구, 2021 참조)

[그림: 소돔의 죄]

불의(不義, 창 제18장) 거룩한 삶의 결여	외면적 이유	환대 결여
	내면(본질)적 이유	동성과의 성관계(집단 성폭력) 요구

2 이방인의 가증한 풍속(레18:22)과 반드시 죽여야 하는 죄(레 20:13)

이방인의 가증한 풍속(레18:22)

22. μετα άρσενος ου κοιμηθηση κοιτην γυναικος βδελυγμα γαρ εστιν(레18:22) 너는 여자와 [하듯] 남자와 함께 잠자리에 눕지 말라. 왜냐하면 이것은 가증한 짓이다. (최선범, 2020: 127)

22. 브에트 자카르 로 티슈카브 미슈크베 이샤 토에바 히여자와 눕듯이 남자와 눕지 말라. 이것은 가증스럽다. (신득일, 2016: 82) "너는 남자와 '여자와 자는 것'(mishkebhe isshah)을 하면 안 된다. 그것은 망측(toebhah)한 짓이다."(레18:22) (박경미, 2020: 260)

22. "너는 남자와 더불어 여자의 누움을 눕지 말라. 그것은 '토에바'다." (And with a male you shall not lie the lying down of a Women; it is to'eba)(Long, 2021: 32 재인용; Saul Olyan의 번역)

22. 너는 여자와 동침함같이 남자와 동침하지 말라 이는 가증한 일이니라(레18:22, 〈개역 개정〉)

22. It is disgusting for a man to have sex with another man. (Leviticus 18:22 〈CEV〉)

22. 너는 여자와 교합하듯 남자와 교합하면 안 된다. 그것은 망측한 짓이다. (레

18:22 〈새 번역〉)

22. 여자와 자듯이 남자와 한 자리에 들어도 안 된다. 그것은 망측한 짓이다. (레 18:22 〈공동 번역〉)[28]

반드시 죽여야 하는 죄(레20:13)

13. ὅς ἀνκοιμηθη μετα αρσενος κοιτην γυναικος βδελυγμα (레20:13)
누구든지 여자와 [하듯] 남자와 함께 잠자리에 누우면, 가증한 짓이다. (최선 범, 2020: 127)

13. 브이쉬 아쉐르 아쉬카브 에트 자카르 미슈크베 이샤 토에바 아수 쉬네헴 모 트 유마루 드메헴 밤남자가 여인과 눕듯이 남자와 눕는 경우는 그 둘은 가증 한 일을 행했으니, 그들이 반드시 죽게 하라. 그들의 피가 자신에게 있을 것이 다. (신득일, 2016: 82)

13. "남자(ish)가 남자(zakhar)와 '여자와 자는 것'(mishkebhe isshah)을 하는 자는 둘 다 '토에바'(toebhah)를 범한 것이다. 그들은 반드시 사형에 처해진다. 그들의 피는 그들 위에 있다."(레20:13)(박경미, 2020: 260-261)그리고 여자와 누움을 남 자와 눕는 남자에 관해서는, 그들-그 두 남자-은 '토에바'(to'eba)를 범했다. 그 들은 분명 죽음에 처해질 것이다. 그들의 피가 그들 위에 있다."(Long, 2021: 32 재인용; Saul Olyan의 번역)

13. 누구든지 여인과 동침하듯 남자와 동침하면 둘 다 가증한 일을 행함인즉 반드 시 죽일지니 자기의 피가 자기에게로 돌아가리라(레20:13, 〈개역 개정〉)

13. It´s disgusting for men to have sex with one another, and those who do will be put to death, just as they deserve. (Leviticus 20:13 〈CEV〉)

13. 남자가 같은 남자와 동침하여, 여자에게 하듯 그 남자에게 하면, 그 두 사람은 망측한 짓을 한 것이므로 반드시 사형에 처해야 한다. 그들은 자기 죗값으로 죽는 것이다. (레20:13 〈새 번역〉)

13. 여자와 한 자리에 들듯이 남자와 한 자리에 든 남자가 있으면, 그 두 사람은 망 측한 짓을 하였으므로 반드시 사형을 당해야 한다. 그들은 피를 흘리고 죽어야 마땅하다. (레20:13 〈공동 번역〉)[29 · 30]

「레위기」의 동성애 관련 구절에 대해서 수정주의와 전통주의자들 간의 논쟁이 되는 부분은 본 구절들이 차지하고 있는 문맥상의 위치-본문의 위치(강규성, 2017: 95-96 참조)-와 본문에서 사용되고 있는 주요 단어들의 의미가 무엇인가에 대한 것입니다. 전통주의자들이 레위기 본문의 동성애 금지규정을 중요하게 생각하는 것은 동성애 금지에 대해서 토라[Torah, תּוֹרָה, 律法 · 法律]의 규정이라는 점입니다(강규성, 2017: 94). 특히 레위기 제18장 22절의 규정은 율법의 형태상 당위법(當爲法)에 해당하는 것으로 신적인 금지를 나타내고 있기 때문입니다.

> "첫 번째는 율법의 형태상 당위법(apodictic law)에 해당한다. 이것은 어떤 조건이 없이 일방적으로 주어지는 것이다. 그리고 이 법은 그중에서도 금지법에 해당하는데 금지법의 종류를 문법적으로 말한다면 이 명령은 일시적이거나 경고적 의미가 있는 금지가 아니라 신적인 금지(divine prohibition) 혹은 절대 금지를 나타낸다. 이것은 문장의 구조가 부정어 '로'(לֹא)와 미완료 이인칭이 결합했기 때문이다. (로 티쉬카브)"(신득일, 2016: 82)

퀴어 신학자인 데이비드 탭 스튜어트(David Tabb Stewart)는 레위기의 동성애에 관한 두 개의 본문을 게이 남성에게 '폭력 본문'(texts of terror)이라고 평가하는 것을 볼 때(Stewart, 2021: 174)에 동성애자들에게 레위기의 동성애 관련 본문들이 그들의 동성애에 부정적인 평가를 하는 데 매우 중요한 역할을 하고 있음을 짐작할 수 있습니다.

1) 수정주의자들의 해석
「레위기」 동성애 관련 본문의 성격

수정주의자들은 레위기의 규정이 성결법상의 규정임을 강조합니다. 종교적인 이유로 남성들 간의 성교를 금지했다는 것입니다. 남성 간의 섹스 자체에 관해서는 관심이 별로 없었다고 주장을 합니다. 대니얼 A. 헬미니악(Daniel A. Helminiak)과 같은 연구자는 이에 대해 다음과 같이 적고 있습니다. 한마디로 레위기의 동성애 관련 구절들이 종교적인 규정으로 도덕이나 윤리와는 거리가 멀다고 이야기하고 있는 것입니다.

『레위기』의 성결법은 성적인 이유가 아니라 종교적인 이유로 남성 간 성행위를 금한다. 관심사는 바로 이스라엘이 이방인들로부터 구별된 상태를 유지하는 것이었기에 이방인의 정체성에 연관된 동성 간 섹스를 금지했다. 동성 간 섹스는 사물의 마땅한 존재 양식에 관한 유대인의 이해를 벗어나는 일이었다. 남성 간 섹스를 금지하는 조항은 『레위기』의 성결법에만 보이고 다른 데서는 나오지 않지만 성결법에 나타난 다른 금지 조항들은 『성서』의 다른 부분들에 되풀이해서 언급된다. 간음은 〈레위기〉 제18장 20절과 제20장 10절에 나오며 〈출애굽기〉 제20장 14절과 〈민수기〉 제5장 11~31절, 〈신명기〉 제5장 18절과 제22장 22~27절에서도 다시 언급된다. 근친상간은 〈레위기〉 제18장 6~18절과 제20장 11~12절, 14절, 17절, 19~21절에 나오며 다시 〈신명기〉 제23장 1절과 제17장 20절, 22~23절에서도 언급된다. 그리고 수간(獸姦)은 〈레위기〉 제18장 23절과 제20장 15~16절에 언급되고 나서, 〈출애굽기〉 제22장 18절과 〈신명기〉 제27장 21절에서도 다시 언급된다. 이와 같이, 다른 범죄들은 『성서』의 여러 부분을 통해 금지되지만, 남성 간 섹스는 오로지 성결법에서만 금지되고 있다. 이것은 남성 간 섹스를 금지하는 이유가 오로지 부정함과 거룩함에 대한 관심 때문임을 시사하는 것이다. 〈레위기〉의 주장은 윤리적이거나 도덕적인 것이 아니라 종교적인 것이다. 다시 말해서, 섹스 자체가 옳으냐 그르냐 하는 문제가 아니라 유대인의 정체성을 강력하게 유지하려는 것이 그 의도였다. 바로 성결이 주 관심사이다. (Helminiak, 2003: 59. 강조는 본 연구자)

제이콥 밀그롬(Jacob Milgrom)은 본문의 규정에 대해서 '이스라엘에 한정된 법 규정'이라고 주장을 합니다. "밀그롬은 이 금지법이 대단히 한정된 법이라는 점을 지적한다. 첫째, 이 법은 이스라엘에 주어진 것이다. 둘째, 이 명령에 대한 순종은 약속의 땅(the Holy Land)에 거한다는 조건이 있다. 셋째, 이것이 남자에게만 주어진 것이기 때문에 보편적인 법이 될 수 없다고 한다.[31] 이것은 이스라엘 사람이 아닌 자, 약속의 땅에 살지 않는 자에게는 적용되지 않는다는 것이다"(신득일, 2016: 77-78; Migrom, 2004: 196 참조). 제닝스(Jennings Jr)는 이 규정을 문자적으로 지키고 있는 이들은 오직 오늘날 기독교인들만이라고 지적합니다. 한마디로 일반인들과는 거리가 먼 규정이라는 겁니다. "이상하게도 유대인들은 모든 기록된 역사에서 절대로 이것을 문자 그대로 받아들이지 않았습니다. 오직 기독교인들만이 문자적으로 받아들였을 뿐입니다. 물론 이렇게 되기까지에는 당연히 오랜 시간이 소요되었습니다. 다만 약 1500년의 세월이 지나서야 기독교인들만이 이 규정들을 다른 기독교인에게 문자적으로 작용할 수 있겠다고 실제로 생각할 수 있었습니다."(Jennings, 2011: 439)

'가증스러운'(תועבה, to'ebah, 혹은 abomination, disgust)의 의미는 윤리적인 금지와 무관한 제의적 규정

앞서 언급했듯이 수정주의자들은 레위기 규정은 제의적[宗教的] 의미에서 '부정'을 의미한다고 주장합니다. 즉 제의적 규범이기 때문에 윤리나 도덕적인 금지[不淨]하고는 무관하다는 주장입니다. '가증스러운(토에바)'이라는 단어의 해석에서 그러한 태도를 엿볼 수 있습니다. 존 보스웰이 바로 이런 입장에서 서 있는 대표적인 학자입니다. "보스웰(J. Boswell)은 레위기 18:22과 20:13에서 동성 관계가 '가증하다'라고 표현을 다르게 적용한다. 그는 히브리어 단어 '가증스러운'(תועבה, 토에바)이 제의적인 관행에 한정된 것이지 본질적으로 악한 것을 의미하지 않는다고 한다. 이것은 제의적인 부정에 관련될 뿐이라는 것이다.[32] 다시 말해서 이 법이 도덕적 규범이 아니라 제의적 규범이기 때문에 윤리적인 동성애 금지법과는 무관하다는 것이다."(신득일, 2016: 75-76; Boswell, 1980: 101) E. 게르스텐베르거(E. Gerstenberger)나 헬미니악[57-65 참조] 등 동성애 옹호자들도 "레위기의 금지명령에 나오는 toeba[토에바]가 윤리적인 것이 아니라(여자의 월경이나 할례 계율에서처럼) 제의적(祭儀的) 성결의 의미로 쓰인 경우로 보아야 한다고 주장한다."(오성중, 2020: 96) 레위기 동성애 반대 규정이 제의적 규정이라는 주장은 현대의 일반인들 사이에서 행해지는 동성애에는 적용되지 않는다는 것을 수정주의자들이 주장하기 위함입니다.

"여자와 동침함같이"(미슈크베 이샤, mishkebe-isha, '여자의 눕는 것', משכבי אשה)[33]는 오늘날의 동성 간의 성관계와는 거리가 멀다

'여자와 동침함같이'라는 말의 의미가 무엇인가에 대한 것입니다.[34] 데이비드 T. 스튜어트(David Tabb Stewart)는 본문이 지닌 부정(不定/不確實)함을 지적합니다. '하듯이'(as)가 히브리어 본문에 없으므로 정확히 무엇을 의미하는지 알 수 없다고 주장하는 것을 볼 수 있습니다.

> 게이 남성에게 '폭력 본문'(texts of terror)인 두 구절이 있다. "너는 여자와 눕듯이 남자와 교합하지 마라. 그것은 망측한 짓이다."(레18:22), "남자가 여자와 눕듯이 남자와 누우면, 그 두 사람은 망측한 짓을 한 것이다. 그들은 죽음에 처해야 한다. 그들은 자기 죗값으로 죽는 것이다."(레20:13) 두 번째 구절은 앞 구절을 재진술한다는 것이 분명하다. 거기에 벌을 덧붙였다. 먼저 알아야 할 것은 '하듯이'(as)가 히브리어 본문에는 없다는 점이다. 번역자들이 덧댄 말이다. '하듯이'라는 말이 있었어도, 뭐가 같다는 것인지 묻게 한다. 남자가, 여자와 눕듯이 남자와 눕는 것을 정확히 할 수 없다는 것이 분명한가? 항문 성교는 질 성교가 아니지 않는가? 또는, 한 익살꾼이 제안하듯, 레즈비언만 실제로 이 법을 지킬 수 있다. 이 '하듯이'라는 말을 빼면, 전문용어처럼 보이는 것이 남는다. 히브리어로 '미시케베-이샤'(mishkebe-isha), 문자적으로 '여자와 누움들'(lyings of a woman)이다. 그러면 이 명령은 이와 같다.

"남자와 눕지 말아라. '여자의 누움들'을" 이게 무슨 소리인가? (Stewart, 2021: 174)

일부 연구자들은 '여자와 동침함같이'를 다양한 방법으로 해석하기를 시도합니다. 헬미니악의 경우 삽입(挿入, 貫通)을 제외한, 즉 항문성교(肛門性交, anal sex)를 금지하는 것이지 다른 동성 간의 다른 성행위들-'문지르기'(rubbing), '고환 물기'(teabagging), '리밍'(rimming, 항문과 입이 맞닿는 성행위(oral-anal contact), '구강성교'(oral sex) 등- 에 대해서 유대교에서는 인정했었다고 주장을 합니다. 삽입하는 성교는 오로지 남자와 여자 사이에서나 하는 성행위이기 때문이라는 것이지요.

> "초기 유대교의 사고방식은 분명히 오늘날 우리의 사고방식과 비교할 때 오히려 성에 관해 자유로웠다. 그중 가장 특이한 것은 성행위를 결코 동성 간 성행위 대 이성 간 성행위로 분류하지 않았다는 사실이다. 동성애와 이성애라는 개념은 『성서』의 사고방식과 맞지 않는다. 중요한 것은 남자와 여자 중 누구와 성행위를 하느냐가 아니라 무엇을 했느냐, 즉 삽입했느냐의 여부였다. 삽입 성교는 남녀 사이에나 하는 일로 남겨졌다. 남자가 다른 남자에게 삽입하는 것은 다른 종류를 뒤섞는 짓이었다. 그와 같은 섞임은 망측한 짓 곧 종교적으로 부정한 일이었다. 동성애는 결코 관심사가 아니었다. 그와 같은 생각은 전혀 개입되지 않았으며 관심사는 성결 규칙에 관한 것이었다. 이들 규칙은 고대 유대인들의 세계관에 따라 만물의 이상적인 질서를 유지하는 구실을 했다."(Helminiak, 2003: 69)

K. R. 링스(K. R. Lings)는 가족 사이에서 벌어지는 남성 간의 성행위에 대한 금지를 의미한다는 해석을 하기도 합니다. "K. R. Lings는 레위기 18:22에서 금하고 있는 계명은 남성 간의 동성애적 행위에 대한 것이 아니라 가족 중 남성 간의 성행위에 대한 것이라는 독특한 해석을 한다. 'You shall not commit incest with any close relative, male or female[35].'"(오성중, 2020: 96; Lings, 2009: 231-250 참조) G. B. 세일러(G. B. Sayler)는 남자가 성행위 시에 수동적인 자세

(bottom)를 취하는 것을 의미한다고 말합니다. "그는 '여자의 눕는 것'(미슈크베
이샤, אשה משכבי의 문자적 번역)은 성행위에서 수동적인 자세를 가리킨다고 한다.
그래서 이 본문은 남자가 여자의 위치에 누워서 성관계를 가져서는 안 된다
는 뜻으로 해석한다. 그는 이 본문이 성의 역할 차이를 언급할 뿐이지 현대 사
회문제가 되는 동성애 문제를 의미하지 않는다고 한다."(신득일, 2016: 77; Sayler,
2005: 81-89 참조)[36] J. T. 월쉬(J. T. Walsh)와 같은 학자는 자유민에게 있어서 발
생할 수 있는 '성 혼동(性混同)'에 대해 지적하기도 합니다. "'두 법의 중심 문
제는 일반적인 성 혼동이 아니라 정확하게 자유민인 남성이 여성의 역할을 맡
는 데서 일어나는 성 혼동이다'라고 했다.[37] 자유민으로서 이스라엘 남성은 당
시 사회적 가치와 명예를 지니고 있는데 성관계에서 수동적인 태도를 취하는
것은 수치스러운 일이라는 것이다."(신득일, 2016: 77; Walsh, 2001: 201-209 참조.)

2) 전통주의자들의 해석
「레위기」 동성애 본문의 위치

출애굽을 해서 젖과 꿀의 땅인 가나안으로 들어가는 이스라엘 사람들에게
가나안 풍속을 따르지 말 것을 명령한 부분이 레위기 제18장의 규정입니다.
강규성 교수는 레위기 제18장을 성행위 금지명령에 중점을 두어 다음과 같이
레위기 제18장을 분류하고 있는 것을 볼 수 있습니다. 친족 간의 근친 성행위
에서부터 시작해서 금지된 성행위에 대해서 넓게 규정하고 있다는 것이지요.

　　　레위기 18:6-16: 친족 간 성행위 금지명령
　　　레위기 18:17-18: 한 남자와 두 여자 간의 성행위 금지명령
　　　레위기 18:19-21: 부정한 성행위 금지명령
　　　레위기 18:22-23: 혼잡한 성행위 금지명령

우리가 고찰하려는 레위기 18:22은 이스라엘이 가까이 근친에서 가장 멀리 수간에 이르는 행하지 말아야 할 성행위 맨 마지막 단계에 있다. 따라서 레위기 18:22은 가나안 땅을 더럽힌 "이 모든 일" 중의 하나이다. (강규성, 2017: 96)

레위기 제20장에는 반드시 죽어야 할 죄의 목록을 열거하고 있는데 그 목록에 동성애를 포함하고 있는 것을 볼 수 있습니다. "레위기 제20장은 반드시 죽여야 하는 죄의 목록이다. 여기에 속하는 죄로는 자식을 몰렉에게 바치는 인신제사, 접신한 자와 박수무당을 따르는 죄, 부모를 저주하는 죄, 남의 아내와 간음하는 죄, 어머니와 동침하는 죄 등이 속하는데 이 목록 가운데 13절에 동성애가 포함된 것이다."(황선우, 2020: 547) 레위기가 규정하고 있는 2개의 동성애 금지에 관한 규정은 구약에서 동성애를 행하는 것이 얼마나 비중[무거운] 있는 죄인가를 보여주고 있다는 것입니다.

'가증스러운'(תועבה, to'ebah)의 의미는 성과 관련된 비윤리적인 행위를 지칭

토에바에 대한 전통주의자들의 해석은 규례나 종교적인 의미보다는 도덕이나 윤리적인 의미를 지니는 것으로 이해합니다. 가증스럽다는 의미가 비윤리적 행위를 가리킨다는 것입니다.

> 사실 '가증한 일'은 구약에서는 오직 레위기에만 나오는 용어다(레18:22, 26, 27, 29, 30, 20:13). 그리고 가나안의 종교 제의의 혐오스럽고 비윤리적 행위들을 지적할 때 쓰인다. 물론 70인역에서 תועבה to'ebah에 관한 번역어인 bdelu.gma(bdelygma)는 하나님의 진노를 부르는 행위나 또한 도덕적으로 가증한 것을 의미한다(예를 들어 신12:31; 18:9, 12; 20:18; 왕상14:24; 왕하16:3; 21:2; 대하28:3; 33:2; 36:14; 사44:19).(이민규, 2017: 311-312)[38]

강규성 교수도 로버트 A. J. 가그논(Robert A. J. Gaganon)의 견해를 의지해서 '토에바'라는 단어를 도덕성의 문제로 해석하는 것을 볼 수 있습니다. "특별히 가그논은 레위기 18:22, 26-30; 20:13에서 사용된 תועבה는 '가증스럽고 혐오스럽다', '하나님의 백성에서 끊어진다', '민족 전체가 가나안 땅에서 추방될 수 있는 위험에 처할 수 있다'라는 세 항목으로 특징화되어 있다는 점을 주목한다. 그래서 תועבה에 대한 제의적 해석을 거부하면서 성적인 부도덕성의 문제로 해석한다. 따라서 레위기 18:22은 동성 간 성행위를 금지하고 있으며 본문은 '가증하고(레 18:22)' '땅을 부정하게 하며(레 18:27)', '백성 가운데서 끊어질(레 18:29)' 위험이 있으며 민족 전체가 '토해질(레 18:28)' 위험이 있다고 경고하고 있다."(강규성, 2017: 97; Gaganon, 2001: 117-118 참조)[39]

"여자와 동침함같이"(미슈크베 이샤, mishkebe-isha, '여자의 눕는 것', משכבי אשה)는 성행위에서 수동적 자세를 취하는 것을 의미

'여자와 동침함같이'라는 문구에 대해서 최선범 교수는 남자가 여자와 성관계를 맺는 것처럼 남자와 남자가 성관계를 맺는 것을 의미-성행위에서의 수동적 자세를 취하는 것을 의미-한다고 주장합니다. "레위기 18:22와 20:13은 남자와 잠자리에서 성교 행위를 지칭하는 '남자와 잠자리에 눕는다'라는 표현을 통해 남자가 여자와 성관계를 맺는 것처럼 남자와 남자가 성관계를 맺는 것을 가증한 행위로 규정하고 있다. 또한 구약에서 κοιτης(코이테스, 잠자리, 침대)와 결합한 단어는 대부분 잠을 자는 행위나 누워 있는 상태를 나타낸다. 예를 들면 δουλοκοιτης(두로코이테스)는 종들과 함께 잠을 자는 행위자를, μετροκοιτης(메트로코이테스)는 어머니와 함께 잠을 자는 행위자를, κλεψικοιτης(크렙시코이테)는 금지된 성적 행위를 추구하는 자를, ανδροκοιτης(안드로코이테스)는 남자와 함께 잠을 잘 행위자를 지칭한다.[40] 이러한 성적 행위자를 나타내는 결합 명사들의 의미는 바울이 사용한 ἀρσενοκοίτης(알세노코이테스)의 단어 형성과 의미를 파악하는 데 큰 도움을 준다. 어떤 동작이나 행위를 나타내는 접미사 κοίτης와 결합한 단어들이 잠을 자는 행위나 성적 행위를 나타내는 것처럼 ἀρσενοκοίτης는 ἄρσην(알센, 남자)과 κοίτη(코이테, 잠자리)와 결합한 명사로 남자와 성교하는 자의 행위를 나타낸다."(최선범, 2020: 127; Wright, 1984: 351-378 참조)

또한 '눕지 말라'(לֹא תִשְׁכַּב, 로 티쉬카브)라는 문구에 대해서는 완곡어법(婉曲表現法, euphemism)의 하나로 성관계를 나타내는 것으로 이해합니다. 부정어인 '로'(לֹא, not)의 용례를 보면 십계명의 구조와 비슷한 것으로서 신적인 금지(divine prohibition) 혹은 절대 금지를 나타내게 되는데, 신적 금지의 차원에서 절대적으로 '성관계를 하지 말라'라는 의미라는 것이지요. "첫 번째[레18:22]는 율법의 형태상 당위법(apodictic law)에 해당한다. 이것은 어떤 조건이 없이 일방적으로 주어지는 것이다. 그리고 이 법은 그중에서도 금지법에 해당하는데 금지법의 종류를 문법적으로 말한다면 이 명령은 일시적이거나 경고적 의미가 있는 금지가 아니라 신적인 금지(divine prohibition) 혹은 절대 금지를 나타낸다. 이것은 문장의 구조가 부정어 '로'(לֹא)와 미완료 이인칭이 결합했기 때문이다. (לֹא תִשְׁכַּב, 로 티쉬카브) 이 문장의 동사 '샤카브'(שכב)는 기본적으로 '눕다'란 말이지만 여기서는 성관계를 완곡하게 표현한 것이다. 그래서 한글개역 성경은 '교합하다'라고 좀 더 노골적으로 번역을 했고 개역 개정판에는 '동침하다'라고 했다. 영어 번역 가운데는 '새생명 번역'(NLT)과 '새세기역'(NCV)은 아예 성적인 관계로 의역을 했다. 이 법을 위반하는 것은 가증스럽다고 한다."(신득일, 2016: 82-83)

3 기타 관련 본문(其他 關聯本文)

구약성경에서는 위의 본문들 이외에도 성전 남창(聖殿男娼)이 존재하였다는 것을 보여주는 여러 본문이 있습니다(신23:17-18; 왕상14:21-24; 15:12-14; 22:46-47; 왕하23:7; 욥36:14 참고). 동성애와 관련해서 남창에 관한 구약 구절들이 동성애자나, 동성애적 행위를 지칭하는 것이냐에 대해서 수정주의자들과 전통주의자들이 의견을 달리하고 있습니다.

17. 이스라엘 여자 중에 창기가 있지 못할 것이요 이스라엘 남자 중에 남창이 있지 못할지니 18. 창기가 번 돈과 개 같은 자의 소득은 어떤 서원하는 일로든지 네 하나님 여호와의 전에 가져오지 말라 이 둘은 다 네 하나님 여호와께 가증한 것임이니라. (신23: 17-18, 〈개역 개정〉)

24. 그 땅에 또 남색하는 자가 있었고 여호와께서 이스라엘 자손 앞에서 쫓아내신 국민의 모든 가증한 일을 무리가 본받아 행하였더라. (왕상14:24, 〈개역 개정〉)

12. 남색하는 자를 그 땅에서 쫓아내고 그의 조상들이 지은 모든 우상을 없애고 (왕상15:12, 〈개역 개정〉)

46. 그가 그의 아버지 아사의 시대에 남아 있던 남색하는 자들을 그 땅에서 쫓아내었더라. (왕상22:47, 〈개역 개정〉)

7. 또 여호와의 성전 가운데 남창의 집을 헐었으니 그곳은 여인이 아세라를 위하여 휘장을 짜는 처소였더라. (왕하23:7, 〈개역 개정〉)

14. 그들의 몸은 젊어서 죽으며 그들의 생명은 남창과 함께 있도다. (욥36:14)

1) 수정주의자들의 해석

케데쉼(Qedeshim)은 동성적 성행위를 하는 성전의 남창을 지칭하지 않음: 성전 남창=동성애자는 해석의 오류

수정주의자들은 '케데쉼'이라는 단어의 해석에 대해서 의문을 제기합니다. 스톤의 경우 '케데쉼'(Qedeshim, '거룩한 자들' 단수형은 Qedesh, קָדֵשׁ)이라는 단어를 번역하면서 중요한 해석의 문제를 감추고 있다고 주장합니다. "열왕기의 여러 구절은 다양한 유다의 왕들이 '케데쉼'(Qedeshim, [여성형은 Qedeshah, Qedeshot])이라 불리던 사람들을 어떻게 용인하거나 추방했는지를 전한다(왕상14:24; 15:12; 22:46; 왕하23:7). 열왕기의 영역본에서, 이들을 일컫는 단어는 '성전 남창'(male temple prostitute, NRSV), '남창'(NJPS), 심지어 '남색자'(AV)라고 번역된다. 동일한 히브리 용어가 신명기와 욥기에 나오고, 이 단어의 여성형이 창세기, 신명기, 호세아서에 나온다(영역본 성서는 '성전 성매매자'[temple prostitute, NRSV] 또는 '제의 성매매자'[cult prostitute, NJPS]로 번역함). 그런데 이들 번역 중 어떤 것도 문자적인 번역이 아니고, 이들 모두 중요한 해석 문제를 감추고 있다."(Stone, 2021: 380) 퀴어 신학을 옹호하는 박경미 교수도 같은 입장에서 번역의 문제에 대해서 지적합니다. 케데쉼은 성적 서비스를 제공하는 신적 사제를 가리키는 말이지만 동성애적 행위와는 무관하다는 것입니다. 다만 해석을 하면서 동성적 성행위를 하는 사람처럼 보이게끔 번역-오해(誤解)-하였고 그로 인해서 반동성애적 경향을 확산시키는 데 있어서 중요한 역할을 했다는 것입니다.

17세기 초 영어 흠정역에서는 신명기 23:17과 열왕기상 14:24에 나오는 히브리어 qadhesh를 sodomites(소돔 사람들)로 번역했다.[41] qadhesh(남성형), qedheshah(여성형)는 직역하면, '성별된 자'라는 뜻으로 이교 신전의 남녀 사제를 가리키는 말이다. 그런데 고대 근동에서 카데슈, 케데샤는 풍요 다산 제의를 담당했던 신전 남녀 사제들이면서 동시에 풍요를 상징하는 성적 서비스를 신전 방문자들에게 제공하는 사람들이었다. 가령 영어에서 '창녀'를 뜻하는 prostitute의 어원적 라틴어 prostitutus(남성형), prostituta(여성형) 역시 원래 성적 서비스를 제공하는 신전 사제를 가리키는 말이었다. 이는 농경 사회에서의 풍요 다산과 인간의 성행위를 통한 재생산 사이의 개념적 유사성 때문에 나타난 것이다. 말하자면 카데슈는 일종의 신전 매춘자를 가리키는 말이었고, 위 구절들에서 카데슈, 케데샤는 그런 의미로 쓰였을 가능성이 크다. 그런데 흠정역에서는 카데슈를 남성 간 동성 성행위를 하는 사람들을 가리켰던 sodomites라고 번역함으로써 이 구절들에 그런 관념을 끌어들이게 되었다. 카데슈, 케데샤가 동성 간 성행위를 했다는 증거가 없는데도[42] 카데슈라는 말을 sodomites라는 영어 단어로 번역함으로써 이 구절들을 신전 매춘이 아니라 동성 간 성행위를 반대하는 구절로 만든 것이다. 즉 창세기 제19장의 소돔의 죄를 동성애의 죄로 규정하고, 여기 근거해서 성서 다른 구절에 나오는 qadhesh를 '소돔 사람'이라고 번역함으로써 소돔의 죄, 즉 동성 간 성행위에 대한 반대 의미를 더 강화하고 확산시킨 것이다. (박경미, 2020: 216-217; Treese, 1974: 23-60 참조 강조는 본 연구자)

2) 전통주의자들의 해석

케데쉼(Qedeshim)은 동성적 성행위를 하는 성전의 남창을 지칭함

전통주의자들은 수정주의자들과 달리 케데쉼을 '남색하는 자들'로 이해한다는 점입니다(오성중, 2020: 97 참조). 강규성 교수는 성전 남창이 동성애와 관련되어 있느냐에 대한 문제에 대해서 마빈 H. 포프(Marvin H. Pope) 교수의 주장을 근거로 해서 케데쉼(聖娼, holy or sacred prostitution, 가나안 종교에서 남녀 제사장과 성관계하며 신의 복을 기원하던 제도)이 동성애와 무관하지 않다는 점에 관해서 기술하는 것을 볼 수 있습니다.

"문제는 신전 창녀와 신전 남창의 경우 동성애와 연관이 있느냐는 점이다. 본문은 이 문제에 대해 명확한 답을 제공하지는 않는다. 그러나 마빈 포프(Marvin Pope)가 시리아-팔레스타인과 고대 근동 지역에서 동성애를 하는 성창을 사용하는 제의가 만연했다는 주장을 수용한다면 동성애와 무관하다고 볼 수 없다."(강규성, 2017: 98)

배정훈 교수는 '구약성서에 나타나는 동성애 성창 제도'라는 내용에서 동성애적 욕구를 성창을 통해 분출했다고 기술합니다. 「욥기」에 나오는 '그들이 젊어서 죽으며'라는 구절의 진술이 그러한 이해를 가능케 한다는 점을 지적하면서 말입니다.

구약성경에서는 위의 본문들 이외에도 남창이 존재하였다는 것을 보여주는 여러 본문이 있다(신23:17-18; 왕상14:24; 22:47; 왕하23:7; 욥36:14). … 위의 본문들을 통하여 남창의 특성과 역사에 대하여 우리에게 보여준다. 첫째로 남창의 기원은 가나안 신전에서 제의를 수행하기 위하여 음행하는 남자인 것을 알 수 있다. 즉 남창은 이스라엘 민족이 가나안 땅에 정착하기 이전부터 가나안 땅에서 존재했던 종교의식 담당자였다. 둘째로 남창은 역사적으로 르호보암 시대에 존재하였고(왕상14:24), 아사 시대에 개혁을 통해 일부가 제거되었지만(왕상5:12), 여호사밧 때는 아사가 뿌리 뽑지 못한 남창이 제거되었다(왕상22:46). 그런데 요시야 시대 때 다시 남창을 제거하는 것이 개혁 과제 중 하나인 것을 보면 이스라엘 역사에서 남창은 완전히 제거되지 않고 남아 있었다는 것을 알 수 있다. 셋째로, 남창의 직업을 가지고 있으면서 번 돈을 여호와 신전에 바치는 사람이 존재했다(신23:17-18)는 것은 이들이 여호와 신앙을 가지고 있지만 율법에 금지된 직업으로 남창을 택한 자들로 볼 수 있다. 하나님은 금하시지만, 백성들이 가나안 제의의 잔재인 남창을 이용하는 관습이 남아 있다는 것을 알 수 있다. 넷째로, 이스라엘 역사에서 개인적인 동성애의 존재를 확인하기 어렵지만 동성애적인 요구는 남창을 통하여 분출하였다고 볼 수 있다. 즉, 가나안 종교의 사제 기능을 담당했던 남창의 흔적이 뿌리 깊게 이스라엘 역사에 남아 일상생활에서 동성애를 가능하게 하는 것이었다고 볼 수 있다. 다섯째, 욥기의 진술은 남창의 수명이 짧다고 진술함으로써 많은 사람들이 일상의 경험을 통하여 남창에 대한 선이해가 가능하였다고 볼 수 있다. 여섯째, 우리는 이 본문들을 통하여 이스라엘 역사에 뿌리 깊은 남창의 존재를 재확인할 수 있다. 레위기 제18장과 제20장에서 음란한 죄를 가증하다고 말하면서도 특별히 동성애를 가증하다고 평가한 것처럼, 르호보암부터 요시야에 이르는 종교개혁의 시기에 어김없이 동성애 제거가 나타난다. 이때 종교개혁을 진행할 때, 다른 가나안 우상 숭배를 열거하면서, 반드시 아직도 존재하는 남색 제거의 과제를 나열한 것을 보면, 이스라엘 역사에서 남색은 뿌리 깊은 것이면서 해결되지 않은 숙제였음을 알 수 있다. (배정훈, 2016: 70-71. 강조는 본 연구자)

III 나가는 말

구약에서 동성애 관련 본문들에 대해서 퀴어한 해석들이 존재합니다. 이러한 재해석을 시도하는 이들을 수정주의자들이라고 지칭합니다. 이들은 기존의 전통주의자들과-개인적으로 정통이라는 단어를 쓰고 싶다-는 전혀 다른 방향으로 동성애와 관련된 구약 본문들을 해석하곤 합니다. 한마디로 요약하면 수정주의는 동성애 관련 구약 본문들을 동성애와는 별개의 문제로 해석한다는 것입니다. 전통주의자들은 과거 전통처럼 이들 본문에 대해서 반동성애적 규정으로 해석한다는 데 차이점이 있습니다. 본 연구자는 본문에서 밝혔듯이 소돔의 죄를 동성애적 의미를 지니는 것을 전제로 하면서 창세기 제18장과의 관계에서 보다 넓게 불의의 결과로 해석하길 원합니다. 불의로 인한 성적 일탈 행위인 동성애로 말입니다. 왜냐하면 모든 것이 의(義)를 따르는 삶에서 벗어난 결과이기 때문입니다. 수정주의자들과 전통주의자들의 해석을 비교하면 다음과 같이 [표]로 나타낼 수 있습니다.

[표: 수정주의자와 전통주의자 간의 구약 동성애 본문에 대한 해석 비교]

본문	수정주의자의 해석	전통주의자의 해석
소돔의 죄 (창19:1-11) cf 레위인과 그 첩 (삿19:16-30)	야다(יָדַע, yada, 창19:5)의 성적 함의는 없거나 불분명함	야다(יָדַע, yada, 창19:5)의 성적 함의를 지님
	'환대하지 않음=성관계와 무관함=소돔의 죄', '불의=사회적 약자를 돕지 않음=소돔의 죄', '환대하지 않음=수치심 주기=[집단적] 성폭력(anal sex)=소돔의 죄'	소돔의 죄는 동성 간 [폭력적] 성적 관계의 요구
이방인의 가증한 풍속 (레18:22)과 반드시 죽여야 하는 죄 (레20:13)	'가증스러운'(תּוֹעֵבָה, to'ebah, 혹은 abomination, disgust)의 의미는 윤리적인 금지와 무관한 제의적 규정	'가증스러운'(תּוֹעֵבָה, to'ebah)의 의미는 성과 관련된 비도덕적/비윤리적인 행위를 지칭
	"여자와 동침함같이"(미슈크베 이샤, mishkebe-isha, '여자의 눕는 것', מִשְׁכְּבֵי אִשָּׁה)는 오늘날의 동성 간의 성관계와는 거리가 먼 성행위	"여자와 동침함같이"(미슈크베 이샤, mishkebe-isha, '여자의 눕는 것', מִשְׁכְּבֵי אִשָּׁה)는 성행위에서 수동적 자세를 취하는 것을 의미
관련 본문(신23:17-18; 왕상14:21-24; 15:12-14; 2:46-47; 왕하23:7; 욥36:14 참고)	케데쉼(Qedeshim)은 동성적 성행위를 하는 성전의 남창을 지칭하지 않음	케데쉼(Qedeshim)은 동성적 성행위를 하는 성전의 남창을 지칭함

앞서 언급했듯이 개인적으로 소돔의 죄를 불의(不義, 거룩한 삶의 결여)로 보면서 구체적인 이유를 내면(본질)적으로는 동성과의 성관계(집단적 성폭력) 요구로, 외면적 이유로는 환대 결여로 이해하는 것은 오늘날 일부 극단적 형태를 띤 소수의 근본주의자 사이에서 심심찮게 불거지고 있는 폭력적인 동성애 혐오(homophobia)에 대한 것을 방지하기 위함입니다. 동성애는 성적 일탈 행위의 한 형태로 하나님 앞에서 죄인 것은 맞습니다. 그렇다고 해서 죽이네, 살리네-지옥 가네, 마네, 멸망하네, 마네 식의 소모적 극단적 논쟁- 하는 식의 논쟁은 우리 자신들이 할 문제가 아니라는 것입니다. 사회적 공신력이 약화된 오늘날 기독교의 지형에서 동성애/자를 향한 살리네, 죽이네, 하는 극단적 혐오성 발언과 더불어 동성애자들에 대한 색깔 논쟁-종북좌파 게이-은 기독교가 사회에 미칠 영향력을 더욱 악화시키는 결과만을 가져올 것이라는 우려 때문이기도 합니다.

|참고문헌|

강규성 (2017). "구약은 동성애에 대해서 어떻게 말하는가?".『성경과 신학』. 81. 83-107.

강상우 (2016.11). "간디와 함께, 간디를 넘어". 기독학문학회. 통권 33호.

　　http://www.worldview.or.kr/library/article/2625.

강엽 (2005). "동성연애에 대한 성경적 견해".『문학과 종교』. 10(2). 1-26.

강철구 (2021). "소돔과 고모라에 대한 구약성경의 수용과 새로운 접근".『구약논집』. 21.

　　9-42.

곽혜원 (2022). "퀴어 신학에 대한 비판적 고찰". 〈기독학문학회〉. (통권 39호);

　　https://www.worldview.or.kr/library/article/3608

김도남 (2006). "해석공동체의 개념 탐구".『국어교육학연구』. 26. 277-309.

김영종 (2016). "4부. 제2장. 동성애 문제의 진단과 건강사회 처방: 선교 신학적 및 사회

　　과학적 접근". 김영한 외 공저 (2016).『동성애, 21세기 문화충돌』. 용인: 킹덤북

　　스. 351-375.

김정봉 (2020). "심판 신학에 대한 소고: 창세기 제18장 16-33절". 대학출판부 편 (2020).

　　『동성애, 성경에서 답을 찾다』. 침례신학대학교출판부. 149-174.

김태식 (2020). "교회사적으로 교회는 동성애를 어떻게 바라보고 대응했는가?: 현대 주요

　　교단의 변화를 중심으로". 대학출판부 편 (2020).『동성애, 성경에서 답을 찾다』.

　　대전: 침례신학대학교출판부. 197-221.

김희철 (2018). "죄인인가 클라이언트인가? 기독교인 사회복지사가 동성애자 클라이언트

　　를 만났을 때".『비판사회정책』. 61. 51-94.

박경미 (2020).『성서, 퀴어를 옹호하다』. 대구: 한티재.

배정훈 (2016). "제1부. 제1장. 구약성경에 나타난 동성애". 김영한 외 공저 (2016).『동성

　　애, 21세기 문화충돌』. 킹덤북스. 43-73.

손봉호 (2018).『주변으로 밀려난 기독교』. 3쇄. 서울: CUP.

손호연 (2017). "동성애와 신학적 인권"『神學思想』. 177. 139-167.

신득일 (2016). "제1부. 제2장. 레위기의 동성애 법".『동성애, 21세기 문화충돌』. 용인: 킹

덤북스. 74-98.

안정국 (2013). "이슬람과 성적 소수자". 『중동연구』. 31(3). 157-174.

야마구찌 사토꼬 (2018). 『동성애와 성경의 진실』. 양희매 역. 고양: 무지개신학연구소. 51-53.

오성중 (2020). "제3장 동성애에 대한 신약신학적·영성신학적 고찰". 페터 바이어하우스·김영한 외 공저 (2020). 『젠더 이데올로기 심층 연구』. 서울: 밝은생각. 88-183.

우병훈 (2019). 『기독교 윤리학: 성경과 기독교 전통의 반석 위에 세워진 기초 윤리학』. 서울: 복있는사람.

유선명 (2017). "동성애 관련 구약 본문의 핵심 논점". 『개혁논총』. 43. 9-35.

이민규 (2020). "동성애에 관한 성경의 바람직한 태도: 창세기 19장, 사사기 19장, 레위기 18, 제20장, 마태복음 19장(마가복음 10장)과 로마서 제1장 중심으로" 『신학 논단』. 100. 111-148.

이민규 (2017). "성경으로 동성애를 논하는 것이 어디까지 가능할까". 「성경과 신학」. 81. 301-38.

이상원 (2022). "퀴어 신학의 이단성". 〈기독학문학회〉. (통권 39호). 457-493.

이신열 (2019). "바즈웰(John Boswell)의 동성애 이해에 대한 비판적 고찰". 『한국개혁신학』. 61. 96-145.

이종록 (2016). "니느웨 상상력: (비인간) 동물 신학 정립을 위한 구약성서 연구". 『신학사상』. 175. 7-43.

최선범 (2020). "동성애 행위에 대한 신약성서 저자들의 해석과 신학적 관점". 대학출판부 편 (2020). 『동성애, 성경에서 답을 찾다』. 침례신학대학교출판부. 115-148.

황선우 (2020). "구약성경에 나타난 동성애-퀴어 신학의 구약 해석 비판". 기독교학문학회. 통권37호. 543-556. https://www.worldview.or.kr/library/article/3428

Abbott, E. (2000). A History of Celibacy. 이희재 역 (2006). 『독신의 탄생』. 서울: 해냄.

Collins, Francis S. (2006). The Language of God: A Scientist Presents Evidence for Belief. New York: Free Press. 이창신 역 (2009). 『신의 언어』. 파주: 김영사.

Grenz, Stanley J. (2016). Welcoming But Not Affirming: An Evangelical Response to

Homosexuality. 김대중 역.『환영과 거절 사이에서』. 서울: 새물결플러스.

Helminiak, Daniel A. (2000). What the Bible Really Says About Homosexuality? 김강일 역 (2003).『성서가 말하는 동성애』. 서울: 해울.

Jennings, Jr., Theodore W. (2003). The Man Jesus Loved: homoerotic narratives from the new testament. The Pilgrim Press. 박성훈 역 (2011).『예수가 사랑한 남자: 신약성 서의 동성애 이야기』. 서울: 동연.

Long, Ronald E. (2006). "서론: 성서에 근거한 동성애자 공격을 무장해제 시키기". Guest, Deryn, Robert E. Gross, Mona West and Thomas Bohache ed. (2006). The Queer Bible Commentary I. SCN Press. 퀴어 성서 주석 번역출판위원회 역 (2021).『퀴어 성서 주석 I 히브리 성서』. 고양: 무지개신학연구소. 29-55.

Martel, Frederic (2017). Global Gay: La longue marche des homosexuels. Flammarion. 전혜영 역 (2018).『같은 성을 사랑하는 것에 대하여: LGBT, 특히 게이에 대한 전지구적 보고서』. 파주: ㈜글항아리.

Rogers, Jack (2009). Jesus, The Bible, and Homosexuality Explode the Myths, Heal the Church. Westminster John Knox Press. 조경희 역 (2018).『예수, 성경, 동성애』. 개정증보판. 고양: 한국기독교연구소.

Roudinesco, Elisabeth (2007). La Part Obscure De Nous-Memes, Une Histoire Des Pervers. Paris. 문신원 역 (2008).『악의 쾌락: 변태에 대하여』. 서울: 에코의서재.

Stone, Ken (2006). "열왕기상·하". Guest, Deryn, Robert E. Gross, Mona West and Thomas Bohache ed. (2006). THe Queer Bible Commentary I. London: SCN Press. 퀴어 성서 주석 번역출판위원회 역 (2021).『퀴어 성서 주석 I 히브리 성서』. 고양: 무지개신학연구소. 363-403.

Stott, John (1998). Same-Sex Partnerships? Grand Rapids, MI: Zondervan. 양혜원 역 (2011).『존 스토트의 동성애 논쟁』. 2쇄 발행. 서울: 홍성사.

Swartley, Willard M. (2003) Homosexuality: Biblical interpretations and moral discernment. Scottdale. PA: Herald Press. 김복기 역 (2014).『동성애: 성서적 해석과 윤리적 고찰』. 대전: 대장간.

신약과
동성애

신약 동성애 본문에 대한

수정주의자들의 해석과

전통주의자들의 해석 비교

I 들어가는 말

우리가 모두 죄인이기 때문에 우리는 모두 하나님의 심판 아래 놓여 있으며, 우리가 모두 절실히 하나님의 은혜가 필요하다. 게다가 성적인 죄만이 유일한 죄는 아니며 가장 심각한 죄도 아니다. 교만과 위선이 훨씬 더 심각하다. (Stott, 2011: 12)

성경에는 동성애에 대한 경고보다는 가난한 자를 돌보고 정의롭게 행동하라는 가르침이 압도적으로 많다. 그런데도 한국과 미국의 보수 교회는 후자는 무시하고 전자에만 열정을 보인다. (손봉호, 2018: 92-93)

같이 장(市場)을 보고 집으로 돌아오는 길에 아내에게 동성애에 관해서 어떤 생각을 하고 있는지 물어보았습니다. 아내는 "죄인인 나를 구원한 '예수의 보혈'이 뭔지 알면 동성애와 관련된 그런 극단적인 말은 못 할 것이다"라고 짧게 답했습니다. 그런데 왜 오늘날 일부 한국의 극단적인 성격을 지닌 소수의 일부 기독교인-호전적인 근본주의(Rogers, 2018: 41; Marsden, 1980: 4 참조)[1]-은 동성애 문제에 대해서 목매고 있을까요? 일부 일반인들에게서 동성애 혐오

(homophobia)라는 말을 받으면서까지 말입니다. 심지어는 교회 공동체 내 구성원들에게서까지 그러한 혐오성 발언(hate speech)으로 인해 부정적인 평가를 받으면서 말입니다. 다시 말씀드리지만, 개인적인 견해를 밝히자면 동성애는 성적 일탈의 하나입니다. 쉽게 말해서 간통이나 간음 같은 것들과 같은 선상에서 동성애를 이해해야 한다는 것입니다. 동성애 찬반과 무관하게 기독교계에서 동성애에 대한 평가를, 간음한 여인에 대한 예수님이 어떻게 대하셨는가에 대해 관심을 가지는 것과 일맥상통한다고 볼 수 있기 때문입니다. 간통을 저지른 사람들-상간녀와 상간남-에 대해서 어떻게 평가합니까? 실정법상으로 간통죄가 폐지된 결과로 실정법상의 범죄라고는 생각하지 않을 것입니다. 그러나 많은 수의 사람은 간통에 대해서 부정적인 평가를 여전히 하고 있을 것입니다. 그렇다고 해서 간통한 사람들의 면전(面前)에서 극단적인 혐오성 발언을 하지 않을 것입니다. 간통이 아니라 살인을 저지른 사람들이 앞에 있다고 하더라도 그 사람을 향해서 죽일 놈 살릴 놈, 지옥 갈 놈이라고 발언하는 것은 일반인들에게 있어서는 쉽지는 않은 발언일 것입니다. 특별히 영향력 있는 목회자라면 공적인 자리에서 그런 발언을 하는 것은 더욱더 어려울 것입니다. 그런데 동성애에 대한 극단적 혐오성 발언이 기독교 내에서 영향력이 큰 목회자들이나 저명한 그리스도인들의 입을 통해서 발화[舌禍]되고 있다는 점에 대해서 일반인들뿐만 아니라 교회 공동체 내의 구성원들에게서도 문제로 인식되고 있다는 점입니다. "왜 목사님 입에서 저런 극단적인 말이 나오고 있는지요?"

긍정적이든 부정적이든 한국교회의 신학과 신앙의 모습은 미국 기독교의 영향을 많이 받아 왔다. (이재현, 2016: 143)

동성결혼의 합법화는 일부다처제나 근친상간 허용으로 연결될 수 있다. 2001년 세계 최초로 동성결혼을 합법화한 네덜란드는 2005년에 한 남성과 양성애 성향을 가진 두 여성으로 이뤄진 트리오의 합법 동거(civil union)를 허용함으로써 일부 다처제를 사실상 합법화했을 뿐 아니라, 합의된 근친 간의 성관계 역시 합법화시켰다. (이태희, 2016: 47)

소아성애로 끝나지 않고 기계 성애(mechanophilia), 시체 성애(Necrophilia), 동물 성애(zoophilia) 등이 음지에서 양지로 나오려고 시도하고 있다. (이태희, 2016: 209)

그렇다면 그 무슨 이유로 소수의 호전적인 극단적 근본주의자들이 동성애 문제와 관련해서 이렇게 혐오적이며 과도한 반응을 보이고 있느냐는 점입니다. '참 거시기한 변명'-본 연구자의 저서 이름이기도 합니다(강상우, 2020)-인 것 같지만, 나름대로 이에 대해서 이런 과잉 반응이 나타난 이유는 바로 유럽과 미국의 동성애에 관한 극단적인 사건들을, 매체를 통해 접하면서 그러한 극단적 반응이 나오지 않았는가 하는 생각을 해봅니다. 비근(卑近)한 예로 들자면 표면적으로 지하드(Jihad)로 명명된, 그러나 지하드와는 전혀 관계없는 이슬람국가(IS)의 극단적인 테러의 모습으로 인해서 이슬람에 대해서 과도한 두려움을 느꼈던 것처럼 말입니다. 어디에선가 본 기사인 것 같은데, 미국 본토의 사람들은 한반도에서 사는 것을 매우 두려워한다고 합니다. 왜냐하면 그들이 한반도에 관해서 접하는 기사의 대부분이 '북한의 미사일 발사[核問題]'에 관한 기사이기 때문에 전쟁이 곧 일어날 것 같은 일촉즉발(一觸卽發)의 상태에 한반도가 처해 있다고 생각한다는 것입니다. 실상 한국에 사는 주한 미국인들은 전혀 그렇게 생각하지 않는데도 말입니다. 동성애의 인정이 동성결혼과 동성애자들의 입양 등의 인정과 같은 것들로 이어질 수 있다는 생각-일종의 '미끄러운 경사면'(slippery slope) 이론-과 더불어 유럽이나 미국에서 발생하고 있다는 동성애자들 간의 에이즈 환자의 확대,[2] 더 나아가 소송과 배상과 같은 동성애와 관련된 극단적인 사례들이 이 나라에서도 발생하지 않겠는가 하는 두려움 때문에 이러한 과잉 반응이 발생하지 않았냐 하는 생각이 듭니다.

본고를 통해 신약성경의 동성애 본문에 대한 수정주의자들의 해석과 전통주의자들의 해석을 살펴보는 것은 다름이 아니라, 친동성애자들의 입장에 서 있는 수정주의자들의 해석이 전통주의자들의 해석과 차이가 있음을 밝힘으로써 성경이 동성애에 대한 정당성의 근거가 전혀 될 수 없음을 드러내기 위함입니다. 친동성애자들이나 동성애자들/수정주의자들에게 동성애의 근거를 성경에서 찾지 않기를 바라는 마음에서입니다. '하나님이 동성애를 인정하셨습니다'라는 식의 논리 전개는 하지 않았으면 하는 바람입니다. 간통을 하나님이 인정하지 않으셨던 것처럼 동성애에 대해서도 하나님이 인정하시지 않으셨기 때문입니다. 예수 그리스도가 동성애를 인정하셨다는 식의 주장도 하지 말아야 할 것입니다. 성부 하나님이 인정하지 않으셨는데, 하나님이시자 그의 아들이신 예수 그리스도(Jesus Christ)가 동성애를 인정하셨다는 주장은 매우 무리수가 따르는 주장이기 때문입니다.*

연구 문제와 범위 그리고 그 한계

본고는 신약에서 동성애와 관련된 규정들에 대해서 살펴보고자 합니다. 이 주제를 위해 본고의 연구 문제를 다음과 같이 설정해 보았습니다. 연구 문제: [신약에서 동성애와 관련 규정의 해석] 신약의 동성애 관련 본문에 대해서 수정주의자들과 전통주의자들은 어떻게 해석하고 있는가? 신약성경(New Testament)에 나오는 동성애 본문들에 대해 수정주의자들과 전통주의자들은

---

* "예수가 그 동성애에 대해 정죄하지 않았다는 사실에서 예수가 동성애를 인정했다는 결론을 내리는 것은 논리적 비약이다."(이종철, 2022: 86)

어떻게 해석하고 있는가를 통해 그 해석의 차이점을 살펴보고자 합니다. 「로마서」에서의 역리(逆理, contrary to nature)로서의 동성애 규정(롬1:24-27), 「고린도전서」에서의 하나님 나라를 유업(遺業)으로 받지 못한 자로서의 동성애에 관한 규정(고전6:9)을 중심으로 살펴보고자 합니다. 동성애에 관한 연구들은 많이 존재합니다. 주석서나 논문들이 그런 유(類)의 것들인데 본고에서는 기존의 연구를 재구성하는 짜깁기식의 논리-연구자들의 주장을 직접 인용[재인용]하는 식의 나열-를 전개하려고 합니다. 이러한 글쓰기의 경향[個人的知識水準]이 본 글의 태생적인 한계임을 다시금 밝힙니다.

II 신약 동성애 관련 구절에 대한 수정주의자들과
   전통주의자들의 해석

다른 성경 본문보다도 신약성경의 동성애에 대해서 부정적으로 규정한 사도 바울이 저술한 본문들의 내용이 매우 중요하다고-가장 강력한 반동성애적 본문- 지적합니다. 왜냐하면, 동성애에 관한 규정이 구약으로 끝난 것이 아니라 신약으로 이어지고 있기 때문입니다[連續性]. 그리고 그 내용에서도 상대적으로 구체적인 기술을 하고 있기 때문입니다[具體性]. "로마서 1:26-27은 신·구약성서를 통틀어 가장 강력한 반동성애적 본문이라고 할 수 있다. 물론 여기서 바울이 현대적 의미에서 성적 지향으로서의 동성애를 생각한 것은 아니라 해도 말이다."(박경미, 2020: 345) "동성애를 옹호하는 진영과 반대하는 진영 사이의 논쟁이 특히 로마서 1:26-27에 집중되었는데 왜냐하면 그 구절이 '동성애에 관한 기독교 윤리를 표현한 가장 중요한 본문'이며, '분명한 신학적인 문맥 속에서 동성애 행위를 정죄하고 있는 유일한 구절이며 레즈비언 성관계에 대해 언급한 유일한 구절'이기 때문이다."(김광수, 2020: 17-18; Hays, 2002: 581-582) 이재현 교수도 사도 바울이 기술한 반동성애적 본문들이 왜 중요한가에 대해서 다음과 같이 기술하고 있는 것을 볼 수 있습니다. 길이가 길지만 인용해 보겠습니다.

> 신약은 로마서 1:24-27과 고린도전서 6:9, 디모데전서 1:10이 동성애를 구체적으로 언급한다. 이들 증거 중 가장 중요한 본문은 로마서 1:24-27이다. 몇 가지 이유가 있다. 첫째, 이 본문이 신약성경 속에 있기 때문이다. 구약도 동성애를 금지하는 내용이 있지만, 동성애를 지지하는 사람들은 구약의 약속이 예수님을 통해 이미 성취되었기에 구약의 경우를 다르게 해석할 수도 있다고 주장하는 경우가 있다.[3] 하지만 로마서는 신약에 있다. 특별히 구약의 율법과 복음을 날카롭게 대조하고 있다고 여겨지는 사도 바울이 쓴 편지이다. 둘째, 성경의 모든 부분 중에서 동성애 상황을 가장 구체적으로 소개하고 있기 때문이다. 몇몇 학자들은 이 부분의 상황을 남녀 간의 성적 연합 과정에서 나타나는 구강성교나 항문성교를 의미한다고 주장하기도 한다. 하지만 동성애에 관한 입장과 상관없이 대부분 학자는 이 부분을, 동성애를 다루는 것으로 인정한다. 더 나아가 로마서 1:24-27은 남자들의 경우뿐 아니라, 고대 문헌에서는 자주 언급되지 않는 여자들의 동성애도 다루고 있다. 셋째, 성경의 여타 본문보다 더 분명하게 동성애를 하나님의 진노와 연결시키고 있기 때문이다. 이런 이유로 로마서 1:24-27은 성경 전체를 통틀어 동성애에 대한 핵심 가르침을 제공하는 것으로 이해해도 무방하다. 실제로 동성애를 지지하는 그룹이든 그렇지 않은 그룹이든 이 부분에 대한 해석과 그에 따른 원리 적용을 자신들 논증의 핵심으로 제공하고 있기도 하다. (이재현, 2016a: 144-145; 이재현, 2016b: 2)

1 역리(逆理)로서의 동성애(롬1:24-27)

24. 그러므로 하나님께서 그들을 마음의 정욕대로 더러움에 내버려 두사 그들의 몸을 서로 욕되게 하게 하셨으니 25. 이는 그들이 하나님의 진리를 거짓 것으로 바

꾸어 피조물을 조물주보다 더 경배하고 섬김이라 주는 곧 영원히 찬송할 이시로다 아멘 26. 이 때문에 하나님께서 그들을 부끄러운 욕심에 내버려두셨으니 곧 그들의 여자들도 순리대로 쓸 것을 바꾸어 역리로 쓰며 27. 그와 같이 남자들도 순리대로 여자 쓰기를 버리고 서로 향하여 음욕이 불 일 듯하매 남자가 남자와 더불어 부끄러운 일을 행하여 그들의 그릇됨에 상당한 보응을 그들 자신이 받았느니라(롬1:24-27, 〈개역 개정〉).

먼저 사도 바울이 저술한 로마서에서 동성애에 관한 규정에 대해 수정주의자들과 전통주의자들이 어떻게 해석하고 있는지 살펴보고자 합니다.

1) 수정주의자들의 해석
「로마서」 동성애 본문의 위치: 창조 질서와는 무관함

먼저 수정주의자들은 동성애에 관한 로마서 본문에 대해서 동성애 찬반을 논하는 근거로 다루기 위해선 많은 한계가 있다고 주장합니다. 빅터 P. 퍼니쉬(Victor Paul Furnish)는 바울의 가르침만으로 동성애 행위의 옳고 그름에 관한 오늘날의 질문에 대해서는 답할 수 없다고 주장하는 것을 볼 수 있습니다 (Furnish, 1979: 52-83).[4] 대니얼 A. 헬미니악(Daniel A. Helminiak)은 로마서의 동성애에 대한 구문이 지닌 의미에 대해 다음과 같이 평가하고 있는 것을 볼 수 있습니다. 그에 따르면, '사회적 불인정'과 '죄'를 구분해야 한다는 주장입니다.

동성과 성행위를 한다는 이유만으로 게이 섹스나 레즈비언 섹스가 도덕적으로 잘못된 것이라고 단죄할 수는 없다. 세 가지 주된 고려 사항은 이러한 결론을 뒷받침해 준다. 그리고 세 가지가 전부 한데 맞물려서 한 가지 일관된 해석을 낳는다. 첫째, 바울로가 쓰는 어휘는 동성 간 성행위를 '더럽다'(impure)라고 묘사해서 사회적 불인정을 나타내지만, 윤리적으로 잘못되었다고 묘사하지는 않는다.

둘째, 본문의 구조가 동성 성교 행위의 더러움 혹은 사회적 불인정을 한편에 따로 구분하고 다른 한편으로는 진정한 잘못 혹은 죄를 따로 구분한다.

셋째, 〈로마서〉의 전체적인 계획을 분석해 보면 왜 바울로가 동성 성교 행위를 언급하는지 드러난다. 동성 성교 행위가 잘못이라고 생각하지는 않으면서도 말이다. 바울로의 목적은 예수 그리스도 안에서 율법의 성결 문제가 더 이상 중요하지 않으며 그것 때문에 그리스도교 공동체의 구성원들이 갈라져서는 안 된다고 가르치려는 것이다. (Hekminiak, 2003: 100. 강조는 본 연구자)

로마서 본문은 창조 질서와는 무관한 본문이라고 지적하기도 합니다. 잭 로저스(Jack Rogers)의 경우에는 자연('퓌시스', nature, φυσις)과 창조('크티시스', creation, κτισις)는 별개라는 주장을 합니다. "바울은 로마서 1:26-27절에서 창조 질서의 위반에 대해 말하고 있는 것이 아니다. 바울의 허위에서 '피시스'(자연)는 '크티시스'(ktisis, 창조)와 동의어가 아니다. '자연스러운' 것에 관해 이야기하면서, 바울은 사람들의 인습적인 관점과 1세기 헬라적 유대인들의 문화 안에서 어떻게 행동해야 하는지를 그저 받아들인 것이다."(Rogers, 2018: 157)[5]

역리(逆理, 롬1:26; "본성을 거스른", παρα φυσιν, unnatural, against nature)는 오늘날의 부정적인 동성애와 무관하고 또 윤리와도 무관함

수정주의자들은 '역리'(롬1:26)에 대해서 오늘날 일반적으로 알려진 동성애와 무관할 뿐만 아니라, 윤리와도 무관하다고 주장합니다. 존 보스웰(John Boswell)[6]은 헬라어 전치사 para(파라, παρα)는 "동성애 행위의 '특이함'을 묘사한 것이지, '도덕적으로 비난받을' 행동이라는 뜻이 아니"라고 주장합니다. (Boswell, 1980) 즉 바울 사도의 어법을 꼼꼼히 살피고는 "para physin"이 일반적으로 인정되고 있는 "자연에 어긋나는"이라는 뜻이 아니라 "평범한 것에서 벗어난"이라는 뜻이라고 주장합니다. 헬미니악도 비슷한 주장을 하는 것을 볼 수 있습니다.

> "〈로마서〉에 나오는 'para physin'이라는 말은 '비정상적인'이라기보다는 오히려 '전형적이지 않은'(atypical) 다시 말해서, 이상한, 특이한, 일상에서 벗어난 특정이 지 않은 따위로 번역하는 것이 더 정확할 것이다."(Helminiak, 2003: 104)

'파라'(para, παρα)를 '과도한[無節制]'이라는 뜻으로 해석해서 지나치고 난잡한 성관계를 지적하기도 합니다. "어떤 이들은 로마서 1:26에 언급된 '역리로'(〈개역 개정〉)라는 헬라어 표현(παρα φυσιν, 파라 퓌신)을 '거스르는'이라는 의미가 아니라 '과도한, 지나친'이라는 의미로 해석해야 한다고 주장한다. 이것에 의하면 본성과 관련하여 바울이 비평한 것은 분수에 지나친 성관계 혹은 난잡한 성관계라는 것이다.'"(이재현, 2016a: 149)

바울이 지적하는 본문의 행위가 구체적으로 무엇을 말하는지에 대해서도 다양하게 해석-多樣한 不一致한 解釋-하는 것을 볼 수 있습니다. 예로 들어 임신을 피하기 위한 남녀 이성 간에 행해지고 있는 비정상적인 성관계, 즉 항문성교(anal sex)나 구강성교(oral sex)를 의미한다고 해석하는 경우도 있습니다. "몇몇 학자들은 이 부분의 상황을 남녀 간의 성적 연합 과정에서 나타나는 구강성교나 항문성교를 의미한다고 주장하기도 한다"(이재현, 2016: 144-145)[8] 로빈 스쿠룩스(Edwards Robin Scroggs)의 경우에는 미동 사랑(pederasty; παιδεραστής)을 의미하는 것이지 오늘날의 부정적인 의미의 동성애가 아니라고 주장합니다(최승락, 2016: 215; Scroggs, 1983: 116-128 참조).[9] 빅터 P. 퍼니쉬(Victor Paul Furnish)는 퇴보적이고 착취적인 동성애 관계를 의미한다고 해석하기도 합니다. 심지어는 이성애자들이 행한 동성애자들의 행위를 자연을 거스르는 역리로 보고 이러한 행위를 정죄한 것이라고 주장하는 이들도 있습니다. 데이비드 E. 프레드릭슨(David E. Fredrickson)은 동성애보다는 무절제한 정욕 자체에 대한 비난이라고 주장합니다. "그에 따르면 로마서 본문은 하나님께서 그분에게 영광 돌리지 않는 자들을 정욕에 빠뜨리셨음을 밝힌다. 그리고 그러한 정욕의 예들 가운데 하나로 동성애를 들고 있을 뿐이다."(이경직, 2003: 219)

2) 전통주의자들의 해석
로마서 동성애 본문의 위치는 창조 질서와의 연관됨

가장 중요한 질문은 로마서 1:24-27과 창세기와의 연관성이다. (이재현, 2016: 146)

로마서에서 바울은 소위 '자연으로부터의' 논증(argument from nature)을 사용해서 동성애를 죄로 규정한다. (이경직, 2003: 215)

동성애와 관련된 로마서의 본문을 창조 질서와의 관계에서 이해한다는 점입니다. 창조 질서 즉, 동성애는 창조 질서(創造秩序)에서 벗어남으로 인해서 발생한 행위라는 것이지요. "인간을 위한 하나님의 창조 의도를 거스르는 세상에 대한 로마서 제1장의 설명은 바울의 동성 관계 이해 속에 있는 상징적인 세상을 반영한 것이다. 그것은 '하나님 앞의 인생에 주어진 질서가 어떻게 왜곡되었는지에 대한 설명이다.'"[10](Swartley, 2014: 163; Hays, 1996: 396 참조) 내용을 길지만 인용하는 것이 로마서 동성애 본문에 관한 연구자들의 견해를 잘 보여주는 것 같아 최승락 교수의 논문 내용을 그대로 옮겨 보겠습니다.

프란스(R. T. France)는 바울이 개개인의 성적 지향이 무엇인지를 말하기 위해 본성 내지는 자연(φυσις, 퓌시스) 개념을 사용하는 것이 아니라, 오히려 그 용어로 "하나님의 창조 질서"를 말하고 있으며, 그런 점에서 동성애는 개개인의 성적 지향에 상관없이 "하나님께서 설계해 놓으신 것에 역행하는 행위"라고 올바르게 지적한다.[11] 무(D. Moo) 또한 바울의 순리 개념이 단지 문화적 상황 속에서의 정상, 비정상 차원을 넘어 "하나님의 창조 의도" 및 "창조 질서"와 관련된 것임을 강조한다.[12] 이는 오스본(G. R. Osborne)도 마찬가지이다. 바울의 '순리' 개념은 "문화 속에서의 자연적이라는 의미가 아니라, 하나님의 창조 질서 속에서의 자연적이라는 의미"라는 것이다.[13] 헤이스(R. B. Hays)는 보스웰이 본문의 "단순한 의미"를 무시하고 있다고 지적하면서, 본문의 구조상 로마서 1:26-27은 이어서 나타나는 1:29-31의 죄의 항목들과 평행관계에 놓여 있으며, 따라서 1:26-27절 역시 구체적인 죄의 한 항목을 적시하고 있다는 점을 잘 보여준다고 한다.[14](최승락, 2016: 216-217)

자연(physin)은 창조 질서를 통해 이해해야 한다는 점에 대해서 신원하 교수는 다음과 같이 적고 있는 것을 볼 수 있습니다. "바울은 사람들의 불의를 25절에서 다시금 '그들이 하나님의 진리를 거짓 것으로 바꾸어' '조물주'보다 '피조물'을 더 경배하고 섬겼다고 설명했다(25절). 여기서 바울이 '사람' 대신 '피조물'을, '하나님' 대신 '조물주'(창조주)라는 표현으로 바꾸어 사용했다. 이것은 바울이 푸신(φύσιν)/자연을 어떤 특정 시대 문화나 사상이 이해하는 내용을 염두에 둔 것이 아니라 창세기 기사를 염두에 두고 말하고 있다는 증거이다. 창조주 하나님이 제정하신 창조 질서를 의미하는 것이다."(신원하, 2020: 314-315) 신원하 교수는 계속해서 다음과 같이 언급하는 것을 볼 수 있습니다. "이와 아울러 로마서 1:26-27에서 쓰인 '여자들'과 '남자들'이란 단어가 창세기의 창조 기사 내용과 관련되어 쓰였다는 사실도 바울이 창세기를 염두에 두고 푸신을 말하고 동성애를 설명하고 있음을 잘 말해준다. 1:26-27의 남자가 남자와 여자가 여자와 부끄러운 짓을 행했다고 말하는 구절에서, 한국어 성경은 단지 '남자'와 '여자'로 번역했지만, 원문은 '남자'(ἀνήρ or ἀνδρός, man), '여자'(γυνή, woman)와 같은 다소 사회적 구분을 나타내는 용어가 아닌 '남성/수컷'(ἄρσην, male)과 '여성/암컷'(θῆλυς, female)이라는 의미로 쓰이는 단어를 사용했다. 70인역이 창세기 1:27의 '하나님이 자기 형상 곧 하나님의 형상대로 사람을 창조하시되 남자와 여자를 창조하시고'를 헬라어로 번역하면서 썼던 그 단어를 그대로 쓴 것이다. 이것이 의미하는 바는 바울이, 하나님이 이 세상을 창조하실 때 생물학적 남성과 여성이 결합하여 한 몸을 이루며 사는 것을 규범으로 하셨음을 분명히 인식했음을 나타내는 증거라고 이해할 수 있다"(신원하, 2020:315). 채영삼의 지적에서도 동성애가 자연 질서에 대한 전복(顚覆)의 의미를 지님을 발견할 수 있습니다. "… 동성애가 타인에게 '직접적인 피해를 주는' 간통이나 살인과 같은 차원에서 무거운 죄라고 생각지 않는다. 하지만 동성애는 '상징적으로' 자연 질서를 통해 나타나는 하나님의 다스림, 통치를 완전히 전복하는 우상 숭배의 한 특징적이고 전형적인 증상이라는 점에서, 매우 중요한 문제라고 보는 것이다."(채영삼, 2016: 193)

이재현 한동대학교 교목은 로마서 1:18-32절 구조를 다음과 같이 분석하고 있는 것을 볼 수 있습니다. 로마서 1:18-32절은 하나님의 진리 계시에 대해서 부정적으로 응답하는 인간에 대한 하나님의 진노를 삼인칭으로 설명하는데(이재현, 2016: 8-9 참조), 진리를 거절한 인간의 부정적 반응 중의 하나가 바로 성적 영역에서 역리의 행위를 하게 된다는 점을 지적합니다. 이러한 성적 영역에서 역리적 행위가 바로 동성애적 행위라는 것이지요. 이러한 동성애라는 성적 역리에 하나님의 진노가 임하게 되었다는 것입니다. "복음에 대한 전체 설명 부분(롬1:18-8:39)은 구원을 설명하는 방식에 따라서 로마서 1:18-5:11과 5:12-8:39의 두 부분으로 나눌 수 있다. 로마서 1:18-5:11에서는 상호작용 설명 틀로서 구원을 제시한다. 상호작용 설명 틀이란 하나님과 인간 사이에 주고 받는 과정으로 구원을 설명하는 것을 말한다. 주로 등장인물과 서로를 향한 행위와 태도를 보여주는 동사를 사용하여 표현한다. 이 관계는 하나님의 선행(先行) 활동→인간의 반응→인간의 반응에 대한 하나님의 응답 구조로 되어 있다. 한편, 로마서 5:12-8:39는 하나님의 통치 영역과 그에 대한 반역의 통치 영역이라는 두 영역의 대조로써 구원을 설명한다."(이재현, 2016b: 7)

역리(롬1:26; "본성을 거스른", παρα φυσιν. unnatural)는 오늘날의 부정적인 동성애를 지칭하는 것이며 윤리적 규정

"로마서 1:26-27에서 바울은 동성 사이의 성행위(동성 행위)가 자연스러운 것을 자연을 벗어난 것으로 바꾸어 행하는 것이라고 본다. 바울은 이렇게 뒤바꾸는 행위가 섬김의 대상을 조물주 하나님 대신 피조물로 뒤바꾼 결과라고 간주한다. 이 구절에서 바울은 παρὰ φύσιν이라는 표현을 사용하였고, 이것은 플라톤, 필로, 요세푸스 등의 작품에서 동성 행위를 묘사하기 위해 사용된 표현이므로, 여기서 바울이 동성행위를 다루며 평가하고 있음이 분명하다."(신현우, 2021)

리처드 B. 헤이스(Richard B. Hays)는 '파라 퓌신'(para physin)에 대한 보스웰이 제시한 분석을 비판하고 그 말은 실제로 '자연법칙에 어긋나는'이라는 스토아 철학의 의미를 담고 있으며 바울이 동성애를 하나님의 주권과 「창세기」에 나타난 창조 질서를 거부한 인간의 생생한 이미지로 간주했다고 합니다. (Hays, 1986: 184-215)[15] 리처드 J. 뉴하우스(Richard John Neuhaus)는 보스웰이 성경을 편파적으로 해석해서 오도(誤導)하고 있다는 비판을 하기도 합니다. 왜냐하면 동성애에 대해서 기독교가 일관되게 부도덕하다고 가르쳤기 때문이라는 겁니다. 기독교는 항상 분명하고 일관된 태도로 동성애적 행위들이 부도덕하다고 가르쳐왔습니다.[16](Rudy, 2012: 156) 조셉 A. 피츠마이어(Joshep A. Fitzmyer)는 헤이스(Richard B. Hays)의 말을 빌려서, 롬1:29-31의 죄악 목록에 대한 평행구 위치에 있는 1:24-27에서 동성애 행위를 언급하고 있다는 점에서 동성애의 죄악성을 말한 것이 분명하다고 비판합니다(신현우, 2016: 101, 제1부 제3장 27번 각주). 고대 그리스의 작품들이 사용하고 있는 용법을 살펴보더라도 동성적 성관계를 '역리'로 이해하고 있었다는 지적을 하는 연구자들도 있습니다.

> 플라톤(Plato)은 남자 대 남자, 여자 대 여자 사이의 성관계를 '역리적'이라고 말한다(Leg. 636.b,c). 오비디우스(P. N. Ovidius)는 동성애에 연루된 한 소녀가 비록 자신이 그 일에 연루되긴 하였지만, '자연이 이런 일을 원하지 않는다'라는 것을 자각하고 있었다고 말한다(Metamorphoses 9,758).[17] 시쿨루스(D. Siculus)는 어떤 사람이 상대를 여자로 알고 결혼했는데, 알고 보니 남자였던 경우를 두고 '역리의 결혼'이라 표현하며, 또한 이성 사이의 정상적인 성관계를 가리켜 '순리대로의 성관계'라 표현하고 있다.[18](최승락, 2016: 219)

　동성애자들을 하나님으로부터 버림받은 자로 규정하고 하나님의 심판을 강조하고 있다는 점입니다. "특별히 '파라디도미'(παραδιδωμι, 롬1:24, 26, 28)라는 표현을 통해 하나님의 적극적인 심판 의지와 행위를 보여준다. 개역 개정 성경은 '내버려두다'라고 번역했지만, 원래는 더 적극적인 의미를 담고 있다. 이 말은 한 영역에서 다른 영역으로 '넘겨 주다'라는 의지적 결단과 행위를 담고 있는 표현이다. 가룟 유다가 예수님을 배반하고 판 것을 묘사할 때 이 단어가 사용된 것에서 확인할 수 있다(막3:19). 하나님의 심판은 적극적이다."(이재현, 2016: 162; 최선범, 2020: 137 참조)[19]

2 「고린도전서」의 하나님 나라를 유업(遺業)으로 받지 못한 자로서의 동성애 규정(고전6:9)

9. 불의한 자가 하나님의 나라를 유업으로 받지 못할 줄을 알지 못하느냐 미혹을 받지 말라 음행하는 자나 우상 숭배하는 자나 간음하는 자나 탐색하는 자나 남색하는 자나 10. 도적이나 탐욕을 부리는 자나 술에 취하는 자나 모욕하는 자나 속여 빼앗는 자들은 하나님의 나라를 유업으로 받지 못하리라(고전6:9-10, 〈개역 개정〉).

9. 불의한 사람들은 하나님 나라를 상속받지 못하리라는 것을 알지 못합니까? 착각하지 마십시오. 음행을 하는 사람들이나, 우상을 숭배하는 사람들이나, 간음을 하는 사람들이나, 여성 노릇을 하는 사람들[malakoi]이나, 동성애를 하는 사람들[arsenokoitai]이나, 10. 도둑질하는 사람들이나, 탐욕을 부리는 사람들이나, 술에 취하는 사람들이나, 남을 중상하는 사람들이나, 남의 것을 약탈하는 사람들은, 하나님 나라를 상속받지 못할 것입니다. (고전6:9-10, 〈새번역〉. [ ] 첨가와 강조는 본 연구자)

전통적으로 하나님을 유업으로 받지 못한 자로서의 동성애를 규정하고 있는 고린도전서 제6장 9절에 대해서 헬라어 본문에 사용되고 있는 단어인 '탐색하는 자'로 번역된 '말라코이'(Malakoi, 단수 malakos)와 '남색하는 자'로 번역(〈개역 개정〉)되고 있는 '아르세노코이타이'(arsenokoitai, 단수 arsenokoites)의 해석에 대해서 수정주의자와 전통주의자들 간에 큰 간격이 존재하는 것을 확인할 수 있습니다. 이들 단어에 대해서 어떤 식으로 해석하고 있는지 살펴보고자 합니다.

1) 수정주의자들의 해석

말라코이(malakoi, μαλακοὶ [단수형은 μαλακος])와 아르세노코이타이(arsenokoitai, ἀρσενοκοῖται [단수형은 ἀρσενοκοίτης])는 오늘날 동성애하고는 거리가 존재함

제닝스(Jennings Jr.)는 말라코이와 아르세노코이타이에 대해서 다음과 같이 해석하고 있는 것을 볼 수 있습니다. 도대체 그가 무슨 말을 하는지 본 연구자의 짧은 지식 때문에 정리하기 좀 어렵지만 개략적으로 정리하자면 제닝스는 '말라코이'라는 단어의 의미가 바뀌었다는 점을 지적하는 것 같습니다. '아르세노코이타이'라는 단어 또한 매우 드물게 쓰는 단어이기 때문에 그 뜻이 무엇을 의미하는지 확신하기 어렵다고 주장하는 것이지요.

> 단어를 먼저 살펴보겠습니다. 하나는 고린도전서 제6장 9절의 말라코이(Malakoi)라는 그리스어 단어입니다. 그것은 신약성서의 다른 곳(마11:8)에서 사치스러운 것을 의미하고, 요한 그리고 아마도 예수와 그의 제자들이 입었던 단순한 의복에 대비시켜 부자들과 권세 있는 자들이 입었던 의복을 지칭하는 용어입니다. 그리고 그것은 정확히 기독교의 초기 몇 세기 동안 이 단어가 일반적으로 이해되었던 방식입니다. 부유하고 권세 있는 자들에 대한 비판은 아무튼 남성적인 오만함의 방식에 따르지 않는 약한 젊은 남자들을 공격하는 용도에 쓰이는 단어로 바뀌게 됩니다. 바울(고전6:9)과 디모데전서(딤전1:9-10)의 저자가 쓴 다른 단어는 아르세노코이타이(arsenokoitai)입니다. 이 단어는 침대 또는 잠자리에 드는 것을 의미하는 단어와 남자를 의미하는 단어의 조합으로 보입니다. 이것은 매우 드물게 사용되었고 그래서 이 단어가 죄의 목록에 나올 때 무슨 뜻인지를 확신하기는 매우 어렵습니다. 그러나 사실 이것은 2세기 문서에서 다시 나타나는데, 인간의 죄에 대한 목록이 아니라 신들의 범죄에 대한 서사에서 사용됩니다. 그래서 그 범죄는 무엇일까요? 납치와 강간입니다. 그리스·로마 세계에서 남성적 성행위의 모델은 정확히 강간이었습니다. 즉 지배로서의 성행위였다는 말입니다. 그것은 바울에게 그 단어

가 의미하는 것입니다. 디모데전서의 경우 그 단어가 나타나는 목록은 단순한 살인이 아니라 부모의 살인, 단순한 강도질이 아니라 인간을 훔쳐 노예로 파는 강도질 등과 같은 폭력적인 범죄의 목록이므로 이것은 상당히 명확해 보입니다. 그러므로 바울이 권력자들의 사치와 폭력이 그들을 하나님의 지배(하나님 나라)에서 배제시킨다고 생각하는 것은 절대적으로 명확하고 설득력이 있는 듯합니다. 그것은 또한 우리가 바울의 가르침과 예수의 가르침 사이의 분명한 연속성을 볼 수 있게 해 줍니다. (Jennings, 2011: 440-441)

헬미니악(Daniel Helminiak)은 '말라코이'라는 단어가 동성 간의 성교를 가리키지 않는 것만은 분명하다고 합니다. 말라코스에 대한 전통주의자들의 주장/해석/이해는 억지 주장에 불과하다는 것이지요. '아르세노코이타이'의 경우에도 전반적인 동성 간의 성교를 정죄하는 것이 아니라, 자유분방하고 음란한 동성 간의 성행위를 단죄하는 것이라고 말합니다. "『신약성서』에서는 동성 성교 행위를 다루었다고 보이는 본문이 두 군데 더 있다. 이 본문들은 함께 다룰 수 있는데, 두 가지 그리스어 단어인 malakoi와 arsenokoitai의 해석에 따라 그 의미가 달라지기 때문에 그것의 번역은 커다란 논란거리였다. 이 논의의 핵심은 다음과 같다. malakoi는 분명히 동성 성교를 가리키지 않는다. 한편 두 본문에 나타나는 arsenokoitai는 어떤 식으로든 남성 간 성행위를 가리키는 언급일지도 모르지만, 설사 그렇다 해도 그것은 자유분방하고 음란하며 무책임한 남성 간 성행위를 단죄하는 것이지 전반적인 동성 성교를 단죄하는 건 아니라는 것이다."(Helminiak, 2003: 149) "분명히 malakos는 '여성스러운'이라는 말로 번역될 수도 있다. 하지만 malakos가 이런 나약한 동성애적 태도와 관련이 있었다는 명백한 증거는 거의 없다. 그것은 그냥 억지로 갖다 붙인 주장에 불과하다."(Helminiak, 2003: 156)라는 것입니다. 데일 B. 마틴(Dale B. Martin)은 malakos는 '계집애처럼 나약한'(effeminate)이라는 뜻으로 번역되어야 하며, arsenokoitai는 동성애보다는 돈에 관련된 문제나 정의를 침해하는 행위와 관련되어 사용되는 문제라고 지적합니다(Martin, 1996:117-136 참조).[20] 데이비드 E. 프레드릭슨(David E. Fredrickson)은 "말라코스는 '부드러운'이라는 의미인데 여기에서 파생된 의미가 '겁쟁이', '여성적'이라는 것이다. malakos는 '부드러운 자'로 남창을 의미하는 것이 아니라, 무절제한 자 즉, 자신을 더 이상 통제하지 못하는 자, 과도한 남색을 하는 자를 가리킨다고 한다. 이에 비해 arsenokoitai는 불경한 남색가(pederast)를 가리킨다는 것이다."(이경직, 2002: 186-187; Fredrickson, 2000: 199 참조)[21] 성경 아무 데에서도 동성애를 단죄하지 않는다고 주장하는 존 O. 보스웰(John O. Boswell)은 두 용어 모두 바울이 살던 당시에 동성애를 가리키지 않았다고 주장합니다. malakoi는 일반적으로 도덕적으로 연약함을 말하며, arsenokoitai는 남창의 한 형태를 가리킨다고 주장하는 것이지요(이경직, 2002: 188; Boswell, 1980: 353 참조). 그 외에도 malakoi는 구약성경에서 볼 수 있는, 성전에서 매춘하는 소년을 가리키는 단어이고, arsenokoitai는 소년들과 성교하는 남자를 가리키는 말이라고 주장하기도 합니다(이경직, 2002: 188). 한마디로 오늘날의 동성애와는 거리가 멀다는 주장을 친동성애자들의 편에 있는 수정주의자들은 하는 것입니다.

2) 전통주의자들의 해석

말라코이(malakoi, μαλακοὶ [단수형은 μαλακος])와 아르세노코이타이(arsenokoitai, ἀρσενοκοῖται [단수형은 ἀρσενοκοῖτης])는 오늘날 동성애 행위의 금지를 의미[22]

이들 단어에 대해서 신현우 교수는 앞의 수정주의자들 해석과는 다른 방향으로 해석을 전개합니다. '말라코스'가 '부드러운'이라는 의미가 있으므로 죄에 관해서 해석할 때는 여성적으로 해석해야 하며 그러므로 이 단어는 여성적

인 남자 즉, 동성애 성적 행위에 있어서 바텀 역할[受動的役割]을 하는 동성
애자로 해석해야 한다는 것입니다.

> 고린도전서 6:9-10은 구원받지 못하게 하는 죄의 목록을 제시한다. 그것은 음행
> (매춘 등의 부당한 성행위), 우상 숭배, 간음, 동성애 성행위, 도둑질, 탐욕 부리기, 중상
> 모략, 약탈이다. 여기서 동성애자들은 여성 역할을 하는 남자들(μαλακοι, '말라코이')
> 과 남성을 취하는 남자들(ἀρσενοκοιται, '아르세노코이타이')로 구분하여 제시하고 있
> 다. '말라코스'(μαλακος)는 죄를 언급하는 문맥상 '부드러운'이라는 뜻으로 해석할
> 수 없으므로, 이 단어의 다른 뜻인 '여성적인'이란 뜻으로 이해해야 한다. 이 단어
> 의 남성 복수형인 '말라코이'(μαλακοι)는 그래서 '여성적인 남자'라는 의미가 있다.
> 이것이 죄로 간주되는 문맥은 이 표현이 여성 역할을 하는 동성애 남자를 가리키
> 는 것으로 해석하게 한다. (신현우, 2016: 109)

일반적으로 전통주의자들은 본문에서 '말라코스'의 경우 이 단어가 '아르세
노코이테스'와 짝을 이루어 본문에서 사용되고 있다는 점을 강조해서 말라코
스(malakos)가 수동적인 역할을 한 남성 동성애자[bottom]를 가리킨다면 아르
세노코이테스(arsenokoites)는 능동적인 역할을 하는 남성 동성애자[top]를 지
칭한다고 해석하는 경우를 볼 수 있습니다(A. C. Thiselton).[23] "'말라코스'는 남
성 간의 성적 행위에서 받아들이는 역할을 하기 위하여 남성에게 여성적 성향
으로 탈바꿈한 남자를 지칭한다면 '아르세노코이테스'는 '말라코스'의 능동적
동참자로서의 남성적 역할을 하는 남자를 지칭한다.[24] 그러므로 이 두 단어는
모든 종류의 동성애 성적 행위를 표현하는 데 적용될 수 있다.[25] 바울은 동성애
자들의 성적 행위에서 수동적인 역할이든 능동적인 역할이든 관계없이 도덕
적 부패와 성적 이탈의 행위로 하나님 나라에 들어갈 수 없는 불의한 행위로
규정한다(고전6:9-10)."(최선범, 2020: 129-130)[26 · 27]

「고린도전서」에서의 아르세노코이테스라는 단어의 사용을 좀 더 넓게 확장해서 그 의미가 무엇인가에 대해 살펴보기도 합니다. 본문의 아르세노코이테스라는 단어의 용례(用例)를 레위기 제18장 22절과 관련성을 살펴봄으로써 전통주의자들은 아르세노코이테스라는 단어가 능동적인 역할을 하는 동성애자로 이해합니다. J. A. 피츠마이어(J. A. Fitzmyer)의 경우가 그러한 사례에 해당하는데 그는 아르세노코이테스라는 단어가 레위기 18:22에 관련된 랍비 용어로서 "남자와 잠자리를 같이 함"을 뜻하는 미슈카브 자쿠르(mishkav zakur)로부터 유래했음을 지적하면서 그 단어가 동성애와 밀접하게 관련되어 있음을 보여주고 있습니다(최승락, 2016: 218).[28] 데이비드 F. 라이트(David F. Wright)의 경우에도 「레위기」 제18장 22절과 제20장 13절의 그리스어 번역본 셉투어진타(Septuaginta)의 단어를 서로 비교[29]하는 과정을 거치면서 아르세노코이테스를 능동적인 역할을 하는 동성애자로 이해하고 있습니다(Wright, 1984: 352-355 참조). 라이트의 주장을 참고해 기술하고 있는 최승락 교수의 기술을 인용해 보기로 하겠습니다.

> David F. Wright는 ἀρσενοκοίτης을 남성 매춘 행위나 남창들을 지칭하는 것으로 이해하려고 한 학자들은 이 단어의 구약 배경 의미, 특히 히브리어 본문을 헬라어로 번역한 70인역(LXX)의 단어 사용 영향을 받은 신약성서 단어 사용의 중요성을 간과했다는 점을 지적했다. 레위기에 '아르세노코이테스'란 명사가 직접적으로 사용되고 있지 않다고 하더라도 동성애를 언급하고 있는 레위기 18:22과 20:13에 나타난 단어들의 연결은 바울이 사용한 '아르세노코이테스'의 의미가 동성애자를 지칭하고 있다는 중요한 단서를 제공해 주고 있다. 우선 레위기에 사용되는 동성애를 지칭하는 문장의 단어 연결은 '아르세노코이테스'가 동성애 행위나 동성애자를 의미한다는 지식을 제공한다.
> μετα ἀρσενος ου κοιμηθηση κοιτην γυναικος βδελυγμα γαρ εστιν(레18:22)
> [너는 여자와 [하듯] 남자와 함께 잠자리에 눕지 말라. 왜냐하면 이것은 가증한

짓이다.]

ός ανκοιμηθη μετα αρσενος κοιτην γυναικος βδελυγμα (레20:13)

[누구든지 여자와 [하듯] 남자와 함께 잠자리에 누우면, 가증한 짓이다.]

레위기 18:22와 20:13은 남자와 잠자리에서 성교 행위를 지칭하는 '남자와 잠자리에 눕는다'라는 표현을 통해 남자가 여자와 성관계를 맺는 것처럼 남자와 성관계를 맺는 것을 가증한 행위로 규정하고 있다. 또한 구약에서 κοιτης (코이테스, 잠자리, 침대)와 결합한 단어는 대부분 잠을 자는 행위나 누워 있는 상태를 나타낸다. 예를 들면 δουλοκοιτης (두로코이테스)는 종들과 함께 잠을 자는 행위자를, μετροκοιτης (메트로코이테스)는 어머니와 함께 잠을 자는 행위자를, κλεψικοιτης (크렙시코이테스)는 금지된 성적 행위를 추구하는 자를, ανδροκοιτης (안드로코이테스)는 남자와 함께 잠을 자는 행위자를 지칭한다. 이러한 성적 행위자를 나타내는 결합 명사들의 의미는 바울이 사용한 άρσενοκοιτης (아르세노코이테스)의 단어 형성과 의미를 파악하는 데 큰 도움을 준다. 어떤 동작이나 행위를 나타내는 접미사 κοιτης와 결합한 단어들이 잠을 자는 행위나 성적 행위를 나타내는 것처럼 άρσενοκοιτης는 άρσην (아르센, 남자)과 κοιτη (코이테, 잠자리)와 결합한 명사로 남자와 성교하는 자의 행위를 나타낸다. (최승락, 2020: 126-127; 신현우, 2016: 109 참조)

동성애와 관련해서 규정하고 있는 「로마서」와 「고린도전서」에 대해서 수정주의자와 전통주의자들이 어떻게 이해하고 있는지에 대해서 그 차이점을 [표]로 나타내보면 다음과 같습니다.

[표: 로마서와 고린도전서에 대한 수정주의자들과 전통주의자들의 해석]

본문	수정주의자들의 해석	전통주의자들의 해석
역리로서의 동성애 (逆理, παρα φυσιν.) (롬1:24-27)[30]	오늘날 동성애나 윤리와는 전혀 무관	오늘날 동성애를 지칭하고, 윤리적 규정
역리란 무엇인가?	무절제한 난잡한 성관계/ 퇴보적 · 착취적 성관계/ 비정상적인 성관계(oral · anal sex)/ 미동 사랑(pederasty)	자연적 성교인 이성애에서 벗어난 성관계

본문	수정주의자들의 해석	전통주의자들의 해석
하나님 나라를 유업(遺業)으로 받지 못한 자로서의 동성애에 관한 규정(고전6:9)	말라코이(malakoi, μαλακοὶ)와 아르세노코이타이(arsenokoitai, ἀρσενοκοῖται)는 오늘날 동성애하고는 거리가 먼	말라코이(malakoi, μαλακοὶ)와 아르세노코이타이 (arsenokoitai, ἀρσενοκοῖται)는 오늘날 동성애 행위의 금지를
말라코이(malakoi)는 누구인가?	방종하는 자(Helminiak) 무절제한 남색가 여성성을 나타내는 사람(effeminate) 선전매춘을 하는 소년(qedesim)	수동적 동성애자 (defenders, eromevos, ερωμενος)
아르세노코이타이 (arsenokoitai)는 누구인가?	남창(male prostitutes)(Boswell) 음탕하고 방자한 남성(Helminiak) 경제적 수탈자 불경한 남색가(pederast)	능동적 동성애자 (offenders, erastes, εραστης)

3 기타, 그 밖의 동성애 관련 신약 구절들

1) 복음서에 나타난 동성애 관련 문제

수정주의들은 복음서에 나타난 여러 사건에 대해서 앞의 동성애 관련 문제들과는 다른 해석-전혀 다른 stance를 취한다-을 시도하고 있는 것을 볼 수 있습니다. 복음서에 나타난 구절들에 대해서 전통주의자들은 동성애와 무관한 것으로 이해합니다. 그러나 퀴어 신학자들은 복음서에 나타난 사건들에 대해서 기이한 해석을 자행합니다. 예수님이 사랑한 남자(John Jesus Loved),[31] 즉 요한과 예수님과의 관계에 대해서, 마가복음 제14장 51~52절에 나오는 '예수님이 잡히실 때의 벌거벗은 젊은이'(a young man who was wearing only a linen cloth, [CEV])와의 관계에 대해서, 백부장의 종을 고치신 이야기(마8:5-13; 눅7:1-10)에 대해서, 고자(鼓子, eunuchs, εὐνοῦχος)에 대한 예수님의 말씀(마19:10-12) 등에 대해서도 전통주의자들의 해석과는 전혀 다르게 수정주의자들은 동성애적 해석(gay reading)을 적극적으로 시도하는 것을 볼 수 있습니다.[32]

게이 해석이 말하고자 하는 것은 예수님이 동성애에 대해서 적극적-동성 애에 대한 언급에 관련된 분량 면에서도 그 양이 적다(少)고 주장(Rogers, 2018: 141)[33]-으로 말씀하시지 않으셨다고 주장합니다. 거기서 더 나아가 예수님께 서도 친히 동성애적 삶을 사셨다는 주장도 합니다. 예로 들어 수정주의자들은 동성애적 삶을 사신 예수님께서 동성애 관계에 있던 백부장과 그의 종과의 관 계를 인정하셨을 뿐만 아니라 고자를 인정하셨다는 것이지요. 퀴어 신학자들 이 고자를 동성애자로 이해한다는 점이 참으로 독특한 부분이기도 합니다. 느 헤미야와 다니엘에 대해서 퀴어 신학자들이 퀴어한 해석을 하는 것도 이들이 환관(宦官)이라는 점을 그 근거로 하고 있음을 알 수 있습니다(Helminiak, 2003: 191-195; Jennings, 2011:236-260; West, 2021: 670-676; Stanley, 2021: 429-442 참조). 느헤미야와 다니엘이 환관이었기 때문에 이들은 동성애 관계를 지니고 있었다 는 식의 논리 전개입니다. '환관=고자=동성애자'라는 단순한 도식을 전개하고 있는 것입니다. 심지어 마르다와 마리아의 관계를 자매 관계가 아닌 레즈비언의 관계로 무리한 해석을 하는 것도 볼 수 있습니다.[34]

2) 그 밖의 동성애와 관련된 신약 구절들

> 7. 소돔과 고모라와 그 이웃 도시들도 그들과 같은 행동으로 음란하며 다른 육체 [σαρκὸς ἑτέρας, sarkos heteras]를 따라가다가 영원한 불의 형벌을 받음으로 거울 이 되었느니라 8. 그러한데 꿈꾸는 이 사람들도 그와 같이 육체를 더럽히며 권위를 업신여기며 영광을 비방하는 도다(유1: 7-8, 〈개역 개정〉 [] 본 연구자 첨가).

유다서 제1장 7-8절의 '다른 육체'의 해석에 대해서 수정주의자들은 동성 애와 거리가 먼 '인간과 천사' 또는 '인간과 동물' 간의 성적 결합을 뜻한다 고 주장합니다. 인간들의 동성애 관계를 제외하려고 합니다. 박경미 교수-다 른 퀴어 신학자들과의 공통점이기도 하다-는 창세기 기사와 연결시켜 본문은 동성애하고는 거리가 멀다고 주장하는 것이지요. "1:6에서 '자기네가 통치하는 영역에 머무르지 않고 자기들의 거처를 떠난 천사들'은 창세기 6:1-4에서 사람의 딸들과 결혼한 하느님의 아들들을 가리키기 때문이다. 다시 말해 유다서에서 소돔과 고모라가 성적 부도덕과 연결되기는 했지만, 그것은 동성애가 아니라 '다른 육체; 즉 인간과 천사, 인간과 동물 사이의 결합'을 가리킨다고 볼 수 있다"[35] (박경미, 2020: 219-220). 대니얼 헬미니악도 앞의 박경미와 비슷한 주장을 하는 것을 볼 수 있습니다. "〈유다서〉(6절)의 '다른 육체'라니 이게 무슨 뜻일까? 그것은 바로 천사들과 성교하는 사람들을 가리킨다. 〈유다서〉 6절은 꽤 모호하지만 〈창세기〉 제6장 1~4절에 나오는 그와 비슷한 이야기를 넌지시 언급하고 있다. '하느님의 아들들이 그 사람의 딸들을 보고 마음에 드는 대로 아리따운 여자를 골라 아내로 삼았다.'(공동), '하나님의 아들들이 사람의 딸들의 아름다움을 보고 자기들이 좋아하는 모든 여자를 아내로 삼는지라'(개역) (여기서 하느님의 아들들은 어떤 종류의 천상 존재들을 말함) 〈유다서〉 7절은 소돔을 언급하며 비슷한 이야기를 떠올리게 한다. 당신은 소돔을 방문했던 '남자들'이 실제로는 하느님께서 보내신 천사들이었음을 기억할 것이다. 따라서 여기에 나오는 이상한 성교는 동성 간의 관계가 아니라 천사와 인간 사이의 관계(섹스)를 가리키는 것이다."(Helminiak, 2003: 173)

전통주의자들은 유다서가 인간들 간에 행해지는 동성애를 언급/포함한다고 주장하거나, 그 범위에 동성애를 포함하여 남자나 동물과의 성적인 결합을 의미한다고 해석합니다. "유다서는 한 장으로 이루어져 있고, 겨우 한 페이지 남짓하며 요한계시록 바로 앞에 나온다. 이 짧고 모호한 책에 관심을 기울이는 학자는 거의 없다. 그런데 캘리포니아 산타 바바라의 웨스트민스터 센터의 책임자인 신약학자 토머스 슈미츠는 유다서가 동성애에 대해 언급하고 있다고 주장한다"[36](Rogers, 2018: 153; Schmidt, 1995: 96-97 참조), "유다서 1:7도 '다른 색을 따라가다가' 혹은 풀어 말하면 '다른 성, 혹은 다른 종류의 육체를 가지려고 좇다가'(아펠쑤사이 오피소 사르코스 헤테라스, ἀπελθοῦσαι ὀπίσω σαρκὸς ἑτέρας)라는 표현이 나온다. 남자가 여자의 육체가 아니라, 남자나 혹은 짐승의 몸을 성적 대상으로 삼는 것이다."[37](채영삼, 2016: 197; 김재성, 2016: 405 참조)

> 10 음행하는 자와 남색하는 자[ἀρσενοκοίταις arsenokoitais]와 인신매매를 하는
> 자와 거짓말하는 자와 거짓 맹세하는 자와 기타 바른 교훈을 거스르는 자를 위함
> 이니(딤전1:10, 〈개역 개정〉. [] 본 연구자 첨가)

디모데전서 제1장 10절의 규정에 대해서 수정주의자에 속하는 제닝스는 본문에 사용되고 있는 단어가 고린도전서 제6장 9절에서 사용되는 단어와 같다는 점에 대해서는 인정합니다. 그러나 그 단어의 사용이 동성애자를 의미하는 것은 아니라고 주장합니다. 제닝스는 본문이 폭력적인 범죄 목록이기 때문에 남성 간에 행해지고 있는 폭력적인 납치와 강간으로 이해합니다. "바울(고전6:9)과 디모데전서(딤전1:9-10)의 저자가 쓴 다른 단어는 아르세노코이타이(arsenokoitai)입니다. 이 단어는 침대 또는 잠자리에 드는 것을 의미하는 단어와 남자를 의미하는 단어의 조합으로 보입니다. 이것은 매우 드물게 사용되었고 그래서 이 단어가 죄의 목록에 나올 때 무슨 뜻인지를 확신하기는 매우 어렵습니다. 그러나 사실 이것은 2세기 문서에서 다시 나타나는데, 인간의 죄에 대한 목록이 아니라 신들의 범죄에 대한 서사에서 사용됩니다. 그래서 그 범죄는 무엇일까요? 납치와 강간입니다. 그리스 · 로마 세계에서 남성적 성행위의 모델은 정확히 강간이었습니다. 즉 지배로서의 성행위였다는 말입니다. 그것은 바울에게 그 단어가 의미하는 것입니다. 디모데전서의 경우 그 단어가 나

타나는 목록은 단순한 살인이 아니라 부모의 살인, 단순한 강도질이 아니라 인간을 훔쳐 노예로 파는 강도질 등과 같은 폭력적인 범죄의 목록이므로 이것은 상당히 명확해 보입니다."(Jennings, 2011: 441. 여기서 제닝스는 디모데전서의 저자를 사도 바울로 이해하지 않고 있음을 또한 발견할 수 있습니다) 이와는 반대로 전통주의 자들은 아르세노코이타이(arsenokoitai)라는 단어가 능동적 동성애자(Top)-고린도전서 제6장 9절의 해석에서 사용한 근거들을 통해서-로 해석하고 있다는 점입니다. 위의 내용에 대한 전통주의자들과 수정주의자들 해석의 차이점을 [표]로 나타내면 다음과 같습니다.

[표: 동성애 관련 신약 본문에 대한 전통주의자와 수정주의자의 해석 비교]

본문	전통주의자들의 해석 = 반동성애적 해석	수정주의자들의 해석 = 퀴어 해석, 게이 해석
다른 육체 (sarkos heteras)(유1:7-8)	동성애자도 지칭	동물이나 천사와 성관계, 인간 동성애와는 거리가 먼 자
남색하는 자 (arsenokoitai)(딤전1:10)	동성애자 지칭	오늘날 동성애와 거리가 먼 자
소돔과 고모라의 멸망 (벧후2:6-10)	동성애와 관계가 있음	멸망이 동성애와는 무관함
예수님이 사랑한 남자 (요13:23)	동성애와 무관	동성애 관련성 의심
예수님이 잡히실 때 벌거벗은 젊은이(막14:51-52)	동성애와 무관	동성애 관련성 의심
고자에 대한 말씀 (마19:10-12)	동성애와 무관	동성애 관련성 의심
마르다와 마리아의 관계 (요11장)	자매 관계	레즈비언 관련성 의심

III 나가는 말

동성애와 관련된 본문에 대해서 수정주의자들과 전통주의자들 해석의 차이

점을 비교해 보았습니다. 전통주의자들은 과거 동성애 근거로 인용된 신약의 본문들에 대해 일관성을 유지하는 해석을 합니다. 반면에 수정주의자들은 퀴어 해석과 게이 해석을 시도하는데 전통주의자들과의 차이점은 전통주의자들이 동성애 근거의 본문으로 삼는 곳은 동성애와는 전혀 관계가 없다거나, 아니면 동성애와는 관계가 있더라도 오늘날 동성애와는 거리가 먼 것을 의미한다는 식의 해석을 시도합니다. 반대로 전통주의자들의 동성애와는 관계가 없는 본문으로 취급하는 곳에 대해서는 기이한 퀴어 해석(queer reading)을 시도하거나 게이 해석(gay reading)이라는 관점에서 재해석(再解釋, Re-reading)을 시도한다는 점입니다. 과거와 다르게 동성애와 관련된 본문이라고 말입니다.

|참고문헌|

강상우 (2020).『참 거시기한 변명』. 파주: 한국학술정보.

김광수 (2020). "하나님의 진노의 나타남과 동성애(롬1:18, 24-27): 사도 바울의 신학적 관점에 기초한 동성 성관계 진단".『동성애, 성경에서 답을 찾다』. 개정증보판. 대전: 침례신학대학교출판부. 15-82.

김재성 (2016). "5부, 제1장, 하나님의 창조 질서를 거스르는 동성애". 김영한 외 공저 (2016).『동성애, 21세기 문화충돌』. 용인: 킹덤북스. 389-413.

김진호 (2021). "'동성애 반대'인가 '폭력적 성에 대한 반대'인가".『맘울림』. 52. 87-106.

박경미 (2020).『성서, 퀴어를 옹호하다』. 대구: 한티재.

손봉호 (2018).『주변으로 밀려난 기독교』. 3쇄. 서울: CUP.

신원하 (2020). "바울의 동성애 신학과 목회 윤리: 교회의 동성애자 수용에 대한 기독교 윤리학적 연구".『갱신과 부흥』. 25. (2020). 303-334.

신현우 (2021). "신약성경과 동성애: 동성행위에 관한 신약성경의 평가".『신학지남』. 88(2). 7-28.

신현우 (2016). "제1부. 제3장. 동성애의 원인과 해결: 성경과 과학의 진단과 처방". 김영한 외 공저 (2016).『동성애, 21세기 문화충돌』. 용인: 킹덤북스. 99-141.

이경직 (2003). "로마서에 나타난 동성애".『기독신학저널』. 4. 211-239.

이경직 (2002). "신약에 나타난 동성애".『기독교사회윤리』. 5. 179-207.

이승구 (2016). "5부. 제2장. 동성애자들에 대한 전도와 목회적 돌봄". 김영한 외 공저 (2016).『동성애, 21세기 문화충돌』. 용인: 킹덤북스. 414-440.

이요나 (2020). "제6장. 동성애 현안 신학적 조명과 복음적 해법".『젠더 이데올로기 심층 연구』. 서울: 밝은생각. 300-354.

이재현(2016a). "1부. 제4장. 바울이 말하는 동성애와 하나님의 진노: 로마서 1:24-27을 중심으로". 김영한 외 공저 (2016).『동성애, 21세기 문화충돌』. 용인: 킹덤북스. 142-183.

이재현 (2016b). "바울이 말하는 동성애와 하나님의 진노: 로마서 1:24-27을 중심으로".

춘계학술대회. (통권 23호) 1-23.

이태희 (2016). 『세계관 전쟁: 동성애가 바꿔 버릴 세상』. 서울: 두란노서원.

채영삼 (2016). "1부 제5장. 동성애, 혼돈 속의 사랑". 『동성애, 21세기 문화충돌』. 용인: 킹
　　덤북스. 184-210.

최선범 (2020). "동성애 행위에 대한 신약성서 저자들의 해석과 신학적 관점". 대학출판
　　부 편 (2020). 『동성애, 성경에서 답을 찾다』. 침례신학대학교출판부. 115-148.

최승락 (2016). "1부, 제6장. 바울의 순리와 역리 개념과 동성애 문제". 김영한 외 공저
　　(2016). 『동성애, 21세기 문화충돌』. 용인: 킹덤북스. 211-233.

Hays, Richard B. (2002). 『신약의 윤리적 비전』. 유승원 역. 서울: 한국기독교학생회출판부.

Helminiak, Daniel A. (2000). What the Bible Really Says About Homosexuality? 김강일
　　역 (2003). 『성서가 말하는 동성애』. 서울: 해울.

Jennings, Jr., Theodore W. (2003). The Man Jesus Loved: homoerotic narratives from the
　　new testament. 박성훈 역 (2011). 『예수가 사랑한 남자』. 서울: 동연.

Rogers, Jack (2009). Jesus, The Bible, and Homosexuality Explode the Myths, Heal the
　　Church. 조경희 역 (2018). 『예수, 성경, 동성애』. 고양: 한국기독교연구소.

Rudy, Kathy (1997). Sex and the Church. 박광호 역 (2012). 『섹스 앤 더 처치』. 파주: 한울.

Stanley, Ron L. (2006). "에스라-느헤미야기". The Queer Bible Commentary I. London:
　　SCN Press. 퀴어 성서 주석 번역출판위원회 역 (2021). 『퀴어 성서 주석 I 히브리
　　성서』. 고양: 무지개신학연구소. 429-442.

Stott, John (1998). Same-Sex Partnerships?. 양혜원 역 (2011). 『존 스토트의 동성애 논
　　쟁』. 서울: 홍성사.

Swartley, Willard M. (2003). Homosexuality: Biblical interpretations and moral
　　discernment. 김복기 역 (2014). 『동성애: 성서적 해석과 윤리적 고찰』. 대전: 대
　　장간.

West, Mona (2006). "다니엘서". The Queer Bible Commentary I. SCN Press. 퀴어 성서
　　주석 번역출판위원회 역 (2021). 『퀴어 성서 주석 I 히브리 성서』. 고양: 무지개신
　　학연구소. 670-676.

그리스 · 로마
동성애에 대한 재고[1]

Ⅰ 들어가는 말

과거 거주하고 있는 지방의 국립대학교 도서관에서 동성애 관련 책들을 한 주가 멀다 하고 지속해서 대출해서 읽은 적이 있었습니다. 한번은 대출업무를 맡고 있던 대학생(알바생)이 나에게 왜 그런 종류의 책만 계속해서 빌려보는지 물었습니다. 외부인이 일주일이 멀다 하고 책을 대출해 가는데, 다른 책도 아니라 동성애/성과 관련된 책들을 계속 빌리니 그런 생각이 들었다고 합니다. 사실 내 얼굴이 좀 심각하게 생겼으면 그 알바생은 나에게 그런 질문을 할 생각을 하지 못했을 것입니다. 자평(自評)이지만, 그래도 외모로는 선하게 생긴지라, 그 학생이 부담 없이 나에게 물어본 것 같다는 생각이 들었습니다. 그 사건이 있을 당시에 빌렸던 책은 사이 가담과 오기 오가스(S. Gaddam and O. Ogas)가 함께 쓴, 『포르노 보는 남자 로맨스 읽는 여자(A Billion Wicked Thoughts)』였습니다. 그 책의 내용에 이런 사례가 나옵니다. 서른 살의 평범한 동성애자로 살고 있는 분이 자기 성적 행동에 대한 정당한 근거를 나름 어디에선가 찾고자 했다는 점입니다. 그래서 이성애 남자들이 같은 남자와 섹스하는 장면이 있는 포르노를 본다는 것입니다.

> 서른 살의 게이에게 왜 이성애 남자가 나오는 게이 포르노를 좋아하느냐고 묻자
> 이렇게 말했다고 한다. "제가 보기엔 남자를 좋아하는 건 너무 당연한 일인 것 같
> 은데요. 툭 까놓고 말해서, 남자라면 누구나 저만큼 남자들을 좋아하는 게 틀림없
> 습니다. 다만 그런 감정을 억누르는 것일 뿐이죠. 그래서 저는 이성애 남자가 다른
> 남자와 섹스하는 장면을 보면 제가 맞았다는 생각이 듭니다." "저것 봐, 저 남자도
> 결국은 나랑 똑같다니까."(Gaddam and Ogas, 2011: 414)

여성과 결혼하고 또 그 여성으로부터 두 아들을 두었으면서도 동성애자의
삶을 살아온 영국의 소설가 오스카 와일드(Oscar Wilde)[2]에게서도 이와 비슷한
사례를 접할 수 있습니다. "런던 사교계의 총아이자 도깨비 같은 존재가 되기
전, 오스카 와일드는 에우리피데스의 비극을 진지하게 연구해서 출판하고자
했다. 그는 '지독히 추잡한 행위'와 관련된 유명한 고소(와일드는 1891년 알프레
드 더글러스를 만나 교제하게 되었는데, 이에 분노한 더글러스의 부친이 와일드를 남색자
라는 죄목으로 고소한다-역주)에 맞서 법정에서 자신을 변호하면서, 남성의 사랑
이 애정 가운데 가장 고귀한 것, 다시 말해 '플라톤이 그의 철학의 기본으로 삼
은 … 순수하고 … 완전하며 … 지성적인' 사랑이라고 주장했다."라고 합니다.
(Goldhill, 2006: 102. 이 책의 301페이지에 있는 그리스 복장을 하고 포즈를 잡고 있는 오
스카 와일드 사진도 참조하시기 바랍니다)[3]

위에서 인용하고 있는 동성애자는 이성애 남자이면서 다른 남자와 섹스하
는 이들에게서 그리고 오스카의 경우 플라톤의 저서에서 성적 행동의 정당
성 근거를 찾았다면, 신앙인의 경우에는 자신이 믿는 종교의 텍스트에서 동
성애적 행동의 정당성에 대한 근거를 찾게 될 것이라는 점입니다. 그 어떤 자

료보다도 신의 계시에서 그러한 행동의 정당성을 보장한다고 생각하기 때문입니다.[4] 텍스트[正經]에서 찾지 못할 경우 위경(僞經, Pseudographia[5]은 '이름이 잘못된 경전') 등에서 찾으려고 시도할 것입니다. 참고로 예수님에 대해서도 자신의 입맛에 맞는 예수를 만들기 위해 성경에서 눈을 돌려 위경[靈智(知)主義文書]으로 그 범위를 확대하는 것을 볼 수 있는 것처럼 말입니다. (강상우, 2018 참조)

동성애 행동의 정당성을 주장하는 이들은 그 근거를 그리스 · 로마 시대의 동성애 행위를 제시하고 있는 것을 심심찮게 볼 수 있습니다. 그런가 하면 전 세계적으로 다양한 문화권에 동성애와 비슷한 유형들이 존재했었다는 식의 주장을 하기도 합니다. 구체적으로 그들은 동양에도 동성애가 있었고, 서양에도 동성애가 존재했다고 주장합니다. 한마디로 이런 식입니다. "찬란한 꽃을 피운 그리스 · 로마 문화에서도 동성애는 있었다. 아메리카에도 동성애 행위인 베르다셰(Berdache, Berdachism)가 존재했었다.[6] 파푸아 뉴기니에도 의례적인 남색행위(男色行爲, ritualized homosexuality)가 있었고, 일본에도 동성애(Pink Samurai 등)(Ujiie, 2016)가 있었고, 중국에도 동성애가 있었다"(예, 分桃, '복숭아를 나누다'라는 의미다; 斷袖, cut sleeve, 궁녀들 간의 동성애는 '對食'이라고 했다)라는 식의 주장을 하는 것입니다(Jennings, 1999; Carlin, 1995; 윤가현, 1999; "제2장. 동성애 현상의 문화적 다양성", 43-75 참조). 우리나라에도 동성애가 있었다는 지적입니다(수동모/암동모, 남사당패에서 동성애자, 남자의 역할은 수동모, 여자의 역할은 암동모였다고 합니다, 한국게이인권운동단체 친구사이〈게이컬처홀릭〉편집위원회, 2011; 윤가현, 2001: 256-257 참조). 이처럼 거의 대부분의 문화 속에 폭넓은 동성애가 존재했었다는 지적입니다. 그러한 이유에서인지 몰라도 다음과 같이 말하는 연구자들까지 존재하는 것을 볼 수 있습니다. 동성애 인정을 넘어 그러한 관계와 문화를 찬양하기까지 했다고 주장하기까지 합니다.

> "북아메리카의 많은 원주민 문화와 그리스 등 고대 문화들이 노래와 전설에서 동성 간의 관계를 찬양하고 있는데, 왜 동성애가 문화를 파괴한다고 주장하는 가?"(Ray, 2013: 26)
>
> 킨제이의 보고서가 발간된 지 3년 후 인류학자인 포드와 심리학자인 비이치(C. Ford and F. Beach)의 보고서가 발표되었다. 후자의 보고서는 동성 간의 성행위가 비자연적이라는 믿음을 의심하게 했다. 그들이 조사했던 76개의 원시 부족 공동체 중 49곳에서 동성 간의 성행위를 정상적으로 용납되는 행위로 간주하였기 때문이다.[7] 곧 동성들 간에 표현되는 성행동을 문화적으로 비교한다면, 경우에 따라서 동성애가 정상적이고 건강한 것으로 규정되기도 한다.(윤가현, 1999: 52-53)

본고를 통해서 가장 일반적으로 동성애의 정당성을 주장하는 근거로 자주 제시되고 있는 그리스 · 로마 문화에서의 동성애에 대해서 재고(再考)하고자 합니다.[8] [9] 이를 위해서 다음과 같은 질문을 연구 문제로 다루고자 합니다. 예비 문제: [연구 문제를 提論하기 前] 연구 문제를 제론하기 전에 그리스 · 로마 시대의 동성애 행위가 주류 행위인가 하는 점입니다. 연구 문제 1: [그리스 · 로마 동성애의 基底] 그리스 · 로마 시대의 동성애에 대한 기저에는 무엇이 있는가. 연구 문제 2: [오늘날 동성애와의 差異] 그리스 · 로마 동성애와 오늘날 동성애와의 차이점은 무엇인가에 대해서 말입니다.

II 그리스 · 로마 동성애와 그에 대한 재고

1 논의 전 그리스 · 로마 동성애가 주류 사회 행위였는가에 대해

"행복하여라, 나체로 운동을 한 후 집에 가서 아름다운 소년과 온종일 잠을 자는 사람이여."(메가라의 테오그니스, 기원전 6세기)

동성애적 행위를 보여주는 주요 작품으로는 워런 컵(Warren Cup)-최초의 소유자였던 Edward Perry Warren의 이름에서 왔다고 합니다-이 있습니다. 위키피디아 사전에는 워런 컵의 내용을 다음과 같이 설명하고 있는 것을 볼 수 있습니다.

워런 컵의 한쪽 면은 기대는 자세로 애널 섹스를 하는 '수염 난 남자'와 '수염 없는 청년'을 묘사하고 있으며, 청년은 끈이나 띠를 사용하여 몸을 낮추고 관통합니다. 한 소년이 문 뒤에서 지켜보고 있습니다. (…) 다른 쪽은 '수염이 없는' 깔끔하게 면도한 '젊은 남자'와 그가 '소년' 또는 '사춘기'(현재 '에로메노스')임을 나타내는 긴 머리를 가진 작은 인물 사이의 항문 섹스의 또 다른 장면을 묘사한다.

지금 남아 있는 그리스 · 로마 시대의 예술 작품들에서 동성애적 행위를 묘사하고 있는 작품들을 만나 볼 수 있는데, 문제는 그리스 · 로마 문화에서 동성애가 주류(主流)적 행위였는가 하는 질문입니다. 왜냐하면 이에 대한 연구자들 간에 일치하지 않는 다양한 주장들[Spectrum]이 존재하는 것을 볼 수 있기 때문입니다. 다음과 같이 동성애 행위에 대해서 매우 긍정적으로 기술하는 연구자들이 있습니다. 동성애를 '그리스 사랑(Greek Love)'이라고 이름 부를 정도입니다. "동성애는 오랫동안 이단으로 여겨졌지만, 고대에서만큼은 동성애를 특별하게 보는 것 자체가 이상한 일이었다. '고대 그리스 문화는 우리 문화와 달라서 인간이 때에 따라 남색과 여색 어느 쪽을 선택하든 흔쾌히 허락되었다. 또한 이러한 양성 교제의 찬성 혹은 공존은 당시 사람들이나 사회에서 큰 문제는 아니라는 암묵적인 동의가 있어 … 문학과 미술에서 동성애 주제는 어떤 거리낌도 없이 환영받았다.' 이 때문에 킬릭스 같은 고대 그리스 시기에는 동성애자의 다양한 성교 장면도 많이 그려졌다. 당연히 그들의 신화에도 동성애 관련 이야기가 많이 등장한다."(Ikegami, 2016: 262 재인용)[10] "고대 그리스에서는 성인 남성들이 소년들에게 품는 성적 욕망이 지극히 자연스러워서 결혼이나 자녀 양육과 전혀 모순되지 않는다고 생각했다. 이는 여성을 통해서 얻는 음탕한 쾌락보다는 소년과의 정서적 교감을 통해서 얻은 쾌락을 긍정적으로 여겼기 때문이다"(김한곤 · 이정화 · 박세정, 2012: 228; 박선아, 2017: 79[11]). 이와는 대조적으로 리처드 R. 포스너(Richard R. Posner)의 경우에는 당시 남색이 주류 행위에 해당하는지에 대해서 의문을 제기하고 있는 것을 볼 수 있습니다.

> "그리스 문학과 예술에서 남색을 자주 찾아볼 수 있음에도 불구하고, 실제로도 그랬는지는 확실하게 알려진 바가 없다. 그리고 남색은 어쩌면 시민계층의 젊은 남성의 소수만이 즐긴 취향이었을 수도 있다."(Posner, 2007: 225)

일부 연구자 중에는 동성애에 대해서-동성애가 세계 각처에서 존재하였다는 연구자들의 주장과는 별도로- 당시 사회에서 호응받은 성적 행위가 아니었다고 지적하기도 합니다. "수도 로마에서 어떤 남자가 여자 역할을 한다는 것, 한마디로 다른 남자에게 성기 삽입을 허락한다는 것은 정치생명을 끝내기에 충분한 것이었다. 실제로 일부 학자는 동성애 관계에서 수동적인 대상을 향한 모욕적인 말이나 행동을 단서로 삼아 로마 사회가 동성애를 혐오했다고 판단했다"(Beard, 2016: 418). 프랑스의 고고학자이자 역사가이며 고대 로마의 전문가이기도 한 폴 베인(Paul Veyne)은 다음과 같은 주장을 하기도 합니다. "고대인들은 남자 동성애를 비난했지만, 그 비난의 강도는 애정의 추종자 또는 혼외정사를 비난하는 정도에 그쳤다(적어도 능동적 남자 동성애에 관해서는 그러했다)"(Veyne, 1996: 46). 로버트 냅(Robert Knapp)은 다음과 같이 적고 있습니다. "[로마서 제1장 21~27절에서] 바울은 로마인들의 끔찍한 도덕적 결함을 일일이 열거한다. 여기서 주목할 점은 다신론자들을 동성애적 행위에 관대한 사람들로 묘사한다는 것이다. 그렇다고 모든 그리스-로마인들이 동성애적 행위를 했다는 것은 아니다. 다만 바울의 설명을 통해 다신론자들 사이에서 동성애적 행위가 문화의 일부로 받아들여지고 있었음을 알 수 있다. 바울이 애써 동성애적 행위에 반대 의사를 표명하는 것을 보면 그의 설교를 듣는 청중들도 동성애에 반대했거나 적어도 동성애를 반대해야 한다는 말에 설득될 수 있었던 사람들이었을 것이다. 그런 주장은 뜬금없이 나올 수 없다. 바울의 수행자들과 청중은 동성애적 행위에 반대하는 성향을 띠고 있었을 것이다. 『꿈풀이』(Interpretation of Dreams [Artemidorus의 작품])와 『점성술의 노래』(Carmen Astrologicum [도로세우스 Dorotheus의 작품])의 내용으로 미루어보건대 당시에는 동성애적 행위와 그런 행위를 하는 자들이 멸시의 대상이었기 때문에 대부분의 평민 남자는 자연스레 동성애에 반대하는 성향을 지녔을 것이라는 게 내[Robert Knapp] 생각이다"(Knapp, 2013: 53).[12] 참고로 동성애적 행위에 대해서 처벌(處罰)이 존재하는 지역도 있었다는 지적을 하기도 합니다. "그렇다고 모든 사회가 다 동성 관계를 허용한 것은 아니다. 아시리아인이 통치하던 고대 바빌론이나 동성 관계를 맹렬히 반대한 조로아스터교가 우세했던 페르시아, 아즈텍족이 통치하던 페루에서는 남성 간 성행위를 엄격히 처벌했다."(Carlin and Wilosn, 2016: 18)[13]

동성애가 그리스 · 로마 문화에서 주류적인 행위로 중요하게 다루어지게 되었던 이유 중의 하나가 플라톤의 『향연』(Symposium) 등, 당시 작품들에서 동성애에 대한 [肯定的!] 언급들이 있기 때문이 아닌가 하는 생각도 해봅니다.[14] 당시 유명한 그리스 철인(希臘哲人)들이 동성애에 대해서 긍정했다. 그렇다면 동성애는 매우 긍정적인 성적 관계가 아닌가 하는 생각을 하지 않았나 하는 생각이 듭니다.

고대 그리스에서는 성인과 소년 간의 동성애, 즉 '그리스식 동성애'(Greek love)가 일반적인 사회 현상이었다. 이는 예술품이나 저작 활동, 신화에도 많은 영향을 끼쳤고, 성관계 대상의 동성 · 이성 여부보다는 성관계에서의 나이, 사회적 지위에 따른 적극성 여부를 중요하게 여겼다. 그리스 신화에서 제우스와 가니메데스의 유명한 일화는 고대 그리스 · 로마의 전형적인 동성애 관계에 가까웠고, 후대에 일종의 문화적 상징으로 자리 잡았다. 기원전 5세기경 플라톤의 저서 〈향연〉은 소크라테스의 동성애에 대해 언급하고 있다.

기원전 8세기경 호메로스의 작품으로 알려진 서사시 〈일리아드〉에 등장하는 아킬레우스와 파트로클로스는 현재까지도 동성애 논란이 지속되는 인물 중 하나이다. 이 두 인물의 관계는 시의 내용 자체로 보았을 때는 유추하기 어렵지만, 고대의 작가들은 두 성인 남성의 동성애 관계로 생각하고 글을 쓰기도 했다. "가장 사랑하는 친구 파트로클로스가 비명에 죽었는데, 이 세상의 무엇이 제게 기쁨을 주겠습니까? 제 모든 백성 중에 그를, 그 친구를, 저는 가장 존경했으며, 제 몸처럼 사랑했습니다. 그런 친구를 잃었습니다!"(호메로스, 〈일리아드〉 제18권)*

『향연』에서 파우사니아스(Pausanias)는 두 개의 아프로디테를 논한다. 즉 여성적 요소 없이 남성적 요소만 갖고 있는 사랑은 '천상의 아프로디테'라고 추앙되는 한편, 남성보다 여성, 영혼보다 육체를 탐하는 사랑은 '세속적 아프로디테'[Ἀφροδίτη

---

* https://ko.wikipedia.org/wiki/%EB%8F%99%EC%84%B1%EC%95%A0

Πάνδημος]로 비하된다. (서병창, 2004: 223; 이순이, 2004: 258-260, 'Pausanias의 에로스', 참조)[15 · *]

이신열 교수는 존 보스웰(John Boswell)의 주장을 반박하는 논문의 내용 가운데 보스웰이 친동성애적 근거로 사용한 플라톤의 『향연』이나 아리스토텔레스의 『니코마코스 윤리학』의 내용에 대해서 보스웰과는 다른 평가를 하는 것을 볼 수 있습니다.[16] 이순이는 『향연』의 강조점은 동성애가 아니라는 점을 지적하기도 합니다. (이순이, 2004: 269-270)[17]

그는[John Boswell] 이에 대한 근거로서 먼저 사랑에 관한 플라톤의 주장들은 동성애가 이성애보다 우월하다는 내용을 지닌 것으로 이해된다[CSH,[18] 49. 구체적으로 플라톤의 『향연』, 181B, 191E-92가 언급된다]. 그런데 바즈웰의 주장에서 간과된 것은 플라톤이 말하는 동성애란 천상적 사랑, 즉 신들 사이의 완전한 사랑이 지상에 모습을 드러낸 사랑에 해당한다는 점이다. 플라톤에게 동성애는 이런 이유에서 여전히 이데아적이며 이상적인 사랑으로서 이는 육체적 관계를 초월한 (그리고 배제된) 사랑을 가리킨다. 이런 관점에서 이성애가 동성애보다 더 열등한 것으로 간주된 것은 당연하지만, 플라톤이 당대의 모든 동성애적 행위(특히 육체적 관계를 포함하는 동성애)를 자연적이며 이성애보다 탁월한 사랑으로 간주했다고 보기에는 어려움이 있다. 또한 바즈웰은 자신의 주장을 확립하기 위해서 플라톤이 동성애를 개인적이며 사적인 일이 아니라 공적인 것으로 간주했으며, 특히 이를 민주주의와 동일시했다고 밝혔다. 이 주장에서 그는 플라톤의 『향연』(Symposium)에 등장하는 한 단락을 인용하고 있는데(182B-D), 아리스토게이톤(Aristogeiton)과 하르모디우스(Harmodius) 사이의 동성애가 부끄러운 일이었다고 인정한다. 플라톤은 진정한 동성애, 즉 육체적 관계를 초월하는 동성애는 민주주의 발전에 긍정적

---

* https://100.daum.net/encyclopedia/view/155XX51600037: "고대 그리스 사회의 남성 동성애", 소제목은 '소년에 대한 사랑'이다.

영향을 미친다고 주장한 것이다. 그러나 플라톤이 『향연』에 등장하는 희극 시인 아리스토파네스(Aristophanes)를 통해서 동성애를 긍정적으로 평가하는 견해들을 풍자적으로 비판하고 조롱하는 입장을 취했던 점을 함께 고려해야 할 것이다. 그렇다면 플라톤이 동성애를 긍정적으로 평가했다는 바즈웰의 주장은 재고되어야 할 필요성이 제기된다. (이신열, 2019: 104-105. 강조와 [ ] 첨가는 본 연구자)[19]

아리스토텔레스도 동성애를 자연적인 것으로 간주했다고 바즈웰은 주장한다. 이 경우에 바즈웰은 아리스토텔레스의 『니코마코스 윤리학』(Nichomachian Ethics)에 나타난 그의 견해를 예로 들었는데, 여기에서 아리스토텔레스가 완전하게 동성애를 자연적 현상으로 보았다(8.4.1-2)고 판단하기에는 어려움이 있다. 왜냐하면 바즈웰이 언급하는 부분(7.5.3-5)에서 이 고대 헬라 철학자는 동성애가 병적이라고 분명히 언급하고 있기 때문이다. 이에 대해서 바즈웰은 아리스토텔레스에게 일관성이 결여되었다고 말하면서도 그가 동성애를 자연적인 것으로 이해했다는 주장은 비논리적이다. 오히려 고대 그리스 사회 전반에 걸쳐 동성애는 일탈 행위로 간주했을 뿐 아니라 불법적인 것이었다.(이신열, 2019: 105. 강조는 본 연구자)[20 · 21]

2 연구 문제 1: 그리스 · 로마 동성애의 기저(基底)

그렇다면 그리스 · 로마 시대에 동성애가 번성[存在 · 流行]할 수 있었던 그 기저(基底)에는 무엇이 존재하였을까요? 개인적인 견해를 먼저 그림으로 나타내고 그에 대해서 기술해 보기로 하겠습니다. 개인적으로 제일 먼저 생각할 수 있는 것은 당시 여성관(女性觀)이 그 기저의 중심에 있다고 생각합니다. 당시에는 여성이 열등한 존재라는 인식이 뿌리 깊게 자리를 잡고 있었다는 것입니다. 여성의 열등함의 원인은 당시의 주류 의학에서 주장하는 체열설(體熱說)-체액설과 어느 정도 관계가 있는-에 근거합니다. 체열은 '털[毛]의 유무'와 '여성스러움'으로 이어졌다고 합니다. 그러는 가운데 거기에 교육(敎育)이라는 하나의 목적이 추가됩니다. 개인적으로 저는 거기에다가 신(神)을 추가

하려고 합니다. 신관(神觀)이 삶에 영향을 미치듯 삶의 일부분인 성적 행위에
도 영향을 미친다고 생각하기 때문입니다. 개인적인 생각을 [그림]으로 나타
내면 다음과 같습니다.

[그림: 그리스 · 로마 문화에서 동성애 기저]

열등(劣等)한 여성관(女性觀)	체열(體熱)	여성=체열 낮음 소년=체열 낮음 여성=소년=체열 낮음
	털(毛)	여성=체열 낮음=털 없음 소년=체열 낮음=털 없음 여성=소년=털 없음
	여성다움은 순종(順從)	여성=체열 낮음=털 없음=수동적 자세(passive) 소년=체열 낮음=털 없음=수동적 자세 여성=소년=수동적 자세
교육(教育)		
신관(神觀)		

⇩

완벽한 결합 = 남성 간의 동성 결합(천상의 아프로디테)

1) 열등한 여성관

고대 그리스 사회에서 성행한 남성 동성애는 여성을 폄훼하는 의식에서 비롯된다.
고대 그리스 문명은 두 얼굴을 갖고 있다. 인간의 자유와 민주주의에 대한 가치를
일깨워주고 실체를 선보인 밝은 모습 이면에는 여성과 노예를 혐오하고 억압하는
남성 중심, 강자 중심의 어두운 모습이 숨어 있다. 고대 그리스 사회는, "여성은 결
함을 타고났다"라고 주장한 아리스토텔레스로부터 완벽한 몸의 기준을 남성에게
서 찾으려 한 히포크라테스에 이르기까지 대표적인 지식인들마저도 극단적인 남
존여비 의식에 사로잡혀 있을 만큼 여성을 얕보는 문화가 지배하고 있었다. 따라
서 '덜떨어진 존재'로 인식되는 여성과의 사랑은 생각할 수 없는 일이었다. 여성과
결혼하여 살을 맞대고 사는 이유는 단지 아이를 낳기 위함일 뿐이며, 진정한 사랑
은 모든 면에서 서로 격에 맞는 남자들, 즉 노예가 아닌 자유인 남성들 사이에서
만 기대할 수 있었다. 고대 그리스는 '연애는 동성끼리, 결혼은 이성 간에'라는 공

식이 지배하는(물론 남자들에게만 적용된) 사회였다. ("고대 그리스 사회의 남성 동성애", 소제목이 '소년에 대한 사랑'이다)[*]

당시 그리스에서는 일반적으로 여성을 열등한 존재로 보았습니다.[22] 케르스틴 뤼커와 우테 대셸(Kerstin Lücker und Ute Daenschel)이 함께 쓴 책,『처음 읽는 여성 세계사』(Weltgeschichte für junge Leserinnen)에서 아리스토텔레스의 사례를 통해 당시 여성에 대한 이해가 어떠했는지를 다음과 같이 기술하고 있는 것을 볼 수 있습니다. "[아리스토텔레스] 자연에는 생명체의 위계질서가 있어서 지위가 높은 생명체와 낮은 생명체가 있다고 말이다. 남녀의 차이 역시 그는 이런 식으로 설명했다. 즉 자궁에 있을 때 남아는 오른쪽에, 여아는 왼쪽에 앉아 있다고 주장했다. 이것은 중요한 차이다. 오른쪽이 정의, 공평, 선이 자리하는 곳이기 때문이다. 아리스토텔레스는 여성에게는 잉태 과정의 문제로 열이 부족해 생기는 결함이 있다고 확신했다. 이런 결함 탓에 여성의 뇌가 더 작고 덜 발달했다고 말한다. 한마디로 실패한 남자인 것이다. 그래서 여성은 뱀처럼 차고 습하다. 아리스토텔레스는 인간이 아닌 동물을 관찰하고 이런 주장을 펼쳤지만, 그 관찰 결과는 인간에게도 해당한다는 결론을 내렸다. '여자는 질이 떨어지기에 여자이다. 자연적인 결함 탓에 여자이다.' 그러니 그의 입에서 이런 요구가 나온 것이 너무나 당연하지 않은가! '착한 여자는 노예처럼 복종해야 한다.'"(Lücker und Daenschel, 2018: 83-84)[23] 여성은 열등한 존재며 반면에 남성만이 완전하므로 불안전한 여성과의 관계보다는 완전한 남성들 간의 관계가 더 이상적인 결합이라고 생각했다는 것입니다. 이성 간의 결합이 지상의 아프로디테라면 동성 간의 결합은 이상적인 '천상의 아프로디테'[24]라는 것이지요.

---

[*] https://100.daum.net/encyclopedia/view/155XX51600037.

"고대 아테네의 문학과 예술은 청년과 장년 남성 간의 성관계를 칭송하기도 했다. 그 이유 중 하나는 아테네인들은 오직 남성에게서만 완전함이 가능하다고 보았기 때문이다. 젊은 남성의 신체는 완전한 육체로 여겨졌으며, 따라서 남성과 불완전한 여성의 사랑보다는 청년과 이보다 나이가 많은 장년 남성의 사랑을 완전한 사랑이라고 여겼다."(Wiesner-Hanks, 2006: 284-285)[25]

그리스 남성들의 여성에 대한 비하적 시각은 당시의 유명한 인물들에게서 흔치 않게 발견할 수 있습니다. 여성이 열등한 존재라고 생각했기에 이러한 여성에 대한 비하적 발언은 당연한 귀결로 이어질 수밖에 없겠지요. 당시 그리스에서 최고의 연설가로 평가받고 아리스토텔레스와 동시대에 살았던 데모스테네스(Δημοσθένη)는 "정부[헤타이라이, ἑταιραι]는 성적 만족을 위해 둔다. 어린 창녀는 육체적 향락을 위해 두고, 아내는 자녀를 키우기 위해 둔다"[26]라고 말했는가 하면, '아테네의 제1 시민'이라고 평가받았던 페리클레스(Περικλῆς)의 경우에는 "무덤덤한 삶이 아테네에서 살아가는 어머니로서의 삶이기에, 그 이름이 남성들 사이에 거론되지 않아야 한다. 수치를 당해서도 안 되고 칭송을 받아서도 안 된다"라고 말했다고 합니다. (Edwards, 2017: 49)

참고로 진 에드워즈(Gene Edwards)는 여성을 열성적인 존재로 인식한 그리스의 여성관이 그리스 철학에 직간접적으로 영향을 받은 기독교 철학자들-초대 교부-을 통해 기독교 정신세계 안으로 들어왔다고 적고 있는 것을 볼 수 있습니다. "그리스의 여성관은 여성에 대한 남성들의 태도를 형성하는 데 큰 영향을 끼쳤다. 그리스의 세계관은 전 유럽에 영향을 미쳤으며, 그리스인이 중동을 정복한 주전 300년 이후에는 이스라엘의 사고방식에도 엄청난 영향을 끼쳤다. 불행히도 이러한 그리스인의 세계관은 유대인의 정신뿐 아니라 이후 그리스도인의 정신에도 스며들었다."(Edwards, 2017: 46)

(1) 체열(體熱): 열등한 여성관의 근거를 체열에서 찾았습니다. 당시에는 체열이 남성성을 만든다고 생각했습니다. 체열이 낮은 몸은 여성의 몸입니다. 소년도 체열이 낮으므로-후에 언급하겠지만 소년의 경우 털이 없어서- 여성의 몸과 유사하다고 생각하였던 것입니다. 리처드 세넷(Richard Sennett)은 자신의 책,『살과 돌: 서구 문명에서 육체와 도시』(Flesh and Stone: The body and the city in western civilization)에서 동성애가 '육체의 열'(Sennett, 1999: 38-51 참조), 즉 '체열(體熱)'에 관한 당시 사람들의 이해와 관계가 있다는 점을 기술하는 부분을 발견할 수 있습니다. 체열이 인간을 생성하는 과정을 좌지우지한다고 생각했다는 것이지요. 정액의 열에너지가 피를 통해서 살에 스며들기 때문에 남성의 살이 더 뜨겁다는 것입니다. 이러한 생각은 다음과 같은 결론으로 이어지게 되는 것입니다. 한마디로 남성이 여성에 비해서 우월하다는 것입니다. 이와 관련해서 아리스토텔레스는 다음과 같이 주장을 하기도 했습니다.

실제로 아리스토텔레스는 여성이 온도가 낮으므로 허약하다고 말함으로써 남성과 여성의 차이점을 열기(heat)의 차이, 즉 신체적 차이에서 찾았던 것도 사실이며 (『동물 생성론』 726b 33, 727a 3-4 등)(유원기, 2017: 374)

"소년의 신체는 실제로 여자를 닮는다. 여자는 말하자면 불임의 남자이다. 사실 여자는 한 가지 무능력 때문에 여자이다. 즉 차가운 성질 때문에(혈액 또는 혈액이 없는 동물에서 혈액에 해당하는 것) 영양의 마지막 단계에서 정액을 만드는 힘을 결여하고 있다."(Aristotle, Generation of Animals, 728a.[27]: McLaren, 1998: 42 재인용-)

[그림: 동성애 행위와 체열의 이동]

체열이 높은 연상의 남성 에라스테스(Erastes)	동성애 행위 ⇨ 체열 이동	체열이 낮은 연하의 남성 에로메노스(Eromenos)

육체의 열에 대한 고전적 이해가 사람들 사이의 우월과 열등에 대한 믿음을 만들었는데 이러한 생각이 당시 동성애에 대한 이해에 관해서도 영향을 주지 않았는가 하는 생각을 해봅니다. 동성애 행위는 여성의 몸을 닮은 낮은 체열의 상대인 소년(에로메노스, 또는 털이 없는 소년)에게 상호 간의 접촉을 통해 체열을 높일 수 있다고 생각하지 않았는가 하는 것입니다. 이에 대해 리처드 세넷은 다음과 같이 적고 있는 것을 볼 수 있습니다.[28]

> 에라스테스(erastes: 나이 든 남성)와 에로메노스(eromenos: 연하의 남성)는 그 대신에 서로의 성기를 허벅지 사이에 대고 문질렀다. 이러한 문지르는 행위가 서로의 체열을 높이는 것으로 생각되었는데, 그 체열은 둘 사이의 성적 경험을 집중시킨 사정이 아닌 몸의 마찰에 따라 발생하는 열이었다. 또한 남자와 여자 간의 전희(foreplay)에서 마찰은 여자의 체온을 높이고, 이로 인해 생식을 위한 액체를 생성시킬 충분한 힘을 갖는다고 여겨졌다. (Sennett, 1999: 48, 강조는 본 연구자)

(2) 털(毛): 체열[29]이 높으면 털이 난다는 것입니다. 털이 난 소년은 완벽한 남자의 몸이라고 생각했다는 것이지요. 체열이 낮은 몸은 털이 없다는 것입니다. 고로 소년에게 털이 나면 그때야 비로소 완전한 남성의 몸이 되는 것입니다.[30][31][32] 그 이전에는 여성의 몸인 것입니다(여성의 몸과 닮았다). 즉 체열이 낮은 여성에게 털이 없듯이, 소년도 체열이 낮아 여성의 몸을 닮게 되고 그로 인해서 여성처럼 소년도 털이 없는 것이라고 이해하였던 것입니다. 순환적인 기술인 것 같지만, 털이 없는 소년의 몸은 여성의 몸이 되는 것입니다. 그래서 남성이 여성에 비해 완벽하고 우월한 동시에 털이 없는 소년은 열등한 여성의 몸을 가진 것으로 해석이 가능하게 되는 것입니다. 크리스토퍼 올드스톤-모어(Christopher Oldstone-Moore)는 자신의 책, 『수염과 남자에 관하여: 남자 얼굴

위에서 펼쳐진 투쟁의 역사(서양 편)』(Of Beards and Men: The Revealing History of Facial Hair)에서 다음과 같이 적고 있는 것을 볼 수 있습니다. "히포크라테스의 저서로 간주되는(그는 이 책의 일부만 썼을 뿐이다) 한 의학 저서에는 털의 생리학에 관한 다양한 이론들이 제시되어 있다. 하지만 모든 이론에 일반적으로 털, 특히 턱수염은 남성의 우월적 지위를 나타내는 표시라는 개념이 공통으로 깔려 있다. 그리스의 과학자들은 남자들이 여자나 아이들보다 훨씬 더 강력한 '생명열'을 지니고 있다는 것, 그리고 이 열이(단순한 온기가 아니라 일종의 생명력이다) 남성이 여성보다 몸집이 더 크고, 힘이 더 세고, 논리적 힘도 더 센 것은 물론, 여성보다 더 털이 많은 현상을 설명해 준다는 데 의견을 모았다"(Oldstone-Moore, 2019: 69-70). 앞서 언급한 것처럼 동성 간의 성적 결합이 이상적인 결합이며, 천상의 아프로디테(Aphrodite Ourania)로 간주되었습니다. [ourania는 ouranos의 여성형으로 아프로디테의 다른 이름이라고 한다(이순이, 2004: 259, 21번 각주)] 이상적인 성적 행위의 상대는 여자보다는 완벽한 남자여야 합니다. 그러나 몸[體]은 [완벽한 성적] 결합을 위해서 여성을 닮은 몸이어야만 합니다. 바로 털이 없는 젊은 소년의 몸이 그러한 요건들을 충족시켰던 것입니다. 결혼한 아내는 남편의 상대 소년에게 털이 자라기를 학수고대했는지도 모릅니다. 그래야 남편과 잠자리할 기회가 이론적으로 많아질지도 모르니 말입니다. 개인적으로 너무 성적인 것에 집중하고 있다고 비난하지는 마시기를 바랍니다. 왜냐하면 폴 베인(Paul Veyne)도 비슷한 사례를 다음과 같이 적고 있기 때문입니다.

안주인은 소년 애인에게 콧수염을 생길 때 비로소 안심한다. 왜냐하면 이는 귀족의 체면상 남성에게 가당치 않은 대우를 중지해야 하는 시점을 의미하기 때문이다. 물론 몇몇 귀족들은 그들의 욕구를 억누를 수 없을 만큼 방탕했다. 너무 성장해 버린 소년 애인은 '성인'이 되었고, 그는 더 이상 '청소년'이 아니기 때문에 당시의 고상한 사람들은 그들과의 관계를 혐오했다. 항상 자연의 섭리를 따라야 한다고 주장했던 세네쿠스[Senecus]는 너무 성장해 버린 소년 애인의 털을 뽑는 행위까지 감행한 방탕한 귀족들을 맹렬히 비난했다. (Veyne, 1996: 55-56[33]; Veyne, 2003: 75)

젊은이는 일단 결혼하면 정부나 동성애 상대와 관계를 끊었다. (Veyne, 2003: 75)

당시 수염(털, 넓게는 體毛)에 대한 이해는 세대 간의 구분이라든지, 동성애 생활의 시기(時期)의 결정에 있어서 결정적인 분기점 역할을 하였습니다. (앞에서 인용한 Oldsone-Moore, 2019: 68-69 참조)[34] 그래서 소년에게 털[수염, 鬚髥]이 나면 동성애 관계를 그쳐야만 했습니다. 그것이 정상적이고 일반적이었다고 합니다. 만약 그러한 규정을 지키지 않을 때는 사회적으로 부정적인 낙인이 찍혔다고 합니다.

> "아테네의 성도덕 관념은 첫 면도를 하기 전까지만 나이 든 남자와 소년 사이의 성관계를 용인했다(심지어 사회적으로 조장하기도 했다). 이때를 넘긴 동성애는 혐오스러운 것으로 비난받았다. 수염은 세대 간의 구분인 동시에 성생활의 결정적인 분기점 역할을 한 것이다. 단지 피동적인 대상에 지나지 않던 소년이 행동하는 주체로 격상하게 되는 셈이다." (Mayr and Mayr, 2004: 27-28)

> 중요한 점은 그가[작가 테오폼푸스 같은 사회비평가] 남자들이 여자나 어린아이들처럼 보이려고 면도하는 행위를 일종의 추문으로 보았다는 사실이다. 면도한 남자는 변태들이며, 보는 사람의 관점에 따라 비웃음의 대상이거나 위험한 자가 될 수도 있다. 일부 그리스의 도시들은 이런 사회적 위험인물들에게 낙인을 찍고 싶은 마음에 남자들은 턱수염을 길러야 한다는 법을 제정하기도 했다. (Oldstone-Moore, 2019: 68-69)

개인적으로 당시에 "털=남성화된 몸=우월함=지배=능동적 자세(TOP), 털 없음=여성화된 몸/덜 남성화된 몸=열등함=피지배=수동적 자세(BOTTOM)"
의 사고가 작용하지 않았는가 하는 생각을 조심스럽게 해보게 됩니다. 수염
(털)이 성별을 나누는 잣대로 작용했다는 것입니다. 적당한 이해인지 몰라도
수염과 상투가 조선시대 때 성인 남성을 상징했던 것처럼 말입니다. 이는 오비
디우스(Ovid, BC. 43-AD. 17?)가 『사랑의 기교』의 I 권에서 세련된 남자에 관해
자세하게 기술하면서 다리나 가슴의 털을 면도하는 남자들은 동양의 내시와
똑같다고 하면서 "계집애 같은 놈"(Effeminati)이라고 욕설을 퍼부었던 것이나
(Mayr and Mayr, 2004: 66 재인용-), 오늘날에도 이슬람 지역에서는 면도한 남자는
곧 여자로 해석되어, 전혀 사람대접을 받지 못하는 것(Mayr and Mayr, 2004: 45)[35]
이나, 러시아의 전통(15세기 러시아)에 의하면 수염이 없으면 '여성화되고 만다'
라고 일반적으로 생각했던 것(Mayr and Mayr, 2004: 39)과도 어느 정도 관계가
있는 것처럼 보이기도 합니다. 앙시앵레짐(Ancien Régime) 때도 이러한 생각은
지속해서 존재하였다고 합니다. "당시[앙시앵레짐]의 의학이론으로, '불완전
한 남성'이며, 법적으로 어린이와 같은 지위를 누렸던 여성과 마찬가지로 소년
들도 경계선에 속했다. 왜냐하면 성인 남성은 능동적인 역할을 맡고 삽입을 할
수 있었지만, 그들의 성은 아직 결정되지 않았기 때문이다."(Matthews-Grieco, in
Arasse, & Porter et al, 2014: 247)

(3) 지배와 복종?!: 여성스러움은 순종 곧 수동적이어야만 한다는 생각입니
다. 그리스 · 로마 동성애는 남성다움에 대한 과시하고도 어느 정도 관련이 있
었던 것 같은 생각이 듭니다. 알베르토 안젤라(Alberto Angela)와 같은 연구자들
은 동성애를 '지배' 즉, 남성다움의 과시와 복종의 차원에서 이해하고 있는 것
을 볼 수 있기 때문입니다.[36 · 37]

왜 로마 사내는 뚜렷한 이성애자가 아니라 동성애자가 되어야 했을까? 왜냐하면 지배에 대한 남성의 생각은 여성을 뛰어넘었기 때문이다. 요컨대 모든 것을 지배해야 했다. 로마 남성은 승리자가 되어야 하며, 자신의 의지를 모든 사람에게 부과해야 한다고 생각한다. 적국의 백성에게는 무기와 법을 통해서, 다른 로마인들에게는 재산이나 사회적인 신분(재산과 신분은 대개 협력관계이다)을 통해서, 하층민들에게는 성생활을 통해서 말이다. 요컨대 그의 남성다움은 그의 우월성을 과시하고, 타인을 복종하게 하는 도구이다. 여기서 타인이라 함은 모든 사람, 즉 남자, 여자, 아이들을 의미한다. … 에바 칸타렐라(E. Cantarella) 교수의 말처럼, 로마 시대의 남자는 성적으로 절대 순종적인 자세를 취하지 않았다. 왜냐하면 로마인들은 패배한 적국의 병사들과 남색(男色) 행위를 하는 관습이 있었기 때문이다. 패잔병들뿐만 아니었다. 집 안의 노예들과 예전 노예들, 즉 해방 노예와도 남색 행위를 하는 관습이 있었다. 해방 노예들은 해방되었어도 이전 주인들과 주종관계를 유지했다.(Angela, 2014: 66)

로마 상류층 남자들은 기본적으로 성기 삽입을 쾌락 및 권력과 직결된 것으로 생각했다. 성행위 상대는 어느 성별이든 가능했다. (Beard, 2016: 416)

듀크대학교 종교학 교수 데일 B. 마틴(Dale B. Martin)은 "여성들은 열등하므로 관통/삽입되는(be penetrated) 것은 열등하다는 것을 뜻한다"라고 말한다. 그것은 "여성성에 대한 고대 세계의 공포"를 표현한 것이다.(Rogers, 2018: 144)

삽입(挿入)은 남성다움을 상징하곤 했습니다. 팔루스(Phallus)가 삽입의 상징인 것처럼 말입니다. 공격적이면서 능동적이라는 것이 곧 남성다움을 나타낸다고 생각했던 것 같습니다. 반대로 여성스러움은 수동적이어야 하며, 삽입을 당해야 한다고 생각한 것 같습니다.[38] 물론 여성뿐만 아니라 신분적[社會的]으로 상대적으로 낮은 위치에 있는 이들도 수동적이어야 한다는 점입니다. 열등한 존재이기 때문에 삽입을 당해야 한다는 것이지요. 이는 오늘날 여성주의자들이 팔루스(Phallus, φαλλός, phallos)를 비난하는 근거 중의 하나이기도 합니다. 사실 페깅(성행위의 하나인 Pegging, 여성이 남성의 항문에 각좆-dildo-을 삽입하는 행위)이나 젠더벤딩(gender bending) 등이 나타남으로써 이러한 단순한 이해가 무너졌는데도 불구하고 말입니다. 하여튼 간에 당시에는 남성다움은 삽입하는 쪽이어야 하고, 여성스러움은 삽입을 당하는 쪽이어야 한다는 것이지요. 그래서 여성의 몸을 지닌 소년은 삽입을 당하는 쪽이어야 한다는 것입니다. 그것이 일반적인 이해였던 것 같습니다. 이러한 이해[規則]는 조금은 내용이 야하지만, 다음과 같은 성행위에 있어서 구체적인 지침을 제공하기에 이르게 됩니다. 참고로 여성의 음부와 입술의 어원이 같다고 합니다.[39] 그래서인지 몰라도 과거 구강성교를 하는 창녀의 경우 구강성교의 상징적인 기호로 입술에 빨간색 립스틱을 발랐다고 합니다. 어느 책에서 본 것 같은데, 아직도 그 출처를 찾지 못해서 각주를 생략합니다. 이 점에 대해서 양해해 주셨으면 합니다. (배꼽인사, 꾸벅)

능동성〉수동성 (팔루스[男根]는 음부[寶池]나 입[口腔]보다 우위에 선다), 남성성〉여성성 (성인 남성은 여성이나 소년[여성의 몸을 가진 소년]보다 우위에 선다), 연장자〉연하자 (털 있는 연장자는 털 없는 연하자보다 우위에 선다.)[40] 그러므로 남성은 항문-항문성교를 인정할 경우--을 다른 남성(특히 자신보다 낮은 계층의 남성이나 연하의 남성)이나 여성 등 다른 이들에게 허용해서는 안 된다는 규율이 생기게 된 것이지요. 구강(口腔)의 경우도 삽입을 당하는 성기관(性器官)의 하나이기 때문에 여성이 남성에게 구강성교(펠라티오, Fellatio)를 해주는 것은 가능하지만 반대로 남성이 여성에게 구강성교(커닐링구스, Cunnilingus)를 해줘서는 안 된다는 것입니다.

예컨대 사람들의 호기심을 자극했고, 요즘 노래들이 비난하는 '호모'만큼이나 수치스러운 성적 행위가 있었는데, 그것은 다름 아닌 '펠라치오' 또는 구음(口淫)이다. (…) 사실 펠라치오는 치욕의 극치가 아니겠는가? 펠라치오는 다른 이에게 쾌감을 줌으로써 얻을 수 있는 수동적인 쾌락이자 신체의 다른 부위를 맹종적으로 거부당하는 행위이다. 여기서도 성의 구분은 전혀 중요하지 않다. 그리고 펠라치오만큼이나 로마인들을 괴롭히고 치욕적인 행위가 있다면 그것은 다름 아닌 '커닐링구스'(cunnilingus)[41]이다. 이렇게 로마는 일본 문화와 쌍극을 이룬다고 할 수 있다. 왜냐하면 방탕한 사무라이들의 최대 만족과 환락은 수단과 방법을 가리지 않고 여자들을 만족시키는 데 있었기 때문이다. (Veyne, 1996: 53-54)

동성애적 성향을 지닌 황제들이 당시에 지탄(指彈)받았던 이유가 동성애적 행위 그 자체보다는 신분이 높으신 황제가 남성성을 잃고 수동적인 성적 태도를 지녔기 때문이었다고 합니다. 다음 인용하고 있는 제프리 리처즈(Jeffrey Richards) 등의 다음과 같은 지적에서 이러한 정서를 찾아볼 수 있습니다. "로마 사회에서 중요한 것은 문화적으로 규정되고 사회적으로 승인된 남성다움과 여성다움의 역할 및 특징을 유지하는 것이었다. 그러므로 칼리굴라와 네로 같은 황제들이 여자 옷을 입고 동성애 관계에서 수동적 역할을 한 것은 그렇게 물의를 일으켰으나, 황제 하드리아누스가 그리스식의 이상적인 사제지간이었던 젊은 안티누스와 정사를 즐기고 그가 죽은 후에는 이를 슬퍼하는 황제가 그를 기리기 위해 여러 도시에 그의 이름을 붙인 것은 전혀 물의를 일으키지 않았다. (신분과 속물근성을 이유로 삼아) 명문가 출신 청년의 매춘에 대해, (지배적인 남성 역할을 여성이 한다는 이유로) 여성 간의 동성애에 대해, (남자가 전적으로 수동적 역할을 한다는 이유로) 남성 성기에 대한 여성의 구강성교에 대해, (격식이 결여되었다는 이유로) 난잡한 성교에 대해, (사내다움을 부정한다는 이유로) 계집애 같은 남자에 대해 적대적이었다"(Richards, 1999: 200, 강조는 본 연구자). 네로(Nero Claudius Caesar Augustus Germanicus)의 경우를 보면 당시 그러한 사회적 평가를 어느 정도 엿볼 수 있습니다. "가장 악명 높은 성적 방종은 동성 애인들인 피타고라스 그리고 미소년 스포루스(네로는 스포루스를 거세시켰다)와 '결혼' 한 것이었다. 스포루스와의 사이에서는 남편 역을, 피타고라스한테는 아내 역을 했다"(Scarre, 2004: 62; "네로". 58-66 참조). "신부 옷을 차려입은 네로가 자유민이 된 노예와 결혼식을 치렀다. 격식을 제대로 다 갖춘 결혼식이었다. 신부 지참금도 있었고, 증인도 있었고, 초야용 침대도 준비되었고, 신부 들러리들과 함께 행진도 했다"(Laurence, 2011: 48). "잔인하다기보다는 오히려 연약한 폭군이었던 네로는 후궁에게서 자신의 수동적인 욕구를 충족시켰다."(Veyne, in Aries et Duby, eds. 2003: 308)

2) 그 무슨 교육

"여하튼 고대인들이 정의하는 '교육적인' 남색 관계의 이상은 다음과 같았다. '이는 재능이 많은 젊은 영혼에 애착을 갖는 사랑이며 우정을 통해 그를 미덕에 이르도록 하는 사랑이다.'"(Plutarque, Eroticos. 750 D; Flaceliere, 2004: 187 재인용.)

"당시 성인 남성과 소년 사이의 동성애를 가리켰던 '파이데라스티아'(paiderastia)는, 여기서 파생된 남색(男色)이라는 의미의 현대어 '페데라스티아'(pederastia)와는 달리, 단지 육체적 관계만을 의미하지 않고 양자 사이의 훈육적 관계까지 포함하는 사회 관습적 개념이었다. 고대인들은 대체로 동성애를 사랑의 자연스러운 한 형태로 인정했다는 점에서 이후의 동성애 인식과 큰 차이가 있다."(곽차섭, 2009: 20)

한스 리히트(Hans Licht) 등과 같은 연구자들은 동성애가 당시의 '교육(教育)'과 매우 밀접하게 관련되어 있음에 대해서 기술하고 있습니다(Licht, 2003: 306; Richards, 1999: 199-200; Angela, 2014: 317; Fernandez, 2004: 165; Harris, 1996: 143; 곽차섭, 2009: 2; Kudla, 2005: 448 참조). 오늘날 이성애자들에게 매우 당황스럽게 들

릴 수 있을지 모르지만 리히트는 훌륭한 동성애자가 당시에 훌륭한 교사였다는 언급까지도 서슴없이 하는 것을 볼 수 있습니다. 다음은 동성애가 교육과 관련되어 있다고 주장하는 이들의 기술(記述)입니다. "사랑은 불변을 향한 간구"라고 정의한 소크라테스는 자신이 행한 한 연설의 절정 부분에서 사랑을 이렇게 표현했다고 합니다. "사랑은 여인의 몸에서 어린아이의 생명을 발아케 하는 것이고, 소년들과 젊은이들을 지혜와 진실로 가득 차게 하는 것이다." 소크라테스의 정의 속에서 에로스는 최고의 이상형이다. 놀라운 조화로 녹아든 관능적이면서 정신적인 것으로 에로스에는 필연적인 완벽성이 요구된다. 아주 훌륭한 교사는 아주 훌륭한 동성연애자이기도 하다(Licht, 2003: 306). "그리스에서 동성애의 기본 관계는 '연장자'(erastes)와 '연소자'(eromenes) 사이의 관계였다. 연장자는 연소자의 남성적 특질(미, 힘, 민첩함, 수완, 인내심)을 칭찬하고, 연소자는 연장자의 경험이며 지혜며 통솔력을 존중했다. 연장자는 청년을 훈련, 교육, 보호하도록 요구되었고, 불원간 그 청년은 성장하여 연장자의 연인-제자보다는 친구가 되었으며, 그 자신도 연소자를 찾아 나섰다."(Richards, 1999: 199-200, 강조는 본 연구자)

앞에서 이미 언급한 것처럼, 동성애는 로마 시대에 널리 퍼져 있었다. 오늘날 서양에서 동성애가 사랑의 자유나 파트너에 대한 사랑 혹은 단순하게 쾌락에 기반하고 있다면, 고대에는 전혀 그렇지 않았다. 그리스에서 남성의 동성애는 본래 '교육'의 목적이었다. 소년에게는 성인 남자 한 명이 '스승'이 되었고, 그들의 동성애는 남성다움을 향한 일보 전진으로, 노련한 전사가 어린 전사를 가르칠 수 있는 것처럼 인생에 대한 가르침으로 인식되었다. (Angela, 2014: 317, 강조는 본 연구자)

3) 그들의 신관(神觀)

> 신관이 세계관을 변화시키고, 신상이 세계상을 변화시킨다. (정일권, 2015: 136)

> 여신을 섬기는 옛날의 많은 사회들을 보면, 남자들이 자발적으로 여신을 섬기기
> 위해 거세하는 일이 드물지 않았다. (Shlain, 2005: 562, 제8장 10번 주)

> 수간(獸姦)이라 불리는 행위는 고대 이집트 비의(秘儀)에서 유래되었다. 고대 문명
> 사회에서 짐승과의 교합은 성스러운 행위로 음패(淫悖)한 것이 아니었다. 악어, 소
> 는 신들의 화신이며, 이 성스러운 동물들과 교접하는 행위는 신들의 분노를 회유
> 하고, 신과 인간의 융화를 이루게 하는 것으로 믿어져 왔다. (福田和彦, 2011: 180)

마지막으로 그리스 · 로마인들이 가지고 있는 자신들의 신에 대한 이해[神
觀]에서 찾아볼 수 있다고 개인적으로 생각합니다.[42 · 43] 그들의 신은 온갖 형
태의 성적 행위를 다 하는 것을 볼 수 있습니다. 동성애를 위해서 유괴까지 합
니다. ("가니메데스 유괴"[44] 참고로 힌두교의 경우 끄리슈나의 아들 삼바[Samba]는 동성애
자로, 거기에서 나온 이름인 삼바리[sambali]는 '거세된 남자'의 동의어라고 한다.[45]) "인도
에서는 크리슈나 신이 총애하는 라다 여신을 숭배하는 남성들은 여자처럼 옷
을 입고, 월경을 비롯하여 여성의 행동과 동작 및 습관을 흉내 낸다. 과거에는
이들 대부분이 자신을 거세했고, 교접할 때는 여성 역할을 맡아서 남성 성기가
자기 몸속으로 들어오는 것을 신에 대한 헌신 행위로 받아들였다"라고 합니다
(Bullough and Bullough, 1999: 54).[46] 플라톤(Platon)은 『노모이』(Nomoi, 636c-d)에
서 다음과 같이 적었다고 합니다. "우리는 모두 따라서 크레타 사람들이 가니
메데스의 전설을 고안한 것이라는 비난을 하지 않을 수 없다. 그들은 자신들의
법률이 제우스에게서 나온 것으로 확신하고 있었기 때문에 거기에다 제우스
를 모욕하는 이런 전설까지 덧붙였을 것이다. 자기들도 당연히 그 신의 모범을

따라서 이런 즐거움을 누릴 수 있도록 말이다"(Kudla, 2005: 436, 153번 각주, 강조는 본 연구자). 절대자인 신이 모든 것을 할 수 있다면 그 신을 믿는 이들이 신의 이러한 행동을 따르지 말라는 법이 어디에 있겠습니까?[47] 신이 허용하는 것을 그 신을 믿는 인간이 하지 못할 이유가 어디 있겠습니까? 동성애는 신이 허용(許容)하는 성적 행위 중의 하나인데, 그 신을 믿는 이들도 그 신을 적극적으로 따라야 하지 않겠는가요? 신을 따르는 것은 진정한 신의 자녀가 아닐까요? 그들의 신관이 바로 그 자신들의 행동을 규정하게 됨으로써 그러한 성적인 행위들을 아무런 의구심 없이 받아들이게 되었을 것입니다. '[자신들이 믿는] 신의 행위 실천[따름]=더욱더 신을 닮아감'이라는 도식으로 작동하였을 것입니다. 다음은 기독교 철학자 아테나고라스(Athenagoras, Ἀθηναγόρας ὁ Ἀθηναῖος)가 "제우스가 미소년 가니메데스를 겁탈한 이야기가 엉뚱하게도 어린 소년을 유혹하는 자들을 매력적인 인물로 부각시키고, 장사꾼들로 하여금 '온갖 방탕한 쾌락에 탐닉하는 젊은이들을 위해 부도덕이 판치는 난장판과 퇴폐업소들을 열도록 부추겼다'라고 지적한" 것도 아마 이러한 이유에서였을 것입니다. (Athenagoras, Legatio pro Christianis 34; Pagels, 2009: 100 재인용)[48]

3 연구 문제 2: 오늘날 동성애와의 差異, 그리스·로마 시대의 동성애와 관련해 오늘날 동성애자들을 향한 질문

그렇다면 오늘날 동성애자들의 동성애적 욕망의 원인은 무엇일까요? 어디에 동성애적 욕망의 원인이 있는 것일까요?

『성인 푸코: 게이 성인 열전』(Saint Foucault: Towards a Gay Hagiography)의 저자인 데이비드 핼퍼린이 지적했듯이 푸코는 동성애적 욕망의 원인이 무엇인지 명확하게 제시하지 않았다. 동성애의 타고난 성향과 사회적 조건의 차이에 대해서 질문을 받았을 때 그의 대답은 다음과 같았다. "이 질문에 대해서는 나는 전혀 할 말이 없다. '노코멘트.'"(Halperin, 1995: 4; Spargo, 2003: 20 재인용)

자신이 동성애자이면서 또한 그(동성애)에 대해 전문가였던 미셸 푸코(Michel Foucault)도 그에 관한 질문에 대해서는 침묵("노코멘트")했다고 합니다. 확실한 것은 그리스·로마 시대의 동성애는 오늘날 동성애자들의 주장처럼 단순한 동성애적 끌림도, 그렇다고 단순한 쾌락의 추구만도 아니었던 것 같다는 느낌이 듭니다. 비록 당시 동성애에 대해서 그리스·로마인들이 그러한 생각을 했다는 것이 오늘날의 과학과 상식으로 좀 이해되지 않는 부문이 많은 것도 사실이지만 말입니다. "오늘날 서양에서 동성애가 사랑의 자유나 파트너에 대한 사랑 혹은 단순하게 쾌락에 기반하고 있다면, 고대에는 전혀 그렇지 않았다."(Angela, 2014: 317)라고 지적되곤 합니다. 메리 비어드(Mary Beard)는 더 강도 있게 이에 대해서 다음과 같이 적고 있는 것을 볼 수 있습니다. "로마 세계에서는 남성 간의 성행위도 많았으며, '동성애'를 배타적인 생활 방식이나 성적 기호로 간주했다는 단서는 거의 없다."(Beard, 2016: 417. 강조는 본 연구자)

오늘날 동성애자들이 대표적으로 자신들의 동성애 근거로 내세우는 그리스·로마 시대의 동성애와 오늘날의 동성애와 비교했을 때 과연 어느 정도 비슷한지[또는 차이가 있는지] 살펴보고자 합니다. 참고로 조승래(2009, 40-65)의 논문, "슬픈 '몰리'/즐거운 '토미': 근대 초 영국의 남녀 동성애자들"을 참조해 보면 상류층의 난봉꾼인 랭커스(rankers)와 소수의 여성화된 '비역 창녀'인 몰리(molly), 그리고 폽(fop)을 통해서 고대 그리스·로마의 동성애에서 어떻게 오늘날 동성애로 바뀌게 되었는지에 대한 약간의 단서를 찾아볼 수 있습니다. 그 논문도 참고해 보았으면 합니다. 확실한 것은 외형적인 이유를 봤을 때 오늘날의 친/동성애자들의 주장처럼 단순한 '동성애적 끌림'(homosexual attraction)만이 그 이유가 아니었다는 점입니다.

1) 항문성교(anal sex)는 일반적이지 않음

그리스·로마 시대 동성애의 경우 항문성교가 오늘날 동성애처럼 일반적이었는가 하는 점입니다. 일반적으로 항문성교를 인정하고는 있는 것처럼 보이나 학자들에 따라서는 이를 부정하는 사람도 있습니다. 한마디로 다양한 의견이 존재한다고 볼 수 있습니다. 항문성교를 부정하는 이들 중에는 '대퇴부 삽입 성교'("가랑이 성교", διομειζειν; Intercrural sex)는 인정하는 경우를 볼 수 있습니다. 앞의 리처드 세넷(Richard Sennett)은 "구강성교와 항문성교와 같은 삽입은 절대 안 된다는 것이 접촉에서의 성적 규범이었다"라고 기술합니다(Sennett, 1999: 48). 동성애자이며 작가인 도미니크 페르난데스(Dominique Fernandez)는 "성관계를 통한 쾌락을 취하는 일은 금지되었던 듯하다"라고 진술하고 있는 것도 볼 수 있습니다(Fernandez, 2004: 165). 사어먼 골드힐(S. Goldhill)은 다음과 같이 기술을 하고 있습니다.

> 현대의 관점자들이 가장 놀랄 만한 일은, 학자들이 즐겨 '가랑이 성교'라 부르고 그리스인들이 '디오메리제인'(diomerizein), 즉 말 그대로 '허벅다리 사이로 하기'[intercrural intercourse]라고 일컫는 것이 완전히 정상적인 '흠 없는 행위 방식'이었다는 점이다. 남성의 남근을 소년의 허벅다리 사이로 끼워 넣는 이런 방식으로 해서, 소년에게 삽입할 일은 없는 것이다. 많은 법률 및 철학 문헌들의 아주 도덕적인 목소리로, 자유시민 소년에 대한 삽입 행위는 겁탈이자 신성모독이라고 말하고 있다. (Goldhill, 2006: 75, 양운덕, 2010: 197. 14번 각주. 강조와 [ ] 첨가는 본 연구자)[49·50]

메리 E. 위스너-행크스(Merry E. Wiesner-Hanks)는 당시 행해진 성관계 방법에 대해서 약간의 논란이 있음에 대해서 다음과 같이 지적합니다. "물론 침투행위가 자유 남성끼리의 성관계에까지 연관된 것인지, 아니면 성관계는 일반적으로 가랑이, 즉 허벅지 사이에서 이루어지는 것만을 의미했는지에 대해서는 약간의 논란이 있다"(Wiesner-Hanks, 2006: 284).[51] 인류학자인 마빈 해리스(Marvin Harris)는 일반적으로 행해진 것은 허벅지 성교였고, 항문성교는 남성 대 여성, 그리고 불평등한 사회계급에 속한 사내들 사이에서만 행해졌다고 지적합니다. "그리스의 유명한 철학자와 정치가 거의 대부분이 동성애를 즐겼는데, 이는 나이 많은 남자가 보다 어린 사내나 소년을 상대로 성행위를 하는 형태였다. 이들이 선호한 성행위 방식은 연장자가 자기 페니스를 손아랫사람의 양 허벅지 사이에 끼우는 것이었다(항문성교는 남성 대 여성, 불평등한 사회계급에 속한 사내들의 사이에서만 행해졌다)."(Harris, 1996: 142, 강조는 본 연구자)

오늘날의 동성애는 동성애의 정체성을 항문성교의 유무에 부여할 정도로 '동성애 정체성=항문성교'라는 환원주의적 태도를 보인다는 점입니다. 그래서 동성애자를 비하하는 언어로[卑語] '똥꼬충'이라는 단어가 인터넷이나 SNS에서 사용되고 있는 것 같습니다. 그리고 일반적으로 동성애 하면 쉽게 항문성교라는 도식의 전개를 동성애 외부 집단(Out-group)에서 전개하는 것 같습니다. 기 오껭겜(Guy Hocquenghem, 또는 기 호켄겜)도 자신의 책『동성애 욕망』(Le desir homosexuel)에서 항문 오르가슴에 대해서 지나치게 강조하는 것을 볼 수 있습니다. 이에 대해 마이클 문(Michael Moon)은 다음과 같이 적고 있습니다.

1970년대의 여성주의자들이 여성에서 자궁 쾌락보다 클리토리스 쾌락이 우세하다고 전략적으로 주장한 것과 약간 동일한 방식으로, 오껭겜은 남근 오르가슴과는 다르고 구별되는 항문 오르가슴이 있다고 주장한다. 들뢰즈와 가타리를 따라서 그는 항문의 사유화에 그리고 항문을 비밀스럽고 수치스럽고 비난할 만한 것의 영역으로 환원하는 것에 반대해서 쓰고 있다. (Moon, in Hocquenghem, 2013: 31, Michael Moon, "영어판[1993년] 새로운 입문", 17-34 참조. 강조는 본 연구자)

과거에 동성애 경험을 추구했었던 김정현의 다음과 같은 고백에서도 항문성교에 대한 집착을 확인할 수 있습니다. 현실적으로 동성애가 항문성교와 부인할 수 없을 만큼 매우 밀접하게 관련되어 있다는 것입니다. 동성애자들 사이에는 "항문성교를 하지 않는 동성애자=장애인"이라는 매우 극단적인 환원주의적 도식이 성립할 정도이니 말입니다. "동성애자들은 항문 성교에 대해 알려지는 것을 굉장히 민감하게 생각하므로 사람들에게 성적으로 문란한 극소수의 동성애자들만 한다고 말할 것입니다. 하지만 동성애자 세계에서 항문성교를 하지 않으면 거의 장애인 취급을 당합니다."(김정현, in 백상현, 2015: 207, 김정현, "부록 1: 동성애자들이 말해주지 않는 '동성애에 대한 비밀'—동성애자의 양심고백 I", 196-214 참조, 강조는 본 연구자)[52]

참고로 "오스카 와일드의 비극 그리고 동성애의 복권"을 쓴 모리스 리베(1996: 341-372)는 다음과 같이 기술합니다. "재판에서 와일드에게 불리한 증언을 한 청년들은 이구동성으로 자신들의 관계는 항문성교에까지는 도달하지 않았다고 했다. 와일드는 친구들에게 '그런 짓을 하는 사람들이 내가 그것에 대해서 말하고 즐기는 것과 마찬가지로, 그렇게 즐길 수 있다고 생각하지 않네'라고 말했고, 항문성교는 자신의 방법이 아니라고 분명히 암시하고 있다. 이런 와일드의 견해는 동성애를 정통적인 성적 쾌락의 범주에 넣어서 생각하는 사람에게나, 반대로 동성애를 절대로 인정하지 않는 사람들에게도 우스운 생각으로 여겨질지 모른다. 그러나 빅토리아 왕조의 영국 사법은 이것의 구별 방법을 체득하고 있었다. 즉, 사법의 눈으로 볼 때 문자 그대로의 항문 삽입에 대한 형벌(중죄)과 '음란한 행위'에 대한 형벌(경범죄) 사이에는 큰 차이가 있었다."(리베, in Vautrin, 1996: 346)

2) 동성애의 성적 대상자(sex partner)는 다수가 아님

그리스 · 로마 시대의 동성애 관계에서 성적 상대의 수는 얼마나 되었는가 하는 문제입니다. 오늘날 일반적인 동성애자들처럼 그 상대가 시시때때로 바뀌었는가 하는 점입니다. (우리나라에서 동성애자들의 성적 대상자가 다수가 아닐까 라는 담론은 홍석천이 자기 성적 경험에 대한 공중파에서의 발언으로 강화되지 않았는가 하는 생각을 개인적으로 해봅니다) 이에 대해 동성애자인 작가 도미니크 페르난데스 (Dominique Fernandez)는 다음과 같은 지적을 합니다. 동성애 상대가 자주 바뀌면 남창(男娼)으로 취급당하기도 했다는 지적이 그것입니다.

> 끝으로, 에로멘느는 한 사람의 에라스트만 가져야 했다. 여럿과 동침하다가는 남창의 범주로 전락했다.(Fernandez, 2004: 165, 166, 강조는 본 연구자)

일반적으로 일대일 관계를 유지했다는 것입니다. 오늘날 동성애자들은 어떤가요? 물론 오늘날 동성애자 중에는 "관계의 질", 즉 동성애에 있어서 헌신하는 동성애 관계를 추구하고자 하는 이들도 있는 것도 사실입니다. 이러한 헌신하는 동성애 관계를 인정하는 대표적인 사람이 미국 성공회의 전(前) 감독이었던 존 S. 스퐁(John Shelby Spong)입니다. 스퐁 감독은 동성애자들에게 헌신적 관계를 유지할 것에 대해 다음과 같이 기술하고 있는 것을 볼 수 있습니다. "성행위를 하는 관계는 독점적이어야 합니다. … 성적 파트너가 여러 명인 것은 상처를 주는 일이고 헌신과 정직과 진실한 돌봄을 파괴하는 것입니다."(Spong, 1988: 216; Rudy, 2012: 134 재인용)

그렇다면 현실에서는 어떨까요? 오늘날의 동성애 관계에서의 배타적 관계는 현실적으로는 매우 드물다는 지적입니다.[53] 동성애 관계에서의 정절(情節)은 실생활에 있어서 신화(神話)인 경우가 많으며, 이론상의 이상(理想)임을 입증하는 사례가 많다는 지적입니다. 왜냐하면 여러 연구 결과를 통해 남자 동성애 관계는 성적인 문란[性的紊亂, 多數를 相對로 한 性關係]함을 그 특징으로 가지고 있다는 것을 확인할 수 있기 때문입니다.[54] (이성애자 중에도 이러한 성향을 지닌 이들이 존재함은 매한가지이기는 합니다.)

남성 동성애에서 가장 흔하게 이루어지는 섹스 유형은 처음 만난 사람들끼리의 찰나적인 성관계이다[Symons, 1979] … 한 연구에 따르면, 남성 동성애자들의 94%가 15명 이상의 섹스 상대를 경험했던 데 비하여 레즈비언들은 단 15%만이 그와 같은 정도의 섹스 상대를 경험했다[Saghir and Robbins, 1973]. … 1980년대에 샌프란시스코에서 보다 광범위하게 실시된 킨제이 연구는 남성 동성애자의 거의 4분의 1이 500명이 넘는 섹스 상대를 경험했으며, 이들은 보통 화장실이나 술집에서 처음 만난 사람들이었다고 보고했다[Ruse, 1988](Buss, 2007: 175 재인용, 강조는 본 연구자)[55 · 56]

에이즈와 동성애가 높은 상관관계를 갖는 이유는 항문 성관계와 **난잡한 관계** 때문이다. 1978년 연구 결과에 따르면, 백인 남성 동성애자의 15%는 100~249명의, 17%는 250~499명의, 15%는 500~999명의, 28%는 1,000명 이상의 파트너와 관계를 가진다. [Bell and Weinberg, 1978](길원평 · 도명술 · 이세일 · 이명진 · 임완기 · 정병갑, 2014: 163 재인용, 강조는 본 연구자)[57]

박사 학위[이 사회의 지식층에 속하는]의 소유자이면서 동성애자인 제이슨 박과 질문자 간의 내용에서도 이를 확인할 수 있습니다.(박 제이슨, 2015: 200-201)

질문자: 박사님은 애인이 있지만 그 관계가 오픈 릴레이션십이죠? ….

제이슨 박: 저랑 제 애인은 'same state fidelity'라고, '같은 주 안에 있을 때는 서로에게 충실하자'라는 룰을 가지고 있습니다. 지금 같은 주에 사는 게 아니라서요. 떨어져 있을 때는 하고 싶은 걸 해라. 그런데 거짓말은 하지 말고 병도 옮겨 오지 마라, 그 부분에 있어선 조심해라 ….

우리나라 동성애의 좌장 격![대부 격?]인 홍석천은 스스로 자기 성적 상대는 몇 명이라고 말했는지 잘 알고 있습니다. 지금 인터넷의 검색을 통해 확인해 보시지요.[검색이 되지 않아서 여러분들에게 이에 대한 검색을 미루기로 하겠습니다. 하여튼 간에 그 수가 많습니다. 매우 많습니다. 입이 벌어질 정도로 그 수가 많습니다. 저만 그렇게 생각하는지도 모릅니다만 ….]

3) 동성애 관계는 지속적이지 않음

동성애적 삶이 오늘처럼 지속적이었는가 하는 점입니다. 일정한 기간이 지나면(성인이 되면, 구체적으로 털/수염이 나오게 되면), 그리스에서는 이성애적인 삶으로 돌아왔다고 합니다. 루디네스코(Elisabeth Roudinesco)와 리처드(Jeffrey Richards)는 다음과 같이 기록하고 있습니다.

동성애자가 여자와 성관계를 맺는 것을 일절 거부하면 도시국가와 가족제도의 규칙을 침해하는 비정상적인 사람으로 여겼다. 당시의 도착자는 남색자가 아니라 결합과 혈연의 법칙을 거부할 작정으로 자신의 남색 기질을 활용하는 사람이었다.

(Roudinesco, 2008: 65)

··· 불원간 그 청년은 성장하여 연장자의 연인-제자보다는 친구가 되었으며, 그 자신도 연소자를 찾아 나섰다. 섹스에서 연장자는 능동적인 파트너로, 연소자는 수동적인 파트너로 역할을 하도록 되어 있다. 이 두 남자는 머지않아 여자와 결혼하고 아기를 낳아 아버지가 되기로 되어 있다. (Richards, 1999: 199-200)

이 점도 오늘날의 동성애 관계와도 차이가 많다는 느낌이 듭니다. 오늘날의 경우 자신이 동성애자임을 숨기고 이성과 결혼하고 살다가, 나이가 들어 커밍아웃(coming out)한다거나 타인들에 의해서 아우팅(outing) 당해서 동성애자의 길로 본격적으로 나서거나, 그것도 아니면 이성과의 결혼상태를 유지하면서 자신의 동성애자임을 숨기고 시간을 내서 비밀리에 동성애를 즐기는 경우가 있다거나, 그렇지 않으면 동성애자로 살다가 체면 때문에 특히 고위 연봉[社會的地位]과 고학력자와 관련되는 자들의 경우 이성애(결혼 생활)와 동성애를 동시에 추구하는 이들이 있다고 하기 때문입니다. 임근준은 마지막 형태를 "디나이얼(denial) 게이"로 명명하고 있는 것 같습니다(이다혜 · 임근준, 2015: 61).[58] 사실 개인적으로-시쳇말로 개인적인 '뇌-피셜'에 의하면- 이 사회에서 '디나이얼 게이'(denial gay)가 없는 환경을 만들어주었으면 합니다. 왜냐하면 디나이얼 게이의 배우자나 자녀의 경우 자기 남편이나 아버지가 동성애로 몰래 살아가고 있다는 것을 삶의 어느 순간 준비되지 않은 가운데 알게 된다면 [그것이 Coming out에 의해서건, 아니면 Outing에 의해서건 간에 상관없이] 그 충격은 너무도 클 것 같다는 생각이 개인적으로 들기 때문입니다. 개인적으로 동성애라는 것은 성적 일탈 행위들 중의 하나로 보는 관점을 취하더라도 자기 남편이나 아내가 간통하였다는 것을 인지하게 된다면 그 충격은 결코 적지 않다고 보기 때문입니다. [내 주위에 일하고 집에 들어가 그곳에 다른 남자와 함께 누워 있는 아내를 보고 지금까지 그 충격에서 벗어나지 못한 분이 있기도 합니다. 그런가 하면 과거 유명한 목사의 아들과의 사이에서 자녀까지 낳아 친자확인 문제까지 불거진 국회의원이었던 그분이 딸의 자살 원인이 자신의 그러한 성적 행위(간통)에 대한 충격이었다는 것을 들을 것 같습니다. 충격은 사람마다 다르게 다가옵니다. 당사자가 되지 않은 상황에서 그렇게 쉽게 말할 수 있는 것은 결코 못 되는 것 같습니다. 외상후스트레스장애(post-traumatic stress disorder, PTSD) 말입니다. 물론 외상 후 극복(성장)도 있다고 합니다만]

4) 현대인의 눈으로 볼 때 의심 없이 소아성애(小兒性愛)에 가까움

그리스 · 로마의 동성애는 현대의 시각에서 봤을 때 소아성애(pedophilia)[59]에 매우 가깝다는 것입니다(조승래, 2004: 31).[60] 성인 남성들 간의 동성애 행위가 아니었다는 것입니다. 알베르토 안젤라(Alberto Angela)는 자신의 책,『고대 로마인의 24시간: 일상생활, 비밀 그리고 매력』(Una Giornata Nell´antica roma: Vita quotidiana, segeti e curiosita)에서 로마 동성애가 저자 자신을 당황하게 만든 것을 다음과 같이 적고 있습니다.

> 우리를 당황하게 만드는 로마 동성애의 또 다른 특징은 바로 어린 소년과 성행위를 하는 것이다. 현대의 소아성애에 해당하는 것으로, 오늘날에는 있을 수 없는 행동이다. 그러나 로마인들에게는 아니다. 지켜야 할 단 한 가지 규칙은 늘 그렇듯이 상대가 다른 사회계층이어야 한다는 점이다. 수동적인 역할의 금지는 잘 알려져 있고 당연히 나이 차이도 있어야 한다. (Angela, 2012: 379-380. 강조는 본 연구자)

다른 자신의 책에서도 알베르토 안젤라는 다음과 같이 적고 있는 것을 볼 수 있습니다.

그리스에서 남성의 동성애는 본래 '교육'의 목적이었다. 소년에게는 성인 남자 한 명이 '스승'이 되었고, 그들의 동성애는 남성다움을 향한 일보 전진으로, 노련한 전사가 어린 전사를 가르칠 수 있는 것처럼 인생에 대한 가르침으로 인식되었다. 그러나 소년의 몸에 털이 자라기 시작하자마자 그들의 '관계'는 끝나야 했다. 이후에도 동성애를 보이면, 그들의 관계는 죄가 되어 비난받았다. (Angela, 2014: 317. 강조는 본 연구자)

오늘날 동성애자들은 어떤가요? 바텀 알바(Bottom Arba)[61](용돈이나 다른 목적으로 돈을 벌기 위해)라는 말이 인터넷에서 떠돌고 있는 것처럼 소아성애자들도 있는 것이 사실입니다(나이 적은 이들과 쉽게 SNS 등을 통해서 접속할 수 있기 때문인지도 모릅니다.) 그렇다면 과거 그리스·로마의 동성애가 소아성애였기 때문에 소아성애를 합법화시키는 것에 오늘날 동성애자들도 공조(共助)해야 하는 것일까요? 미국에서는 일부 소아동성애자들에 의해서 그러한 운동이 실제로도 전개되고 있다고도 합니다. 오늘날 소아성애는 실정법으로 처벌받은 성적 범죄(性的犯罪)임에도 불구하고 말입니다(오늘날 實定法에 의하면 小兒性愛는 sin임과 동시에 crime에 해당합니다. 成人同性愛는 sin이지만 crime은 아닙니다. 이러한 사실은 매우 중요합니다).[62]

5) 동성애의 경우 반드시 지켜야만 하는 나름의 규율(規律)이 존재

동성애자들 내집단(in-group) 간의 규율보다는 사회적 차원에서의 규율이 존재했다는 점입니다.

소년애 관계가 애정과 다정함에 의해 특징지어질 때조차도, 그리스인들이 사랑하는 사람의 에로스(erōs)와 사랑받는 사람의 친애(philia)에 대해 말함으로써 구별 짓는 정서적이고도 에로스적인 비대칭은 여전히 유지되었다. 이러한 비대칭 역시 성적 노동의 구분에서 기인한 것이었기에, 소년 애인은 사랑하는 사람처럼 열정적인 욕망에 따라 움직여서는 안 되고, 능동적인 성적 역할을 해서도 안 되었다.(182d7-e1; 183d-184a; 184b6-d3) (조홍만, 2012: 66 재인용)

성관계는 젊은 남자의 허벅지 사이에 성인 남성이 음경을 찔러 넣는 가랑이 사이 체위가 일반적으로 이뤄졌습니다. 이때 젊은 남자는 돈을 받으면 안 되고, 명예롭지 않은 상대라면 거부해야 하며, 자신은 쾌락을 피한 채 똑바로 선 자세를 유지해야 하고, 상대가 절정을 느끼는 동안 그의 눈을 쳐다보지 않고, 삽입이 가능한 체위를 피해야 한다는 규칙들이 있었습니다.[63] 고대 그리스에서는 동성애를 하더라도 여성같이 되는 행위는 제한하고 일정한 체위만 허용함으로써 남성성을 유지하는 문화였습니다. (이인, 2017: 201)[64]

당시 동성애의 경우 성행위 시의 자세(同性行爲時姿勢, 體位)가 제한되었다는 점에서 오늘날 동성애와는 확연한 차이점을 보이고 있습니다. 그리스 · 로마 시대의 동성애에서 여자의 역할(bottom 役, 受動的 役割)[65]을 하는 사람은 심하게 말하면 쓰레기 취급을 받았다고 합니다.[66] 다시 말해서 지위(地位)가 하찮은 존재였기 때문에 바로 동성애에서 수동적 역할(受動的 役割)을 할 수밖에 없다고 생각했다는 것이지요. 당시 남자가 수동적 자세를 취한다는 것은 사회적으로 멸시받는 신분[存在]임을 나타내었기 때문에 로마인들에게는 엄격한 다음과 같은 네 가지의 사회적 차원의 성적 금기(性的禁忌, sexual taboo) 사항이 존재했었다고 합니다.[67 · 68]

로마인들의 성적인 터부는 본질적으로 다음의 네 가지였다.
첫째, 혼외정사를 원하는 남성은 자신보다 신분이 낮은 사람과 관계해야 했다.
　　(원하지 않은 임신으로 생긴 아이가 훗날 재산의 일부를 요구하러 올 수 있는 상황을 피하기 위해서였다)
둘째, 동성애적 관계에서 로마 시대의 남자는 항상 능동적인 역할을 했으며, 결코 수동적인 자세는 취하지 않았다.

셋째, 반대로 오럴 형식의 동성애 관계에서는 수동적이어야 했다. 즉 쾌락을 얻어야 했다.

넷째, 남성은 여성에게는 절대 오럴 섹스를 하지 않았다. 즉 쾌락을 주지 않았다. 왜냐하면 체위에서나 쾌락을 주는 데에서나 그것은 종속적이었기 때문이다.

(Angela, 2014: 68-69)

사이먼 메이(Simon May)는 자신의 책, 『사랑의 탄생: 혼란과 매혹의 역사』 (Love: A History)에서 그리스 동성애에서의 성적 관습[同性愛關係規律]에 대해서 이렇게 적고 있습니다. "그리스의 성적 관습에 따르면, 아랫사람은 연장자인 남성의 접근을 받아들이기 전에 조심스러운 거부의 기간을 가져야 했다. 그리고 그 뒤에 따르는 섹스를 즐기지 않아야 했다. 오히려 도저히 불가능할 듯싶은 상황에서조차 계속 성기를 축 늘어뜨릴 수 있을 정도로까지 모든 성적 감각을 잃거나, 혹은 그럴 수 없다면 억눌러야 했다.[69] 연장자는 신체의 어떤 구멍에도 삽입하지 않는 한 젊은이의 살에 성기를 비벼도 괜찮았고, 그러는 동안 아랫사람은 매력적인 웃음을 지으며 수줍게 시선을 돌려야 했다(남자들 사이의 완전한 성교는 그리스 문헌에서 거의 언급되지 않는다)"(May, 2016: 87). 사이먼 골드힐(Simon Goldhill)도 다음과 같은 지적을 하는 것을 볼 수 있습니다. "최악의 경우는, 다른 남성의 만족을 위해 자기 몸을 허락하는 여성 같은 성인 남성이었다. 그런 남성을 '키나이도스'(cinaidos)라고 한다. 스스로를 키나이도스라고 하는 남성은 아무도 없었고, 그것은 심한 모욕으로서 농담이라도 해서는 안 될 말이었다. 현대의 독자는 그리스 정치가들이 '비역질을 당했다'라고 킬킬대며 다른 사람들도 그렇게 웃으리라고 생각할지 모른다. 하지만 고대 그리스에서 누군가를 키나이도스라고 부르는 것은 대단히 적대적인 행위였다."(Goldhill, 2006: 68)[70]

그러면 오늘날의 동성애는 어떤가요? 동성애 자세가 규정[規制]되어 있는
가요? 그리스 · 로마 시대의 동성애를 예로 들어 오늘날 친/동성애를 주장하
는 사람들은 혹시나 동성애에서 수동적인 역할을 하는 동성애자들을 여성과
같이 지위가 낮은(신분이 비천한) 자로 생각하고 있는 것은 아닐 것입니다. 오늘
날 라틴아메리카와 같은 일부 지역에서는 동성애 관계에서 수동적인 역할을
하는 이들을 비천한 자로 여겼던 생각들이 동성 관계에서 그대로 유지되고 있
는 것처럼 말입니다.[71]

> 라틴아메리카에서는 남자들 간에 삽입하는 남성적 역할과 삽입을 받는 여성적 역
> 할에 의해 구분된다. 삽입을 받는 여성적 역할을 하는 남자는 '진짜 남자가 아니'
> 라고 간주되고 그렇게 낙인찍힌다. 그러나 사회적으로 '진짜 남자'로 간주되는, 능
> 동적이거나 삽입하는 남자에게는 이러한 낙인이 찍히지 않는다. '삽입'이 젠더 정
> 체성을 결정하는 것이다. (Baird, 2007: 34; 윤가현, 1999: 66 참조)

　　위의 그리스 · 로마 시대의 동성애에 가한 세부적인 제한 사항(制限事項)은
본 연구자의 개인적인 견해에 의하면 사회적으로 어느 정도 잘 지켜졌을 것이
라고 봅니다. 왜냐하면 당시 그리스인 윤리의 핵심이 '자제력(自制力, 메덴 아간,
過猶不及/中庸之道)'에 있었다고 생각하기 때문입니다. 이에 대해서 대니얼 액
스트(Daniel Akst)는 다음과 같이 진술하고 있습니다. "당시 그리스인들의 윤리
는 메덴 아간(meden agan), 즉 '도를 넘지 말라'라는 구절로 귀결되었다. 이 원칙
에 충실한 사람은 자제력과 비슷한 의미인 소프로시네(sophrosyne)를 지녔다는
말을 들었으며, 자제력이 없는 사람은 도덕성이 부족하거나 진실성이 없다고
여겨졌다"(Akst, 2013: 123). 참고로 역사적으로 그리스 · 로마에서는 여성들 간
의 동성애에 대해서는 매우 부정적으로 여겨졌다고 합니다.[72 · 73]

그리스의 성에 대한 관대함은 그리스인들 여성 간의 동성애까지 확대되지는 않았다. 그들은 여성 간의 동성애는 부자연스럽고 불쾌하게 여겼다. 그 이유는 불확실하지만, 동성 간이든 이성 간이든 일반적이고 크게 문제가 되지 않는 애널 섹스와는 달리 오럴 섹스는 금지되었다. (이는 지중해 문화에서 순환적으로 볼 수 있는 특징이다) 여성 간의 동성애가 혐오(嫌惡)시 된 동기는 그리스의 남성중심주의가 불러온 필연적인 결과일 것이다.(Posner, 2007 : 74-75)

그렇다면 오늘날 남성 동성애자들은 여성 동성애자인 레즈비언에 대해서 어떤 태도를 보여야만 하는 것일까요? 그리스 · 로마인들이 당시 레즈비언에게 보였던 자세를 유지해야 하는 것일까요? 역사적으로 더욱더 충실하기 위해서 레즈비언에 대해 적대적 관계(敵對的關係)를 지녀야 하는 것일까요? 이 또한 인정하기 어려운 일일 것입니다. 현실적으로 동성애자들의 경우 레즈비언과 강한 정치적 연대가 필요하지 않을까요? 사회적으로 목소리를 높이기 위해서. 그리고 자신의 정치적 밥그릇을 확보하기 위해서라도 말입니다.

Ⅲ 나가는 말

오늘날 동성애자들은 자기 성적 지향에 정당성(正當性)의 근거를 그리스 · 로마의 동성애에서 찾는 경우를 자주 볼 수 있습니다. 그렇다면 그리스 · 로마 동성애가 오늘날의 동성애와 같은가에 대한 재고가 필요합니다. 당시 동성애는 일반적으로 성적 기호[性的指向]와는 거리가 멀었다는 점입니다. 개인적으로 당시 동성애의 근저(根底)로 열등한 여성관[체열 없음-털 없음-여성스러움-복종]과 교육, 신관을 중심으로 기술하였습니다. 여성은 체열이 낮고 털이 없는 열등한 존재라는 것이지요. 소년도 마찬가지로 털과 체열이 없으므로 여성과 같은 존재라는 것이지요. 그래서 소년의 몸은 여성의 몸을 닮았다는 해석이 가능하게 된 것이고요. 이상적인 성적 결합 즉, '천상의 아프로디테'[74]는 남성과 남성 간의 동성적 결합이어야 하는데 여성의 몸을 가진 소년과 성인 남성과의 성적 결합은 바로 그러한 이상을 실현할 수 있는 조합이라고 생각했던 것이지요. 그러한 논리 구성에 따라서 연장자 남자와 연하자 소년 간의 동성적 관계가 존재했었다는 것입니다. 그렇다면 구체적으로 오늘날의 동성애와 당시 동성애와의 차이점은 무엇일까요? (1) 오늘처럼 항문성교(anal sex)는 일반적이지 않았다는 것입니다. (2) 동성애의 성적 대상자(sex partner)는 다수가 아니었습니다. (3) 동성애 관계는 지속적이지 않았고요. (4) 현대인의 눈으로 볼 때 의심 없이 소아성애에 가까웠다는 점입니다. 더 나아가서는 (5) 동성애의 경우 반드시 지켜야만 하는 나름의 규율(規律)이 그 당시에는 존재하였다는 점입니다[社會的合意]. 그런 점에서 오늘날 동성애와 차이가 존재했던 것 같습니다. 이러한 차이점은 오늘날 동성애자들이 고대 그리스·로마를 통해 자신들 동성애의 정당성을 주장하는 데 그 근거로 제시하는 데 있어서 불충분하다고 생각된다는 점입니다. '그리스·로마 동성애≠현대 동성애'라는 것이지요.

|참고문헌|

강상우 (2018). "만들어진 예수: 잘못 맞춰진 예수 퍼즐에 대한 소고". 춘계학술대회. 통권 25호. https://www.worldview.or.kr/library/article/3031

강상우 (2017). "동성애자들의 '세(勢세(勢, [數])) 불리기'에 대한 재고". 기독교학문학회. 통권 34호.; https://www.worldview.or.kr/library/article/2885

곽차섭 (2009). "르네상스 이탈리아의 동성애자들". 곽차섭 · 임병철 엮음 (2009).『역사 속의 소수자들』. 서울: 푸른역사. 18-39.

김경현 (2003). "제정 초기 로마 상류층의 혼인 및 혼외 관계: 실제와 담론". 한국서양사학회 편 (2003).『서양의 가족과 성』. 서울: 당대. 17-48.

김명숙 (2013). "서구 여신 담론과 관음의 젠더".『한국여성학』. 29(4). 75-111.

김정명 (2004). "이슬람 성문화의 이중성에 관한 고찰".『중동연구』. 23(2). 217-244.

김한곤 · 이정화 · 박세정 (2012). "제8장. 동성애에 대한 이해."『(알고 싶은) 성과 사회』. 서울: 그린. 225-253.

김홍미리 (2019). "3강. 미소지니, 여성이라는 따옴표". 김진호 · 이찬수 · 김홍미리 · 박미숙 공저 (2019).『우리 시대 혐오를 읽다: 종교, 차별, 여성, 법으로 살펴본 혐오 이야기』. 서울: 철수와영희. 101-145.

길원평 · 도명술 · 이세일 · 이명진 · 임완기 · 정병갑 (2014).『동성애 과연 타고나는 것일까? 동성애 유발 요인에 대한 과학적 탐구』. 서울: 라온누리.

남승호 (2020). "『마하바라따』에서 성전환자 시칸디의 역할과 현대 인도 사회에 끼친 영향".『인도철학』. 58. 245-277.

박선아 (2017). "『하드리아누스의 회상록』에 나타난 운명의 파이도필리아".『비교문화연구』. 47. 77-100.

박영직 (1966). "플라톤의 Eros에 대한 論攷".『인문과학』. 14. 381-401.

박제이슨 (2015). "동성혼 법제화 투쟁의 승리, 그 명과 암". 임근준 외 공저 (2015).『여섯 빛깔 무지개』. 서울: 워크룸 프레스. 193-219.

백상현 (2015).『동성애 is』. 서울: 미래사.

서병창 (2004). "카리따스에 의한 에로스와 아가페의 종합". 『중세철학』. 10. 119-158.

안옥선 (2009). "트랜스젠더리즘과 불교의 '성(별)공성'". 『동서비교문학저널』. 20. 159-185.

안옥선 (2007). "트랜스젠더와 불교". 『한국불교학』. 48. 35-72.

양운덕 (2010). "그리스 성 담론에 나타난 에로스와 윤리적 자기 형성: 「향연」을 읽는 상이한 방식 -Nussbaum과 Foucault의 경우". 『철학연구』. 38. 169-214.

엄익란 (2009). 『무슬림 마음속에는 무엇이 있을까?』. 파주: 한울.

엄익란 (2015). 『금기, 무슬림 여성을 엿보다』. 파주: 한울.

여인석 (2009). "고대 그리스 생리학에 나타난 열(thermos)과 열병(puretos)의 관계". 『醫史學』. 18(2). 189-203.

연희원 (2020). "고대 그리스 몸의 정치학과 화장". 『한국여성철학』. 33. 31-62.

유원기 (2017). "플라톤의 철학에서 여성의 본성과 역할". 『동서철학연구』. 83. 357-380.

윤가현 (2007). 『성 문화와 심리』. 2판. 서울: 학지사.

윤가현 (2001). 『문화 속의 성』. 서울: 학민사.

윤가현 (1999). 『동성애의 심리학』. 1판2쇄. 서울: 학지사.

윤선자 (2014). 『샤리바리』. 파주: 열린책들.

이경직 (2000). "플라톤의 〈향연〉편에 나타난 동성애". 『기독교사회윤리』. 3. 221-248.

이다혜 · 임근준 (2015). "여자가 묻고 게이가 답하다". 『여섯 빛깔 무지개』. 서울: 워크룸 프레스. 19-96.

이민규 (2017). "성경으로 동성애를 논하는 것이 어디까지 가능할까". 『성경과신학』 81. 301-38.

이민정 (2018). 『코르셋과 고래뼈』. 파주: 들녘.

이순이 (2004). "《향연》에 나타난 에로스 연구". 『대학원논문집』. 29. 247-276.

이신열 (2019). "바즈웰(John Boswell)의 동성애 이해에 대한 비판적 고찰". 『한국개혁신학』. 61. 96-145.

이인 (2017). 『성에 대한 얕지 않은 지식』. 서울: (주)을유문화사.

이정우 (2016). "제1장. 케인스주의와 복지: 베버리지와 케인스". 김윤태 엮음. 『복지와 사상: 복지국가 이데올로기의 역사적 전환』. 파주: 한울아카데미. 9-42.

임옥희 (2015). "주체화, 호러, 재마법화". 윤보라·임옥희·정희진·시우·루인·나라 (2015).『여성혐오가 어쨌다구? 벌거벗은 말들의 세계』. 서울: 현실문화연구. 47-88.

장영란 (2015).『죽음과 아름다움의 신화와 철학』. 서울: 루비박스.

정용석 (2017).『기독교여성사』. 서울: 이화여자대학교출판문화원.

조승래 (2004). "18세기 영국의 남성 동성애자들: 제3의 젠더로서 몰리".『영국 연구』. 12. 31-46.

조승래 (2009). "슬픈 '몰리'/즐거운 '토미': 근대 초 영국의 남녀 동성애자들". 곽차섭·임병철 엮음 (2009).『역사 속의 소수자들』. 서울: 푸른역사. 40-65.

조홍만 (2012). "플라톤 향연에서 소년애와 철학".『범한철학』. 65. 59-87.

차용구 (2011). "10. 남장 성녀 힐데군트와 젠더 전환".『중세 유럽 여성의 발견』. 파주: 한길사. 359-381.

최성희 (2009). "에로스, 에로티시즘, 페미니즘".『영미문학페미니즘』. 17(1). 323-349.

한국게이인권운동단체 친구사이〈게이컬처홀릭〉편집위원회 (2011).『GAY CULTURE HOLIC: 친절한 게이 문화 안내서』. 서울: 시네21(주).

福田和彦(후쿠다 카즈히코) (n.d).『섹슈얼리티 性문화사』. 임명수 역 (2011). 서울: 어문학사.

Akst, Daniel (2011). We Have Met the Enemy. 구계원 역 (2013).『자기 절제 사회』. 서울: 민음사.

Ali, Ayaan Hirsi (2015). Heretic. 이정민 역 (2016).『나는 왜 이슬람 개혁을 말하는가』. 서울: 한솔수북.

Angela Alberto (2012). Amore E Sesso Nell'Antica Roma. 김효정 역 (2014).『고대 로마인의 성과 사랑』. 서울: 까치.

Angela, Alberto (2007). Una Giornata Nell'antica roma: Vita quotidiana, segeti e curiosita. 주효숙 역 (2012).『고대 로마인의 24시간: 일상생활, 비밀 그리고 매력』. 서울: 까치.

Arasse, Daniel, Roy Porter and Georges Vigarello et al (2005). Histoire du Corps. Paris: Editions du Seuil. 주명철 역 (2014).『몸의 역사·1: 르네상스부터 계몽주의 시대까지』. 서울: 길. 새러 F. 매튜스-그리코(Sara F. Matthews-Grieco), "제3장. 앙시앵레짐 시대 유럽의 몸과 성욕". 193-258.

Aries, Philippe et George Duby eds. (1985). Historie de la vie privee. Paris: Seuil. 주명철 · 전수연 공역 (2003). 『사생활의 역사 1』. 서울: 새물결출판사. 폴 벤느(Paul Veyne), "제1부 로마제국" 47-350.

Baird, Vanessa (2007). The No-nonsense guild to sexual diversity. 김고연주 역 (2007). 『성적 다양성, 두렵거나 혹은 모르거나』. 서울: 이후.

Beard, Mary (2008). Pompeii. 강혜정 역 (2016). 『폼페이, 사라진 로마 도시의 화려한 일상』. 파주: 글항아리. "7장. 육체의 쾌락: 음식, 포도주, 섹스, 목욕". 385-441.

Benecke, Mark and Lydia Benecke (2011). Aus der Dunkelkammer des Bösen. Verlagsgruppe Lübbe. 김희상 역 (2016). 『신은 나를 이해한다고 했다』. 서울: 알마. "4장 소아성애". 209-228.

Bullough, Vern & Bonnie Bullough (1995). Sexual Attitudes: Myths & Realities. Prometheus. 김석희 역 (1999). 『섹스와 편견』. 서울: 정신세계사.

Buss, David M. (2003). The Evolution of Desire: Strategies of Human Mating. revised edition. 전중환 역 (2007). 『욕망의 진화』. 서울: 사이언스북스.

Carlin, Norah (1989). The Roots of Gay Oppression. London, Chicago and Melbourne: Bookmarks. 심인숙 역 (1995). 『동성애자 억압의 사회사』. 서울: 책갈피.

Carlin, Norah (1989). and Colin Wilson (1995). 『동성애 혐오의 원인과 해방의 전망: 마르크스주의적 분석』. 이승민 · 이진화 공역 (2016). 서울: 책갈피.

Dee, Hannah (2010). The Red in the Rainbow: Sexuality, Socialism and LGBT Liberation. Bookmarks. 이나라 역 (2014). 『무지개 속 적색: 성소수자 해방과 사회변혁』. 서울: 책갈피.

Edwards, Gene (2005). The Christianity Women … Set Free. 임정은 역 (2017). 『하나님의 딸들』. 죠이선교회.

Fernandez, Dominique (1989). Le Rapt de Ganymede. 김병욱 역 (2004). 『가니메데스 유괴』. 서울: 수수꽃다리.

Flaceliere, Robert (1959). La Vie quotidienne en Grece au Sieche de Pericles. 심현정 역 (2004). 『고대 그리스의 일상생활-페리클레스 시대』. 서울: 우물이있는집. 특히 제4장. "아이와 교육 '7, 남색'". 184-188.

Gaddam, S. and O. Ogas (2011). A Billion Wicked Thoughts. 왕수민 역 (2011). 『포르노 보는 남자 로맨스 읽는 여자』. 서울: 웅진지식하우스.

Goldhill, Simon (2004). Love, Sex & Tragedy: Why Classics Matters. 김영선 역 (2006). 『러브 섹스 그리고 비극』. 서울: 예경. "제1부. 러브". 15-107.

Griep, Hans-Joachim (2005). Geschichte des Lesens: Von den Anfängen bis Gutenberg. Darmstadt: Wissenschaftliche Buchgesellschaft. 노선정 역 (2006). 『읽기와 지식의 감추어진 역사』. 서울: 이른아침.

Halperin, David M. (1995). Saint Foucault: Towards a Gay Hagiography. Oxford University Press.

Harris, Marvin (1987). Why Nothing Works: The Anthropology of Daily Life. 원재길 역 (1996). 『아무것도 되는 게 없어』. 황금가지. "게이들이 밀실을 나서고 있다". 133-158.

Hocquenghem, Guy (2000). Le desir homosexuel. Fayard. 윤수종 역 (2013). 『동성애 욕 망』. 서울: 중원문화.

Hurtado, Larry W. (2016). Destroyer of the Gods. Waco. TX: Baylor University Press. 이 주만 역 (2017). 『처음으로 기독교인이라 불렸던 사람들: 기독교 본연의 모습을 찾 아 떠나는 여행』. 고양: 이와우.

Ikegami, Hidehiro (2008). Koisuru Seiyoubijyutsushi. Kobunsha. 김윤정 역 (2016). 『사랑 의 미술관: 사랑하고 싶은 그대를 위한 아주 특별한 전람회』. 파주: 다산북스. "테 마22: 금지의 영역 동성애". 262-271.

Jeffreys, Sheila, (n.d.). Radical Feminism. 김예나 · 남혜리 · 박혜정 · 이지원 · 이윤미 공역 (2018). 『래디컬 페미니즘』. 인천: 열대다북스.

Jennings, Kevin (1994). Becoming Visible. Alyson. 김길님 · 김호세 · 양지용 공역 (1999). 『역사속의 성적소수자』. 서울: 이연문화.

Kern, Stephen (1975). Anatomy and Destiny: A Cultural History of the Human Body. 이 성동 역 (1996). 『육체의 문화사』. 서울: 의암출판문화사.

Kiefer, Otto (n.d). Sexual Life in Ancient Rome. 정성호 역 (2004a). 『로마 性풍속사 II』. 서울: 산수야.

Knapp, Robert (2011). Invisible Romans. 김민수 역 (2013). 『99%의 로마인은 어떻게 살았을까』. 서울: 이론과실천.

Kudla, Hubertus (2003). Spoele des Eros. Munchen: Verlag C. H. Beck. 오순희 역 (2005). 『에로스의 탄생: 신화에서 발견한 32개의 사랑』. 서울: 이룸. "남성들의 우정, 즉 신화: 제우스와 가니메데스, 역사적인 인물들: 소크레테스와 알카비아데스, 히드리아누스와 안티노우스". 428-465.

Laurence, Ray (2010). Roman Passions. The Continuum International. 최기철 역 (2011). 『로마제국 쾌락의 역사: 역사상 가장 강렬했던 쾌락의 역사』. 서울: 미래의창.

Licht, Hans. (n.d). Sexual Life in Ancient Greece. 정성호 역 (2003). 『그리스 性 풍속사 I · II』. 서울: 산수야.

Lücker, Kerstin und Ute Daenschel (2017). Weltgeschichte für junge Leserinnen. 장혜경 역 (2018). 『처음 읽는 여성 세계사』. 서울: 어크로스.

Martin, Troy W. (2004). "고전 11장 13-15절의 너울에 대한 바울의 논의: 머리에 쓰는 너울이 아니라 고환(睾丸)". 『복음과 신학』. 7(1). (2004). 207-222.

Mayr, Daniela F. and Klaus O. Mayr (2003). Von der Kunst, Locken auf Glatzen zu drehenFrankfurt am Main: Eichborn. 김희상 역 (2004). 『털: 수염과 머리카락을 중심으로 본 체모의 문화사』. 서울: 작가정신.

May, Simon (2011). Love: A history. 김지선 역 (2016). 『사랑의 탄생』. 파주: 문학동네.

McLaren, Angus (1999). Twentieth Century Sexuality: A History. Blackwell. 임진영 역 (2003). 『20세기 성의 역사』. 서울: 현실문화연구.

McLaren, Angus (1990). A History of Contraception. 정기도 역 (1998). 『피임의 역사』. 서울: 책세상.

Meissner, U. & H. Metlitzky, Todestanz (n.d). Sex und Aids in Africa. 유명미 역 (2004). 『죽음의 춤』. 서울: 대원사.

Meyer, Johann Jakob (1930). Sexual Life in Ancient India. London: George Routledge, Sons, Ltd. 김형준 역 (1995). 『인도의 성풍속 1권』. 서울: 신수야. "제7장. 성의 기쁨. '3. 잘못된 성행위'". 317-327.

Montefiore, Simon Sebag (2011). Jerusalem: The Biography. London: Capel & Land Ltd.

유달승 역 (2012). 『예루살렘 전기: 축복과 저주가 동시에 존재하는 그 땅의 역사』. 시공사.

Oldstone-Moore, Christopher (2016). Of Beards and Men: The Revealing History of Facial Hair. Chicago: University of Chicago Press. 마도경 역 (2019). 『수염과 남자에 관하여(서양 편)』. 수원: 사일런스북.

Pagels, Elaine (1988). Adam, Eve and the Serpent. New York: Brockman Inc. 장혜경 역 (2009). 『아담, 이브, 뱀: 기독교 탄생의 비밀』. 고양: 아우라.

Posner, Richard A. (1994). Sex and Reason. Mass: Harvard University Press. 이민아 · 이은지 공역 (2007). 『성과 이성: 섹슈얼리티의 역사와 이론』. 서울: 말글빛냄.

Ramet, Sabrina Petra (1996). Gender Reversals & Gender Cultures. Routledge. 노최영숙 (2001). 『여자 남자 그리고 제3의 성』. 서울: 당대.

Ray, Darrel W. (2012). Sex & God. 김승욱 역 (2013). 『침대위의 신』. 서울: 어마어마.

Richards, Jeffrey (1991). Sex, Dissidence and Damnation: Minority groups in the middle ages. Routledge. 유희수 · 조명동 공역 (1999). 『중세의 소외집단: 섹스 · 일탈 · 자주』. 느티나무.

Roberts, Nickie (1992). Whores in History: Prostitution in Western Society. London: HarperCollins Publishers. 김지혜 역 (2004). 『역사 속의 매춘부들』. 서울: 책세상.

Rogers, Jack (2009). Jesus, The Bible, and Homosexuality Explode the Myths, Heal the Church. Westminster John Knox Press. 조경희 역 (2018). 『예수, 성경, 동성애』. 개정증보판. 고양: 한국기독교연구소.

Roudinesco, Elisabeth (2007). La Part Obscure De Nous-Memes, Une Histoire Des Pervers. Paris. 문신원 역 (2008). 『악의 쾌락: 변태에 대하여』. 서울: 에코의서재.

Roughgarden, Joan (2005). Evolution's Rainbow: Diversity, Gender, and Sexuality in Nature and People. 노태복 역 (2010). 『진화의 무지개』. 서울: 뿌리와이파리. 참고로 이 책의 저자는 남자에서 여자로 성전환 여성입니다.

Rudy, Kathy (1997). Sex and the Church: Gender, Homosexuality and the Transformation of Christian Ethics. Beacon Press. 박광호 역 (2012). 『섹스 앤 더 처치』. 파주: 한울. 참고로 이 책의 저자는 레즈비언입니다.

Scarre, Chris (1995). Chronicle of the Roman Emperors. London: Thames and Hudson. 윤미경 역 (2004).『로마 황제』. 서울: 갑인공방. "네로". 58-66.

Sennett, Richard (1994). Flesh and Stone: 임동근 · 박대영 · 노권형 공역 (1999).『살과 돌: 서구문명에서 육체와 도시』. 서울: 문학과학사.

Shlain, Leonard (2003). Sex,Time and Power. 강수아 역 (2005).『자연의 선택, 지나 사피엔스』. 서울: 들녘.

Spargo, Tamsin (1999). Foucault and Queer Theory. 김부용 역 (2003).『푸코와 이반 이론』. 서울: 이제이북스.

Spong, John Shelby (1998). Living in Sin: A Bishop Rethinks Human Sexuality. San Francisco: Harper.

Symons, Donald (1979). The Evolution of Human Sexuality. New York: Oxford University Press. 김성한 역 (2007).『섹슈얼리티의 진화』. 파주: 한길사.

Tharoor, Shashi (2016). An Era of Darkness: The British Empire in India. 김성웅 역 (2017).『암흑의 시대: 약탈과 착취, 폭력과 학살의 시대』. 젤리판다.

Thiebaut, Elise (2017). CECI EST MON SANG. Paris: La Decouverte. 김자연 역 (2018).『이것이 나의 피: 익숙하고 낯선 생리에 관한 거의 모든 이야기』. 서울: 출판사클.

Ujiie, Mikito (1995). Bushido to Eros. Kodansha. Ltd. 신은영 역 (2016).『무사도와 에로스』. 서울: 소명.

Utrio, Kaari (1984). A History of the Eve. 안미현 역 (2000).『이브의 역사』. 고양: 자작.

Veyne, Paul (1982). "고대 로마와 동성애". Philippe Aries et als, Sexualites occidentales. Communications. 김광현 역 (1996).『성과 사랑의 역사』. 서울: 황금가지.

Wiesner-Hanks, Merry E. (2001). Gender in History. 노영순 (2006).『젠더의 역사』. 서울: 역사비평사.

Wills, Gary (2001). Papal Sin. 박준영 역 (2005).『교황의 죄』. 서울: 중심. "13. 동성애자 사제직". 305-323.

5

기준 없는
성에 대한 과도한 해석

퀴어 리딩(queer reading)

ㅣ 들어가는 말

개그맨 심형래의 질문: 누가 엄마 쭈쭈를 먹고 죽었는가?

앞에서 본인은 아내로부터 변타이[變態]라는 말을 듣는다고 전술하였습니다. 그렇게 변타이가 아님에도 불구하고 말입니다. 여러분들에게도 변태라는 말을 들을 수 있는 이야기를 하나 해보려고 합니다. 내가 만든 이야기가 아니고, 우연히 유튜브 검색[알고리즘에 의해]을 통해 접하게 된 개그맨 심형래가 과거 행사장에서 사회를 본 내용이었습니다.* 변태라고 하지 마시고 여러분도 찾아서 들어보시기를 바랍니다. 그 동영상에서 개그맨 심형래가 사회를 보면서 그곳에 참석한 청중들에게 다음과 같은 식의, 생각할수록 야한 문제

---

* https://youtu.be/DWqJDVtOBXQ; "심형래보다 더 웃긴 무대 나오신 두 분 ㅎㅎㅎ 배꼽 빠짐, 더나은 기부콘서트, 힐러리움공연장, 2020년 1월 11일"

를 냅니다.

　　동생이 엄마 젖을 너무 좋아해서 그것을 시기한 형이 엄마 몰래 엄마의 젖에 독약
을 발라 놓았습니다. 그런데 다음 날 누가 죽었는가?

　　여러분은 어떤 답을 하고 싶으신가요? 상상의 날개를 한없이 펴고 싶으신
가요? 선[基準]을 먼저 만들지 않는다면 그리고 문제에 충실하지 않는다면
아무 죄 없는 엄마를 이상한 사람으로 만들 수 있다는 점입니다. 한번 선 없이
무한상상을 펴보기로 하겠습니다. 변타이라는 말을 들을 각오를 하고 말입니
다. 특히 '젖=성애의 상징, 유방 애무=성교의 필연적 전위행위'로 이해한다면
어떻게 될까요? (유방을 애무하는 것이 필연적으로 성관계[性交]로 이어진다고 생각하
게 된다면 말입니다.)

　　다음 날 아침에 옆집 아저씨가 죽었다고 해봅시다. 그러면 엄마는 어떻게
되는가요? 옆집 아저씨와 어젯밤에 바람을 피운 엄마가 되는 것입니다. 아무
잘못도 없는 아빠는 오쟁이 진 남편(cockold)이 되는 것이지요. 그렇게 되면 아
빠의 권위는 땅으로 떨어질 것입니다. 담임 선생님이 죽었다고 한다면요? 사
랑방 손님과 어머니를 재현한 사랑방 손님과 어머니 시즌2가 되는 것일까
요? 교권(敎權)이 심하게 흔들릴지도 모릅니다. 선생님이 학부모와 바람났대
하는 식으로 소문이 일파만파 퍼질 것이기 때문입니다. 동네 아저씨 여럿이
죽었다고 하면은요? [여기서부터가 약간 변타이적 사고입니다] 엄마는 갱뱅
(gangbang)을 하는 여자가 되는 것입니다. 쉽게 말해 성행위에 목마른 님포매
니아(nymphomania, 女性色情狂)가 되고 마는 것입니다. 한 남자로 만족하지 못
한 여인? 아니면 극적인 반전으로 엄마는 여러 남자에 의해 집단 강간을 당했

는지도 모릅니다. 옆집 아저씨와 그 옆집 아줌마가 죽었다면은요. 엄마가 이웃집 사람들과 쓰리썸(Threesome)을 한 것일까요? 엄마가 혹시 양성애자가 아닌가 하는 성적 취향이 참말로 독특한 엄마가 되고 마는 것입니다. 옆집 아줌마가 죽었다고 한다면, 엄마는 레즈비언이 되는 것입니다. 옆집 중학생 형(兄)아가 죽었다면 …. 최근에 있었던 인터넷 기사의 여선생이 떠오를지도 모릅니다. 제자와 성관계한 여선생님 말입니다. 죽은 사람을 가족의 범주로 좁히면 어떤 일이 발생하게 될까요? 할아버지가 죽었다고 한다면 며느리와 시아버지 사이의 부도덕한 썸씽이 되는 것입니다. 작은아버지가 죽었다면 …. 이제 그만하는 것이 낫겠지요? 생산적이지 않은 이야기이니 말입니다. 그렇게 하겠습니다. 동성애 해석에 관해서도 선을 넘는 상상은 퀴어한 해석을 생산해 내놓는다는 것입니다. 끝도 없는 상상 말입니다.

개인으로 말하고 싶은 것은 이처럼 제한 없는 기이한 상상의 날개[queer reading]는 엄청난 충격적인 일들을 만들 수 있다는 것입니다. 다시 개그맨 심형래가 낸 문제로 가보겠습니다. 무엇이 죄 없는 엄마를 이상한 사람으로 만들지 않으면서 많은 이들에게 수긍이 가도록 하는 답변이겠는가 하는 것입니다. 먼저, 형의 의도대로 동생이 죽은 경우입니다. 동생이 좋아하는 엄마 젖을 먹다가 죽은 것입니다. 그래도 좀 그렇습니다. 형아의 시기가 동생의 죽음을 만들다니? 아니면 아버지 정도는요. 전날 아버지와 엄마가 사랑을 나눌 수도 있지 않겠습니까? 그런데 이 경우도 사랑의 대가(代價)가 죽음이라니! 그것도 아니면 형 자신이 죽었을 수도 있을 것입니다. 왜냐하면 형도 어린아이여서 자신이 엄마의 젖에 독약을 발라 놓은지도 모르고 그저 엄마 젖이 너무 좋아서 그만 젖을 먹다가? 정상적인 이야기라면 그 집에서 엄마 젖에 가까이 갈 수 있는 사람은 어린 두 자녀와 남편뿐입니다. 그것이 일반적인 상식입니다. 물론 여성

[아내]의 가슴을 '성애의 기관'(다나카 다카코, in Takeda, Masaya ed. 2000: 17-36)으로 보지 않는 남편이라면 사랑스러운 아내의 젖에 접근할 수 있는 이들은 어린 두 자녀로만 국한(局限)되고 말겠지만 말입니다. 왜 야한 변타이 같은 이야기를 시작했는지 그것도 말도 안 되는 것을 미주알고주알 열거하면서 말입니다. 오늘날 『성경(聖經)』의 성(性)과 관련해서 성경에 대한 해석도 이런 식[변타이식 해석]의 해석이 증가하고 있다는 것입니다. 성경 본문의 의도와는 관계없이 성과 관련된 본문에 대해서 끝도 밑도 없는 기이(奇異)한 상상의 날개를 펼치고 있다는 것입니다. 과거의 정통/전통에 거하는 이들에게 이러한 성경 읽기는 한없이 당황함을 느끼게 한다는 점입니다. 친/동성애자들의 위치에 서 있는 수정주의자들은 성적 다양성이라는 그들이 처한 현실 앞에서 자기 성적 행위의 정당성을 위해 성경의 내러티브(narrative)를 심하게 왜곡시키고 있다는 것입니다. 도올 선생이 자주 쓴 표현처럼 '꼴린 대로'(go with gut) 해석하고 있는 것입니다.(도올 선생도 물론 예외가 아닙니다)

연구 문제와 관점 밝히기

본고는 기이한 퀴어한 해석에 대해서 다루고자 합니다. 그렇기 위해 본고는 다음과 같은 연구 문제들을 잡아 보았습니다. 연구 문제 1: [기준 없는 다양한 해석] 성적 다양성이라는 이유로 성과 관련해서 기준 없이 기이하고 다양하게 해석되고 있는 것들에는 무엇이 있는가? 연구 문제 2: [이러한 기이한 해석이 가능하게 된 이유] 이러한 기준 없는 다양한 기이한 해석이 가능하게 된 이유는 무엇인가?

이를 위해서 본고는 최근 퀴어 성서 주석 번역출판위원회에서 번역한 『퀴어 성서 주석 I 히브리 성서』(The Queer Bible Commentary I)[1]와 김영한 외 공저

(2016)인,『동성애, 21세기 문화충돌』과 페터 바이어하우스 · 김영한 외 공저 (2020)『젠더 이데올로기 심층 연구』, 그리고 이승구(2019)의 "퀴어 신학의 주장과 그 문제점들"의 내용을 중심으로 기술하고자 합니다. 연구실(Lab)에서 철저한 통제를 통해 이루어지는 경성과학(Hard Science)을 제외하고는 모든 연구는 그 정도의 차이가 다만 있을 뿐 관점[價値介入]이라는 것이 있을 수밖에 없습니다. 성경의 해석에서 어떤 관점을 취하여 다시 해석(Rereading)하는 것에 대해서는 부정하지는 않습니다. 이러한 해석들이 있었기에 새로운 지평(地平)을 만날 수 있었던 것이 사실이기 때문입니다. 다만 기존의 해석을 넘어선 과도하고 기이한 억지 해석을 하는 것에는 회의적이라는 점입니다. 동성애 해석(Gay Reading), 퀴어 리딩(Queer Reading)이 그러한 부류의 과도한 해석의 양태를 취하고 있다고 봅니다. "'아 그럴 수도 있겠구나'가 아닌, 왜 저렇게 무리한 해석을 한데!" 하는 생각이 더 든다는 것입니다. 친동성애적 해석을 하는 이들이 기이한 해석을 하는 것처럼 본 연구자도 친동성애적 기인한 해석들에 대해서 나름의 기인한 생각을 덧붙여 보고자 합니다.

II 기준 없는 과도한 해석의 존재와 그러한 해석이 가능한 이유

포스트모더니즘적 사고가 판치는 사회가 되어서 그러는 것일까요? 아니면 기독교가 사회적 공신력(社會的公信力)을 잃어버려서 더욱더 그러는 것일까요? 비록 명시적으로 사회적 합의가 이루어지지 않았더라도, 과거에는 절대로 넘어서는 안 되는 선(線)이라는 것이 존재하였습니다[일종의 터부(taboo)라 할 수 있을 것입니다]. 그런데 지금은 사회 각 분야에서 '넘지 말아야 할 선'들이 사라지고 있습니다. 종교라는 범주는 암묵적으로 '더 넘지 말아야 할 선/넘어서는 안 되는 선'으로 상대적으로 인식되었는데도 불구하고 말입니다. 특히 '성소수자의 인권'과 맞물려 성과 관련된 성경의 해석에 있어서 넘지 말아야 할 선을 넘고 있는 것을 심심찮게 볼 수 있다는 것입니다[越境現實].

1 선(線) 없는 기이한(queer) 해석

성소수자들과 그들의 권익을 옹호하는 이들이 성과 관련해 넘지 말아야 할 선을 넘어서 성경을 어떻게 해석하고 있는지에 대해서 전통적[一般的]으로 알려진 동성애 문제와 관련해 논쟁 중인 잘 알려진 본문을 제외-동성애 관련 과거 논쟁이 되는 부분은 구약과 신약에서 따로 구분하여 앞서 다루었기 때문입니다-한 구절들을 중심으로 살펴보도록 하겠습니다. 기준 없는 과도[奇異, queer]한 해석(queer reading)과 더불어 그러한 해석을 할 경우 어떤 문제가 발생할 수 있는지 기이한 생각을 덧붙여 보겠습니다.

1) 구약(舊約)에서의 기이한 해석

(1) 아담에 대한 안드로진(androgyne, 兩性具有)적 해석

아담(Adam, אדם)은 땅을 의미하는 히브리어 '아다마'(אדמה, adamah)에서 온 단어로 고유명사로 이름(名)인 아담과 보통명사로 인간(사람, human)을 의미할 수도 있습니다.[2] 하나님이 아담을 창조한 성경 기사가 나오고, 그 후에 아담에게서 하와(이브)를 창조한 내용이 나옵니다. 그래서 일부 연구자들은 최초의 인간인 아담은 안드로진(androgyne)[3][4]이었고, 그 후에 하나님이 여자와 남자로 구분하였다는 주장을 하기도 합니다.(안경승, 2017: 57 참조) 유연희는 창세기 제2장을 "흙이 흙사람으로, 흙사람이 여자와 남자로, 둘이 다시 하나로 되는 트랜스 이야기" 즉, 안드로진과 관련된 퀴어링한 해석을 시도하기도 합니다(유

연희, 2020: 201-207 참조).[5] 퀴어 신학자인 마이클 카든(M. Carden)은 다음과 같이 적고 있습니다.

> 유대교 전통과 (오리게네스를 포함하는) 그리스도교 저술에서 나온 한 대답은, 최초의 인간이 안드로진(androgyne)이었고 후에 하나님이 두 성으로 나누었다고 한다. (…) 이 안드로진은 한 사람 안에서 샤크티(Shakti)와 시바(Siva)의 결합을 추구하는 영성인 탄트라(Tantra)에서도 찾아볼 수 있다. (Carden, 2021: 65-66)[6]

마이클 카든(Michael Carden)이 적고 있는 것처럼 안드로진 신화는 인도 신화와 그리스 신화 등에서 볼 수 있는 내용입니다. 이거룡 교수는 "인도 신화의 양성구유(兩性具有) 이상의 관점에서 본 남성의 여성화 또는 여성의 남성화 문제"(이거룡, 2013)라는 논문에서 인도 신화의 아르다나리슈와라(Ardhanārīśvara)를 안드로진의 예로 기술하는 것을 볼 수 있습니다.

> 유교 전통과는 달리, 인도의 종교 전통들은 남녀 구분을 단지 상대적인 것으로 보는 경향이 강하다. 특히 탄트라(tantra) 종교 전통에서는 이 점이 현저하게 나타난다. 이 전통에 따르면 모든 인간은 자기 속에 남성과 여성을 동시에 지닌다. 남자가 남자인 것은 단지 자기 속에 남성으로서의 속성이 현저하기 때문이며, 여자가 여자인 것은 자기 속에 여성적인 속성이 현저하다는 것뿐이다(Walker, 1995: 43). 남자는 남자고 여자는 여자라는 절대적인 구분은 있을 수 없다. 단지 '남성적인 인간'과 '여성적인 인간'이 있을 뿐이다. 신은 자신 안에 남성과 여성을 동시에 같은 비율로 지니며, 이와 같은 신을 아르다나리슈와라(Ardhanārīśvara)라고 부른다. 힌두교 도상(圖像)에서는 시바(Śiva)와 배우자 빠르와띠(Pārvatī)가 한 몸으로 나타나는 것을 흔히 볼 수 있다. 오른쪽 반은 남자고 왼쪽 반은 여자의 형상이다. 이것은 양성구유(兩性具有)의 이상을 표현한 것이다(Walker, 1995: 43). (이거룡, 2013: 121; 헤르메스[Hermes]와 아프로디테[Aphrodite]의 아들인 헤르마프로디투스[Hermaphroditus]에 대해

서는 이거룡, 2013: 125 참조)

아담에 대한 양성구유적 해석과 아르다나리슈와라에 대한 안드로진(양성구
유)적인 해석을 [그림]으로 나타내면 다음과 같습니다.

[그림: 아담(Adam)과 아르다나리슈와라(Ardhanārīśvara)]

아담에 대해서 왜 양성구유를 주장하는 것일까요?[27] 외부에서 교회 공동체
를 비난할 때 공동체 내의 성차별 문제가 자주 지적되곤 합니다. 아담에 대한
양성구유적인 해석은 여성 비하와 가부장제에 대해서 반대 논거로 작동하게
해줄 수 있다는 것입니다. "자 봐라, 여자·남자 모두 똑같은 흙에서 나왔잖아.
차별은 성경에 대한 잘못된 이해인 것이야. 잘 알았지!" 이러한 논리 전개가
가능한 것이지요. 그렇지만 기억해야 할 것이 있는데요, 성차별은 본질적으로
성경을 해석하는 자들의 잘못된 성경해석에서 오는 문제라는 점입니다. 아담
에 대해서 굳이 양성구유적인 해석을 하지 않아도 하나님의 창조는 남녀 간의
성차별을 전혀 인정하고 있지 않다는 것입니다.

창세기 제1장 26절의 '아담'(אדם)과 27절 관사를 가진 '그 아담'(האדם)은 생물학적
속명(genetic term)으로서 인류(humankind)를 의미한다. 아담이 고유명사 '한 사람'
으로 등장하는 것은 창세기 제4장 25절로 보는 견해가 지배적이다. 하나님은 인류
를 성적인 존재로 창조하셨다. "그가[하나님] 그를[아담] 창조하셨다: 남성과 여성
그가 그들을 창조하셨다"(창1:27) 남성과 여성을 의미하는 히브리어 '자카르'(זכר)
와 '느케바'(נקבה)는 성정체성이지 성차별이 아니다. 인간 창조에 있어 어떤 성차별

용어도 등장하지 않는다. 창세기 제2장에서 남성성 '자카르'는 한 남자 '이쉬'(איש)

로, 여성성 '느케바'는 한 여자 '이샤'(אשה)로 개별화된다(창2:23). (박경희, 2020: 182)

참고로 카든은 창세기 제17장 1절 이하에 나오는 '전능한 하나님'(창17:1,
〈개역 개정〉, '엘 샤다이' El Shaddai)*을 일부 여성 신학자들이 종종 여신-유
방을 가지고 있는 여신-으로 해석하는 것과는 거리가 먼 양성구유적인 신으
로 이해하고 있는 것을 볼 수 있습니다. (Carden, 2021: 79)

> 창세기 제17장[창17:1 '전능한 하나님']에서 안드로진이 다시 등장한다. 하나님
> 은 아브라함에게 '엘 샤다이'(El Shaddai)로 나타나신다. 브라운, 드라이버, 브릭스
> 의 『히브리어 사전』은 보통 '전능하신 하나님'(God Almighty)이라고 번역되는 '샤
> 다이'(shaddai)를 '가슴'을 뜻하는 '샤다'(shdh) 아래에 둔다. 이 학자들은 이 이름
> 이 '스스로 충분함'(self sufficiency)이라는 말에서 유래했거나, 엘/야훼가 산과 연결
> 되었고 산에서 유래했다고 본다. 또 비와 연결되었다고 보는데 비를 주시는 신이
> 라는 것이다.[8] 아마도 엘 샤다이는 비를 주는 분이라는 주제에 어울리게 풍성하
> 신 하나님(God the Bountiful) 또는 양육하시는 하나님(God the Nurturer)으로 번역할
> 수 있을 것이다. 나는 엘 샤다이를 문자적으로 많은 젖가슴을 가진 하나님(God the
> Many-Breasted)을 뜻한다고 생각하고 싶다. 아마 엘 샤다이는 야훼와 야훼의 원래
> 배우자인 아세라(Asherah)를 섞은 듯하다. (Carden, 2021: 79)

엘 샤다이를 양성구유적으로 해석하는 것에 대해서 개인적으로 기이한 생
각을 덧붙여 보겠습니다. 가정에서 아버지로부터 심한 학대를 받은 자녀들이

---

* 참조 "엘 샤다이(El Shaddai)의 ShaDai는 문법적으로 봤을 때 '가슴'을 뜻하는 Shdh와 더 연관이 있다고
볼 수 있습니다. 게다가 히브리어에서는 어미에 'i'나 'ai'가 오게 되면 대부분 '나의'라는 의미가 됩니
다. 위와 같이 해석했을 때, 엘 샤다이는 '하나님은 나의 가슴이다'라는 뜻이 됩니다."[출처]엘 샤다이(El
Shaddai)의 의미|작성자인생 메모리; http://blog.naver.com/park0722aa/220173173054.

가부장적 하나님 아버지로부터 위로를 받지 못한다는 주장을 하지요. 가부장적 남성적 하나님이 가정폭력을 또한 고착시킨다는 주장도 하지요. 일부 여성주의자들과 여성 신학자들이 말입니다. 그런데 학대라는 것이 아버지에게서만이 있는 것이 아니지요. 같은 논리로 엄마에게서 학대받은 자녀들은 젖을 가진 하나님(하나님 어머니?!)에 대해서 어떤 느낌이 들까요? 하나님이 젖도 가지고 있고 팔루스도 가지고 있다면 상처받은 자녀들은 그 어디에서 치유를 받을 수 있을까요? 그래서 드리는 말씀인데요. 신은 성을 초월해야 하는 이유가 여기에 있지 않을까요?

(2) 아브라함과 롯

마이클 카든은 또한 이브 세지윅(Eve Sedgwick)의 기이한 성경해석을 소개하는 것을 볼 수 있습니다. 세지윅은 아브라함과 롯의 관계를 기이하게 바라봅니다. 삼촌과 조카 사이에 소년애가 있을 수 있다는 기이한(queer) 해석을 다시금 시도하고 있는 것이지요.

> 아브라함과 롯의 관계에는 무언가 석연치 않은 면이 있다. 아브라함은 롯의 삼촌인데, 이브 세지윅(Eve Sedgwick)은 삼촌과 조카의 관계가 '남성 관계의 소년애(pederastic/교육(pedagogical) 모델'을 나타낼 수 있다고 지적한다.[9] 삼촌이란 게이 문화와 정체성으로 입문을 어느 정도 제공하면서 '연하의 젊은 남자와 관계를 형성할 만한 모든 연상의 남자'(후원자, 친구, 문자적인 삼촌, 대부, 양아버지, 상대 젊은이에게 선물 공세를 하는 중년 남자)를 가리킨다. (Carden, 2021: 74)

만약 이러한 기이[奇怪]한 해석-삼촌과 조카 사이인 아브라함과 롯의 소년애가 있었을 것이라는 기이한 해석-을 인정한다면 어떤 일이 벌어질까요? 동성애 논쟁의 단골손님 격인 '소돔과 고모라 이야기'와 연결해서 기이한 생각을 좀 해보겠습니다. 롯이 소돔에서 그 당시 소돔 사람들이 천사들에게 그러한 기이한 행동을 하려고 했을 때 동성적 성행위가 가지는 그 무엇[弊害]인가를 알고 있었기에 그러한 반대 행동을 한 것일까요? 소돔과 고모라가 멸망한 후 동굴에서 롯의 딸들이 과음한 아버지 롯과 근친상간(近親相姦)한 것도 소년애를 행한 아버지 롯의 성에 대한 인식(性認識)이 그의 딸들에게 영향을 주었기 때문일까요?(강호숙, 2014: 19 참조)[10] 그것이 유전적인 것이 되었든 환경적인 것이 되었든 간에 상관없이 말입니다[nurture and nature]. 롯과 아브라함, 즉 삼촌과 조카 사이에 '소년애가 있었지 않았냐?'라는 기이한 생각은 본 연구자의 앞서 언급한 말도 안 되는 기인한 생각을 더욱 자극할 수 있다는 점입니다.

(3) 노아와 함: 함의 행위와 노아의 저주(창9:20-27)

기독교 역사에서 잘못된 성경해석의 대표적인 사례 중의 하나가 바로 노아의 함에 대한 저주입니다. 대표적인 기독교 흑역사(black chapters) 중의 하나인 것이지요. 창세기로 들어가 보겠습니다. 무슨 일이 일어났는지요. "노아는 술에 취해 추태를 부렸으며(?) 그 추태를 희롱한 아들의 후손에게 저주"(https://koinespirit.tistory.com/501) 즉 형제들의 종이 되는 저주를 내렸다는 의미일까요?

> 20. 노아가 농사를 시작하여 포도나무를 심었더니 21. 포도주를 마시고 취하여 그 장막 안에서 벌거벗은지라 22. 가나안의 아버지 함이 그의 아버지 하체를 보고 밖으로 나가서 그의 두 형제에게 알리매 23. 셈과 야벳이 옷을 가져다가 자기들의 어깨에 메고 뒷걸음쳐 들어가서 그들의 아버지 하체를 덮었으며 그들이 얼굴을 돌이키고 그들의 아버지 하체를 보지 아니하였더라 24. 노아가 술이 깨어 그의 작은아들이 자기에게 행한 일을 알고 25. 이에 이르되 가나안은 저주를 받아 그의 형제의 종들의 종이 되기를 원하노라 하고(창9:20-25, 〈개역 개정〉, 강조는 본 연구자)

창세기 저자의 기술(記述)에 '노아의 저주'의 내용을 구체적으로 이해한다는 것은 쉽지 않습니다. 왜냐하면 구체적인 기술[陳述]이 없기 때문입니다. 역사의 기술에서도 자주 볼 수 있는 것처럼 성경 저자의 서술에 있어서 깊은 '블랭크(blank, 해석의 늪)'가 존재하는 것처럼 느껴지기 때문입니다. 하여튼 간에 노아의 함에 대한 저주는 지속해서 노예제도의 정당성을 인정하는 근거로 일부에서 해석되었다는 점에서 문제가 있었습니다. "저명한 아프리카계 미국인 지도자이자 성공회 사제였던 알렉산더 크룸멜(Alexander Crummell)이 1862년 언급했듯, '그리스도교 세계는 흑인의 고통과 노예제도가 노아가 내린 저주의 결과라는 의견을 거의 일반론처럼 받아들이고' 있었다."[11] (Davis, 2006: 66; Hendel, 2020: 255 재인용) 오늘날 대부분의 사람들이 아는 것처럼 노아의 함에 대한 저주가 노예제도에 대한 정당한 근거가 되지 않을 뿐만 아니라, 잘못된 성경해석에서 오는 오해(誤解)라는 사실입니다. 로널드 헨델(Ronald Hendel)은 왜 잘못된 해석인지에 대해 다음과 같이 적고 있는 것을 볼 수 있습니다.

아프리카 노예무역이 행해지자, 이 이야기는 아프리카인들을 노예화하는 것을 정당화하는 이야기로 재해석되었다. 성서의 족보에 따르면 함(가나안의 아버지)은 일부 아프리카 민족들의 조상이기 때문이다(제임스 흠정역). 창세기에 따르면, "함의 아들들은 구스와 이집트와 붓과 가나안"(창10:6)이다. '구스'는 이집트 남쪽의 에티오피아, '붓'은 이집트 서쪽 리비아를 가리킨다. 함의 아들 네 명 중 세 명이 아프리카인이었기 때문에 당시 사람들은 함을 모든 아프리카인의 조상으로 여겼다. 그러나 중요한 점이 있다. 바로 노아가 함이나 그의 모든 아들에게 저주를 퍼붓지 않았다는 것이다. 노아는 오직 가나안만을 저주했다. 그러나 가나안에게는 아프리카 후손이 없다. 창세기의 민족 목록은 그의 자녀들이 누구인지 전한다. "가나안은 자기 맏아들 시도노가 헷을 낳고 또 여부스족과 아모리족, 기르가스족, 히위족, 알가족, 신족, 아르왓족, 스말족, 하맛족을 낳았다"(창10:15-18). 이들은 모두 서아시아에 살았던 가나안 민족들이다. 아프리카인들의 노예화를 정당화하기 위하여 후대에 이 구절을 근거로 한 것은 잘못이며 있는 그대로의 창세기 본문을 잘못 해석한 것이다. (Hendel, 2020: 256-257)

창세기 저자가 '블랭크(해석의 늪)'로 남겨둔 부분 즉, '아들 함(Ham)이 자기[노아]에게 행한 일'이 구체적으로 무엇인가에 대해서 지적인 호기심이 작용해서인지 몰라도 다양한 해석들이 시도되었던 것입니다. 거기에 퀴어 신학자들의 성(性)과 관련해서 기인한 해석들도 존재해 왔다는 점입니다. 로버트 A. J. 가그논(Robert A. J. Gagnon) 등과 같은 연구자들이 노아의 함에 대한 저주에 관한 이야기를 성적 관점에서 바라보고 있음을 알 수 있습니다.

[창9:21-22] 노아는 손자 가나안에게 저주를 퍼붓기 때문이다! 랍비들로부터 지금까지 독자들은 무슨 일이 있었는지에 대해 네 가지 주요 이론을 제시했다. (1) 함(또는 가나안)이 노아를 거세했다. 탈무드는 이 제안을 하는데, 우가릿, 그리스, 히타이트의 신화에도 비슷한 이야기가 나온다. (2) 함(또는 가나안)이 노아를 (또는 어쩌면 노아의 아내를) 성적으로 학대했다. 이것은 근친상간이다. (3) 함은 그냥 쳐다본 것이 아니고, 아버지의 성기를 조롱하거나, 음탕한 눈빛으로 응시하거나, 아버지의 정력을 무술적으로 얻으려고 하는 식으로 보았다. (4) 본문은 무슨 일이 있었는지 밝히지 않는다. (이븐 에즈라 랍비에 따르면) 암시된 저자는 일부러 말하지 않는다. 그러나 그런 침묵을 언급하기에는 너무 끔찍하고 비열한 일을 암시하는 것이 아닐까? (Stewart, 2021: 177)

창세기 제9장에서 노아의 아들 함과 노아의 이야기를 동성애의 관계로 해석하려는 시도들이 있다.[12] 가그논(Robert A. J. Gagnon)은 이 본문을 동성애로 읽는 것이 타당한 이유를 다음과 같이 제시한다.[13] 이 본문이 아버지 노아에 대한 함의 동성애로서의 성폭력 행위로 이해하려는 학자들은 다음과 같은 증거를 제시한다. 첫째, 어떻게 노아의 옷이 장막 바깥에 있었을까? 아마도 함이 바깥에 나갈 때 옷을 가지고 갔을 것이다. 왜 함은 아버지의 옷을 가지고 나갔을까? 아마도 함은 아버지에게 행했다는 증거로 옷이 필요했을 것이다. 둘째, 노아는 술이 깨어 작은아들이 자기에게 행한 일을 알게 된다. 과연 자기에게 행한 것은 무엇일까? 아마도 말할 수 없는 행위였을 것이다. 셋째, '하체를 본다'라는 용어는 구약의 다른 본문에서 성관계를 갖는 것을 의미한다. 레위기에서 이 용어는 근친상간 등의 부적절한 음란 행위를 할 때 사용된 용어이다(레18:6-18; 20:11, 17-21). 넷째, 함이 아버지에게 동성애 성폭력을 행했다는 증거는 근동 지방의 관습에서 찾을 수 있다. 아버지를 강간함으로써, 함은 아버지와 형들의 권위를 빼앗고, 족장으로서 아버지의 뒤를 이으려는 시도를 한 것이다. 다섯째, 아버지의 하체를 덮어주면서 형들이 아버지의 하체를 보지 않으려는 시도는 다른 사람의 하체를 본다는 말은 성적인 관계를 갖는 것으로 해석하는 것과 양립한다. 만약 함의 행위가 매우 악한 것이라면, 형들의 행동은 매우 경건한 행위이다. 여섯째, 만약 함의 행위를 노아를 향한 동성애적인 성폭력으로 이해한다면, 노아가 함의 아들인 가나안을 향하여 왜 저주하였는지가 이해된다. … 함이 '아버지의 하체를 보았다'라는 표현은 '아버지의 하체를 범했다'라는 표현과 달리 글자 그대로 하체를 본 행위로 볼 여지가 있는 표현이라는 것이다. 또한 '아버지의 하체를 드러낸다'라는 표현은 구약성서에서 아버지와 성관계를 한다기보다는 아버지의 부인과 성관계를 하는 것을 의미하기도 한다. (레18:7-8; 20:11; 겔22:10)(배정훈, 2016: 50-52)

창세기 9:20-27의 노아와 함 이야기도 이러한 맥락에서 이해한다. 즉 '하체를 보다'(raah erwa), '알몸을 드러내다'(gala erwa)는 성행위를 돌려서 표현하는 말이고, 따라서 여기서 노아는 함이 아버지인 자신을 강간함으로써 남자인 자신에게 여자 역할을 시킨 것에 대해 격노했다는 것이다. 함이 아버지를 강간했다는 것이 상징하는 것은 정복과 피정복의 관계라는 것이다. (박경미, 2020: 225, 194번 각주)

배정훈 교수가 가그논 교수의 해석을 인용하면서 내린 결론처럼 전통주의자들의 견해에 따르면, '함의 행위에 대한 노아의 저주'의 원인에 대해서 일반적으로 동성애적 성폭력으로 해석하지 않는다는 점에 대해 먼저 밝히고 있습니다. 한마디로 성관계를 표현한 것으로 바라보기에는 무리가 따른다는 것이지요. "… 결론적으로 '하체를 보다'라는 표현을 창세기 9:23-24과 레위기 20:17에만 나타나기 때문에 '하체를 보다'라는 표현을 '성관계하다'라고 보기에는 어려움이 있다. 만약 창세기 제9장에서 '하체를 드러내다(גלה, 갈라)'라고 했다면 그것은 명백히 '성관계를 하다'라고 할 수 있지만, '하체를 보다'라는 표현을 통하여 글자 그대로 보는 행위를 말할 수 있기 때문이다. 이와 같이 창세기 제9장에서 함이 '아버지의 하체를 보다'라는 표현을 '함이 아버지에게 동성애적인 성폭력을 행하다'라는 뜻으로 해석하기에는 어려움이 있다."(배정훈, 2016: 50-53)

만약 노아의 함에 대한 저주를 동성애적으로 해석한다면-피정복과 정복의 관계를 포함해서-그것을 과거 크게 잘못된 성경해석 중의 하나인 노예제도와 연결해서 바라보게 된다면[誤識] 어떤 기이한 결과가 발생할까요? 동성애 행위 때문에 노예제도가 일어나게 되었다는 무리한 비상식적인 해석도 가능할 수 있다는 점입니다. 아들 함(Ham)이 술에 취한 아버지 노아(Noah)의 항문을 공격했기 때문에 그에 대한 저주로 인해 노예제도가 발생하게 되었다는 식의 터무니없는 극단적인 논리의 전개도 가능하게 되는 것입니다. 그렇게 되면 여성 노예들에 대한 강간이나 성폭력과 같은 성적 착취에 대해서도 정당하다는 주장도 극단적으로 할 수 있다는 점입니다. 그리고 거기에 더해서 "침묵하라. 다 너희 조상 탓이다. 너희 조상이 성적으로 착취하는 짓[行動]을 하지 않았느냐. 그에 대한 대가가 이것이다. 참아라. 이 모두가 다 인과응보의 결과다"라고 하는 극단적인 궤변(詭辯)도 나타날 수 있다는 것입니다. 과거 노아의 저주가 노예제도의 정당성이라는 궤변처럼 말입니다. 아니 그 궤변의 강도는 과거보다 더하면 더하겠지요.

(4) 다윗과 요나단(삼하1:26) 거기에다 사울 왕까지

대니얼 A. 헬리미악(Daniel A. Helminiak)과 같은 기이한 해석을 하는 퀴어 연구자들(Kamal Salibi, Tom Horner, Theodore W. Jennings, Jr.)[14]은 다윗 왕이 기인한 성적 행동을 했다고 기인한 상상력을 발휘합니다. 다윗이 왕이기 전에 사울 왕과 기인한 성적 관계를 가졌었고, 그것으로 끝나지 않고 아들인 요나단과 기이한 성적 관계를 가졌다는 기이한 해석을 시도합니다. 그 결과 다윗을 둘러싼 부자 간의 삼각관계-사울 · 다윗/요나단 · 다윗-는 사울과 다윗 간에 거리를 두는 역할을 했다는 기이한 주장으로 이어지고 있다는 겁니다.[15 · *]

예컨대, 요나단이 다윗을 '제 목숨을 아끼듯' '사랑했다'라는 말이 세 번이나 나온다(삼상18:1, 3; 20:17). 또 다른 데서는 '사울의 아들 요나단이 다윗을 매우 좋아하고 있었'다는 구절이 나온다(19:1). 사무엘기 하 후반부에서 다윗이 사울의 집단에 살아남은 사람에게 친절을 베풀기로 한 것은 명백히 '요나단을 보아서' 한 일이다(삼하9:1). 나중에 살펴보겠지만, 다윗은 사울의 남자 후손 몇 사람을 죽게 내버려두면서도(삼하21:8-9) '사울의 아들인 요나단과 그들 사이에 주님 앞에서 맹세한 일'을 생각하여 요나단의 아들 므립바알(어떤 역본에서는 '므비보셋')은 살려둔다(삼하21:7; 참조 9:1-13). 그러므로 다윗과 요나단의 관계는 단순한 정치적 동맹 이상의 더 친밀한 것이었음이 명백하다. 일부 성서 해석을 하지 않았다면, 요나단의 다윗 사랑에 대한 더 친밀하고 심지어 성적인 이해가 정치적 의미보다 더 중시되어 두 남성의 관계를 다루는 본문들에 적용되었을 것이다.[16](Stone, 2021: 342)

「사무엘상」 제16장 21절은 히브리어로 이렇게 읽힐 수도 있다. "다윗이 사울에게 왔고 그[다윗]가 그 앞에서 발기했을 때 그[사울]는 그를 무척 사랑했다."(When

---

* 신득일 (2010). "다윗과 요나단". 『갱신과 부흥』. 7(1). 33-48.; 최창모 (2009). "다윗과 요나단의 관계에 대한 회화적(繪畵的) 연구". 『외국문학연구』. 36. 291-313.; 김종윤 (2004). "다윗과 요나단의 관계에 대한 한 연구". 『신약논단』. 37. 137-182. 참조하라.

David came to Saul and he[David] had an erection in his presence, he[Saul] loved him greatly)

나중에 예언자 사무엘(Samuel)이 내놓고 사울에게 다윗과 정사를 벌인 일을 비난했다. 사무엘은 사울에게 항의했다. "분명히 뒤에서 찔러 넣은 행동은 죄가 되오."(Surely, thrusts in the rear are on offense, 삼상15:23) 이것은 우리가 살펴본 대로 율법이 금하는 남성 간 항문 성교를 가리키는 언급이다. (Helminiak, 2003: 185-186)

퀴어 신학자들의 주장처럼 다윗과 요나단 그리고 사울 사이의 기이한 동성애적 삼각관계를 인정한다고 해보겠습니다. 그러면 다윗은 양성애자인가요? 요나단과 사울 왕 모두 양성애자인지요? 다윗과 요나단은 결혼을 하지 않았으면 몰라도 여성과 결혼까지 했는데, 결혼한 그들의 아내들은 행복했을까요? 소크라테스와 3대 악처로 유명한 그의 아내 크산티페(Ξανθίππη)의 기질/성품에 철학자의 동성애적 성향이 영향을 끼치지 않았을까 하는 주장에 대해서도 잠시 생각해 보십시오.[17] 또 그것이 사실이라면 동성애 관계에 있으면서 자기 딸을 자신과 아들의 동성애 상대에게 시집 보낸 동성애자 사울의 태도에 대해서 어떻게 이해해야만 하는 것일까요? 그러한 사건에 대해서 남자 형제인 요나단은 어떤 생각을 했을까요?

"28. 여호와께서 다윗과 함께 계심을 사울이 보고 알았고 사울의 딸 미갈도 그를 사랑하므로 29. 사울이 다윗을 더욱더욱 두려워하여 평생에 다윗의 대적이 되니라."(삼상18: 28-29, 〈개역 개정〉, 강조는 본 연구자)

기인한 해석을 하는 이들처럼 위의 구절만 인용해서 기이한 생각을 해보고자 합니다. 사울 왕은 아들 요나단에 대한 시기심을 느끼다 못해 이제는 딸에게까지 성적 시기심이 옮겨간 것일까요? 동성애자(요나단-다윗, 사울-다윗)가 이성애자(다윗-미갈 Michal)로 성적 행위가 바뀌는 것에 대해 시기심이 더

한 것일까요? 하여간에 기인한 해석은 지속해서 기이한 해석에 해석의 꼬리만 물 뿐입니다. 황선우 교수는 '사랑'이라는 단어를 지목합니다. 그에 의하면 한글과 영어에서 동성애와 전혀 상관없는 동성의 아버지와 아들의 관계를 표현할 때 '사랑'과 'love'를 사용하듯이 히브리어에서도 동성애와 전혀 상관없는 동성 간의 관계를 나타낼 때 '아하바'를 사용한다는 지적을 한 것입니다. (황선우, 2020: 554) 다윗과 요나단의 관계(삼하1:26)에서 다윗과 사울 왕의 관계(삼상16:21)에서 더 나아가 다윗과 히람의 관계(왕상5:1)에서 사용된 '사랑'이라는 단어는 '아하브'라는 단어로 매우 포괄적인 의미에서 '사랑'을 의미한다는 것입니다(황선우, 2020: 553-554). 여기서 사용된 사랑이라는 히브리어 '아하바'(ahava, אהבה)는 매우 포괄적인 뜻을 지닌 단어로 동성애 관계와는 전혀 무관하다는 것입니다.[18]

(5) 나오미와 룻

모나 웨스트(Mona West)와 제닝스는 룻과 나오미의 관계를 순수한 며느리와 시어머니의 관계로 보지 않고 레즈비언이라는 기이한 관계로 해석합니다. 그러면서 보아스와 나오미 그리고 룻이라는 세 사람으로 이루어지는 기이한 가족 형태에 관해서 이야기합니다.

> 퀴어 신학자인 제닝스(Theodore W. Jennings) 교수[19]는 "룻과 나오미"의 이야기를 서구 문학에 최초로 등장하는 레즈비언 로맨스로 본다. "룻과 나오미 간에 오가는 사랑의 말은 이성 간의 결혼을 축하하는 예전(예배)에서 종종 등장한다. 서로에 대한 사랑으로 가부장적 세계에서 위험을 무릅쓰고 늙은 보아스를 유혹하는 이야기다." 그의 말에 따르면 이들의 동성애 관계는 마을 아낙네들을 통해 확인되는데 "룻의 아들이 태어났을 때 '룻이 보아스에게 아들을 안겼다는 말을 하지 않고, 룻이 나오미에게 아들을 안겼다'라고 말한다"라고 하는데 이는 마치 레즈비언 커플

이 다른 남성을 통해 아이를 얻는 것을 연상시킨다는 것이다. (이민규, 2017: 313)

나오미에게 매달리는 룻을 묘사한 히브리어 '다브카'(davka)는 결혼한 남녀관계를 묘사하기 위해서 창세기 2:24에서도 동일하게 사용된다. 그는 아버지와 어머니를 떠나 그녀에게 달라붙고(clings to her, 〈개역 개정〉은 '연합하고'), 그래서 그 둘은 하나의 육신이 된다. (…) 이 모든 행동은 나오미와 룻과 보아스가 그들 자신의 가족을 만드는 결정을 나타내고, 고대 이스라엘의 유산(inheritance)과 친족법의 맥락 안에서 그들의 친족 이해와 서로에 대한 책임을 정의한다. 이런 행동은 오늘날의 퀴어인들이 가족을 구성하는 방식과 유사하다. 즉 양성애자인 한 남자와 레즈비언 두 여자는 그들의 생물학적 아이와 함께 산다. (West, 2021: 320-323)

레즈비언 가족의 완성[理想]은 양성애적 관계일까? 한 남자와 두 여자로 이루어진 관계 말입니다[♂+♀♀]. 레즈비언의 관계는 자식이라는 생식[子女出産]으로 필연적으로 이어져야만 하는 것일까요? 보아스 · 룻 · 나오미, 즉 [♂+♀♀]으로 가족이 이루어진다면 [♂+♀♀+♂/♀♀+♂♂+♀♀/ …] 등의 형태로 된 가족도 가능한 걸까요?

2) 신약(新約)에서의 기이한 해석

(1) 백부장과 그의 종

백부장과 그의 종과의 관계(마8:5-13)를 동성애적 관계로 해석하려는 이들은 종[從僕, pais]에 해당하는 헬라어 단어에 중점을 둔 논의를 전개합니다. 종을 의미하는 단어가 '둘로스'(doulos, δοῦλος)가 아니라 '파이스'(pais, παις)라는 단어가 쓰였는데, '파이스'라는 단어는 '성적으로 좋아하는 노예'를 의미하는 동성애 관계에 있는 노예를 뜻한다는 기이한 주장을 합니다.

백부장은 예수에게 와서 자신의 '파이스'(pais)가 아프다고 말한다. 여기서 보통의 번역은 이 '파이스'가 백부장의 노예나 하인 중 하나라고 암시한다. 그러나 이 경우에는 우리는 노예나 하인을 가리키는 일반적인 그리스어 '둘로스'(doulos)가 나오는 것이라고 예상한다. 그러나 '파이스'는 '소년'을 가리키는 그리스어이고, 이는 성적으로 좋아하는 노예를 뜻한다.[20] 따라서 '젊은 애인'(toy body)이라고 번역해도 아주 부적절하지는 않을 것이다. (Long, 2021: 53)

이 말['파이스']은 '소년애'(perderasty)라는 단어를 구성하는 두 어원 중 하나다. 다른 어원은 '애인'을 뜻하는 에라스테스[erastes, eros에서 유래한]이다. '소년애'라는 용어는 '젊은이에 대한 사랑'을 의미하며, 헬레니즘의 세계에서는 남성의 동성애적 관계를 나타내는 기술적인 용어였다. 이러한 관계들은 유대인 및 이교도 포교에서 이방 세계의 전형적인 '악습'으로 간주되었다.[21] 그리스어를 쓰는 세계에서 이 파이스(pais)라는 용어는 동-성애적 관계에서 사랑받는 남자에 대해 통상적으로 사용되던 것이었다. (Jennings, 2011: 240-241)

채영삼 교수는 파이스를 동성애적 관계에 놓인 노예로 해석하는 이들의 논거를 다음과 같이 소개하고 있는 것을 볼 수 있습니다. "그들의 논거는 이렇다. 첫째, 마태복음과 누가복음의 기자가 각각 백부장의 아픈 하인을 의도적으로 παις(파이스)와 ἔντιμος δουλος(엔티모스 둘로스)란 표현을 사용한 점. 즉, 이 구별된 어휘들이 당시에 가지고 있던 '문화적' 맥락의 중요성. 둘째, 백부장과 예수의 계급과 관련한 사회학적 분석은 백부장이 그의 아픈 하인과 연인 관계라고 하는 결론을 뒷받침하는 증거들이다. 셋째, 결론은 이렇다. 예수의 한 마디 '내가 가서 고쳐 주겠다.' 넷째, 그리고 예수는 '동성 연인을 사랑한 이 백부장이 하나님 나라에서 인정받게 될 것이라고 칭찬한다.'" (채영삼, 2016: 200)*

---

* 퀴어 신학자들은 루디아의 경우도 레즈비언으로 해석한다. "자주 장사 루디아는 그가 판매한 자색(보라색) 옷감이 동성애의 상징인 라벤더(연보라색)와 유사하며, 남성과의 관계가 없고 여성 공동체를 이루

좀 거리가 있지만 최근 '빠구리'라는 단어의 사용과 관련해서 이 단어의 사용이 본고와 관계가 있는 것 같아서 단어 사용에 대해서 좀 생각해 보기로 하겠습니다. '빠구리'[경상도 지방에서 바구리는 '性交'의 속어입니다. 내가 사는 전라도 지방에서는 수업(學校) 안 가고 농땡이 치는 것을 의미합니다.[22] 최근 2021년 12월 중순 이후 가로세로연구소에서 국민의힘 당대표인 이준석[23]에게 성 상납[Sex schedule]에 관한 의혹 기사를 보내면서 진행자들이 이준석 빠구리, 섹스톤이라는 단어를 썼을 때 과거 경험한 일이 생각났기 때문입니다.]라는 단어를 대학 시절 양산시가 고향인 선배 앞에서 썼던 적이 있었습니다. 과거 내 친구들한테 내가 인기 있었던 이유를 얘기하면서 '빠구리 친 친구들에게 잘 해주었기 때문이다'라고 말한 것입니다. 한참 뒤에 안 것은 선배가 '빠구리'라는 단어를 '성관계'로 이해하고 있었다는 것입니다. 양산이 고향이니 자연스럽게 그러한 이해가 있는 것은 선배 입장에서는 아무런 문제 없는 이해였던 것입니다. 그러나 발언의 당사자인 제 입장에서는 '땡땡이치다'라는 의미인 것입니다. 성교와는 전혀 상관 관계없이 말입니다. 빠구리치는-학교 안 가고 땡땡이치는- 친구들, 실질적으로 문제아라고 낙인찍힌 친구들에게 편견 없이 잘 대해주었다는 것이 내 발언의 취지였습니다. 용어의 이해는 전체적인 맥락에서의 이해가 중요하다는 것입니다. 왜곡을 줄이기 위해서 말입니다.

(2) 예수(Jesus Christ)님과 마리아(Mary Magdalene) 그리고 사랑하는 제자(The Man Jesus Loved)

하나님이시자 하나님의 아들이신 예수 그리스도의 성에 대한 해석들은 다른 성경 본문보다 더욱더 퀴어할 뿐만 아니라 크게 선을 넘고 있습니다. 신(神)

며, '레즈비언'의 어원이 된 레스보스섬 가까이에 산다는 이유로 레즈비언 정체성이 다분한 여성으로 분류된다(203)"(이종철, 2022: 87)

의 성(聖)이 아닌 성(性)에 대해서 논한다는 것 그 자체도 매우 퀴어하고, 예수님의 성에 대해서 일치된 하나의 해석이 아닌 다양한 해석들이 존재한다는 점에서 더욱더 퀴어하기만 합니다. 정경에서 예수 그리스도의 성과 관련해서 어떤 일들이 일어났는지 [표]로 나타내면 다음과 같습니다.

[표: 예수 그리스도와 관련된 성]

구분	잘 맞춰진 퍼즐(正經)	잘못 맞춰진 퍼즐(正經 外 他文書)
신분	성을 초월한 하나님이신 예수 그리스도 (本質的 三位一體 聖子)	하나님이 아닌, 성과 매우 밀접한 인간 예수 (一般論)
성 (sex)	남성(公生涯 期間)	여성?(처녀생식, Parthenogenesis)Darrel W. Ray
결혼 여부	독신 Craig A. Evans, Bart D. Ehrman, Robert H. Stein, Marie-France Etchegoin & Frederic Lenior, Mark L. Strauss, Erwin W. Lutzer,	결혼 Dan Brown, Olson Hyde, Simcha Jacobovici & Charles Pellegrino, 모르몬교, 〈마리아복음서(6:12)〉 〈빌립복음서〉 Hilton and Marshall
동성애 여부	동성애자 무관 Craig A. Evans, Lynn Picknett & Clive Prince	동성애자 〈마가의 비밀복음〉, 〈빌립복음서〉, Morton Smith, Theodore W. Jennings, Jr.

자료: 강상우(2018)

퀴어한 해석자들의 대표적인 해석에 의하면 예수님은 마리아와 썸씽이 있는 이성애자이거나 사랑하는 제자(弟子)와 서로 성적인 관계를 지닌 동성애자라는 것입니다. 존 S. 스퐁(John Shelby Spong) 주교[24]는 예수님에게 아내가 있었고, 그 아내가 다름 아닌 막달라 마리아였다는 주장을 합니다. 스퐁이 이러한 해석을 하는 것에는 나름의 목적이 있었습니다. 스퐁은 예수님과 막달라 마리아의 관계를 연인의 관계라는 해석을 통해 얻을 수 있는 것이 무엇인지도 자신의 주장에 덧붙이고 있는 것을 볼 수 있기 때문입니다. 한마디로 우리의 성에 대한 가치체계를 다시 세우기 위해서 그러한 해석이 필요하다는 것입니다. 한마디로 성차별(sexism)의 장벽을 무너트릴 수 있다는 것이지요. "나는 예수가 여성 동반자, 즉 아내를 가지고 있었고, 과거의 성차별적 장벽을 허무는 긍지와 명예를 아내에게 부여했다고 믿는다. 그 여자가 바로 막달라 마리아였다. 이런 재구성이 유효하다면, 과거에 이미 성차별적이 아닌, 전통이 존재했던 것이므로, 우리는 이를 복구하여 그 위에 우리의 성 가치체계를 다시 세울 수 있지 않을까?"(Spong, 2007: 160)

매우 퀴어한 연구자들은 예수 그리스도의 성에 대한 감수성을 조심스럽게 언급하는가 하면(Horner, 1978) 제닝스의 경우에는 예수님이 호모섹슈얼(homosexual)은 아니어도 호모에로틱(homoerotic) 하지 않았는가 하는 의문을 제기하기도 합니다. (Jennings, 2011)

소위 '비밀의 마가복음'(Secret Mark)으로 알려진 단편들로 눈을 돌릴 것이다. 정경상의 마가복음은 겟세마네 동산에서 벌거벗은 젊은이의 에피소드를 담고 있는 반면, '비밀의 마가복음'은 예수와 한 명의 동일한 또는 다른 '벌거벗은 젊은이' 간에 별개의 만남이 있었음을 말하고 있다. 사랑받는 제자에 관한 텍스트들에서 나타나는 정도의 명확성은 없지만, 이 인용문들은 예수 전승 내에 있는 잠재적으로 동성애적인 관계에 또 하나의 견해를 제공한다. 그런 이후에 나는 마태복음(그리고 누가복음)에 실린 백부장의 연소한 애인에 관한 이야기로 방향을 선회할 것인데, 이 이야기는 예수가 타인들의 동-성애적 관계들에 대해 열린 태도를 취했다는 것을 강력하게 암시한다. (Jennings, 2011: 190)

예수님과 간음한 여인과의 대화에 대해서 퀴어 신학자들의 주장을 들어보겠습니다. 제프리 리처즈(Jeffrey Richards)가 자신의 책,『중세의 소외집단: 섹스 · 일탈 · 저주』(Sex, Dissidence and Damnation: Minority groups in the middle ages)에서 적고 있듯이 간음한 여인을 통해서 예수님께서 하시고자 하신 말씀은 그녀에게 과거의 행위, 즉 간음을 행하는 삶을 청산(淸算)할 것을 요구하신 것으로 이해해야 한다는 것입니다. "우리가 언급할 필요가 있는 문제는 (기독교는 동성애에 대해 분명히 반대했으므로) 동성애에 대한 기독교의 원칙적 태도가 무엇인가가 아니라, 기독교 세계가 동성애 범죄를 어떻게 처리해야 한다고 믿었는가 하는 점이다. 그리스도는 성 윤리에 대한 포괄적인 윤곽을 제시하지 않았으며, 그가 동성애자를 만났다는 기록도 없다. 그러나 돌팔매를 맞고 있는 간부(姦婦)(간통은 구약에서 동성애처럼 중죄였다)를 우연히 만났을 때, 그는 돌을 던지는 자들에게는, '너희 중에 죄 없는 자가 있거든 먼저 나에게 돌을 던져라'라고, 돌을 맞고 있는 간부에게는 '어서 가거라. 그리고 이제부터는 죄를 짓지 말거라'라고 말했다. 그러니까 처벌보다는 용서와 이해가 그리스도의 메시지였다. 그렇다고 해서 그의 태도가 간통을 죄로 여기지 않았다는 말은 아니다. 죄를 짓지 말라는 것이 그가 추구한 바였다. 동성애에 대한 그의 태도도 이와 비슷했을 것으로 생각해도 무방할 것이다."(Richards, 1999: 201) 리처즈가 언급한 것이 간음한 여인에 대한 예수님의 태도에 대한 일반적인/전통주의자들의 이해입니다. 그런데 만약 퀴어한 해석가들의 주장처럼 예수님이 친동성애적인 성향을 지니고 있다고 해석하게 된다면 어떤 현상이 일어날 수 있을까요? 제닝스의 다음과 같은 언급에서 그들이 동성애적 해석을 하는 이유를 찾아볼 수 있습니다. 예수님이 동성애자가 되심으로 인해서 자신들의 동성애적 행위에 대해서도 신적인 승인을 받게 된다는 것입니다. 왜냐하면 예수님은 동성애적 생활양식에 대해서 정죄하지 않으셨기 때문이라는 것이지요. "전통적인 해석은 흔히 '나도 너를 정죄하지 않는다. 가서, 이제부터는 더 이상 죄짓지 말아라'라는 이 에피소드의 대미를 장식하는 예수의 말씀에 방점이 찍힌다. 하지만 예수는 이 여자의 성적인 생활양식에 대해 화를 내는 것이 아니다. 그는 그녀의 '죄'를 정죄하기보다는 이를 벌하는 것을 중단하는 데 훨씬 더 큰 관심을 보인다. 실제로 이 텍스트는 예수가 어떠한 경우에라도, 그러한 생활양식을 정죄하지 않는다는 것을 분명히 한다."(Jennings, 2011: 116. 강조는 본 연구자) 만약 동성애적 행위의 신적 승인은 더 앞으로 나아가 동성 결혼에 대한 승인으로 이어질 수 있게 되는 것입니다. 예수 그리스도와 성에 대해서는 더 자세하게 따로 살펴보기로 하겠습니다. (새로운 章을 통해서요)

(3) 사도 바울

바울이 동성애자였다고 스퐁 주교는 주장합니다. 바울이 자신 속에 있는 동성애적 욕망을 억누름으로써 동성애에 대한 과격한 주장과 분노가 발생하였다는 기이한 해석이 그것입니다. 바울 사도는 자신이 동성애자임을 숨기기 위해서 더욱더 동성애에 대해서 핍박을 가하게 되었다는 주장입니다.[25] 그래서 바울 서신에 동성애에 대한 강력한 분노적 진술이 존재한다고 보는 것입니다.

> 이제 나는 바울이 게이었다는 것을 확신한다. 그는 욕망을 깊은 곳에서 억누르고 자기 혐오적이며, 자신의 욕망을 완강하게 부정했으며, 자기 판단에 결코 용납할 수 없는 것을 율법으로 완전히 통제하고 싶어 했으며, 그 통제가 지나치게 엄격했기 때문에 그 자신마저도 자신의 이런 사실을 직면할 필요가 없을 정도였다. 그러나 억압은 살인적이다. 그것은 억압당하는 사람을 죽일 뿐 아니라, 때로는 그의 방어적 분노 역시 자신에 대해 도전하며 위협적인 사람, 혹은 그가 극히 무서워하는 것을 행하는 사람들을 죽인다. (Spong, 2007: 199)[26 · 27]

물론 자신의 과거 정체성을 숨기기 위해서 자신이 과거에 속한 이들을 더 강력하게 핍박하는 사례를 현실의 삶에서 직/간접적으로 접할 수 있는 것도 사실입니다. 예로 들어 과거 친일[일제강점기]이나 친공[한국전쟁]을 경험한 이들 중에는 자신의 과거 삶을 숨기기 위해서 자신이 속한 이들에게 방어적 분노를 표출(表出)한 경우도 있었습니다. 스퐁과 같은 이들의 주장처럼 바울 사도가 동성애자인데 이를 숨기기 위해서 동성애에 대해 극단적인 혐오(?)를 나타낸 것일까요? 바울이 디모데(Timothy)를 '영적 아들'로 취급했는데, 그렇다면 백부장과 종처럼 사도 바울도 암암리에 '디모데와 동성애 관계'를 행하고 있었던 것일까요? 바울의 전도팀은 남성들로 이루어졌는데 그 전도팀도 동성애를 기반으로 한 팀이었을까요? 동성애자로 이루어진 테베의 동성애 군대처럼 이러한 기이한 해석들은 가능할까요? 기이한 해석들이 사실이라면 그렇다면 바울 서신 중에 가부장적으로 해석되고 여성 비하적으로 해석되고 있는 본문은 바울의 동성애적 성향이 영향을 끼친 것일까요? 왜냐하면 동성애를 해석하는 이들 중에는 '동성애=과(過) 남성화'[28]로 이해하는 경우도 있는 것 같아서요. 남성 동성애자들과 여성 동성애자들 간의 충돌의 경우도 그런 것 때문일까요? 다시금 말씀드리지만, 기이한 해석은 끝도 밑도 없는 더 기이한 해석을 낳게 될 뿐입니다. 그렇다면 기이한 해석은 이제 그만해야 하지 않겠습니까? 앞에 있는 것 하나[성경을 통한 동성애 정당성의 근거]를 얻으려고 하다가 더 많은 것을 잃게 될 것은 안 봐도 비디오(video)입니다

2 기준 없는 성에 대한 과도[奇異]한 해석이 가능하게 된 이유

그렇다면 기준 없이 성에 대해서 과도하고 기이한 퀴어 해석이 가능하게 된 이유는 어디에 있을까요? 이에 대한 개인적 생각을 기술해 보겠습니다.

1) 하나님의 하나님 됨에 대한 부인

먼저 여러분에게 너무 식상(食傷)하게 들릴지 모르지만 가장 기본적인 것은 하나님의 하나님 되심을 부인하기 때문에 기준 없는 선을 넘는 과도한 퀴어한 해석이 이루어지고 있다는 생각이 듭니다. 기이한 해석(queer reading)은 기이한 신학(queer theology)과 기이한 하나님(queer God[Marcella Althaus-Reid]), 그리고 기이한 그리스도(queer Christ, "Queering Christ"[Lisa Isherwood][29])를 필연적으로 낳았습니다. 이 기이한 신학에 의하면 극단적으로는 하나님을 남신으로 삼위일체 하나님을 쓰리썸(threesome)을 하는 동성애 관계로 표현하기도 합니다.

> 하나님을, 남근을 지닌 남신으로 해석하고 있으며, 삼위일체 하나님에 대한 표명이 없는 것으로 보인다. 심지어 어떤 퀴어 신학자는 삼위일체는 "세 사람이 동성애적 관계를 하는 것"(gay, sexual threesome)을 표현한다고까지 주장한다.[30](김영한, 2020: 63)

기이한 신학자들의 기이한 주장을 보면 브레이크가 전혀 보이지 않는 것 같습니다. 왜냐하면 그들의 주장은 선(線)을 넘어도 한참 넘은 극단적인 주장이기 때문입니다. 문제는 교회 공동체 외부의 사람들이 그러한 주장을 하면 그래도 "아 저들은 하나님이 없으니까!", "성경을 하나님의 말씀으로 믿지 않으니까!"라고 어느 정도는 자위할 수 있겠지만, 교회 공동체에서 그러한 주장이 나온다는 점에서 더욱 당황스러울 수밖에 없습니다.

이는 세속화로 인한 세상의 가치[世俗的價値]가 교회 공동체로 유입되고 있기 때문입니다. 교회 공동체 내의 세속화가 진행되고 있고, 그러다 보니 교회 공동체의 구성원인 성도들까지도 세상의 일반인과 같은 시각으로 교회 공동체의 문제를 바라보는 구성원들의 수가 상대적으로 증가하게 되었다는 점입니다. 하나님을 하나님으로 바라보지 않게 되었고, 성경을 하나님의 말씀으로 바라보지 않게 됨으로써 그러한 기이한 해석의 주장이 자연스러워지게 되었고 또 그러한 해석에 대해서 문제를 제기하는 것에 대해서도 소극적으로 되었다는 점입니다. 하나님을 하나님으로 인정하지 않았기 때문에 하나님 사랑과 이웃 사랑을 등치(等値) 하게 됨으로써 하나님의 사랑을 제외한 '이웃 사랑'이라는 관점에서 동성애를 사랑으로 포용하라고 주장하는 경우도 발생하게 되었던 것입니다. 이러한 모습에 대해서 지적하고 있는 것이 바로 우병훈 교수가 자신의 논문, "동성애에 대한 독일 개신교 신학자들의 이해 차이: 'EKD Texte 57'과 볼프하르트 판넨베르크를 비교하여"(우병훈, 2019)에서 기술한 볼프하르트 판넨베르크(Wolfhart Pannenberg)와 "EKD Texte 57 (1996)"[31]과의 대립이 그것입니다.

볼프하르트 판넨베르크는 "EKD Texte 57"과 전혀 다르게 동성애를 이해한다. 그는 우선 "사랑이 죄가 될 수 있다"라는 전제에서 시작한다. 기독교 교리 전체는 왜곡된 사랑이 있을 수 있음을 가르치기 때문이다. 인간은 사랑이신 하나님의 형상을 따라 사랑하도록 지음 받았다. 그러나 하나님께서 인간 안에 부여하신 성품들은 인간이 하나님을 떠나거나, 하나님 외에 다른 것들을 더 사랑할 때 부패하게 된다. 그러므로 예수께서는 십계명의 부모 공경 명령조차도 하나님 사랑의 하위에 두어야 한다고 말씀하신 것이다(마 10:37). 여기서 한 가지 중요한 점은 "Texte 57"은 사랑의 이중 계명에서 하나님 사랑과 이웃 사랑을 균등하게 보았다고 한다면, 판넨베르크는 하나님 사랑을 이웃 사랑보다 우위에 둔다는 사실이다. 그렇게 하여 그는 단지 이웃 사랑 안에서 사랑의 이중 계명이 다 해소될 수 있다고 보지 않고, 오히려 하나님 사랑의 하위 항목으로 이웃 사랑을 위치시킬 때만 사랑의 이중 계명의 올바른 의미가 드러난다고 보고 있다. (우병훈, 2019: 27-28)

2) 동성애[性關聯問題]에 대한 일관성 없는 교회의 역사적 스탠스

기독교 교회사에서 성과 관련된 문제에 대해서 교회 공동체의 스탠스가 일관성을 보이지 못했다는 점입니다. 교회와 국가가 상대적으로 밀접하게 연결-政敎一致 形態의 中世敎會-되어 있던 중세 교회 공동체에서나 세속화된 국가-政敎分離의 世俗國家-에서 성과 관련된 문제들에 대해서 교회 공동체가 다른 스탠스를 보였다는 점입니다. 시기와 장소에 따른 모순된 자세를 취한 것입니다. 동성애라는 것이 성적 일탈 행위의 하나로 하나님이 성도들에게 명한 거룩한 삶과 거리가 먼 것이라면 국가와 교회의 관계가 정교일치의 사회이든, 정교분리의 사회이든 관계없이 일관성 있는 모습을 보여야 하는데 그렇지 못했다는 점입니다. 심지어 교회 공동체는 과거 국왕과 같은 사회적 지도자들이 대놓고 동성애를 했음에도 어떤 처벌도 하지 않았다는 것입니다. 그러나 사회 하층 계층의 동성애에 대해서는 매우 엄격하게 처벌을 가하였다는 것입니다. 심지어 사형까지도 그것도 화형(火刑)에 처하기도 했다는 것입니다.[32] 참고로 동성애를 처벌하는 일부 이슬람권 국가에서도 동성애에 대한 이러한 모순적인 모습을 발견할 수 있다고 합니다.

성과 관련해서 교부(敎父)들이 여성 비하적인 해석이 존재하는 것에는 그리스 사상의 유입-초대 교부들이 그리스 사상가였다는 점에서 그들을 통한 그리스 사상의 기독교로의 유입을 생각해 볼 수 있다(Edwards, 2017: 46)[33]-도 있었지만, 동성애에 대한 반작용도 그러한 극단적 발언을 하는 데에 한몫했다는 점입니다. '성관계=자녀 출산' 극단적인 도식이 생겨난 것도 바로 동성애에 대한 반대가 일부 작용했던 것처럼 보입니다. 왜냐하면 동성애 관계는 자녀 출산과 거리가 먼 성적 행위이기 때문입니다.

동성애에 대한 교회나 사회의 반대 입장은 먼저 교부들 가운데 알렉산드리아의 클레멘트(Clement of Alexandria)의 **Pedagogus**라는 글에 천명되었는데 이는 일반적으로 '알렉산드리아 법칙'(Alexandrian Rule)으로 알려지게 되었다. 이 글은 당시에 기독교 부모들을 위한 가르침을 제공하는 매뉴얼로 상당한 인기를 누리고 있었는데 여기에서 "성교 행위가 도덕적이기 위해서는 반드시 자녀가 산출되어야 한다 (Sexualintercourse must be directed toward procreation in order to bemoral)"라는 주장이 제기되었다. 이 법칙을 통해서 클레멘트는 자신이 지녔던 동성애에 대한 불신과 당대에 기독교회 내에 자리 잡게 된 이에 대한 반대 의견을 강력하게 대변한 것으로 간주된다. (이신열, 2019: 124)

마찬가지입니다. 교회 공동체에서 독신의 강조도 같은 맥락에서 이해할 수 있다는 점입니다. 존 보스웰(John Boswell)은 성직자들 간에 동성애 관계의 횡행으로 인해 독신을 강조하게 되었다는 지적에서 볼 수 있습니다. "그는 이렇게 성직자들 사이에 동성애가 횡행했던 이유로서 독신 및 순결주의를 지향하는 성직자들에게 주어지는 강한 압력을 들고 있다"(이신열, 2019: 127). 보스웰이 고대 교부들이 동성애에 대해서 관용적 입장을 취했다는 점을 지적하고자 했던 것처럼 교회 공동체가 동성애 등 성과 관련된 문제들에 대해서 일관된 모습을 보여주지 않았던 것만은 확실합니다. 당시 동성애자가 사회적 지위가 있다는 이유로, 그가 가지고 있는 기득권이라는 이유에서 또는 시대적 상황이 그렇지 않다는 이유에서 서로 다른 잣대로 동성애를 다루었던 것입니다. 동성애에 대한 서로 다른 역사적 스탠스는 동성애에 대해서 다양하게 바라보는 시선을 제공하게 되었던 것입니다. 심지어 교회 공동체 내에서조차도 말입니다. 참고로 오늘날 교회 목회자의 성적 일탈 문제나 성도들에 대한 성적 일탈 문제에 대한 일관성 없는 교회 공동체의 대응 또한 교회 공동체 내에서뿐만 아니라 밖의 일반인들에게 성적 일탈의 모습에 대해서 허용하는-문제시되지 않는- 모습으로 비칠 수 있다는 점입니다. 동성애에 대한 일관성 없는 스탠스를 '보니, 그렇게 문제시되는 행위가 아닌가 보네'라는 메시지를 교회 밖의 일반인들에게 전할 수 있다는 점입니다.

3) 과거 잘못된 성경해석으로 인한 빌미 제공

과거 기독교의 성경에 대한 오해석(誤解·釋)으로 인해 많은 문제가 발생했습니다[dark chapter]. 그 오해석으로 인해 많은 문제가 발생하게 되었는데 동성애에 대한 과거 해석도 잘못된 성경해석에서 기인한 것이라고 주장한다는 점입니다. 잭 로저스(Jack Rogers)는 자신의 책, 『예수, 성경, 동성애』(Jesus, The Bible, and Homosexuality Explode the Myths, Heal the Church)[34]에서 그러한 논리를 전개하고 있는 것을 볼 수 있습니다. 특히 "제2장, 억압을 정당화하기 위한 성경 오용의 패턴"(Rogers, 2018: 59-88)에서 이러한 모습을 잘 보여줍니다. 제닝스(Theodore W. Jennings, Jr.)도 잘못된 반유대주의적 성경해석으로 인해서 홀로코스트(Holocaust)가 발생했다고 주장합니다 이러한 역사적으로 잘못된 성경해석에 바로 반(反)동성애에 대한 해석도 포함된다고 주장하는 것입니다.

> 20세기 성서 재해석들 가운데 개입의 요구가 가장 크게 요구되는 지류는 기독교 해석자들 사이에 퍼져 있는 전통적인 성서 해석들이 반유대주의를 키워 왔다는 견해다. 실제로 이들의 작업은 홀로코스트에 대한 공포와 그에 대한 대응으로 시작되었는데, 그것은 히틀러가 행한 홀로코스트 같은 민족 말살 정책의 토대 마련에 전통적인 성서 해석이 기여했다고 인식했기 때문이다. (Jenning, 2011: 18)

한마디로 이런 식의 주장입니다. 기독교 동성애에 대한 해석이 과거 노예제도의 정당화나 가부장적인 해석의 오용, 반유대주의로 인한 홀로코스트의 발생 등의 맥락에서 전개되고 있다는 것입니다. '노아의 함에 대한 저주(창9:20-

26)=노예제도의 정당화', 또는 '하와에게 내려진 저주(창3:1-16)=여성 비하. (여성을 왜곡함)' '반유대주의=나치의 홀로코스트 발생' 등과 같은 잘못된 성경해석이 동성애에 대한 부정적 해석에도 영향을 미쳤다는 것입니다. '노예제도나 여성 비하 해석=잘못된 성경해석=반동성애 해석.' 반동성애에 대한 해석도 노예제도나 여성 비하적 가부장적 해석처럼 잘못된 해석 중의 하나라는 주장을 하는 것입니다. 그러한 이유로 인해 과거의 잘못된 성경해석을 바로잡은 것처럼 반동성애에 대한 잘못된 해석을 올바르게 바로잡아야 한다고 주장하는 것입니다. 그러한 이유로 인해서 퀴어 신학자들은 문자대로 읽기(literal reading)가 아닌, 다른 읽기(Re-reading)가 시도되어야 한다고 주장하는 것입니다. 이러한 시각을 가진 퀴어 신학자들은 동성애적 해석의 전략들("Strategies of 'Gay Reading'": Jenning, 2011: 20-23)에 대해서 기술하고 있는 것입니다. 역사-비평 읽기(historical-critical reading), 게이 리딩(Gay reading)이나 퀴어 리딩(Queer reading)을 시도하는 것은 당연[必要]하다는 것입니다. 잘못된 반동성애 해석을 바로잡기 위해서 말입니다. "나는 유사한 이점을 '게이에 대한 긍정적인'(게이에 대한 차별을 폐지하는) 또는 동성애 혐오에 반하는 성서 재해석으로부터 얻을 수 있다는 입장을 지지한다. 내가 염두에 두고 있는 이점이란 단순히 이전에 금지되었던 행동의 수용뿐만 아니라 성서적 텍스트들의 의의에 보다 더 큰 명확성을 이루고 그에 따라 동-성애적 욕망과 실행을 향하는 현대의 사고방식을 위한 성서적 전승들의 의미에 대해서도 보다 더 큰 명확성을 이루는 것이다"(Jennings Jr., 2011: 19). 참고로 결혼제도를 중심으로 한 이성애에 대한 여러 문제점은 동성애 정당성의 빌미를 제공할 수 있다는 점을 기억해야 할 것입니다. 예로 들어 이혼의 증가와 입양의 증가, 자녀와 부부간의 폭력 등은 동성애 결혼과 동성애 입양의 가능성에 문을 상대적으로 열어줄 수 있다는 것입니다. "저 봐라, 이성애자들의 이혼율 증가, 입양아들의 높은 증가를 보란 말이다. 이

성애를 중심으로 한 결혼제도 폐단을 보면 동성애자들인 우리는 더 잘할 수 있으니, 우리에게 맡겨 주라. 기회를 제발 주라"라고 말할 수 있는 상황을 제공할 수 있다는 점입니다. 출산율의 감소는 다양한 가족 형태의 가능성에 대해 문을 열어줄 수 있다는 것입니다. 그렇게 된다면 [외국의 경우처럼] 동성애 결혼을 허용할 수 있을 뿐만 아니라 더 나아가서 레즈비언 부부나 게이 부부에게 입양의 가능성만 줄 뿐만 아니라, 정자나 난자 기증이나 대리모를 통한 출산의 가능성을 열 수 있다는 것입니다. 교회 공동체 밖의 일반인은 당면 문제에 대한 해결에 가중치를 둔다는 점을 기억할 필요가 있을 것 같습니다.

4) 교회 공동체의 사회적 공신력 저하

꼰대같이 들릴지도 또 시대에 떨어지는 얘기처럼 들릴 수도 있어서 조심스럽습니다. 과거에는 교회가 그래도 사회적으로 공신력이 있어서 최소한 교회가 하는 말에 외부에서 거의(!) 토를 다는 경우가 그리 많지 않았다는 점입니다. 한마디로 사회적으로 공신력(公信力)을 인정받았다는 점입니다. 무엇인가 몰라도 저들이 하는 것[행동]은 최소한 사회적으로 해는 미치지 않았을 것이라는 그런 믿음 말입니다. 아니 이익이 됐으면 됐지, 손해는 끼치지 않을 것이라는 그러한 믿음 말입니다. 그래서인지 몰라도 당신들은 교회에 출석하지 않았지만-술과 담배 때문이거나 먹고살기 위해서- 자신들의 자녀에 대해서는 환경이 허락해 준다면 교회에 출석하기를 원했습니다. 아니 최소한 자녀들이 교회에 출석하는 것에 대해서 반대하지는 않았습니다. 그런데 지금 교회 공동체에 대한 평가는 그렇지 않은 것 같습니다. 세상이 교회를 걱정[憂慮]해 준다는 말이 심심찮게 인터넷 등에서 떠돌아다니는 것처럼 교회의 공신력은 땅에 떨어질 대로 떨어진 것입니다. 교회 공동체 내의 문제들이 매스미디어(Mass Media)나 SNS(Social Network Service)를 통해 유포됩니다. 교회와 세상이 구별되지 않은 것 같습니다. 과거에 듣지 못했던 교회의 치부들이 드러나기 시작합니다. 극단적인 형태의 ABC(Anything But Christianity)가 출현할 정도입니다. "기독교는 동성애를 반대한다. 그렇다면 교회와 다른 방향으로 가야만 하지 않겠는가?" 하는 식의 극단적 주장들도 등장하게 되었다는 점입니다. '교회가 하는 행동 그 자체가 꼴 보기 싫다', '저들의 주장에는 뭔가 문제가 있을 것만 같다. 그래서 일단 뭘 몰라도 기독교를 반대하고 보자'라는 식의 반응도 나타나게 되었다는 점입니다. 기독교에 대한 극단적 거부는 상대 진영[반기독교]에 대해서 상대적으로 호의적인 모습으로 드러나고 있다는 것입니다. 기독교=동성애 반대=동성애자 핍박, 그렇다면 동성애 찬성=반기독교 쪽으로 기울어지는 경우도 있다는 것입니다. "기독교 반동성애=성소수자 혐오, 그렇다면 성소수자들의 권리를 강화해 주어야만 하지 않겠는가?"라고 생각하는 무리가 증가하게 되었다는 것입니다.

III 나가는 말

> "심리학자들은 이를 '지각 필터'(perception filter)라고 부른다. 무언가를 알게 된 후에는 어디를 가도 그것이 보인다."(Rose, 2020: 30)

고장 난 브레이크로 광란의 질주를 하는 자동차처럼 성 관련(性關聯) 기이한 해석 또한 멈출 줄을 모릅니다. 본문에서는 소개하고 있지 않지만-과도하게 인용하면 표절 시비가 생길 수 있어 자제하였다- 형제 관계인데도 불구하고 야곱과 에서의 관계(에서를 Gay bear로 해석하기도 합니다)를, 다니엘과 환관장의 관계를, 빌립과 에티오피아 내시와의 관계를, 그리고 더 나아가 마리아와 마르다의 관계를 동성애적 관계로 이해/해석하는 기이한 일들이 시도되고 있다는 점입니다. 기이한 해석은 또 다른 기이한 해석을 낳게 된다는 점입니다. 그렇게 함으로써 교회 공동체의 전통적인 일반적인 해석과 더욱 거리가 멀어지고 있다는 점입니다. 이러한 기이한 해석이 가능하게 된 이유는 다음과 같습니다. 식상하게 들릴 줄 모르겠지만 개인적으로 생각할 때, 1) 하나님의 하나님 되심에 대한 부인(否認) 때문입니다. (이것은 성경의 하나님 말씀 되심에 대한 부인으로 이어집니다) 2) 역사적으로 교회 공동체가 보여준 일관성 없는 동성애에 대한 교회의 스탠스 때문입니다. 동성애에 대한 태도가 일관성이 결여되었기 때문에 동성애에 대한 과거 다양한 해석에 근거한 다양한 해석이 가능하게 된 것입니다. 3) 과거 잘못된 성경해석이 빌미를 제공하였기 때문입니다. 잘못된 해석 중의 하나에 전통적으로 행해진 반동성애를 첨가한 것입니다. 반동성애에 대한 해석도 잘못된 성경해석이라고 주장하게 된 것이지요. 그런가 하면 4) 교회 공동체의 공신력 저하로 인해서 상대적으로 그러한 해석이 가능하게 되었다는 점입니다. 무조건 교회 공동체에 반대, 고로 교회 공동체의 반동성애적 주장에 대해서 무조건 반대라는 주장이 일부에서 전개되고 있다는 것입니다.

|참고문헌|

강상우 (2018). "만들어진 예수: 잘못 맞춰진 예수 퍼즐에 대한 소고". 춘계학술대회. (통권 25호). https://www.worldview.or.kr/library/article/3031

강호숙 (2014). "개혁교회 내 남녀 파트너십 필요성에 대한 여성 신학적 고찰: 한국 보수 장로교회 내 남녀 파트너십에 대한 성경 신학적 의미와 실천 과제".『복음과 실천신학』. 32. 9-40.

곽혜원 (2020). "제4장. 젠더 이데올로기의 도전 앞에 선 21세기 한국 기독교의 과제". 페터 바이어하우스 · 김영한 외 공저 (2020).『젠더 이데올로기 심층 연구』. 밝은생각. 184-228.

김영한 (2020). "제2장. 동성애 정당화 '퀴어 신학'은 이단 사상". 페터 바이어하우스 · 김영한 외 공저 (2020).『젠더 이데올로기 심층 연구』. 서울: 밝은생각. 58-87.

김영한 외 공저 (2016).『동성애, 21세기 문화충돌』. 용인: 킹덤북스.

박경미 (2020).『성서, 퀴어를 옹호하다』. 대구: 한티재.

박경희 (2020). "창세기 1-3장의 창조 질서에서 성(Sexuality)정체성 이해". 대학출판부 편 (2020).『동성애, 성경에서 답을 찾다』. 침례신학대학교출판부. 175-196.

배정훈 (2016). "제1부. 제1장. 구약성경에 나타난 동성애". 김영한 외 공저 (2016).『동성애, 21세기 문화충돌』. 용인: 킹덤북스. 켄 스톤(Ken Stone), "사무엘기상 · 하". 326-362. 43-73.

서병창 (2004). "카리따스에 의한 에로스와 아가페의 종합".『중세철학』. 10. 119-158.

안경승 (2017). "성경적인 성정체성의 회복: 하나님의 형상을 중심으로".『복음과 상담』. 25(2). 45-81.

우병훈 (2019). "동성애에 대한 독일 개신교 신학자들의 이해 차이:'EKD Texte 57'과 볼프하르트 판넨베르크를 비교하여".『한국개혁신학』. 62. 10-69

유연희 (2020). "창세기 1-3장을 퀴어링 하기".『구약논단』. 26(4). 188-218.

이거룡 (2013). "인도 신화의 양성구유(兩性具有) 이상의 관점에서 본 남성의 여성화 또는 여성의 남성화 문제".『남아시아연구』. 19(1). 119-145.

이민규 (2017). "성경으로 동성애를 논하는 것이 어디까지 가능할까?".『성경과 신학』. 81. 301-338.

이승구 (2019). "퀴어 신학의 주장과 그 문제점들".『성경과 신학』. 89. 27-56.

이신열 (2019). "바즈웰(John Boswell)의 동성애 이해에 대한 비판적 고찰".『한국개혁신학』. 61. 96-145.

이종철 (2022). "『퀴어 성서 주석 Ⅱ. 신약성서』(QBC)에 대한 비평적 분석".『神學思想』. 199. 75-104.

이현재 (2007).『여성의 정체성: 어떤 여성이 될 것인가』. 초판2쇄. 서울: 책세상.

전예은 (2021).『퀴어 이론 산책하기』. 서울: 여이연.

채영삼 (016). "1부 제5장. 동성애, 혼돈 속의 사랑". 김영한 외 공저 (2016).『동성애, 21세기 문화충돌』. 용인: 킹덤북스. 184-210.

황선우 (2020). "구약성경에 나타난 동성애 - 퀴어 신학의 구약 해석 비판". 기독교학문학회. (통권37호). 543-556.; https://www.worldview.or.kr/library/article/3428

Carden, Michael (2006). "창세기". Guest, Deryn, Robert E. Gross, Mona West and Thomas Bohache ed. (2006). The Queer Bible Commentary I. 퀴어 성서 주석 번역출판위원회 역 (2021).『퀴어 성서 주석 I 히브리 성서』. 고양: 무지개신학연구소. 57-119.

Douthat, Ross, Bad Religion: How We Became a Nation of Heretics. 이진복 · 이항표 공역 (2017).『나쁜 종교』. 서울: 인간희극.

Edwards, Gene (2005). The Christianity Women ⋯ Set Free. 임정은 역 (2017).『하나님의 딸들』. 2판1쇄. 서울: 죠이선교회.

Evans, Gavin (2017). The Story of Color: An Exploration of the Hidden Messages of the Spectrum. 강미경 역 (2018).『컬러 인문학』. 파주: 김영사.

George, Rose (2009). The Big Necessity: The Unmentionable World of Human Waste and Why It Matters. 하인해 역 (2020).『똥에 대해 이야기해 봅시다, 진지하게』. 서울: 카라칼.

Greenblatt, Stephen (2017). The Rise and Fall of Adam and Eve. Armonk. New York. 정영목 역 (2019).『아담과 이브의 모든 것』. 서울: 까치글방.

Guest, Deryn, Robert E. Gross, Mona West and Thomas Bohache eds. (2006). The Queer Bible Commentary I. SCN Press. 퀴어 성서 주석 번역출판위원회 역 (2021). 『퀴어 성서 주석 I 히브리 성서』. 고양: 무지개신학연구소.

Helminiak, Daniel A. (2000). What the Bible Really Says About Homosexuality? millennium edition. NM: Alamo Square Press. 김강일 역 (2003). 『성서가 말하는 동성애: 신이 허락하고 인간이 금지한 사랑』. 서울: 해울.

Hendel, Ronald (2013). The Book of Genesis: a biography. 박영희 역 (2020). 『창세기와 만나다: 탄생, 갈등, 성장의 역사』. 서울: 비아.

Jennings Jr., Theodore W. (2003). The Man Jesus Loved: homoerotic narratives from the new testament The Pilgrim Press. 박성훈 역 (2011). 『예수가 사랑한 남자: 신약성서의 동성애 이야기』. 서울: 동연.

Long, Ronald E. (2006). "서론: 성서에 근거한 동성애자 공격을 무장해제 시키기". Guest, Deryn, Robert E. Gross, Mona West and Thomas Bohache ed. (2006). The Queer Bible Commentary I. London: SCN Press. 퀴어 성서 주석 번역출판위원회 역 (2021). 『퀴어 성서 주석 I 히브리 성서』. 고양: 무지개신학연구소. 29–55.

May, Simon (2011). Love: A history. 김지선 역 (2016). 『사랑의 탄생: 혼란과 매혹의 역사』. 파주: 문학동네.

Richards, Jeffrey (1991). Sex, Dissidence and Damnation: Minority groups in the middle ages London: Routledge. 유희수 · 조명동 공역 (1999). 『중세의 소외집단: 섹스 · 일탈 · 자주』. 서울: 느티나무.

Rogers, Jack (2009). Jesus, The Bible, and Homosexuality Explode the Myths, Heal the Church. Revised and Expanded Edition. Westminster John Knox Press. 조경희 역 (2018). 『예수, 성경, 동성애』. 개정증보판. 고양: 한국기독교연구소.

Spong, John Shelby (2005). The Sins of Scripture: Exposing the Bible's Texts of Hate to Reveal the God of Love New York: HarperSanFrancisco. 김준년, 이계준 공역 (2007). 『성경과 폭력』. 고양: 한국기독교연구소.

Stewart, David Tabb Stewart (2006). "레위기". Guest, Deryn, Robert E. Gross, Mona West and Thomas Bohache ed. (2006). The Queer Bible Commentary I. London: SCN

Press. 퀴어 성서 주석 번역출판위원회 역 (2021). 『퀴어 성서 주석 I 히브리 성서』. 고양: 무지개신학연구소. 144-187.

Takeda, Masaya ed. (2018). Yureru Oppai, Fukuramu Oppai-Chibusa No Zuzo To Kioku. Tokyo: Iwanami Shoten. 김경원 역 (2019). 『성스러운 유방사: 어떻게 가슴은 여성의 '얼굴'이 되었는가?』. 파주: 아르테. 다나카 다카코, "총론 일본은 유방을 어떻게 이야기해 왔는가". 17-36.

Walker, Benjamin, (1995). Hindu World, Vol. 1. New Delhi: George Allen & Unwin.

West, Mona (2006). "룻기". Guest, Deryn, Robert E. Gross, Mona West and Thomas Bohache ed. (2006). The Queer Bible Commentary. 퀴어 성서 주석 번역출판위원회 역 (2021). 『퀴어 성서 주석 I 히브리 성서』. 무지개신학연구소. 318-325.

Wood, Gary W. (2018). The Psychology of Gender. Routledge. 한혜림 역 (2020). 『젠더: 심리학으로 말하다』. 서울: 돌배나무.

예수 그리스도와
성[1]

Ⅰ 들어가는 말

정통 신학에서 예수 그리스도는 인간의 몸으로 오신 하나님이십니다(Theo-Andropos, 神·人이 되십니다). 성육신 하나님이신 예수 그리스도는 그 성(sex)이 남성(男性)이십니다. 그런데 정통 기독교 비판가들은 남성으로 성육신하신 하나님이신 예수 그리스도를 거부하는 경우를 볼 수 있습니다. 예수 그리스도의 성과 관련해서 정통적인 견해를 거부하는 이유는 무엇일까요? 자신들이 주장하는 가치에 대한 근거를 찾기 위해섭니다. "야! 봤지? 예수님이 누구야? 예수님도 나와 같지! 예수님도 이것 인정하지? 내 말이 맞지!"라고 말하고 싶은 것입니다.

> Mary Daly은 "하느님이 남성인 한 남성은 하느님이다"라고 선언했다. (Rudy, 2012: 233, 제2장 66번)

> 만일 우리가 하느님을 아버지라 호칭한다면 하느님을 남성으로 만드는 것이고, "만일 하느님이 남성이라면 남성이 곧 하느님"이라는 메리 데일리(Mary Daly)의

경고를 기억할 필요가 있다. 마찬가지로 하느님의 은유가 아버지로 고정되고, 하느님과 인간의 관계가 아버지와 아들의 관계로 비유되면, 이는 가부장적 아버지 담론의 기초가 된다. (이숙진, 2014: 293)

극단적인 여성주의자들과 여성 신학자들은 하나님이 남성이면 남성이 하나님이라고까지 주장합니다. 하나님이 남성이었기 때문에 남성 중심의 가부장제가 팽배하게 되었다고 주장합니다. 메리 데일리(Mary Daly)가 한 말로 유명한 '하느님이 남성인 한 남성은 하느님이다'[2]라고 한 것도 같은 맥락입니다. 그래서 여성주의자들은 남성의 하느님이 되는 것을 막기 위해서 하나님이 여성이라는 것을 찾기 위해 노력하는 것을 볼 수 있습니다. 예수 그리스도의 성과 관련해서 다양한 주장이 지속해서 나오고 있습니다. 이러한 주장을 하는 이들은 신학 분야에서 퀴어 신학(Queer theology)을 주장하는 이들/수정주의자들입니다.[3] 자기 입맛에 맞게 자기의 주장을 정당화하기 위해서 '꼴린 대로'(go with [one's] gut-도올 선생이 자주 쓰는 표현입니다. 이상한 생각을 하지 마십시오) 해석하고 있는 것을 볼 수 있기 때문입니다. 퀴어 신학자들이 기이한 퀴어하게 해석(queer reading)하는 것을 볼 수 있습니다. 예수님을 동성애자로 해석하고, 여성으로도 해석하고, 때로는 결혼한 양성애자로 해석하기도 합니다. 본 연구는 퀴어 신학자들의 주장을 중심으로 예수 그리스도의 성에 대해서 어떤 해석을 하고 있는지 살펴보고자 합니다.

연구 문제와 범위

'예수 그리스도와 성'이라는 주제를 다루기 위해 다음과 같은 연구 문제를 다루고자 합니다. 연구 문제 1: [퀴어 신학자들이 사용하고 있는 전략] 예수 그리스도의 성과 관련해서 이들이 사용하고 있는 전략에는 어떤 것이 있는가?

연구 문제 2: [예수 그리스도와 성에 대한 해석] 예수 그리스도의 성에 대해서 어떤 해석을 하고 있는가?

위의 연구 문제를 위해서 다음과 같은 범위를 다루고자 합니다. 먼저 퀴어하게 해석하는 이들이 자신들의 주장을 정당화하기 위해서 어떠한 전략을 사용하는지 살펴보고자 합니다. 성과 관련된 예수 그리스도에 대한 해석에는 어떤 것이 있는지 살펴보겠습니다. 예수 그리스도는 정/전통 기독교의 관점-개인적인 믿음에서도-에서 하나님으로 第二位이신 聖子 하나님이 되십니다. 그러므로 신(삼위일체 하나님, the Trinity이나 성부 하나님 God Father)에 대해서 퀴어 신학자들이 어떤 해석을 하는지도 다루게 될 것입니다.

연구 한계와 관점 밝히기

본 연구는 퀴어 신학에 대해서 반박하고 있는 전통 기독교 신학자들의 주장을 중심으로 인용과 재인용을 하려고 합니다. 개인적으로 퀴어 신학은 이단적(異端的) 성격을 지닌 신학이라고 생각합니다. 성경을 통해 단순하게 동성애를 옹호하는 것은 잘못된 성경해석의 하나로 sins 중의 하나(a sin)에 불과하지만, 퀴어 신학자들이 퀴어한 신(queer God, gueering God, queer Christ, queering Christ)을 주장하는 것(The Sin)은 잘못된 성경해석에서 끝나지 않는다고 보기 때문입니다. 왜냐하면 기독교를 가장 단순하게 말하면 '예수 그리스도를 주로 고백하는 것'입니다(이신칭의). 예수 그리스도는 삼위일체 하나님이십니다. 동성애는 성적 일탈 행위의 하나일 뿐입니다. 그런데 예수님이 동성애자라고 주장한다면-동성애를 인정한다면- 성적 일탈 행위를 묵인하는 것이 되고 마는 것이기 때문입니다. 죄를 허용하시는 예수님이 되고 마는 것입니다. 이는 말도 안 되는 주장이기 때문입니다.

II 예수 그리스도와 성

1 퀴어 신학자들이 사용하고 있는 '손가락 없애기' 전술

[그림: 정통 기독교를 무너뜨리기 위한 비판가들의 전술]

"손가락 없애기" 전술	▶ 성경의 권위 무너뜨리기	▶ 잘못된 극단적 성경해석 인용하기
		▶ 과학과 상반되는 과거 성경해석 인용하기
	▶ 다른 텍스트에 권위 부여하기	▶ 정경 이외의 기독교 문서에 권위 부여하기
		▶ 타종교 문서에 권위 부여하기

자료: 강상우(2014: 6) 그림의 일부

강상우(2014)는 "정통 기독교 비판가들의 논리 구성-정통 기독교 비판가들은 어떤 논리를 사용하여 정통 기독교를 무너뜨리려고 하는가?"라는 글에서 '정통 기독교를 무너뜨리기 위한 기독교 비판가들의 전술'을 소개합니다. '손가락 없애기 전술'이 그것입니다. '손가락 없애기 전술'은 대승불교의 경전인 『능가경(楞伽經)』의 '달을 보고, 달을 가리키는 손가락은 잊어버리라'라는 '견월망지(見月忘指)'라는 문구에서 따온 것입니다. 기독교는 책의 종교입니다. 기독교인을 지칭하는 말 중의 하나가 '책의 사람들'(People of Books, أهل الكتاب Ahl al-Kitāb; עם הספר, Am HaSefer)입니다. 그 정도로 계시를 기록한 경전인 『성경』에 의존하는 삶을 기독교인들이 살아갑니다. 성경은 하나님의 말씀으로 완성된 계시를 기록하고 있습니다. 기독교인들은 계시의 완성인 성경을 통해 하나님의 뜻을 발견할 수 있습니다. 그러므로 하나님의 말씀이며 계시의 완성인 성경이 무엇을 말하는가는 교회 공동체에 매우 중요합니다. 동성애 문제에 관해서도 마찬가지입니다. 성경이 동성애에 대해 무엇을 말하냐가 중요하기에 기독교인들은 성경의 가르침에 따라 반동성애적 삶을 살아갔던 것입니다.

무슨 문제가 발생할 때 그리스도인들은 무엇보다도 먼저 성경을 바라볼 수밖에 없습니다. 성경은 하나님의 말씀이기 때문에 절대적 권위를 가지기 때문입니다. 오늘날 성소수자들의 권리 보장이라는 빌미로 동성애 등 성과 관련된 제 문제들이 쓰나미처럼 밀려올 때도 그리스도인들은 과거처럼 성경의 가르침에 귀 기울일 수밖에 없습니다. 이럴 때마다 친동성애자들이 성경에 집중하는 반동성애자들을 향해 하는 말이 성경을 들여다보지 말라는 것입니다. 대승불교의 경전인 『능가경(楞伽經)』의 '달을 보고, 달을 가리키는 손가락은 잊어버리라'라는 '견월망지(見月忘指)'라는 문구를 사용/인용하면서 말입니다. 참고로, 그렇다면 기독교는 손가락을 보고, 달은 잊어버려야 하는 것일까요? (견지망월; 見指忘月) 그렇지 않습니다. 손가락을 보고 달을 봐야만 하는 것입니다. (견지시월; 見指視月) 동성애와 관련해서 말하자면 손가락(동성애에 대한 성경의 가르침)을 보면서 달(동성애)을 봐야 한다는 것입니다. 그렇다면 동성애 등 성과 관련된 여러 문제에 대해서 친동성애자들이 사용하는 '손가락 없애기' 전술은 구체적으로 어떤 모습으로 사용되고 있는가에 대해서 살펴보겠습니다.

1) 성경의 권위 무너뜨리기, '손가락 자체를 부정하기'

일부 친동성애자적 견해를 지닌 이들 중에는 먼저 동성애와 관련해서 아예 성경 속에는 오늘날의 동성애와 같은 단어가 존재하지 않았다고 주장합니다. 그러나 이러한 주장은 별로 이목을 끌지 못합니다. 왜냐하면 그 당시에는 오늘날의 동성애와 같은 단어 자체는 존재하지 않았지만, 동성애적 성행위와 그와 관련된 묘사들은 여전히 존재해 왔기 때문입니다. 그런가 하면은 '하나님의 말씀'인 성경에 문제가 있다는 식으로 논리를 전개합니다. 박경미 교수는 성경의 기술(記述)을 문자 그대로 사실 내지는 하나님의 말씀이라고 볼 수 없다는 논리를 전개하는 것을 볼 수 있는데 이러한 주장이 그러한 논리의 전개에 해당합니다.

성서는 인간과 인간의 구원에 관한 진리를 담은 책이지만 과학적으로, 역사적으로 많은 오류가 있는 책이다. 하느님의 진리는 인간의 불완전한 생각과 지식을 통해 알려지고 표현되고 기록되었다. 성서는 그것이 기록된 당시 삶의 자리에 기초하고 있으며, 하느님의 음성은 그 시대의 소리로 들린다. 따라서 성서의 기술을 문자 그대로 사실, 내지는 '하느님의 말씀'이라고 볼 수 없다. 이것은 성소수자 문제와 관련해서만이 아니라 다른 어떤 문제와 관련해서도 모든 기독교적 인식과 토론의 출발점이며, 실제에 대한 명료한 사실적 인식에 속한다."(박경미, 2020: 17-18)

한마디로 성경 자체에 문제가 있다는 주장을 하는 것입니다. 달을 가리키는 손가락 자체에 문제가 있다는 주장이지요. "한국 교회 대다수가 동성애자들을 혐오하고 차별하는 것은 성서 문자에 근거해서 갈릴레오를 처벌했던 중세 교회처럼 시대착오적이며 비과학적 독선에 불과합니다"(김준우, in Guest, Gross, West and Bohache ed., 2021: 10; 김준우, "'무지개신학 시리즈'를 발간하면서". 9-13). 김준우 선생의 주장은 성경에, 반동성애에 관한 기술에 심각한 문제가 있다는 식의 논리를 전개하기 위한 포석(布石)을 깔기 위한 방법에 불과한 것입니다.

잘못된 극단적 성경해석 인용하기

친/동성애자들은 자신들의 주장을 정당화하기 위해서 과거 기독교가 행해 왔던 성경해석에 관련된 흑역사들(dark chapters)을 소환(召喚)합니다. 물론 이들이 과거 잘못된 성경해석에 관련된 흑역사를 소환하는 이유는 기독교와 관련된 흑역사들이 잘못된 성경해석에서 온 것처럼 반동성애도 바로 기독교의 흑역사 중의 하나로 잘못된 성경해석에서 온 것이라고 말하기 위함인 것입니다. 스스로 레즈비언임을 밝힌 케이시 루디(Kathy Rudy, 2012: 9)[4]는 기독교의 흑역사 중의 하나인 노예제도를 언급하면서 과거 노예제도가 기독교를 분열로 이끌었던 것처럼 오늘날 동성애에 대한 해석이 교회의 분열을 야기하고 있다고 주장합니다. 노예제도가 문제가 있었던 것처럼 동성애에 대한 교회의 해석에도 문제가 있다는 주장을 하기 위함인 것입니다. 잭 로저스(Jack Rogers) 등의 친동성애적 학자들 또한 비슷한 논리를 전개하는 것을 볼 수 있습니다.

> 동성애 문제는 150년 전 노예제도가 그랬던 것처럼 오늘날 기독교 교회를 갈라놓을 기세이다. "성관계를 실제로 맺는" 동성애자, 양성애자, 성전환자 기독교인에게 성직을 허락해야 할까? 하느님은 게이 커플과 레즈비언 커플의 결혼을 정당하게 여기실까? 이러한 질문들은 신자, 교파, 때때로 가족까지도 갈라놓는다. 한쪽에서는 사람들을 성적 지향과는 상관없이 교회, 성직, 가족제도에 기꺼이 받아들여야 한다고 강력히 주장한다. 다른 한쪽에서는 이성애를 제외한 다른 모든 성적 지향은 죄이고, 신실한 기독교인이라면 이를 모두 금지해야 한다고 주장한다. 이런 충돌을 해결할 명쾌한 해법이 금방 나타날 것 같지는 않다. (Rudy, 2012:12)

> 창세기 9:20-26[함과 가나안에 대한 저주]은 노예제도를 정당화하기 위해 이용되었던 중심 본문이다. … 비록 성경 본문 어디에도 함이 흑인종의 선조라고 언급되어 있지 않지만, 서양의 신학 전통은 그를 그렇게 지명했다. 함에게 내려진 저주는 노예제도에 대한 정당성으로 이용되었다. 그의 아들 가나안이 언급된 이래로, 그 저주는 함을 넘어서까지 계속되어 검은 피부색을 가진 함의 모든 후손에게 적용되는 것을 당연하게 여겼다. 함의 정확한 죄가 본문 속에 명기되지 않기 때문에, 이 본문에 대한 해석은 유대 랍비들부터 고대와 중세 교회를 거친 19세기 미국에 이르기까지, 인류가 두려운 '타자'의 탓으로 돌리는 많은 악을 통합시켰다. 성적 비행에 대한 암시가 늘 그 배경에 잠재해 있다. (Rogers, 2018: 62-63. []는 본 연구자 첨가)

> 20세기 성서 재해석들 가운데 개입의 요구가 가장 크게 요구되는 지류는 기독교 해석자들 사이에 퍼져 있는 전통적인 성서 해석들이 반유대주의를 키워 왔다는 견해다. 실제로 이들의 작업은 홀로코스트에 대한 공포와 그에 대한 대응으로 시작되었는데, 그것은 히틀러가 행한 홀로코스트 같은 민족 말살 정책의 토대 마련에 전통적인 성서 해석이 기여했다고 인식했기 때문이다. (Jennings, 2011: 18)

과거 기독교가 성경해석에 문제가 있어서 노예제도에 대해서 동조했었고, 남아프리카공화국의 아파르트헤이트 정책(Apartheid)에 대해서도, 가부장 제도를 옹호하였고 여성을 비하하는 데 일조하였기 때문에 기존의 성경해석에 대해서 재고할 필요가 있다는 것입니다. 그래서 퀴어 신학자들과 친동성애적 성향의 신학 연구자들은 다른 해석 방법을 제시합니다. 헬미니악의 경우에는 '문자 그대로 읽기'를 거부하고, '역사-비평적 읽기'(historical-critical reading)를 주장합니다. "이 책은 『성서』를 해석하는 두 가지 다른 접근법에 초점을 맞출 것이다. 하나는 '문자 그대로 읽기'(literal reading)이고 다른 하나는 '역사-비평적 읽기'(historical-critical reading)이다. 이 둘은 종교에 대한 초자연적인 접근법과 현실적인 접근법의 관계와 비슷하다"(Helminiak, 2003: 22). 그 밖에도 데린 게스트(Deryn Guest)가 "이성애 의심의 해석학(a hermeneutic of hetero-suspicion)으로 작업해야 한다"라는 주장(Guest, 2021: 300. 강조는 본 연구자)이나, 구미정이 "'죽이는' 구절, '살리는' 해석"이라고 칭하는 것도 같은 맥락에서 이해할 수 있습니다(구미정, 2010: 262-266). 제닝스의 경우도 게이(gay)에 대해 긍정하는 시각을 갖기 위해 성경을 재해석하는 것이 필요하다는 것입니다. 잘못된 성경해석을 바로잡기 위해서 기독교 역사 속에서 다양한 재해석이 행해진 것처럼 말입니다. 과거의 성경해석이 잘못되었으니까 다른 해석, 즉 게이 리딩(Gay reading)이나 퀴어 리딩(queer reading)이 이루어져야 한다는 주장입니다.

관건은 성서적 증거들을 폭넓게 재해석하고 게이에 대해 긍정하는 시각을 갖기 위해 성서를 전유하는 것이다.

… (1) 이런 종류의 성서 해석은 다양한 해방주의적 배경에서 행해졌던 해석에 연관된다.

… (2) 하나의 특수한 문제가 보다 넓은 해석적 논의로 향하는 길을 열었던 두 번째 예증은 여성주의적 성서 읽기와 관련이 있다.

… (3) 20세기 성서 재해석들 가운데 개입의 요구가 가장 크게 요구되는 지류는
기독교 해석학자들 사이에 퍼져 있는 전통적인 성서 해석들이 반유대주의
를 키워왔다는 견해다.

… 나는 유사한 이 점을 '게이에 대한 긍정적인'(게이에 대한 차별을 폐지하는) 또는
동성애 혐오에 반하는 성서 재해석으로부터 얻을 수 있다는 입장을 지지한다.

(Jennings, 2012: 16-19)

잘못된 성경해석에 '반동성애에 해석' 끼워 넣기(+)[5]: 잘못된 성경해석[노예제도 · 인종주의 · 가부장주의]⇨ 재해석 필요⇨ ['반동성애에 해석' 끼워 넣기(+)]⇨ 고로 기존의 반동성애에 대한 재해석 필요성 주장[게이 리딩 · 퀴어 리딩 필요]

2) 다른 텍스트에 권위 부여하기, 다른 손가락 빌려오기

전통적으로 동성애 본문으로 알려진 성경 구절에 대해서 친동성애주의자들[修正主義者]이 재해석을 통해 성경이 동성애에 부정적이지 않다는 해석을 시도하기 시작합니다. 친동성애주의적 연구자들은 거기에서 끝나지 않고 더 나아가 다른 텍스트에 관심을 보이고, 더 나아가서 다른 텍스트에 권위[심지어는 絶對的權威까지]를 부여하기 시작합니다. 특히 하나님의 여성성이나 남녀추니('Ερμαφρόδιτος, androgyne)를 주장하기 위해서, 또는 예수 그리스도의 동성애적 성향을 부여하기 위해서 나그함마디(Nag Hammadi) 영지주의 문서와 같은 위경 등에 대해 관심을 두기 시작합니다. 소설책과 영화로 잘 알려진, 댄 브라운(Dan Brown)의 『다 빈치 코드』(Da Vinci Code)와 같은 자료에 관심을 보이기까지 합니다. 더 나아가서 과학적 연구 결과들을 가져와 동성애 등과 관련된 다른 성적 해석의 정당성을 부여하기 시작합니다. 댄 브라운이 자신의 소설책에서 주장[想像]하였던, 막달라 마리아와의 결혼설이나 레오나르도 다빈

치(Leonardo da Vinci, 1452~1519)가 그린 그림들에 대해서도 의심의 안경을 끼고 관심을 보이기 시작하고 퀴어한 시각으로 바라보고 해석하기 시작합니다.

3) 퀴어 신학자들이 사용하고 있는 '손가락 없애기' 전술에 대한 평가

예수 그리스도의 성과 관련된 기이한 퀴어한 해석을 살펴보기 전에 그렇다면 퀴어 신학자들과 같은 친/동성애적 연구자들의 전술에 대해서 평가해 보기로 하겠습니다. 이들의 '손가락 없애기' 전술에서 퀴어 신학자들이 열거하고 있는 기독교의 흑역사인 잘못된 성경해석들과 동성애 문제는 질적(質的)으로 다른 문제라는 점입니다. 반동성애는 해석에 문제가 있는 것이 아니라 동성애자들에 대한 혐오성 발언으로 인한 인권 침해와 차별에 문제가 있다는 점을 먼저 기억할 필요가 있겠습니다.

(1) 반동성애 해석은 기독교 흑역사와 관련된 성경의 잘못된 해석들과는 질적으로 다른 문제

김영한 전 교수가 존 R. W. 스토트(John R. W. Stott) 목사의 말을 인용하면서 동성애와 과거 오해(誤解)된 기독교 흑역사에 해당하는 잘못된 해석에는 질적으로 차이가 있음을 밝히고 있는 것을 볼 수 있습니다.

> 영국의 복음주의 신학자 스토트(J. Stott)는 "인간은 하나님이 주시지 않는 것을 '권리'로 주장할 수 없기 때문이다"라고 말했다. 동성애자를 노예, 흑인, 여성해방과 유비(類比) 관계로 보는 것은 성경적이 아니다. 노예제도, 흑인차별, 여성차별 등은 창조 질서가 아니라, 인간의 죄악에서 비롯된 것이기 때문이다. 진정한 게이 내지 레즈비언 해방이란 하나님의 창조 질서에 대한 인간의 의지적 반항(게이와 레즈비언 행위)에서 해방되는 것이다. (김영한, 2016: 295)

강상우(2017)도 과거 잘못된 성경해석에서 기인한 흑역사와 동성애는 질적으로 다른 것임을 다음과 같이 기술하고 있습니다. "노예제도/마녀사냥/아파르트헤이트(인종 분리)/홀로코스트와 동성애(나뭇단 faggot이라는 단어에서 알 수 있듯이)를 비교했을 때 어느 정도 잘못된 성경해석이 영향을 미친 것은 사실이지만, 동성애에 대한 해석은 성경에 대한 잘못된 해석과는 본질적으로 무관하다는 것이다"(강상우, 2017: 8, 내용이 잘 정리되어 있지 않아서 일부 내용을 수정해서 인용합니다). 기독교의 흑역사는 잘못된 성경해석에 기인한 죄(sin)인 데 비해서, 동성애는 그 자체가 창조 질서를 위배하는 것으로 성적 일탈 행위의 한 형태로 동성애를 인정[肯定]하는 것 그 자체가 죄(a sin)라는 점에서 차이가 있는 것입니다. 이를 [그림]으로 나타내어 보았습니다.

[그림: 과거 잘못된 성경해석의 성격]

사례	노예제도/ 마녀사냥/ 아파르트헤이트/ 홀로코스트	반(反)동성애
오해 (誤解)의 유·무	유(有) 성경에서 이러한 것들을 인정하는 것은 전적으로 오해(誤解)임	무(無) 동성애를 부정하는 것은 오해(誤解)가 아님
죄(sin)의 무·유	잘못된 성경해석(誤解)으로[노예제도와 마녀사냥, 아파르트헤이트, 홀로코스트를 인정하는 것] 발생한 죄(sin)	동성애를 인정하는 것[성경이 동성애를 肯定하는 것으로 해석하는 것]은 잘못된 성경해석으로 죄(sin)

자료: 강상우(2017: 8 그림 일부 수정 및 첨가)

(2) 퀴어 신학자들에 의한 '손가락 없애기' 전술이 가지는 현실적 함의

동성애의 문제는 다른 사회적 소수자(社會的少數者, minority)의 문제와는 질적으로 다른 성질을 지닌다는 것입니다. 그렇다면 퀴어 신학자들이 '손가락 없애기' 전술을 사용하고 있다는 것은 무엇을 의미하는 것일까요?

(a) 먼저 그들이 정통적 해석 공동체에 속하지 않음을 의미합니다.

공동체는 커뮤니티(community)입니다. 말 그대로 커뮤니티는 '오는 것'(come) 것입니다. '유니티'(unity)를 위해서 오는 것입니다. 같은 문제 (이슈)에 대해서 다른 해석을 한다면 그 자체로 유니티가 아님을 말하는 것입니다. 그래서 드리는 말씀인데요, 기독교 공동체에 속하는 교회나 목회자라고 하면서 동성애에 대해서 지지하는 이들이 있다면, 스스로 자신들이 동성애를 지지하고 있다는 점을 공식적으로 드러내어 보이는 것이 필요하다는 생각이 듭니다[자발적 동성애에 대한 가치 드러내기]. 기독교 공동체에서 벗어난 이들이 교회, 기독교, 예수라는 이름을 붙이며 선택에 있어서 혼동을 야기하지 않도록 말입니다. 반동성애자가 친동성애자 목회자들의 설교를 듣는다면, 얼마나 힘들겠습니까? 역으로 친동성애자가 반동성애적 성향을 지닌 목회자의 설교를 듣는다면 그 또한 쉽지 않을 것입니다. 그러므로 동성애와 관련해서 목회자나 교회 공동체도 스스로 커밍아웃(coming out) 해야 하지 않겠는가 하는 생각을 개인적으로 해봅니다. 특히 신학교의 경우 일반적으로 동성애에 관해서 스스로 커밍아웃한 곳에 해당된 곳입니다. 그런데 자신이 지닌 동성애에 대한 가치와 다르게 신학교에 입학하는 것도 지양했으면 하는 바람입니다. 왜냐하면 모든 신학교가 동성애를 부정하는 것도 아닌데 일부러 동성애를 반대하는 곳에 친동성애적 성향을 지닌 학생이 입학을 하면서 신학교에서 분란을 야기하는 것과 같은 소모적인 행동을 할 필요가 있겠는가 하는 생각이 들기 때문입니다. 반대 사례도 마찬가지입니다. 혹시 재학시절에 자신의 동성애에 대한 태도가 바뀌는 경우가 발생할 경우 스스로 다른 곳으로 전학하든지, 다른 대학원 등에 진학해서 동성애에 대한 깊이 있는 연구를 했으면 하는 생각이 들기 때문입니다. 물론 말처럼 쉽지는 않겠지만 말입니다.

(b) 하나님의 말씀에 대한 권위를 현실적으로 부정하기 때문입니다.

앞에서도 보았듯이 '손가락 없애기'(finger-removal) 전술에는 근본적으로 성경을 하나님 말씀으로 보지 않는 데에서 시작된 결과입니다. 성경이 하나님의 말씀이라면 동성애에 대한 이해의 관점도 무엇보다도 성경 전체를 통해 보아야 할 것인데 그렇지 못하고 있기 때문입니다. 결혼제도가 신적 기원을 두고 있고 또 성관계라는 것은 결혼제도 안에서 부부 이성 간의 성적인 결합만을 인정하고 있는데 가장 기본이 되는 그러한 사실을 인정하지 않고 있기 때문입니다. 우리가 삶에서 자주 실수하는 것으로 많은 주의가 필요한 것이 있는데, 그것은 다름 아니라 자기 잘못을 자신보다 못한 이들의 잘못된 사례를 발판으로 삼아 잘못된 자신의 행위에 대해서 정당화시키려는 경향이 있다는 점입니다. 결혼제도에서 발생하는 이혼과 간음, 고아의 증가 등의 많은 문제들의 발생이 동성애 결혼을 긍정하는 근거가 결코 되지 않는다는 점입니다. 이성애자들의 일부에서 발생하고 있는 성적 난잡의 행태가 결코 동성애를 긍정하는 근거가 되지는 않는다는 점입니다. 운동에 비교하면 기독교는 테니스가 아니라 농구와 같은 게임을 해야 한다고 생각합니다. (이는 어느 정치가가 TV에서 한 말입니다) 테니스는 많은 랠리(rally)를 통해 상대 선수의 실수를 통해 상대적으로 득점하는 데 비해서, 농구는 상대 선수의 실수와는 관계없이 전적으로 운동선수의 실력만으로 득점해야 하는 경기 종목이기 때문입니다. 기독교는 다른 사람의 실수를 통해 자신의 정체성을 드러내는 것이 아니라 자신의 실력[하나님의 말씀에 순종하는 삶]으로 자신의 정체성을 사회에 드러내야 한다는 것입니다.

(c) 예수 그리스도의 하나님 되심에 대한 강력한 부정이기 때문입니다.

퀴어 신학에서 다른 교리적인 부분을 제외하고-본고는 예수 그리스도를 중심으로 하고 있습니다- 예수 그리스도와 관련된 '기독론'(Christology)을 중심으로 생각해 볼 때 예수 그리스도의 하나님 되심[救贖主]에 대한 부정이 그 중심 자리를 차지하고 있습니다. 제닝스가 자신의 책에서 다음과 같이 기술하였던 것에서 그러한 점을 잘 보여주는 부분이라고 볼 수 있습니다.

> 이런 결론을 가능한 한 날카롭게 드러내기 위해서 나는 "예수는 게이였나?"라는 질문으로 이 연구를 시작하는 모험을 감행한다. 나는 처음부터 이 질문이 주어진 그대로 단순한 '예' 또는 '아니요'라는 대답으로 이어지지 않는다는 것을 인정한다. (Jennings, 2012: 24)

만약 예수 그리스도가 신이라고 생각한다면 아예 예수님에 관련된 성에 대해서 그러한 극단적인 주장을 할 수 없었을 것입니다. 예수님이 인간의 몸으로 오셨기 때문에(incarnation, 成肉身) 인간에게서 발생할 수 있는 것이 인간이신 예수님에게서도 발생할 수 있다는 생각은 가능할 것입니다. 그러나 이러한 질문[疑問]에는 항상 예수 그리스도의 하나님 되심을 염두에 두어야 하는데도 불구하고 그러한 경계를 무너뜨리고 있다는 것입니다. 안드레아 만테냐(Andrea Mantegna, 1431년경~1506년 9월 13일)가 그린 〈죽은 그리스도(The Dead Christ, 1490)〉를 보면 미술적인 기법에 대해서는 문외한(門外漢)이기 때문에 그러한 것들에 대해서 논구하기는 어렵지만, 발기(勃起)를 묘사함을 통해서 예수 그리스도의 인간 되심을 보여줄 수는 있으나, 예수 그리스도의 하나님 되심에 대해서는 약간의 경계를 넘고 있는 것-넘을 수 있는-을 볼 수 있기 때문입니다. 인간이 교수형을 당할 때 혈액 순환의 문제로 인해서 발기로 이어질 수 있다고는 합니다.

이에 대해 발기의 동력은 공기가 아닌 혈액이라고 주장한 사람이 레오나르도 다빈치(Leonardo da Vinci)다. 1477년에 피렌체에서 집행된 공개 교수형을 군중 틈에 끼어 구경하면서 사형수의 발기 현상에 주목한 그는 교수형을 당하는 사람들의 발기는 갑작스럽게 목이 졸리면서 혈액이 아래쪽의 기관으로 한꺼번에 몰리기 때문이라는 사실을 확인했다. (강준만, 2011: 169)

〈죽은 그리스도〉는 발기 자체는 예수님의 인간이 되심[인간으로 오심]을 잘 보여주지만, 예수님의 삶과는 일치되지 않습니다. 왜냐하면 예수님은 교수형을 당한 것이 아니라 십자가형(十字架刑, Crucifixion, 磔刑)을 당했기 때문입니다. 그러므로 발기를 그렇게 강조할 필요가 없지 않은가 하는 생각이 개인적으로 듭니다. 발기의 묘사는 예수님의 인간됨을 너무나 강조한 과잉의 표현이라는 것입니다. 예수님의 성과 관련해서 다양한 퀴어한 해석들도 시쳇말로 예수님의 인간됨에 대해서만 필(feel)이 꽂힌 결과 때문이 아닌가 하는 생각입니다. 예수님이 인간이라면 당연히 우리 인간의 삶과 같아야 하지 않겠는가 하는 과도한 생각을 하게 된 결과라는 것입니다[過猶不及]. 이형도는 이러한 현상에 대해 '일반론(一般論)'이라고 칭하고 있는 것을 볼 수 있습니다(이형도, 2005: 53-54; 강상우, 2018).[6] 예수님의 인간 되심만의 일방적인 강조(일반론)는 성과 관련해서 인간과 같음으로 이어지고, 이러한 생각은 곧 동성애자 예수(gay Christ), 결혼한 예수(married Jesus), 독신자 예수(celibate/single Jesus), 양성애자 예수(bisexual Jesus) 등 다양한 퀴어한 예수(queering Christ)의 존재에 대한 상상을 가능하게 한다는 것입니다. 예수 그리스도가 신이라는 생각을 접을 때에 극단적인 인간 예수에게만 필(feel)이 꽂힐 수 있다는 것입니다.

여성주의 신학자들은 "남성 그리스도가 여성들을 구원할 수 있는가?"라는 질문을 던졌다. 우리도 또한 "게이 그리스도가 '스트레이트' 성향의 사람들을 구원할 수

있는가?"라는 질문을 할 수 있을 것이다. (Jennings, 2011: 173)

메리 데일리(Mary Daly)는 '신이 남자라면 남자가 신이다'(If God is male, male is God)라는 식의 말을 했습니다. 여성주의자들은 신이 남성이라면 여성을 어떻게 구원할 수 있느냐는 식의 의문을 제기하기도 합니다. 흑인 신학 관계자들도 비슷한 의문을 제기합니다. 예수가 백인이라면 흑인을 구원할 수 있느냐는 식의 발언을 말입니다. 이에 대한 다양한 버전이 가능할 것입니다. 그렇다면 이렇게 물어야 할 것 같습니다. 만약 예수 그리스도가 게이라면 다른 성정체성을 가진 자를 어떻게 구원할 수 있을까요? 하나님이 게이라면 게이가 하나님이 되는가요? 하나님이신 예수 그리스도는 성별과 인종과 계급과 사회의 그 모든 것[制限]으로부터 초월(超越)하신 분이기 때문에 모든 이들의 구원이 가능한 것입니다.[7] 모든 것을 초월하여 인간의 몸으로 오신 테오안드로포스[唯一無二한 神-人, Theo-andropos, Θεό-ανδροπος]이셨기에 우리의 구원자/救世主가 될 수 있었다는 것입니다.

2 하나님, 예수 그리스도 그리고 성

1) 하나님과 성

앞서 기술했듯이, 삼위일체(三位一體)의 제이위(第二位)인 예수 그리스도가 성자 하나님이시기 때문에 하나님과 관련해서 퀴어한 해석들에 대해서 먼저 살펴보겠습니다. 신은 성이 없습니다. 빅터 폴 퍼니쉬(Victor P. Furnish)가 지적한 것처럼 이스라엘의 하나님은 성이 없었습니다. 그러한 사실이 이스라엘 주변의 다른 종교의 신들[偶像]과 차이점이었다고 지적합니다. "빅터 P. 퍼니쉬는, 고대 근동의 모든 신들과 대조적으로, 이스라엘의 하나님은 성이 없는 (asexual) 것으로 간주되었다는 것을 상기시킨다."[8] (Rogers, 2018: 172)

신은 성을 초월해야 합니다.[9] 말 그대로 신이시기 때문입니다. 이율배반적이지만 신이 성을 초월하여야만 모든 성을 받아들일 수 있는 것입니다. 오해하지 말아야 할 것은 신이 성을 초월하기 때문에 모든 성을 받아들일 수 있습니다. 그러나 역설적이게도 신은 성과 관련된 삶에 관해서 규정(規定)하셨기 때문에 신의 자녀는 성과 관련된 삶에 대해서는 신의 가르침을 따라야만 하는 것입니다. 신에게 성을 부여하는 것은 자신들의 입맛에 맞도록 성과 관련해서 신을 사유화(私有化)하는 하나의 형태에 불과할 뿐입니다. 신을 남성화함으로써 가부장적인 남성우월주의라는 부정적인 결과를 낳은 것처럼 신을 여성화하는 것도 신을 남성화하는 것과 비슷한 신의 사유화의 형태로서 부정적인 결과를 가져오는 것은 매한가지일 것입니다. 여성주의자들이 주장하는 이는 미러링(mirroring) 차원에서 머물 것이며, 그 부작용은 클 것입니다. 인간사라는 것은 두부 자르듯 자를 수 있는 경우가 많지 않은 것이 현실입니다. 퀴어 신학자들은 하나님에 대해서 어떤 기이한 해석을 하고 있는지 퀴어 신학자들의 주장을 기술해 보기로 하겠습니다.

하나님에 대한 기이한 해석(Queer Reading)

퀴어 신학자들의 퀴어한 주장들은 선 없는 상상력을 발휘한 얼마나 기이한 해석인지를 알 수 있습니다. 신성모독(blasphemy)이라는 것을 쉽게 느낄 수 있는 부분입니다. 퀴어 여성 신학자인 알타우스-레이드(Marcella Althaus-Reid, 그녀는 스스로가 "점잖지 않은, 라틴계의 양성애 신학자"[indecent, Latina, bisexual theologian]라고 지칭한다[이승구, 2019: 33])의 저서 제목에서 알 수 있듯이, 하나님을 '퀴어 하나님이다'(The Queer God. God is also queer)라고 주장합니다(Althaus-Reid, 2003).[10] 퀴어 신학자들은 하나님을 퀴어 하나님으로 지칭하는 것으로 끝나지 않고 경계 없는 폭주를 계속합니다. 삼위일체 하나님을 게이(gay God)라고 주장합니다(Cheng 2011, 46-47 참조).[11] 그것도 모자라서 삼위일체 간에 삼인 게이 성행위(threesome)였다고 주장하기까지 합니다.

> 삼위일체는 게이들의 쓰리썸을 표현한다(the Trinity represented a gay, sexual threesome) 고 주장한다. (Brown, 2016)[12]

성이 존재하지 않는 하나님을 기이한 해석을 통해 성이 존재하는 신으로 기술하는가 하면 거기에서 멈추지 않고 유동적인 성을 가진 신으로 표현하기도 합니다. 그래서 퀴어 신학자들조차도 하나님의 성에 대한 일치된 의견이 존재하지 않습니다(유연희, 2022: 175-202 참조).[13] 당연한 결과입니다. 성이 없는 하나님께 성을 붙이려고 하니 그 성에 대한 일치가 존재하지 않는 것이지요. 창세기 제17장 1절의 '전능하신 하나님'(God Almighty, God All-Powerful [CEV])으로 번역되어 있는 엘 샤다이(El Shaddai)를 여성 신학자들은 하나님의 남성성에 대한 저항의 의미로 어원적으로 이 단어가 가슴을 의미하는 단어에서 왔다는 점을 부각(浮刻)시켜서 하나님의 여성성을 강조하기도 합니다. 하나님이 여성이라는 주장을 합니다. 데이비드 바이얼(David Biale)은 '엘 샤다이'라는 하나님의 별명이 왕정 이전과 포로기와 그 이후로 다르게 사용되었다고 하면서 '엘 샤다이'라는 명칭은 왕정 시대 이전에는 풍요의 신을 나타내는 별명으로 사용되었는데, '샤다이'가 '샤다빔'(Shaddavim), 즉 '젖가슴'과 연관되어 있다는 점을 제안하기도 합니다. 포로기와 그 이후에 이 명칭은 '전능하신 하나님'을 나타내는 명칭으로 사용되었다는 것입니다(이국진, 2011: 124).[14] 퀴어 신학자 마이클 카든(Michael Carden)은 거기에서 한발 더 나아가 안드로지니(androgyne)적 해석으로 나아갑니다. 양성구유라는 것이지요. "나는 엘 샤다이[El Shaddai]를 문자적으로 많은 젖가슴을 가진 하나님(God the Many-Breasted)을 뜻한다고 생각하고 싶다. 아마 엘 샤다이는 야훼와 야훼의 원래 배우자인 아세라(Asherah)를 섞은 듯하다"(Carden, 2021: 79). '엘(야훼)+아세라=엘 샤다이', 즉 남성과 여성이 혼합된 양성구유적 하나님이라는 기이한 주장을 하는 것입니다.

김영한 교수는 성도와 성애를 나누는 하나님을 주장하는 퀴어 신학자인 제라드 로흘린(Gerard Laughlin)의 주장에 대해서 비판적으로 기술하고 있는 것을 볼 수 있습니다. 퀴어 신학자들은 성애의 경우에도 부부관계에서 행해지는 성애가 아니라 처녀 강간으로 묘사하고 있다고 주장하기도 합니다. 처녀를 강간하는 하나님이라는 것입니다.

> 퀴어 신학자들은 하나님을 신자들과 성애를 나누는 분으로 묘사한다. 영국 더험 (Durham)대의 게이(gay) 로마 천주교 퀴어 신학자 제라드 로흘린(Gerard Laughlin)은 에스겔 1:27에 있는 '그 허리 아래의 모양도 불 같아서 사방으로 광채가 나며'라는 표현을 하나님의 성기(남근)를 우회적으로 표현한 것이라고 본다. 로흘린은 에스겔 16:8 '내 옷으로 너를 덮어 벌거벗은 것을 가리고'를 성관계를 갖기 위해 자리에 누운 것으로 해석했는데 이 장면은 특히 합법적인 아내와 잠자리를 같이 하는 것이 아니라 처녀를 강간하는 장면으로 해석한다. (김영한, 2018: 10: Laughlin, 2007: 125-126 참조)[15]

일부 신학자들은 야훼 하나님이 게이 하나님이며 구체적으로 동성애 행위에서 탑(Top, YHWH as Erastes)의 역할을 하는 하나님이라는 주장까지도 합니다. "사실상 제닝스는, 이러한 고대 비교학적 증거를 활용하여, 사무엘기에 표현된 다윗과 요나단의 관계와 다윗과 사울의 관계, 심지어 다윗과 야훼의 관계 역시 고대 스파르타 등지에서 발견되는 것과 비슷한 '전사 에로티즘'(warrior eroticism)에 가깝다고 역설한다".[16](Stone, 2021: 343; Jennings, 2001: 47 참조). 퀴어 신학자들은 예수님의 탄생에는 신과 여성과의 성관계가 있었다는 주장까지도 합니다. 그리스 신화에나 나올 법한 그러한 주장을 하는 것을 볼 수 있습니다. 브라질의 언론인 엘리안느 브룸(Eliane Brum)과의 2004년 대화에서 퀴어 여성 학자 마셀라 알타우스-레이드(Marcella Althaus-Reid)가 그러한 주장을 한 사람 중의 하나입니다.

> "모든 신학은 성적 행위이며, 하나님이 여자와 성 관계를 하심으로 그리스도가 나 셨다"라고 말한다. (Boehler, 2011)[17] (하재성, 2019: 312 재인용)

앞의 내용을 요약하는 차원에서 하나님의 성에 대한 전통주의자와 수정주 의자들의 견해를 [표]로 나타내어 보고자 합니다.

[표: 하나님의 성: 전통주의와 수정주의 비교]

전통주의	수정주의
무성(Asexual God)	(퀴어링 신, queering God, 퀴어 신, queer God)
	여신(El Shaddai를 여신으로 해석, D. Biale, Marilyn Yalom)
	안드로진(El Shaddai를 兩性具有로 해석, M. Carden)
	쓰리섬 하는 게이 하나님(삼위일체를 Gay Threesome으로 해석, Brown)
	성도와 성관계하는 하나님(Marcella Althaus-Reid)
	게이와 성관계하는 하나님(Warrior eroticsm, K. Stone, Jennings Jr.)

2) 예수 그리스도와 성(강상우, 2018 일부 내용 참조 및 인용)

그러면 예수 그리스도의 성에 대해서 퀴어 신학자들은 어떤 해석을 하고 있 는가요? 과거에는 예수 그리스도의 성과 관련해서 남성이냐 여성이냐에 대한 논란과 더불어 결혼 유무(有無)에 대해서 논란이 그 중심이었습니다. 그러나 시간이 지나면서 성소수자 문제와 관련해서 결혼 유무를 넘어서 예수 그리스도에 대한 퀴어한 해석으로 그 범위를 확장해 가고 있는 것을 볼 수 있습니다. 퀴어 예수(queer Jesus), 즉 동성애자 예수(gay Jesus), 양성애자 예수(bisexual Jesus), 더 나아가 범성애적 예수(pansexual Jesus) 등으로 예수 그리스도의 성과 관련된 해석이 확장되어 가고 있는 것입니다.

(1) 예수의 성별(性別), 즉 남성이냐 여성이냐 아니면 그 무엇

정통적 예수 그리스도는 2000년 전에 팔레스타인에서 남성으로 오신 분이십니다. 그런데 남성으로 오신 예수 그리스도를 부정하고 여성으로서의 예수 그리스도에 대해서 말하기도 한다는 것입니다. 대럴 W. 레이(Darrel W. Ray)[18]는 예수님의 성에 대해서 다음과 같은 이야기를 합니다. 레이는 동정녀 탄생을 생물학적인 처녀생식으로 이해하고 있는 것 같습니다(예컨대 개미나 벌에서 볼 수 있는 것처럼). 그래서 레이는 처녀생식을 생물학적인 안드로겐 무감성 증후군(Androgen Insensitivity Syndrome, AIS)과 연결하여 예수님이 처녀생식을 통해 탄생한 여성으로 이해하기도 합니다.

> 한편 예수가 원래 여자였는데 남자로 간주되었을 가능성도 있다(제10장에서 안드로겐 무감성 증후군을 다룬 부분 참조). 만약 그가 처녀의 몸에서 태어났다면, 곧 처녀생식으로 잉태되었다는 뜻이다. 처녀생식이란 수컷의 정자로 수정되는 과정을 거치지 않는 채 암컷이 혼자 번식할 수 있는 능력이다. 하지만 처녀생식으로 태어난 인간이 있다면 그는 여성일 것이다. 따라서 생물학적으로 봤을 때, 동정녀 출산이 사실이라면 예수는 여성이었을 것이다. (Ray, 2013: 67)[19]

퀴어 신학자 일부에서는 예수 그리스도의 성을 양성구유적이며 더 나아가 젠더플루적(gender-fluid)이며 범젠더적(多性的)으로 해석하는 경우도 볼 수 있습니다.

영성 퀴어 신학자 엘리자베스 스튜어트(Elizabeth Stuart)는 성육신하신 아기 예수의 몸은 남성성과 여성성을 한 몸에 지닌 몸이었다고 해석한다. 그 근거로서 예수님은 "남성으로 탄생하셨으나 순전히 여성 몸의 요소들로만 구성되었음"을 지적한다: "아기 예수는 생물학적으로 남성과 여성으로 구분되는 기존의 인간 존재 방식과는 다른 새로운 피조물"이다. (김영한, 2020: 66-67; Stuart, 2007: 65 참조)[20]

더 나아가 스튜어트는 부활하신 예수 그리스도의 몸에 대해서 정통주의자와는 전혀 다른 해석을 시도합니다. "스튜어트에 따르면 예수의 몸은 부활을 통하여 '다젠더적인 몸'(multi-gendered body)이 된다. 그리스도의 다젠더적(多性的)인 몸 안에 있는 성도들도 '투과적이고, 범신체적이고, 자리바꿈이 가능한'(permeable, transcorporal, and transpositional) 몸이 된다"라는 것입니다. (김영한, 2020: 71; Stuart, 2007: 66 참조)

(2) 예수 그리스도는 독신자냐 기혼자냐

제닝스는 '예수는 게이였는가?'라는 질문 등에 대해서 기독교 공동체가 역사적으로 소극적인 태도를 보인 이유를 기독교가 지닌 성애 혐오증으로 이해하고 있는 것 같습니다. 성애적 관계가 존재하는 것 자체가 죄가 있음이나 신적 존재가 아님이라는 것으로 이해되었다는 것이지요. 기독교가 지닌 성애 혐오증으로 인해서 예수 그리스도의 성과 관련한 질문은 거의 제기되지 않았을 뿐만 아니라, 성에 대해서 의문을 가지더라도 이성애적 차원-남성 예수 그리스도의 파트너로 여성과의 관계-에서만 제기되어 왔다는 주장을 하고 있습니다.[21] *

---

* "'예수 아내 복음서'의 콥트어 파피루스가 2012년 세상에 공개되자 하버드대학교 신과대학 캐런 킹(Karen L. King) 교수가 이에 대한 논문을 써서 Harvard Theological Review (Jan. 2013)에 발표하면서 이 문서를 통해 초기 기독교인들이 예수의 혼인 가능성을 믿었다고 주장했지만 이후 이 논문이 해당 학

"'예수는 게이였는가?'라는 질문은 최소한 우리가 다른 사람들과 예수의 개인적인 관계에 관해 관심을 가진다는 것을 의미한다. 이 질문은 거의 제기되지 않는데, 부분적인 이유로는 암묵적으로 성애적 관계가 '죄 없는' 것으로 또는 '신적인' 것으로 그려지는 예수의 형상과는 어떤 면에서 공존할 수 없다고 보는 기독교적인 성애 혐오증 때문이다. 심지어 성애적 관계의 가능성이 제기될 때조차도 이 문제는 보통 예수의 파트너로 여성을 상정해 오곤 했다. 유명한 뮤지컬 『지저스 크라이스트 슈퍼스타』(Jesus Christ Superstar)와 니코스 카잔차키스(Nikos Kazantzakis)의 『예수 최후의 유혹』(Last Temptation of Christ)은 막달라 마리아를 예수의 파트너로 그려냈다. 일부 초기 모르몬교적 추론에서는 다른 마리아(베다니)와 그녀의 언니 마르다를 예수의 배필로 내세우기도 했다. 이런 의견들에 대한 주류 기독교의 반응은 전반적으로 부정적이거나 심지어 격렬한 것이었다."(Jennings, 2011: 33-34)

정통적으로, 예수 그리스도는 남성으로서 독신적인 삶을 공생애 동안 사셨습니다[歷史的記述]. "자신의 사명에 전념하기 위해 예수는 결혼하지 않았다. 그는 결혼과 가정을 포기했다"(Gnikla, 2005: 32). "예수 그리스도에 대한 기록이나 훗날 기독교를 전파한 일등 공신인 사도 바울의 서신들을 살펴보면, 둘 다 모두 결혼을 하지 않고 성관계의 경험도 없는 쪽을 선호한다는 것을 알 수 있다"(Thompson, 2016: 93). 퀴어 신학자 중에서도 예수님의 독신을 주장하는 이들도 있는데, 그런데 문제는 예수님께서 독신으로 사신 것에 대한 이유에 대해서 전혀 다른 주장을 한다는 것입니다. 퀴어 신학자들에 의하면 예수님께서 독신의 상태로 있었던 것은 예수 그리스도가 동성애자로서 사랑받지

술지에서 철회되었고 킹 교수 또한 이 문서가 위조되었음을 인정하면서 희대의 센세이션은 뜨거운 뒷맛만을 남긴 채 막을 내리게 되었다."(차정식, 2019: 110). 차정식 (2019). "먹고 마시는 일상적 향유와 예수의 신학적 지향-복음서의 '공동식사' 모티프를 중심으로". 『한국기독교신학논총』. 114. 99-133. https://www.biblicalarchaeology.org/daily/people-cultures-in-the-bible/jesus-histor-ical-jesus/is-the-harvard-theological-review-a-coward-or-did-dr-karen-king-do-some-thing-wrong/

못한 자들로 친밀함을 유지하기 위해서라는 터무니없는 주장을 하는 것을 볼수 있습니다.

> Montefiore[휴 몬테피오르] 주교는 1967년의 한 컨퍼런스에서 "모든 공관복음에서 예수님은 '외부인들'과 사랑받지 못한 사람들과 친밀하셨음을 볼 수 있는데…예수가 본질상 동성애자였다는 것이 그의 독신 상태에 대한 진정한 설명이다"라고 말한다. (Montefiore, 1968)(하재성, 2019: 312 재인용)[22]

독신이셨던 예수 그리스도가 뜬금없이 기혼자(?)가 되어버린 것을 발견할 수 있습니다. 예수님이 기혼자였다는 주장을 하는 이들도 있습니다. 이들의 이러한 주장은 정경인 『성경』의 가르침보다는 성경 밖의 다른 문서에 근거하고 있는 경우가 많습니다. "예수와 마리아의 연애소설을 지지하는 듯한 고대의 자료는 정경이 아닌 빌립 복음서와 마리아 복음서"에서 발견할 수 있었던 것입니다(Evans, 2011: 283). 구체적으로 그 내용을 열거하면 다음과 같습니다. "[…]의 동반자는 막달라의 마리아. […][…]제자들보다 그녀를 더 […][…] 그녀의 […]에 입맞춤[…]"[23](빌립 복음서), "주님과 항상 함께 걸은 세 사람이 있다: 어머니, 누이와 그의 짝이라고 부르는 한 사람인 막달라 마리아이다. 그의 누이, 그의 어머니와 그의 짝은 각각 마리아이다"[24](빌립 복음서), "베드로가 마리아에게 말한다. '자매여, 우리는 당신이 다른 여인들과는 달리 구속자의 많은 사랑을 받았다는 것을 알고 있소. 그러니 당신이 알고 있는 구속의 말씀을 우리가 듣지 못한 것을 말해주시오.'"[25](마리아 복음서, 6:12). 『도마복음』에는 성애적인 대면을 암시할 수도 있는 살로메의 대화를 기술하고 있는 에피소드가 있다. 예수가 말했다. '두 사람이 한 침상에 기대어 있을 것인데, 한 사람은 죽을 것이고, 한 사람은 살 것입니다.' 살로메가 말했다. '선생님 당신은 누구란 말입니까? 당신은 마치 누군가 대단한 분으로부터 오기라도 한 것처럼 나의 침상에 오르고 나의 테이블에서 먹었습니다.' (『도마복음 61:1-2』) ["26] (Jennings, 2011: 216)

예수님이 결혼했다는 주장은 레오나르도 다 빈치(Leonardo da Vinchi)의 〈최후의 만찬(Ultima Cena, The Last Supper)〉의 그림이 한몫을 한 것 같습니다. 댄 브라운이 자기 소설인 『다빈치 코드』에서 그러한 주장을 하는데 그것은 예수님의 오른편-예수님 기준으로-에 있는 세베대의 아들 요한(John, son of Zebedee, John the Apostle)을 다 빈치가 여성적으로 표현했기 때문입니다. 퀴어 신학자 중에서 예수 그리스도가 결혼한 상대는 다름 아니라 마리아(막달라 마리아, Mary Magdalene)라는 것이며, 그녀가 매우 중요한 그러한 자리에 있는 것은 예수의 아내이기 때문이라는 것이지요. (Yalom & Brown, 2016: 38)[27 · 28]

〈최후의 만찬〉에서 예수님의 오른편에 앉아 있는 제자는 사도 요한이 맞습니다. 막달라 마리아가 아니라 남성인 사도 요한입니다. 예수님의 오른편에 있는 사도 요한을 여성적으로 표현한 것은 레오나르도 다 빈치의 독특한 그림 그리기 기법[畵法]에서 온 결과입니다. 다 빈치는 남성을 여성적으로 그리는 경향이 있었다고 합니다. 어느 책에선가 본 내용인데 그 출처에 대해서 정확히 알 수가 없어서 각주를 처리하지 못했음을 양해해 주셨으면 합니다. 다 빈치의 작품인 〈세례 요한〉이나 〈살바도르 문디〉, 즉 세상의 구원자라는 다 빈치의 작품 등을 보면 남성들이 여성적으로 그려져 있다는 것을 쉽게 확인하실 수 있을 것입니다. 마치 '여성+털(수염)=남자' 또는 '남성-털(수염)=여자'인 것처럼 보이는 것을 확인하실 수 있을 것입니다.[29] 모르몬교들은 예수님이 결혼했다는 주장에서 앞으로 더 나아갑니다. 그들의 주장은 예수님에게 여러 명의 아내가 있었다는 식의 논리적 도약으로 이어집니다. 실은 모르몬교도들이 일부일처제를 버리고 일부다처제인 중혼을 받아들이게 된 것도 이러한 해석에 근거를 둔 것이라고 합니다. 결혼제도에 대한 모르몬교의 새로운 해석은 바로 '예수님에게 여러 아내가 존재함(예수님도 일부다처제 행함)=마땅히 따라야 할 행위=신의 뜻'이었던 것이다.

[그림: 〈최후의 만찬〉에서 예수의 열두제자들의 좌석 위치]

바돌로메	작은야고보·알페오의아들	안드레	가룟유다	시몬베드로	세베대의아들요한	예수님	도마	세베대의아들야고보	빌립	마태알페오의아들	다대오	가나안사람시몬

모르몬교 창시자는 올슨 하이드[아마도 Olson Hyde]의 성서 해석을 받아들인다. "예수는 실제로 여러 명의 아내가 있었다. 마리아와 마르다, 그리고 나자로의 여동생이 예수의 아내였다. 또한 막달라 마리아는 또 다른 아내였다. 또한 예수가 물을 포도주로 변화시켰던 갈릴리의 가나 축제는 예수 자신의 결혼식이었다. [Young, 1876: 307]"[30](Phipps, 2006: 124)

(3) 예수 그리스도는 동성애자이신가

퀴어 신학자들은 예수 그리스도를 동성애자로 해석하기도 합니다. 게이 예수라는 주장을 합니다. 앞서 다 빈치의 〈최후의 만찬〉에 대한 댄 브라운(Dan Brown) 유(類)의 해석과 전혀 다른 해석을 시도합니다. 예수님 오른편에 있었던 제자를 마리아가 아닌, 사도 요한으로 이해한다는 면에서-성경의 진술과 부합하지만- 막달라 마리아[여성]로 해석하는 브라운의 해석과 다른 관점을 취하고 있다는 점이다. 예수님을 동성애자로 해석하는 이들은 성경에서 요한과 예수님에 대한 묘사 즉, '요한 사랑받은 자'(John Jesus Loved, the so-called Beloved Disciple)를 동성애 관계로 해석하고, 더 나아가 마가복음 제14장 51~52절에 나오는 '예수님이 잡히실 때의 벌거벗은 젊은이'(a young man who was wearing only a linen cloth, [CEV])와의 관계를 동성애적 관계로 해석한다는 점입니다.[31] 앞에서 퀴어 신학자들이 사용하는 전술에서 밝힌 것처럼 이들은 예수 그리스도가 동성애자가 되심을 증명하기 위해 본문을 재해석(Gay Reading)하거나 영지주의 문서 등과 같은 다른 자료들을 끄집어들이고 거기에 신적/권위를 부여하는 식의 전개를 시도합니다. 백부장과 종의 관계를 동성애의 관계로 해석하는 이들은 예수 그리스도가 동성애 관계에 있었기 때문에 백부장과 종의 관계를 동성애적 관계로 인정하셨다는 식의 논리를 전개하는 것입니다. 책의 번역을 통해서 우리나라에 소개된 제닝스가 그러한 전개를 하는 학자인데 제닝스의 논리를 중심으로 먼저 살펴보고자 합니다. 제닝스는 먼저 애매모호(曖昧模糊)하게 그러나 그가 말하고 싶은 것이 무엇인지 짐작하게 하는 다음과 같은 진술을 통해 예수 그리스도가 동성애적 성향을 지닌 것으로 언급하는 것을 볼 수 있습니다.

> 일반적으로 우리는 누가 누구와 또는 어떤 성관계를 가지는지 잘 알지 못하며, 어떤 면에서 보자면 심지어 우리가 성애적으로 왕래하거나, 또는 표현된다고 추정하는 관계에 대해서도 잘 알지 못한다는 것이다. 그래서 나는 성적인 관계가 사람 간의 관계에서 어떤 특성 같은 것일 수도 있다고 생각한다. 나는 서로 어떤 관계에 있는 사람들이 '성관계를 가졌는지' 또는 어떤 방식으로 성관계를 맺는지 그 상황을 추정하기보다는 오히려 사람과 사람 사이의 관계가 유비적인 여건 안에서 모종의 또는 다른 성적인 실천이 관계될 것을 우리가 생각해 볼 수 있는 그런 종류의 것이라고 본다. 우리는 성이 '자연스러운 것'이거나 또는 공개적으로 보일 수 있도

록 전시되는 것의 확장(아마 개인적인 것으로 가정할 수 있는)일 것으로 생각한다. 이런 의미에서 나는 예수와 그가 사랑한 그 사람 사이의 관계(그리고 백부장과 그의 '젊은 이'와의 관계)를 '동성애적'이라고 말한다. (Jennings, 2011: 29)

제닝스는 사도 베드로가 예수님과 사랑받은 제자(사도 요한) 사이에 매우 친밀한 동성애 관계를 맺고 있었다는 것을 이미 알고 있었다고 주장을 합니다. 최후의 만찬 때에 베드로가 예수님과 동성애 관계에 있던 '사랑받은 제자'인 요한에게 예수를 배신한 자가 누구인지 말하라고 했던 것은 다름 아니라 베드로가 예수님과 사도 요한의 관계가 동성애 관계에 있을 정도로 친밀한 관계를 알고 있었기에 요한에게 그러한 요구를 했다는 것입니다. (요13:23-25 〈개역 개정〉, "23. 예수의 제자 중 하나 곧 그가 사랑하시는 자가 예수의 품에 의지하여 누웠는지라 24. 시몬 베드로가 머릿짓을 하여 말하되 말씀하신 자가 누구인지 말하라 하니 25. 그가 예수의 가슴에 그대로 의지하여 말하되 주여 누구니이까", 요13:21-30; 마26:20-25; 막14:17-21; 눅22:21-23)

어쨌든 베드로는 누군가 배신자의 정체를 안다면 이 사랑 받은 제자가 그 정체를 아는 사람이라고 생각한다. 베드로는 왜 이렇게 생각하는 것인가? 왜냐하면 예수는 나와 제자들에 대한 친밀함과는 다른 방식으로 이 제자와 가까웠기 때문이다. 베드로는 이 육체적인 친밀함이 예수가 의미하는 것에 대한 더 나은 이해를 수반할 것이라는 그럴듯한 결론을 도출하지만, 이것은 오해일 뿐이다. 즉, 이 사랑받는 제자의 육체적인 친밀함이 특별한 지식으로 이어지지 않는다는 것이다. 그 사랑받는 제자는 배신자의 정체를 알지 못했고, 그래서 예수에게 기대어 묻게 된다. (Jennings, 2011: 51)

제닝스는 거기에서 더 앞으로 나아가 다음과 같은 근거를 사도 요한과 예수님의 동성애 관계로 제시하곤 합니다. 예수님에게 형제들이 있는데 심지어 남자 형제뿐만 아니라 여자 형제들도 있었는데도 불구하고 자신의 어머니를 다른 누구도 아닌 사도 요한에게 부탁한 것을 보았을 때 예수님과 사도 요한의 관계가 동성애 관계가 아니고 무엇이냐는 식의 주장을 하는 것입니다.[32]

> 예수의 지시는 요한복음이 예수에게 '형제들'이 있다는 것을 말하고 있음을 고려할 때 더욱 충격적이다. (요2:12; 7:2-5, 10)(Jennings, 2011: 57)[33]

마가복음 제14장 51~52절에 매우 짧게 나온 '벌거벗은 젊은이'에 대한 해석을 동성애적으로 해석하기 위해 성경과 거리가 먼 위경에 눈을 돌립니다. 그러면서 예수님이 '벌거벗은 젊은이'와 동성애적 관계를 맺었기에 백부장과 종(pais)의 동성애적 관계를 충분히 긍정적으로 이해할 수 있었다는 주장을 하기에 이릅니다. 예수님 자신의 동성애 관계로 백부장과 종의 동성애적 관계에 대해서 열린 태도로 용인/인정하셨다는 것입니다.

> 소위 '비밀의 마가복음'(Secret Mark)으로 알려진 단편들로 눈을 돌릴 것이다. 정경상의 마가복음은 겟세마네 동산에서 벌거벗은 젊은이의 에피소드를 담고 있는 반면, '비밀의 마가복음'은 예수와 한 명의 동일한 또는 다른 '벌거벗은 젊은이' 간에 별개의 만남이 있었음을 말하고 있다. 사랑받는 제자에 관한 텍스트들에서 나타나는 정도의 명확성은 없지만, 이 인용문들은 예수 전승 내에 있는 잠재적으로 동성애적인 관계에 또 하나의 견해를 제공한다. 그런 이후에 나는 마태복음(그리고 누가복음)에 실린 백부장의 연소한 애인에 관한 이야기로 방향을 선회할 것인데, 이 이야기는 예수가 타인들의 동-성애적 관계들에 대해 열린 태도를 취했다는 것을 강력하게 암시한다. (Jennings, 2011: 190)

제닝스의 주장은 거기에서 끝나지 않고 앞으로 더욱 극단적으로 나아갑니다. 예수님께서 '제자가 되는 길'(눅14:26-27)에 대해 하신 다음과 같은 발언에 대해서도 퀴어한 기이한 해석을 시도합니다. 예수님께서 그런 말씀을 하신 것은 전통적 가족의 해체뿐만 아니라 동성애도 허용한 확대 가족에 대해서 인정하셨다는 식으로 해석합니다. "그[Theodore Jennings Jr.]는 '무릇 내게 오는 자가 자기 부모와 처자와 형제와 자매와 더욱이 자기 목숨까지 미워하지 아니하면 능히 내 제자가 되지 못한다'라는 누가복음 제14장 26~27절을 전통적 가족의 해체와 동성애도 허용하는 확대 가족 공동체의 시작으로 해석한다" (이경직, 2017: 440, [ ] 강조는 본 연구자). 앞의 내용을 요약하는 차원에서 예수 그리스도의 성과 관련된 전통주의자와 수정주의자들의 견해를 [표]로 정리해 보기로 하겠습니다.

[표: 예수 그리스도의 성: 전통주의와 수정주의 비교]

구분	전통주의자 (Theo-andropos Christ)	수정주의자 (Queering Christ, queer Christ)
신분	성을 초월한 인간으로 오신 하나님이신 예수(本質的)	하나님이 아닌, 성과 매우 밀접한 인간 예수(一般論)
성별 (sex)	남성, 독신(成肉身 期間)	여성?(Darrel W. Ray) 멀티젠더/판젠더/젠더플루(Elizabeth Stuart)
결혼 여부	독신[34]: Craig A. Evans, Bart D. Ehrman, Robert H. Stein, Marie-France Etchegoin & Frederic Lenior, M. Strauss, Erwin Lutzer,	결혼: Dan Brown[35] Olson Hyde, Simcha Jacobovici & Charles Pellegrino, 〈마리아 복음서(6:12)〉, 〈빌립 복음서〉 Hilton and Marshall[36] 모르몬교 해석(일부다처제)
동성애 여부	동성애와 무관 Craig A. Evans, Lynn Picknett & Clive Prince	동성애자 〈마가의 비밀복음〉, 〈빌립 복음서〉 Morton Smith, Theodore W. Jennings. Jr.
양성애 여부	양성애자와 무관	양성애자(사도 요한+막달라 마리아)

자료: 강상우(2018) 표의 내용 근거로 수정 및 첨가

Ⅲ 나가는 말

> 학자들은 자신이 보기를 원하는 예수를 보는 경향이 있다. 그들은, 자신이 만들어
> 놓은 예수의 모습에서 스스로의 모습을 본다. (Aslan, 2014: 30)

레자 아슬란(Reza Aslan)이 언급했던 것처럼 자신이 보기를 원하는 것을 보는 경향을 지니는 것은 인지상정(人之常情)입니다. 퀴어 신학자들은 전통적인 하나님 상(像)이나 예수 그리스도의 상을 거부하고 자신들의 성적 취향/주장에 맞는 하나님과 예수 그리스도를 바라다보는 것을 알 수 있습니다. 그들은 하나님이 무성이며, 인간의 몸으로 오신 하나님이신 예수 그리스도가 남자의 육체를 입고 오신 것이 역사적 사실임에도 불구하고 이러한 역사적 사실을 부정합니다. 인간의 남성 몸으로 오신 예수 그리스도에 대한 그러한 역사적 사실의 부정은 성과 관련된 선을 넘게 되고 선을 넘음으로 인해 성과 관련된 다양한/기이한/억지 해석을 가능하게 합니다. 한마디로 '꼴리는' 해석('Go With Gut' Interpretation)이 아무런 제한 없이 무법적으로 폭주(輻輳)하게 된다는 것입니다. 퀴어 신학자들에 의한 다양한 기이한 해석(queer reading)들로 차고 넘치게 된 것입니다. 심지어 구약에 기술되어 있는 일부다처제를 폴리아모리(Polyamory)로 해석하는 이들도 있습니다(권혁남, 2018: 1123).[37] 선(線)이 없이 역사적 사실에 기반하지 않는 기이한 해석을 하는 퀴어 신학자들의 해석은 서로 모순되는 모습으로 나타날 수밖에 없습니다. 그러한 퀴어한 해석을 통해 자신들이 얻고자 하는 목적/이익들이 서로 다르므로 퀴어 신학자 간의 해석에 필연적인 모순이 존재하는 것입니다. 성과 관련해서 하나님에 대해서 그러한 퀴어하게 생각하는 것은 기독교의 하나님을 신화적인 신-그리스 신화나 인도 신화 등에서나 나올 법한 신-으로 바라보는 그들의 신관(神觀)이 무엇보다 그

들 중심에 자리하고 있음을 알 수 있습니다. '기독교 하나님=그리스/인도 신화의 신=다양한 성적 행동이 가능'하기 때문입니다. 한마디로 그들의 신관(神觀)/신론(神論)에 근본적으로 문제가 있음을 보여줍니다.

다음과 같은 개인적 물음과 함께 개인적인 답변으로 글을 마치고자 합니다. 성적 행위와 관련해서 왜 하나님의 성이 무성이어야 하는 것이 중요한가? [참고로 예수 그리스도가 여자가 아닌 남자의 육신을 입고 인간과 하나님 사이의 중재자(mediator)로 이 땅에 오신 것은 그 당시 사회가 남성 중심의 가부장제 사회였다는 것도 중요한 역할을 했을 것이다. 예수 그리스도가 남성의 몸을 입었지만, 잉태(孕胎)와 공생애의 삶은 성적인 행위와는 무관한 삶을 사셨다는 점에서 예수 그리스도 또한 신으로서 무성적(無性的)이었다고 해석할 수 있을 것입니다] 하나님께서는 성과 관련해서 그 어떠한 제한을 두지 않으시기 때문에 하나님은 무성이어야 하는 것입니다. 물론 남성의 몸을 입고 온 예수 그리스도도 무성적인 삶-獨身-을 친히 사셨던 것입니다. 도교적(道教的)인 표현인지 몰라도 비어(空) 있는 것만이 모든 것을 채울[받아들일, 滿] 수 있다는 점입니다. 무성이신 하나님은 성을 초월해서 모두에게 하나님의 자녀가 될 수 있는 권세를 주셨다는 것을 의미합니다. 누구든지 예수 그리스도를 구세주로 믿고[稱義] 성령의 능력으로 거룩한 삶을 살아간다면[聖化]-'동성애적 성향을 바꾸거나 독신으로 살아가라'라는 말에 부정적으로 생각하시는 분이 계실지 모르지만- 말입니다.

|참고문헌|

강상우 (2018). "만들어진 예수: 잘못 맞춰진 예수 퍼즐에 대한 소고". 춘계학술대회. (통권 25호). https://www.worldview.or.kr/library/article/3031

강상우 (2017). 동성애자들의 '세(勢, [數]) 불리기'에 대한 재고: 그리스 · 로마 시대의 동 성애와 여러 문화권의 '유사 동성애'를 중심". 〈기독학문학회〉 (통권34호). https:// www.worldview.or.kr/library/article/2885.

강상우 (2014). "정통 기독교 비판가들의 논리 구성-정통 기독교 비판가들은 어떤 논리 를 사용하여 정통 기독교를 무너뜨리려고 하는가?". 〈기독교학문학회〉 (통권31호). 1-30. https://www.worldview.or.kr/library/article/1940

강준막 (2011). 『재미있는 섹스 사전』. 서울: 북카라반.

곽혜원 (2020). "제4장. 젠더 이데올로기의 도전 앞에 선 21세기 한국 기독교의 과제". 페 터 바이어하우스 · 김영한 외 공저 (2020). 『젠더 이데올로기 심층 연구』. 밝은생 각. 184-228.

구미정 (2010). "성, 동성애 그리고 죄: 기독교의 불편한 진실을 재고함". 숌 프로젝트 엮음, 『하느님과 만난 동성애』. 파주: 한울. 256-273.

권혁남 (2018). "격변하는 성문화에 대한 기독교 윤리적 성찰: 폴리아모리 문제를 중심으 로". 『인문사회21』. 9(3). 1117-1128.

김영한 (2020). "제2장. 동성애 정당화 '퀴어 신학'은 이단 사상". 페터 바이어하우스 · 김 영한 외 공저 (2020). 『젠더 이데올로기 심층 연구』. 서울: 밝은생각. 58-87.

김영한 (2016). "3부. 제1장. 동성애 행위에 대한 영성 신학적 해석: 동성애는 창조 본연의 가정 질서를 거슬리는 죄악". 김영한 외 공저 (2016). 『동성애, 21세기 문화충돌』. 용인: 킹덤북스. 267-300.

김영한 (2018.10.20.). "동성애 정당화 퀴어 신학은 이단 사상". 동성애에 대한 신학적 성찰. 한국개혁신학회 제45차 학술심포지엄. 한국성서대학교. 8-21.

김준우 (2021). "'무지개신학 시리즈'를 발간하면서". Guest, Deryn, Robert E. Gross, Mona West and Thomas Bohache ed. (2006). The Queer Bible Commentary I.

London: SCN Press. 퀴어 성서 주석 번역출판위원회 역 (2021).『퀴어 성서 주석
I 히브리 성서』. 무지개신학연구소. 9-13.

박경미 (2020).『성서, 퀴어를 옹호하다』. 대구: 한티재.

신득일 (2016). "하나님의 창조질서와 동성결혼"『신앙과 학문』. 21(4). 7-23.

양병현 (2008). "여성스러운 사내: 댄 브라운의『다빈치 코드』".『문학과 종교』. 13(1). 19-
51.

유연희 (2022). "퀴어-페미니스트 관점에서 한 권의 책으로 읽는 이사야서".『구약논단』.
28(2). 175-202.

이경직 (2017). "한국교회와 동성애".『성경과 신학』. 81. 431 - 460.

이국진 (2011).『예수는 있다』. 개정증보판. 서울: 국제제자훈련원.

이숙진 (2014). "최근 한국 기독교의 아버지 담론에 대한 비판적 성찰: '착한' 가부장주의
를 중심으로". 서강대 종교연구소 엮음 (2014).『한국 여성 종교인의 현실과 젠더
문제』. 서울: 동연. 276-303.

이승구 (2019). "퀴어 신학의 주장과 그 문제점들".『성경과 신학』. 89. 27 - 56.

이종철 (2022). "『퀴어 성서 주석 Ⅱ. 신약성서』(QBC)에 대한 비평적 분석".『神學思想』.
199. 75-104.

이형도 편저 (2005).『다 빈치 코드의 비밀문서』. 이레미디어.

하재성 (2019). "성경의 권위, 퀴어 신학 그리고 기독교 상담".『복음과 상담』. 27(2). 297-
326.

Aslan, Reza (2013). Zealot. 민경식 역 (2014).『제롯』. 서울: 와이즈베리.

Bivin, David (2007). New Light on the Difficult Words of Jesus. Holland. MI: Living
Water Books. 이상준 역 (2018).『유대인의 눈으로 본 예수』. 서울: 이스트윈드.

Bluhm, Detlef (2009). Von Autoren, Büchern und Piraten. Kleine Geschichte der
Buchkultur. 정일주 역 (2015).『책의 문화사』. 서울: 생각비행.

Carden, Michael (2006). "창세기". Guest, Deryn, Robert E. Gross, Mona West and
Thomas Bohache ed. (2006). The Queer Bible Commentary I. London: SCN
Press. 퀴어 성서 주석 번역출판위원회 역 (2021).『퀴어 성서 주석 I 히브리 성서』.
고양: 무지개신학연구소. 57-119.

Evans, Craig A. (2006). Fabricating Jesus. Downer Groves. Ill: IVP. 성기문 역 (2011).『만들어진 예수: 누가 예수를 왜곡하는가』. 서울: 새물결플러스.

Gnilka, Joachim (2004). Bibel und Koran: Was sie verbindet, was sie trennt. 오희천 역 (2005).『성경과 코란: 무엇이 같으며 무엇이 다른가』. 중심.

Guest, Deryn (2006). "사사기". Guest, Deryn, Robert E. Gross, Mona West and Thomas Bohache ed. (2006). The Queer Bible Commentary I. London: SCN Press. 퀴어 성서 주석 번역출판위원회 역 (2021).『퀴어 성서 주석 I 히브리 성서』. 고양: 무지개신학연구소. 283-317.

Helminiak, Daniel A. (2000). What the Bible Really Says About Homosexuality? 김강일 역 (2003).『성서가 말하는 동성애』. 서울: 해울.

Hilton, Michael and G. Marshall (1988). The Gospels and Rabbinic Judaism. Hoboken. NJ: Ktav.

Jennings, Jr., Theodore W. (2003). The Man Jesus Loved: homoerotic narratives from the new testament. 박성훈 역 (2011).『예수가 사랑한 남자』. 서울: 동연.

Lohfink, Gerhard (2012). Jesus von Nazaret: Was er Wollte, Wer er War. Freiburg im Breisgau: Verlag Herder. 김혁태 역 (2015).『예수 마음 코칭』. 서울: 생활성서사.

Phipps, W. (1996). The Sexuality of Jesus. 신은희 역 (2006).『예수의 섹슈얼리티』. 이룸.

Ray, Darrel W. (2012). Sex & God. 김승욱 역 (2013).『침대위의 신』. 어마마마.

Rogers, Jack (2009). Jesus, The Bible, and Homosexuality Explode the Myths, Heal the Church. 조경희 역 (2018).『예수, 성경, 동성애』. 고양: 한국기독교연구소.

Rudy, Kathy (1997). Sex and the Church: Gender, Homosexuality and the Transformation of Christian Ethics. Beacon Press. 박광호 역 (2012).『섹스 앤 더 처치: 젠더, 동성애, 그리고 기독교 윤리의 변혁』. 파주: 한울.

Stone, Ken (2006). "열왕기상 · 하". Guest, Deryn, Robert E. Gross, Mona West and Thomas Bohache ed. (2006). The Queer Bible Commentary I. London: SCN Press. 퀴어 성서 주석 번역출판위원회 역 (2021).『퀴어 성서 주석 I 히브리 성서』. 고양: 무지개신학연구소. 363-403.

Stott, Rohn R. W. (2006). Issues Facing Christian Today. Grand Rapids. MI: Zondervan.

정옥배 역 (2011). 『현대 사회문제와 그리스도인의 책임』. 서울: IVP.

Thompson, Willie (2015). Work, Sex and Power. London: Pluto Press. 우진하 역 (2016). 『노동, 성, 권력: 무엇이 인류의 역사를 바꾸어 왔는가』. 서울: 문학사상.

Yalom, Marilyn (1997). A History of the Breast. 윤길순 역 (1999). 『유방의 역사』. 서울: 자작나무.

EPILOGOS(Επίλογος)

책을 덮기 전에

세상의 평가와 다르게 성경의 가르침을 따르는 자가 곧 그리스도인

동성애와 관련해서 그 평가는 지속해서 변해왔습니다. 수정주의적 입장[1]에서 논문을 쓴 김희수의 글에서 발견할 수 있는 것처럼 시대에 따라 정치 · 경제 · 문화 등의 필요성에 따라 동성애에 대한 평가가 지속해서 변해온 것은 부정할 수 없는 사실입니다.

> 이상에서 살펴본 바와 같이, 인간의 성적 정체성, 성의 역할과 의미, 성에 대한 도덕적 판단이 인류 역사 속에서 자주 정치 · 경제 · 문화적 필요에 따라서 인위적으로 규정되었음을 보여준다. 동성애에 대한 심판 역시 종교적인 전통이나 교리, 선 · 후천성의 여부 등과도 상관없이 흔히 사회 · 문화적, 정치 · 경제적 필요에 따라 작위적으로 이루어졌음을 보게 된다. 그러한 필요에 따라 어떤 때는 합법적인 것으로 또 어떤 때는 비합법적인 것으로 만들기도 했던 것이다. 이렇게 볼 때, 동성애가 존재론적인 죄나 악이라고 볼 수는 없다는 결론이 나오는 것이다. 또한 그들이 사회적 소수에 불과하다고 해서 종교 · 사회 · 문화 · 법적으로 정죄하고 배척하며 차별해도 되는 존재들이 아니라는 것을 알게 되며, 그들의 인권 보호를 위한 노력의 당위성을 발견하게 된다. (김희수, 2014: 255)[2]

부끄럽지만 물론 앞서 지적했던 것처럼 동성애에 대한 평가의 변화[流動性]에는 국가/정치와 종교 간의 관계 설정 등과 같은 교회 공동체의 일치하지 않는 성경해석도 일조했습니다. 마치 기독교 흑역사에서 잘못된 성경해석이 크게 작용했던 것처럼 성경의 가르침보다는 그 시대의 환경/기득권 세력에 야합함으로써 그들 입맛에 맞는 잘못된 해석을 만들어 낸 것입니다. 그러나 성경은 동성애에 대해서 여전히 죄, 종교/신앙적 의미의 죄 중의 하나(a sin)라고 말합니다. 성경의 가르침은 역사 속에서 오해되고 오용되었다고 해서 성경의 가르침이 변화하는 것이 아니기 때문입니다. 성경의 가르침에 대해서 과거에 "너희들이 또는 역사적으로 이렇게 하지 않았느냐? 그러므로 이렇게 해야 하지 않겠는가?"라는 주장은 성립되지 않기 때문입니다.

그렇다고 해서 구약의 동성애에 대한 처벌 규정을 그대로 현실에 적용/규정하자는 극단적 주장은 말이 안 됩니다. 그러한 주장은 있어서도 안 될 것입니다. 어느 누구도 이러한 주장에 대해서 동의하지 않을 것입니다. 이러한 주장은 교회 공동체와 세상을 더욱 대립적으로 만들 뿐만 아니라, 소모적인 논쟁만을 낳게 될 것입니다. 교회 공동체는 이미와 아직 사이의 하나님 나라에서 살아가고 있으며, 이러한 현실은 오늘날에는 정교분리의 세속국가 형태로 나타났고 또 교회 공동체의 구성원들은 이러한 세속국가의 시민인 동시에 나그네(sojourner)로서 살아가고 있기 때문입니다. 그리고 무엇보다 구약의 규정은 예수 그리스도의 성육신으로 인해 새로운 관점에서 바라보아야 하므로 동성애에 관한 규정은 예수 그리스도의 사랑의 새 계명으로 새롭게 이해되어야 하기 때문입니다.

예수 그리스도의 사랑의 새 계명으로 동성애를 바라보아야 한다고 해서 수정주의자들(revisionists)의 주장처럼 무조건 사랑으로 받아들이자는 것은 아닙니다. 말씀이 되시는 예수님의 공생애적 삶과 가르침에 조화를 이룬 해석/이해가 필요하다는 것입니다. 예수님은 창세기의 결혼 규정에 대해서 신적 추인을 하셨습니다. 간음한 여인을 용서하셨습니다. 아니 모든 죄인의 친구이셨습니다. 그렇다고 해서 간음한 여인에게 계속된 간음한 삶을 원하시지 않으셨습니다. 부자 청년에게 예수님이 말씀하셨을 때 그 청년은 고민하였습니다. 왜냐하면 예수님의 가르침에는 삶의 변화/과거의 삶과의 단절을 요구하는 경우도 있기 때문입니다. 과거 자기 삶과의 단절/변화된 부분이 필요했기 때문에 그러한 고민을 한 것이지요. 예수님은 동성애자들에게 고민과 더불어 변화를 요구하신 것입니다.

동성애 문제의 정확한 위치 설정이 필요함

> 성경에서 결혼과 성생활을 이성애 성관계를 맺는 사람들에게만 인정한다면 오늘날에도 그것은 무엇을 뜻하는지 오히려 이성애자들이 깊이 고민해야 합니다.(양혜원, 2020: 269-270)

그렇다면 다시 원론적인 물음으로 돌아갈 필요가 있습니다. 도대체 동성애가 무엇이기에 이렇게 난리인가?[3] 세상의 다른 중요한 문제도 많은데 무엇 때문에 동성애라는 문제가 그렇게 비중 있는 문제가 되는 걸까? 왜 이러한 질문들이 존재/자주 접하는 걸까요? 동성애자는 하나님 나라에 갈 수 없을까요? 동성애자는 하나님 나라에 갈 수 있을까요? 동성애자도 하나님 나라를 꿈꿀 수 없을까요? 하나님 나라는 동성애와 무관한 것일까요? 동성애의 문제를 교리적인 문제로 이해하기 때문에 발생하는 혼란입니다. 쉽게 말해서 동성애 문제를 이신칭의 문제와 동일 선상에 두고 있으므로 그러한 질문을 하게 되는 것입니다. '동성애 인정=이신칭의 부정, 동성애 부정=이신칭의 긍정'이라는 수준[教理的水準]에서 동성애를 이해하고 있기 때문입니다[일종의 類似教理化, pseudo-doctrinalization; '신앙 전체주의'(김혜령, 2020: 274-275)].[4] 동성애를 긍정하는 것은 이신칭의를 부정하는 것과 같은 종류의 것/가치를 지닌다고 보기 때문에 동성애자들에게 천국이 허락되지 않는다고 생각하고 있는 것입니다.[5 · 6]

> 평생을 간음한 자가 죽을 때 예수 그리스도를 주님으로 영접하면 천국에 갑니까? 못 갑니까? 평생을 동성애자로 살다가 죽을 때 예수 그리스도를 주님으로 영접하면 천국에 갑니까? 못 갑니까? (답은 하나님에게만 있고 단지 저는 질문만 하는 것이다)

'값싼 은혜'(Cheap Grace, Dietrich Bonhoeffer)라고 비난하실지 모르겠지만, 한동안 인구에 회자했던 조두순을 '간음한 자/동성애자'에 넣고 질문해 보십시오. 아니 역사적으로 부정적으로 유명한(notorious) 히틀러나 다른 잔혹한 인물들을 넣고 질문해 보십시오. 심지어 극단적으로 사탄(שָׂטָן; śāṭān)이라는 단어로 넣고 질문해 보십시오. 이신칭의라는 교리적 측면에서는 "예, 천국에 갑니다"입니다. [예상 답지는 그렇습니다. 물론 최종적인 것은 하나님께서 결정하실 문제이지만 말입니다. 항상 말씀드리지만, 최종 답지와 정답은 우리 하나님만 아십니다. 다만 저는 개인적인 확신만을 가지고 있을 뿐입니다] 제가 이상한 물음을 제기한 것은 다름 아니라 동성애 문제가 이신칭의와 같은 수준의 가치를 지닌 문제가 아니라는 것입니다. 동성애 문제는 이신칭의와 같은 수준의 문제로 끌어들임으로써 동성애에 대한 극단적인 반응이 나오게 되었다는 것입니다. 동성애는 교리적 문제가 아니라 성화의 문제라는 것입니다.

동성애(同性愛, homo sex)라는 단어에서 알 수 있는 것처럼 동성애는 '성애(性

愛, sex)'에 대한 문제라는 것입니다. 동성애(homo sex)에 대한 반대말이 말 그대로 이성애(異性愛, hetero sex)입니다. 앞서 지속해서 말씀드린 것처럼 동성애는 성애와 관련된 문제로 성적 일탈 행위의 한 유형이라는 것입니다.

성경이 가르치는 합법적인 성행위라는 것은 결혼이라는 제도 안에서 남녀 부부간에 이루어지는 성행위뿐이라는 것입니다. 동성애는 성적 일탈 행위로 간통이나 혼전 성관계나 그 밖의 성적 일탈 행위와 같다는 것입니다. 그러므로 교회 공동체는 동성애에 대한 극단적 혐오의 발언은 지양해야 한다는 것입니다. 간통을 범한 사람에 대해서 '죽이네, 살리네' 하지 않는 것과 마찬가지로 말입니다. 성적 일탈 행위에 대해서 인권을 얘기하지 않는 것처럼 동성애를 바라보는 교회 공동체의 시각에 대해서 인권이나 소수자라는 개념으로 비난하지 않았으면 하는 바람입니다. 물론 동성애를 떠나 동성애자의 인권이 중요한 것은 사실이지만 그렇다고 해서 동성애(행위 그 자체)까지 인정하라는 식의 논리는 전개하지 않아야 할 것입니다. 교회 공동체는 지금 우리가 발을 붙이고 사는 세상이 정교분리의 사회라는 것을 기억해 주셨으면 합니다. 우리가 신앙적으로 맞는 것이라고 해서 그것을 교회 공동체 밖의 사람들에게 강요(強要)할 수 없다는 것입니다. 특히 물리적인 힘을 사용해서는 더욱더 강요라는 방법은 사용할 수 없다는 것입니다. 그렇다고 입으로만 떠들어댄다고 해서 교회 공동체 밖의 사람들이 교회 공동체의 말에 주의를 기울이지 않는다는 것입니다. 그러므로 동성애 문제뿐만 아니라 다른 신앙적 이슈에 대해 시민적 예의(civil decency)를 지니는 것은 더욱 중요하다는 것입니다. 예의를 지닌 올바른 실천이 필요한 것입니다.

간통 (adultery)	동성애 (homosexuality)	함의(含意)
실정법상 간통죄 폐지	실정법상 동성애 죄가 없음	범죄(crime)가 아니다. 그래서 동성애가 죄라고 할 때에는 실정법상의 죄가 아님을 전제할 필요가 있다. 시민적 예의가 필요하고 인권 차원에서 접근할 필요가 있다.
성경적 관점에서 성적 일탈 행위	성경적 관점에서 성적 일탈 행위	종교적 관점에서 죄(sin)다. 그래서 정통 기독교 신앙을 지닌 이들이 신앙적 관점에서 죄로 본다는 것을 세상 사람에게 주지할 필요가 있다. 동성애자에 대해서 시민적 예의를 지녀야 하는 것처럼 동성애 혐오(homophobia)라는 말은 쉽게 할 수 있는 것이 아니다.
		간통을 법적으로 제도적으로 인정할 수 없는 것처럼 동성애를 법적으로 제도적(동성결혼)으로 인정할 수 없다는 것이다.

잠시 참고로 붓다와 관련된 동성애의 해석에 대해서

동성애와 관련해서 불교의 해석을 보면 기독교와 유사한 모습을 보이고 있는 것 같습니다. 왜냐하면 붓다와 관련된 동성애의 해석에서 게이 리딩(Gay Reading)을 시도하는 것을 볼 수 있고, 또 승단추방죄법 제1조의 성적 교섭에 대한 계율 내용에서 성기뿐만 아니라, 항문이나 구강을 나란히 언급하고 있는 점에 대해서 마치 항문과 구강이 성기에 같은 성적 행위와 관련된 기관으로 이해하는 경향이 있는 것 같다는 생각이 듭니다.

『자타카』에 붓다와 아난다의 전생(前生) 설화가 있다고 합니다. 이 전생 설화를 두고 동성애적 행위인가에 대해 학자들 간에 이견이 존재한다고 합니다. 일부에서는 동성애적 해석을 시도하려고 한다는 것이지요. 허남결 교수는 동성 애호적 감정(homoerotic emotion) 정도로 해석하는 것을 볼 수 있습니다. 직접적인 묘사가 없으므로 동성애적 해석을 하는 것은 무리가 따른다는 것입니다.

자타카에 나오는 전생의 붓다와 아난다의 설화가 요즘 흔히 이야기하는 동성애적 행위인가라는 점은 다시 한번 재고해 볼 필요가 있을 것이다. 굳이 말한다면 함께 고행의 길을 걷고 있는 동성 수행자에 대해 따뜻하게 보살펴 주고 싶은 동성 애호적 감정(homoerotic emotion) 정도가 아닐까? 왜냐하면 자타카에 나오는 설화들에서는 두 사람이 동성애적 감정을 유추할 수 있는 에피소드는 많아도 동성애적 행위를 직접 묘사하고 있는 장면을 찾아볼 수 없기 때문이다. 이것은 어디까지나 수행자의 생활과 양립이 가능한 범위 내에서의 인간적 교제였다고도 볼 수 있다는 말이다. (허남결, 2008: 269)

승단추방죄법 제1조의 성적 교섭에 대한 계율 내용을 살펴보면, 붓다는 비구가 인간의 여성·비인간의 여성·축생의 여성·인간의 양성·비인간의 양성·축생의 양성과 3가지 방식[항문, 성기, 구강]으로, 인간·비인간·축생의 빤다까와 2가지 방식[항문·구강]으로, 인간·축생·비인간의 남성과 2가지 방식으로 각각 성적 교섭을 하면 승단추방죄를 범하는 것이라 설하고 있다. 여기서 항문이나 구강을 성기에 비해 더 하열한 기관이라고 폄하하거나 문제 삼지 않고 나란히 두고 있는 점이 인상적이다. (효록, 2016: 315)

|참고문헌|

김혜령 (2020). "성소수자 혐오의 혐오성에 대한 기독교 윤리학의 비판적 논증". 『神學思想』. 190. 273-317.

김희수 (2014). "동성애에 대한 다차원적 이해와 사랑과 평등과 공평의 윤리". 『종교문화연구』. 23. 227-276.

김희수 (2007). "동성애에 대한 윤리적 고찰: 동성애는 죄인가?". 『기독교사회윤리』. 13. 121-142.

양혜원 (2020). 『종교와 페미니즘, 서로를 알아가다』. 파주: 비아토르.

차용구 (2007). "참회 고행 지침서에 나타난 중세 여성에 대한 문화사적 접근". 『서양중세사연구』. 20. 1-31.

허남결 (2008). "동성애와 불교의 입장: 역사적 사례와 잠정적 결론". 『佛教研究』. 28. 259-286.

효록 (2016). "불자 성소수자가 경험하는 한국 불교에 대한 현상학적 연구." 『불교학연구』. 48. 311-347.

미주

1 "상대적으로 소수의 개신교도가 동성애에 적대적 태도를 취하고 있다는 겁니다. 그들은 '시끄러운 소수'였다는 거예요. 단 개신교 신자들은 비신자들에 비해 성소수자에 대해 거부감을 보이는 이들이 압도적으로 많았어요. 거부감에도 불구하고 성소수자도 인권의 수혜자이어야 한다고 보는 것이지요."(김진호, 2019: 41); 개인적으로 '시끄러운 소수'가 교회 공동체를 과잉 대표하게 하는 것은 언론이다(공동체 외부). 그리고 목회자들의 설교와 같은 발언이다(공동체 내부).

2 이러한 판단은 무엇보다 성경에 근거를 한 것입니다. 성경이 신앙과 본문에 있어서 정확 무오한 하나님의 말씀으로 삶에 잣대(canon)로 작용하기 때문입니다. "하나님의 계시인 성경은 본질상 스스로 하나님에 의해서 영감된 정확 무오한 말씀이기에 절대적인 신적 권위를 가지며, 신앙과 행동의 규칙에서 다른 어떤 외적인 사상이나 기관의 입장보다 절대적으로 우위에 있다."(임준섭, 2019: 33, 2번 각주; Calvin, 1960: I.7.1-5; Berkhof, 2000: 174-178 참조); Calvin, John (1960). Institutes of Christian Religion. John T. McNeill ed. and Ford Lewis Battles trans. Philadelphia: Westminster Press.; Berkhof, Louis (2000). Systemic Theology, 권수경 · 이상원 공역. 『벌코프 조직신학』. 크리스챤 다이제스트.

3 "중세 문헌에서 사용된 용어를 바탕으로 정의를 내린, 『옥스퍼드 잉글리시 사전(Oxford English Dictionary)』에 따르면, 죄란 '종교적 계율을 어기거나 신을 모독한 행위, 그리고 종교적 혹은 도덕적 원리를 어기는 것'[Simons and Weiner, eds., 1989: 504]을 뜻한다. 즉 순전히 종교적인 면만을 고려한 것이 sin, 즉 죄의 개념이다."(이상호, 2007: 338) Simpson, J. A. and E. S. C. Weiner, eds. (1989). The Oxford English Dictionary. Vol. XV. Oxford: Clarendon Press.

4 과거 동성애라는 단어가 성적인 악행과 관련해서 사용되었다는 점에서 동성애가 성적 일탈 행위의 하나로 취급되었음을 생각해 볼 수 있다. "동성애는 중세 이후 17세기에 이르기까지 광범위하면서도 혼란스러운 범주에 속하는 용어였다. 동성애는 인간의 타락한 심성으로 인해 누구나 잠재적으로 행할 가능성이 있는 것으로서, 성적인 방탕이나 죄악에 연관된 행위를 거의 모두 포함했다. … 영국에서도 스튜어트 왕조시대까지는 동성애가 근친상간, 간통, 강간과 같은 성적인 악행과 관련되어 다양하게 사용되었다(Bray 21)."(계정민, 2007: 204)

5 다만 개인적으로 구별할 것은 퀴어 신학(queer theology, 또는 Rainbow theology [Patrick S. Cheng])적 입장에서 동성애를 주장하는 것은 이단적(異端的)이다. 동성애만을 주장하는 것은 성적 일탈의 한 유형인 간통과 같은 성적 일탈에 대해서 정당하다는 것을 주장하는 것에 그치지만 퀴어 신학에 근거한 동성애를 주장하는 것은 퀴어 신학이라는 말에서 신학이라는 단어가 말해주는 것처럼 신론(神論)이나 기독론(基督論) 등에서 정통 기독교와 다른 가치에 근거하고 있기 때문이다. 김영한 교수가 퀴어 신학은 이단 사상이라고 하는 것과 같은 맥락이다. (김영한, 2020: 58-87).;

The Sin과 sins에 대해서 개인적으로 다음과 같은 이해를 한다. The Sin은 칭의(稱義)와 관련되어 있다면 sins은 성화(聖化, 거룩한 삶)와 상대적으로 관련되어 있다. 동성애는 거룩한 삶에 대한 역행인 성적 일탈 행위이기 때문이다.

6 "정통 신학의 근간을 교란하는 친동성애적 신학 체계가 구축되었는데, 이것이 바로 '퀴어 신학'(queer theology)이라는, 사실상 신학이라 명명할 수 없는 기괴하고 파행적인 시도이다. 퀴어 신학은 정통 신학에서 괴이한 것으로 배제되었던 동성애를 신학적으로 정당화하고, 비정상적인 동성혼을 정상화하는 신학 체계를 수립하는 데 종국적 목적이 있다."(곽혜원, 2022: 432) "여기서 낯설고 이상한 것은 동성애를 전적으로 의미함으로써, 퀴어 신학은 생소하고 괴이한 대상으로 혐오되었던 동성애를 신학적으로 정당화하고 비정상적인 동성혼을 정상화하는 데 종국적 목적이 있다. 즉 퀴어 신학의 시도는 동성애를 정당화하는 새로운 신학 체계를 수립하는 데 소기의 목적이 있다."(곽혜원, 2022: 435); "퀴어 신학을 이단으로 규정한다는 말은 퀴어 신학이 이해하는 기독교 교리와 삶의 원리 특히, 하나님의 본질과 존재 방식에 관한 이해 안에 기독교의 정체성을 무너뜨릴 수 있는 심각한 왜곡이 있다는 것을 의미하는데, 그것이 사실인가? 이 질문에 대해서 필자는 '사실이다'라고 분명히 답하고자 한다. 실제로는 사실 그 이상이다." (이상원, 2022: 459). 곽혜원 (2022). "퀴어 신학에 대한 비판적 고찰: 대표적 퀴어 신학자들의 왜곡된 성서 해석에 대한 비판". 〈기독학문학회〉. (통권 39호). 432-456. 이상원 (2022). "퀴어 신학의 이단성". 〈기독학문학회〉. (통권 39호). 457-493.

7 동성애를 신학적으로 정당화한 퀴어 신학은 치명적 문제점을 내포하는데, 이를 정리하면 다음과 같다. (곽혜원, 2022: 452; 김영한, 2020: 61ff 참조) 1. 퀴어 신학은 창조 질서로서의 양성 질서를 주신 하나님의 섭리에 어긋나는 동성애에 천착함으로써 모든 시대의 인간을 향해 말씀하는 하나님의 뜻과 경륜을 탐구하는 신학의 본질에서 빗나간다. 2. 퀴어 신학은 인간의 성적 삶의 한 부분에 속하는 주제인 동성애에만 전적으로 집중함으로써 신학의 보편적 주제를 담아낼 수 없다. 3. 퀴어 신학은 반인륜적 · 비도덕적일 뿐 아니라 괴기스럽고 이상한 성적 관행인 동성애를 대변함으로써 정통 신학의 주제들(하나님의 초월적 행위)과 연결될 수 없다. 4. 퀴어 신학은 젠더 퀴어의 경험에 비추어 기존의 정통 기독교 신학을 상대화함으로써 정통신학과 양립할 수 없다. 5. 퀴어 신학은 성서의 영감을 부정함으로써 성서의 본래 의미를 간과할 뿐 아니라 기독교 신앙의 본질을 거부한다. 6. 퀴어 신학은 성서를 왜곡하여 전통적 결혼 및 가족제도를 부정하는 방향으로 나아간다. 김영한 (2020). 『퀴어 신학의 도전과 정통 개혁신학』. CLC. 참조.

8 "동성애를 질병으로 모는 것도 옳지 않지만, 동성애 혐오를 질병으로 보는 것도 옳지 않다." (최훈, 2019:104)

9 "반동성애 시위 때 등장하는 '종북 좌파 게이'라는 표현은 극우 개신교의 동성애 혐오가 개신교의 포괄적인 혐오전략의 일환임을 잘 보여준다."(박경미, 2020: 49).; "'종북 게이'라는 명명은 북한 정권이 동성애를 자본주의의 폐단으로 진단하고 엄격하게 처벌한다는 점에서 애초부터 성립할 수 없는 말이다."(시우, 2018: 179)

10 "동성애는 정신 분열증이나 공포증과 같은 의미에서 정신 병리 증세라고 딱지를 붙일 수는 없다. 그렇다고 해서 교향악보다는 연극을 더 좋아한다는 식으로 동성애를 도덕적으로 중립적인

'또 다른 종류의 생활양식'이라고 말할 수도 없다."(van Leeuwen, 2000: 250-251)

11 참고로 https://www.bbc.com/korean/news-55527676; "2021년 1월 1일 0시를 기점으로 낙태죄는 사라졌다. 2019년 헌법재판소가 헌법불합치 결정을 내린 낙태죄 조항에 대한 대체입법이 지난해 12월 31일까지 이뤄지지 않았기 때문이다."

12 "20세기 미국 정신분석학계의 탁월한 학자 칼 메닝거(Karl Menninger)는 그의 책『도대체 죄가 어떻게 되었는가? (Whatever Became of Sin?)』에서, 죄라는 단어가 세속화된 미국 사회에서 급속히 사라졌고, 그 결과 죄나 악과 같은 도덕적 · 신학적 용어는 아예 법률적 · 심리학적 용어로 대체되어 버렸다고 분석했다. 죄라는 말은 이제 교회라는 울타리 안에서만 사용되는 특수 용어로 축소된 것이다."(신원하, 2020: 37)

13 "종교가 자기 이익과 목표를 추구하는 것은 있을 수 있는 일이죠. 그러나 그러한 주장을 세상에 잘 '설교'하려면 세상 사람이 납득할 만한 근거를 제시해야 합니다."(박한선 · 구형찬, 2021: 304-305)

14 위르겐 하버마스(Jürgen Harbermas)의 다음과 같은 주장에 대한 고민이 필요하다. "양자[이성과 신앙 사이의 침투(osmosis)]는 서로에게 개방되어야 하며 상대방의 언어를 이해하도록 힘써야 한다"라고 주장한다(고재길, 2017: 207 재인용; Harbermas und Ratzinger, 2005: 7-8); Harbermas, Jürgen und Joseph Ratzinger (2005). Dialektik der Saekularisierung: Über Vernunft und Religion. Freiburg: Verlag Herder.

15 김예랑, "트랜스젠더 여탕 출입 논란…LA 목욕탕 또 격렬한 충돌" 〈한국경제〉 (2021.07.19.) https://www.hankyung.com/international/article/2021071920887; 김경호, "[도쿄올림픽] '역차별 아냐?' 트랜스젠더 여자 역도선수 출전에 뜨거운 논란" 〈MSN〉 (2021.08.01.)

16 강호숙 교수는 교회 공동체 내의 성 문제=동성애로 환원되는 것을 지적한다. "나는 한국교회에서 특히 보수 교단의 성 윤리가 매우 빈약하고 심각한 상태라고 진단한다. 그 근거로 첫째, 교회에서 다루는 성 윤리의 범주가 '동성애'에 불과할 정도로 성 윤리에 대한 성경적 논의나 토론이 턱없이 부족한 실정이다. 교회 헌법(특히 대한예수교장로회 합동총회 헌법)에도 성 윤리에 대한 규범이나 성 문제에 대한 처벌 조항이 없다. 둘째, 성경은 성추행이나 간통을 심각한 죄라고 지적하고 있음에도 교회의 성장과 유지를 위한다는 명목과 유능한 목사라는 이유로 성범죄를 저지른 목사를 감싸고 있다. 셋째, 성 비하, 성희롱, 성 역할 분업 등 설교에 성 차별적 내용이 많은 가운데 성 문제는 남성 목사와 남성 장로에 의해 처리되고 있다. 그 때문에, 침묵을 요구받는 여성들은 보호받기는커녕, '성의 사각지대'로 내몰리고 있다." (강호숙, 2016: 187)

17 "'공포'와 '위험'은 엄연히 다르다. 무서운 것은 위험해 보인다. 그러나 정말로 위험한 것에 진짜 위험 요소가 있다. 진짜 위험한 것보다 우리를 놀라게 하는 것에는 지나치게 주목하면, 즉 공포에 지나치게 주목하면 우리 힘을 엉뚱한 곳에 써버릴 수 있다."(Rosling, Rosling and Rönnlund, 2019: 173)

18 https://www.worldview.or.kr/library/article/3438; 강상우 (2020). "기독교, 동성애 그리고 선거: 손혜숙 교수와 이정훈 교수의 주장에 대한 재고". 기독학문학회. (통권 37호).

19 지금 들고 있는 예들에 기본적으로 손봉호 교수님의 다음과 같은 지적이 전제(前提)되어야 합니다. "한 문화 전체의 우열을 판단할 수는 없지만 한 문화가 가진 어떤 특정 요소를 칭찬하거나 비판할 수 있어야 한다는 것이다. 문화상대주의는 인정하되 도덕적 상대주의는 수용할 수 없다."(손봉호, 2018: 133)

20 https://www.youtube.com/watch?v=isL4lKlHmPY; 일처다부제의 전통을 지닌 인도 록파족에 대해서는 다음을 참조하라.

21 [티베트 Tre-ba] 트레바족에서 일처다부제가 성행하는 이유는 땅의 소유권에 관련된 문제 때문이다. 트레바족의 형제들은 종종 같은 여성과 결혼해서 그나마 작은 땅을 또다시 형제끼리 나눠야 하는 상황을 예방한다. (Diamond, 2005: 82. [] 본 연구자 첨가)

22 과거 김두식 교수가 자신이 쓴 책에서 자신이 과거 교수로 근무했던 기독교계 대학교에서 자유주의자라는 평가를 받았던 반면에, 경북대학교 법학전문대학교로 옮긴 이후로 그곳의 기독교 관계자들로부터는 믿음이 강한 그리스도인으로 평가되고 있다는 내용을 본 것 같습니다.

23 "로마 시대의 스토아학파는 신들이 남성이나 여성을 가진다는 생각은 잘못된 것이라고 주장하였다. 신에게는 여신과 남신이 있을 수 없고 다만 이름만이 문법적 성을 가진다는 것이다. 젠더란 다만 행동과 기능에 따르는 신의 속성에 관한 은유 메타포에 불과하다는 것이며, 힘에는 두 개의 성이 있어서 활동적인 것은 남성형을, 수동적인 것에는 여성형을 붙인다는 것이다. 철학자 크리시푸스에 의하면 단지 하나의 신과 힘이 있지만, 기능에 따라서 다른 이름들이 부여된다. 태양, 아폴로, 리베르는 같은 것에 대한 하나의 이름이며, 달, 다이애나 여신, 세레스 여신, 유노 여신, 프로세르피나 여신도 마찬가지라고 설명하였다." (최혜영, 2008: 100. 15번 각주)

24 https://www.worldview.or.kr/library/article/2885

25 https://www.worldview.or.kr/library/article/3438

26 https://www.worldview.or.kr/library/article/2625

27 https://www.worldview.or.kr/library/article/3031

28 https://www.worldview.or.kr/library/article/1940

1 본 연구는 고(故) 존 R. W. 스토트(John R. W. Stott) 목사님의 2011(특히 31ff. "3. 성경이 말하는 성과 결혼")과 2014(특히 503-547 "16. 동성애")의 자료를 기본 골격으로 하고 있다. 고(故) 존 스토트 목 사님은 동성애는 관련 구절에 직접적으로 접근하기 전에 창조의 질서에서 먼저 성에 대한 것을 살펴보아야 한다고 지적하였기 때문이다. (Stott, 2011: 31; Stott, 2014: 517-518 참조)

2 무슬림 나라 중에는 동성애가 실정법상의 범죄(crime)인 경우가 아직도 있습니다. "세계적으로 적어도 일흔 개의 국가가 동성애를 불법으로 간주하고 있다. 이 중 동성애자를 사형에 처하는 일곱 개 나라는 모두 무슬림 근본주의 국가들이다. 이란에서는 해마다 약 이백 명의 사람들이 성적 취향 때문에 처형된다. 국제사면위원회는 아프가니스탄과 사우디아라비아에서 최근에 처 형된 동성애자와 트랜스젠더에 대해 보고했다."(Baird, 2007: 30)

3 오늘날 "호모포비아 또는 동성애 혐오란 용어가 '동성애를 반대하는 사람들'로 통칭되기에 이른 것"에 대한 주요셉 목사의 다음과 같은 지적은 정당하다고 생각됩니다. 이런 잘못을 바 로잡기 위해 주 목사는 5가지를 언론매체에 부탁하고 있는데 특히 세 번째와 네 번째의 지적 은 의미 있습니다. "셋째, 앞으로 동성애에 대해 호의적이지 않거나 거부감을 보이는 사람들을 '호모포비아'란 용어 대신 '동성애 반대자' 또는 '반동성애자'(antihomosexuality, antihomo)란 용어 로 대체해 사용해 주기 바란다. 넷째, 만일 호모포비아를 계속 사용할 경우, 그에 상응하여 동 성애자들에 대해 '헤테로포비아' 또는 '반동성애 혐오자'[개인적으로는 이성애 혐오자]로 지 칭해 형평성 있게 사용해 주기 바란다."(주요셉, "[주요셉 칼럼] 정당한 동성애 반대를 호모포비아로 매 도하지 말라" 〈크리스천투데이〉 [2015.10.24.]); 생명윤리학자이면서 의사이기도 한 리언 카스(Leon Kass)가 자신의 논설에서 "혐오감의 지혜"라는 제목으로 역설한 부분에 대해서 참고하면 어떨 까요? "혐오감은 논증이 아니며, 이전에 혐오감을 주었던 것 중 일부는 오늘날 조용히 받아들 여지고 있다. 물론 이것이 항상 더 나아지는 방향은 아니라는 점을 덧붙여야겠지만 말이다. 하 지만 결정적인 사례들에서 역겨움은 깊은 지혜의 감정적 표현이며, 그 지혜를 온전히 명시화 하려는 이성의 힘을 넘어선다. 부녀간 근친상간(동의하에 이루어지더라도), 동물과 하는 성교, 시 신 훼손, 인육 먹기가 왜 끔찍한지 정말로 충분히 논증할 수 있는 사람이 있는가? 다른 사람을 강간하거나 살해하는 것이 왜 끔찍한지만이라도 (이것만이라도!) 정말로 충분히 논증할 수 있는 사람이 있는가? 이런 행위를 볼 때 자신이 느끼는 혐오감에 대한 합리적 정당화(justification, 설 명)를 온전히 제공하지 못했다고 해서, 그런 혐오감이 윤리적으로 미심쩍어지는가? 전혀 아니 다."(Bloom, 2015: 177-178 재인용); Kass, Leon (1977 June 2). "The Wisdom of Repugnance" The New Republic. 216(22). 17-26 참조; 동성애 혐오와 관련된 동성애 차별금지의 문제점에 대 한 이유를 다음과 같이 밝히고 있습니다. (바른성문화를위한국민연합 편집, 2013: "III 동성애자 혐오? No! 참조). (1) 동성애를 정상으로 공인하고 개인의 윤리관을 무시. (2) 동성애를 비윤리적이라 고 표현할 자유를 잃고 처벌을 받음. (3) 학교는 동성애를 정상이라고 가르쳐서 학생이 동성애 자가 될 확률이 커짐. (4) 건전한 성 윤리를 가진 국민의 권리가 제한 또는 금지. (5) 동성애자

들이 치유를 받을 수 없음.

4   [표]는 백상현(2015: 134)에 나와 있다.

[표: 동성애자들이 말하는 혐오 표현은 다음 세 가지 명예훼손 조각 사유를 충족시킬 때 뭐라고 불러야 할까?]

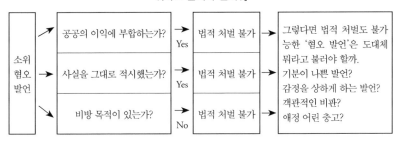

5   "[카페 글] 브라질 게이 퍼레이드 참석자들이 예수님을 조롱하다." (2015.07.30.); http://cafe. daum.net/waitingforjesus/BUZj/1019?q=%BF%B9%BC%F6%B4%C2%20%B0% D4%C0%CC%C0%CE%B0%A1&re=1. "···The parade also targeted Christians. Banners like 'Christians are homophobe' 'Jesus was Gay' etc ··· could be seen all over the parade. Even a gay Jesus···."; http://conservativepost.com/gay-pride-participants-mock-jesus-and-the-bible-in-a-dist urbing-way/ "[카페 글] 여기 이런 거 올려도 되나요. ··· 예수는 발기불능(브금유)" (2010.05.04.) http://cafe.daum.net/posthoolis/IEvD/23202?q=%BF%B9%BC%F6%B4%C2%20 %B0%D4%C0%CC%C0%CE%B0%A1&re=1 이들의 반기독교적 정서를 들을 수 있다. 민 망하여 차마 가사를 옮기는 것은 생략한다. 제목이 다음과 같이 붙어 있었다. "()()는 발기불 능-Impotenz Nazarene").; 가족연구위원회가 배포한 『학교에서의 동성애 의제』(The Homosexual Agenda in Schools)에서 로버트 나이트는 "종교는 부적절하거나 아주 악한 것으로 취급된다"라 고 쓴다. "동성애 책, 잡지, 신문은 일반적으로 종교, 그리고 특히 기독교에 대한 신랄하고 대 개 외설적인 공공연한 비난으로 가득하다. 한 활동가는 동성애에 찬성하지 않는 교회들을 법 률의 보호 밖에 둘 것을 요구한다. 다른 역사가는 기독교의 성직자들을 나치나 KKK 회원과 동일시하는 한 광고 캠페인의 개요를 주의 깊게 서술한다. 동성애의 무대 연기자들은 성직자 옷차림으로 분장하고서 음란한 행동을 연출한다. 동성애자 권리를 주장하는 만화가는 그리스 도가 자신의 십자가와 항문 성교를 하는 것을 묘사한다. 이것들은 다른 경우에는 사실 점잖 고 사랑이 담겨 있는 문화에서 외따로 떨어진 일개 사례가 아니다. 그런 태도는 동성애 운동 에 만연해 있다."(Robert Knight, "The Homosexual Agenda in Schools," Family Research Council.; Hedges, 2012: 157 재인용)

6   "산업적인 측면에서 또 어떤가? 처자식을 부양하느라 자신을 꾸밀 경제적 여유가 없는 스트 레이트 남자들과 달리 그들은 자신을 꾸미는 데 과감히 투자한다. 70만 원을 호가하는 지방 시 티셔츠를 살 돈을 모으기 위해 패션 행사장의 펑거 푸드로 끼니를 때우는 그들의 '가꿈'

에 대한 열정은 불황에도 남성 패션 산업이 끝없이 성장하게 하는 동력이다. 그런데도 게이를 백안시한다고? 게이를 무시한다고? 패션계에선 감히 상상할 수 없는 일이다."(한국게이인권운동단체 친구사이 〈게이컬처홀릭〉 편집위원회, 2011: 89).; 미국의 경우, 2012년 6월 블룸버그(M. R. Bloomberg) 뉴욕시장은 "뉴욕시가 2011년 6월 동성결혼을 합법화한 이후 1년 동안 얻은 경제적 이득이 2억 5,900만 달러에 이른다"라고 밝혔다. (최윤, 2016: 1007). 김영은, "성소수자 '1006조 원 핑크머니' 잡아라."〈매거진 한경〉(2017.04.25.): 아리에 아쓰히코(入江敦彦), 『핑크머니 경제학』, 김정환 역 (2009). 스펙트럼북스.; "우리말 제목은 다소 거창하게 '핑크머니 경제학'이라고 달려 있지만, 심각하게 경제적 분석을 하는 것은 아니고, 핑크머니의 역사, 규모 및 속성 등에 대해 구체적인 예를 들어 설명한 글모음에 가까운 책이다. 이런 점에서 원제 'ゲイ・マネ-が英國經齊を支える!?(게이 머니가 영국경제를 떠받친다!?)' 쪽이 책의 내용을 좀 더 정확하게 반영하고 있다(원제에는 '게이머니'라는 표현이 쓰였지만, 국제적으로 통용되는 표현은 '핑크머니'이다). … 핑크머니의 규모는 어느 정도일까? 영국의 핑크머니를 가리키는 핑크 파운드의 추정 규모는 놀라울 정도이다(책 19쪽). … 2006년 현재 실질적인 핑크 파운드는 연간 700억 파운드가 넘는다는 것이다. 700억 파운드면 대략 150조 원으로 한국 국가 예산의 2/3 수준에 달하는 금액이다(2009년 한국 국가 예산은 273.8조 원). 참고로, 이 액수는 일본의 지방 교부세보다 더 많으며 미국 군사비의 4분의 1을 충당할 수 있다; http://blog.naver.com/PostView.nhn?blogId=peruser&logNo=220170689389.

7 오가희, "아이폰 6S, 남자라면 '핑크'다"〈동아사이언스〉(2015.10.21.)

cf, 심지어 UFC 선수의 발언으로 옥타곤이 긴장하기도 했다. [2005.06] 28일 미국 플로리다 할리우드 세미놀 하드락 호텔에서 열린 "UFN 70" 대회에서 UFC 미들급 공식 랭킹 4위 료토 마치다(37·브라질)와 6위 요엘 로메로(38·쿠바)의 시합에서 승리한 로메로가 한 말, "'게이 예수를 찬양하지 마라(No for Gay Jesus)', '예수를 잊지 마라(No forget Jesus).' 어떤 말이 맞는지에 대해 갑론을박이 이어졌[던]" 것이다. (유병학, "'용의 눈물' 만든 올림픽 레슬러, 동성애 불문율 건드리다?", 〈몬스터짐〉[2015.06.29.] ; http://v.media.daum.net/v/20150629163722351?f=o) '수능모의고사'에서 동성애를 옹호하는 지문이 출제된 적도 있었다고 합니다. ("[카페 글] [수능모의고사 … 동성애 옹호하는 지문 출제]" [2013.06.14.];

http://www.shinmoongo.net/imgdata/shinmoongo_net/201306/2013060631331353.jpg.

8 동성애자 중에서도 동성 결혼이라는 목표에 우선순위를 두는 데 반대하고 결혼제도 자체에 대해 반대하는 이들이 존재한다. 이들에 대해서 리 배제트(Lee Badgett)는 "결혼 전복자"(marriage dissident)라고 부른다. (Badgett, 2016: 219)

9 가장 대표적인 것은 킹제임스역(King James Version)에 빗대어 지은 퀸제임스바이블(Queen James Bible)의 출간이다. "바로 우려되던 게이 바이블(동성애자를 위한 성경)이 드디어 출현했다! 이런 라인으로는 사상 최초인 이 '성경' 책의 이름은 '퀸제임스바이블'(Queen James Bible, QJB). 표지 디자인도 흰 바탕을 꽉 채우는 (동성애를 상징하는) 무지갯빛의 커다란 십자가로 구성했다. 이 성경은 1769년도 판 킹제임스바이블에 기초하여 편집했다. 금방 충분한 상상이 가듯, 이 '성경'은 동성애를 엄히 단죄한 성구들 8군데를 모두 중도적 또는 친동성애적으로 바꿔 옮겼

다. 이에 대해 QJB 편집팀은 '우리는 이 8개 구절을 동성애 혐오적인 해석을 불가능하게 만드는 방향으로 편집했다'라고 썼다."(김성언, "美 동성애자를 위한 성경 '퀸제임스바이블' 출간" 〈뉴스 미션〉 [2013.01.02.])

10 "… 구약은 남편과 아내 사이의 결혼 관계를 하나님과 이스라엘 사이의 언약 관계로 말하고 있기 때문에 … 배타적인 결혼 관계를 위반하는 것은 하나님과의 언약을 위반하는 것이라고 해석할 수 있다."(박유미, 2020: 158-159)

11 "창세기 제1장에 기록된 첫 번째 창조 이야기가 안식일에 절정을 이뤘던 것처럼, 창세기 제2장에 기록된 창조 이야기는 결혼에서 절정을 이룬다. 유대 공동체에서, 안식일과 결혼은 사회의 근간이 되는 두 기둥이다."(Swartley, 2014: 44)

12 창세기 제1~2장(창조의 원리)에 대해서 친동성애주의자들은 다음을 강조하고 있다. "1) 사람이 남자와 여자로 창조되었다는 성서의 진술은 가부장적인 전제일 뿐이며, 반드시 인간에게 이성애적인 행위가 요구되는 것은 아니다. 남자와 여자의 구분은 인류의 특징이기는 하지만 정신 질환자, 독신자, 동성애자를 포함하지 못하는 진술이다. 남성과 여성의 성 분화(differentiation)가 하나님의 형상을 닮은 것은 아니다. 왜냐하면 남녀 구분은 인간만이 아니라 동물도 있으며, 하나님에게 남녀의 분화가 있다고 보기는 어렵기 때문이다. 3) 남자가 부모를 떠나 한 몸을 이루어야 한다는 말씀(창2:24-25)은 도덕적 명령이라기보다는 사회학적인 서술로 받아야 한다. 동성애는 인간의 잘못으로 이루어진 것이 아니라 주어진 것이기 때문이다. 인간에게 선천적으로 주어진 동성애 성향을 인위적으로 바꿀 수는 없다. 본성적으로 동성애자로 태어난 사람들이 동성애를 실천하는 것이 마땅하기 때문이다."(배정훈, 2016: 46)

13 "비록 교회가 성경해석에서 오류를 범할 수 있다 해도, 교회는 하나님의 말씀 아래에 있으므로, 오류에 대해 흔쾌히 교정받으려 한다는 점을 처음부터 분명히 해야 한다. 우리는 성경의 권위에 대해서 한 치의 후퇴도 없다. (155) 하나님의 말씀을 적용하는 일이 항상 쉬운 것만은 아니다. 우리는 이 중요한 주제에 대해 하나님이 어떻게 말씀하시는지 진정으로 알기 원하는 사람들이 있음을 알기 때문에, 성경의 해석자이신 성령의 도움으로 일치에 도달할 수 있다고 기대한다. 목표는 '그래서 하나님이 말씀하시는바'를 발견하는 것이다. 우리의 전제는 감정주의에 기반한 것이 아니라 하나님의 가르침에 기반한다."(Welch, 2003: 156)

14 R. C. 스프로울(R. C. Sproul)의 다음 말을 참조하십시오. "성경은 그 자체가 대법원이다. 따라서 성경해석의 주된 규칙은 '성경은 자기 자신의 해석자다'라는 원칙이다. 이 말은 성경은 성경으로 해석한다는 뜻이다. 애매했던 성경의 어떤 부분이 다른 부분에서 명확해진다. 즉 성경을 성경으로 해석한다는 것은 성경의 한 본문을 다른 본문과 대립시켜서는 안 된다는 것이다. 모든 텍스트는 직접 접해 있는 문맥뿐 아니라 성경 전체의 문맥에 비추어 해석해야 한다."(Sproul, 2013: 54)

15 참고로 '성 노동'에 대한 시시비비의 기준도 바로 '부부 사이에서의 성관계'가 기준이 되지 않으면 '성 노동'에 대해 유구무언일 수밖에 없게 된다. 경북대학교에서 사회복지학을 공부했고, 말레이시아 국립대학교에서 월경에 관한 논문으로 사회학 석사학위를 받았으며, 연세대학교에서 양성애에 관한 논문으로 여성학 박사 학위를 받은 박이은실은 "성 노동에 대한 10문 10

답"(박이은실, 2017: 158-165)에서 성 노동의 문제로 제시하고 있는 10가지 다음과 같은 질문을 언급하면서 이러한 질문들에 대해 자신만의 답변(反論)을 기술하고 있는 것을 볼 수 있다.

1. 사랑이 없는 성행위는 비윤리적이기 때문에 옳지 않다?

2. 금전적 대가를 조건으로 하는 성행위라서 옳지 않다?

3. 쉽게 버는 돈이기 때문에 옳지 않다?

4. 몸을 파는 일이기 때문에 옳지 않다?

5. 쉽게 벌어 쉽게 쓰는 돈이기 때문에 옳지 않다?

6. 열악한 일이기 때문에 하면 안 된다?

7. 성 노동자들은 판단 능력이 없이 포주들에 의해 조종당하는 존재들이다?

8. 성매매와 인신매매는 같은 것이다?

9. 성 산업 내 폭력 문제는 성매매 불법화로 해결해야 한다?

10. 성 노동자 운동과 반 성매매 운동은 적대적 관계에 있다? 이에 대한 답변도 다시 성경이 말해주고 있는 성관계 즉, 부부 사이에서의 성관계를 주장할 때 비로소 이에 대한 반론들에 대한 재반론(再反論)이 가능할 뿐이다. 또 박이은실은, "성 노동이 '쉬운' 노동, 즉 '쉽게 돈 버는' 일이라고 보는 편견도 여전히 강력하게 이들의 위치와 지위를 위협할 것이다. 정말 쉬운 일이라면 누구나 할 수 있겠지만 사실은 누구나 덤벼들지는 못하는 즉, 적어도 결코 '쉬운' 노동이 아님에도 말이다"(박이은실, 2017: 155)라고 언급하는데 왜 누구나 성 노동에 뛰어들지 못하는 것일까? 정말로 '쉬운 노동'이 아니기 때문일까? "성경적 가르침과 일치하지 않기 때문이며(그리스도인의 경우), 또 무엇인가 말할 수 없지만 윤리적이지 않다는 점(체면에 맞지 않는 일, 비그리스도인 일부의 경우)일 것이다." 비록 식상한 답변이라고 할지 모르지만, 더 솔직한 대답일 것이다.

16 "이렇듯 예수가 동성애에 관해 언급한 적이 없다면 그가 「레위기」의 유죄 판결과 가혹한 처벌에 반대하지 않았을 것이라고 확신할 수도 없다."(Morreal and Sonn, 2015: 162); "퀴어 신학자들은 동성애가 죄악이 아님을 입증하기 위해 격론을 벌였는데, 특히 복음서에서 예수가 동성애에 대해 한 번도 명시적으로 비난하지 않았기 때문에 동성애가 죄악이 아니라고 강변한다. 이것은 잘못된 주장인데, 즉 동성애가 심각한 죄악이 아니기 때문에 예수께서 동성애에 대해 논쟁하지 않은 것이 아니라, 1. 구약의 동성애 정죄에 대한 율법적 교리에 논란의 여지가 있을 수 없기 때문이며, 2. 이방 문화와 달리 성에 관해 매우 보수적이고 일찍이 동성애에 대해 엄격한 교육이 이뤄졌던 팔레스타인의 유대 문화에서 동성애가 큰 사회문제로 드러난 적이 없기 때문이며, 3. 남성 중심의 가부장적인 고대 유대인 사회가 성에 대해 드러내놓고 말하기를 꺼리는 폐쇄적 사회이기 때문에 예수께서 동성애와 같은 패역한 행위에 대해 직접적 언명을 피했다고 말할 수 있다."(곽혜원, 2022: 446, 40번 각주)

17 그러면 독신생활을 통해 더욱 밝게 빛날 진리들은 어떤 것들일까요? 존 파이퍼(John Piper)는 독신이 지닌 진리를 다음과 같이 기술합니다. (1) 성행위를 통한 자손의 번식이 아닌, 그리스도를 믿음으로 얻게 되는 중생에 의해 하나님의 가정이 번성한다는 진리. (2) 그리스도 안에서의 관계가 가정 안에서의 관계보다 더 영구적이고 더 귀중하다는 진리(물론 가정 안에서의 관

계가 그대로 그리스도 안의 관계라면 금상첨화일 것이다. 하지만 우리가 알다시피 현실은 항상 그렇지 않다). (3) 결혼은 일시적인 것으로, 결국에는 그것이 줄곧 지시하고 있었던 관계, 즉 그리스도와 교회의 관계에 자리를 내주게 된다는 진리. 얼굴을 마주 보게 되면 사진이 더 이상 필요하지 않은 것처럼. (4) 그리스도에 대한 충성이 인생의 가치를 결정한다는 진리. 다른 모든 관계들의 궁극적인 존재 의미도 여기에서 발견된다. 어떤 가족 관계도 궁극적이지 않다. 궁극적인 관계는 그리스도와의 관계다. (Piper, 2013: 136-137. "9장 독신의 복" 135-147)

18 "물론 동성애 성향의 사람 중에도 도덕적 개인들이 있을 수 있다. 필립 얀시 같은 기독교 영성가도 동성애 성향의 사람이다. 그러나 그는 자신과 같은 처지에 있는 사람들에게 동성애보다는 독신이 훨씬 의미 있는 삶의 방도라는 것을 강조한다."(정일수, 2019: 196, IV. 75번 각주)

19 28세 박사과정에서 자신을 레즈비언이라고 선언하고, 36세에 뉴욕 시러큐스 대학 종신교수가 되어 영문학과 여성학을 가르쳤으며, 동성애에서 벗어나 2001년 결혼하여 더램개혁장로교회 사모이자 엄마로서 자녀들을 홈스쿨링하고 지역사회를 돌보는 일에 헌신하고 있는 로자리아 C. 버터필드(Rosaria Champagne Butterfield)에 대해서 참고하라. (Butterfield, 2014)

20 참조하라. "So G-d created humankind in His own tzelem, in the tzelem Elohim (image of G-d) created He him; zachar (male) and nekevah (female) created He them."(Genesis1:27, OJB. Orthodox Jewish Bible); 자카르는 수컷, 네케바는 암컷을 의미한다.

21 "창조 세계는 인간의 문화적·사회적 노력을 포함하기에 인간의 삶-개인생활, 사회생활, 문화생활- 전체를 망라한다. 사회 제도들은 그냥 주관적으로 생겨나는 것이 아니다. 문화의 형성은 항상 하나님의 질서라는 테두리 안에서 이루어지며, 그 질서가 있기에 사회 제도들도 가능해진다. 그래서 성경은 문화적·사회적 제도의 하나인 결혼을 하나님이 창조하신 것이며, 감사함으로 받아야 한다고 분명히 가르친다(딤전4:3-4)."(Goheen and Bartholomew, 2011: 107)

22 "예수님은 결혼이 하나님이 하시는 일임을 분명하게 강조하십니다. 마가복음 제10장 6~9절을 보십시오. '창조 때로부터 사람을 남자와 여자로 지으셨으니[창1:27] 이러므로 사람이 그 부모를 떠나서 그 둘이 한 몸이 될지니라[창2:24] 이러한즉 이제 둘이 아니요, 한 몸이니 그러므로 하나님이 짝지어 주신 것을 사람이 나누지 못할지니라' 이것은 결혼이 인간이 하는 일에 지나지 않는 것이 아님을 보여주는 가장 분명한 진술입니다. '하나님이 짝지어 주신 것'이라는 말씀은 결혼이 하나님이 하시는 일이라는 것을 의미합니다."(Piper, 2013: 52); 참고로 노예들에게 이 구절을 정당하게 적용되지 않았던 사례도 있었음을 기억해야 할 것이다. "비록 노예들이 법적으로 결혼을 하지 못했다고 하더라도, 그들도 나름대로 예식을 갖추어 결혼하는 예가 종종 있었다. 그럴 때는 목사나 전도사가 결혼식을 관장할 때가 많았다. 미국의 종교는 어떻게 대응하였는가? 남부의 백인 목사들은 나름대로 다음과 같은 명민한 대응책을 고안해냈다. 미국에서 어떠한 결혼식에서건, '예수께서 대답하여 가라사대 사람을 지으신 이가 본래 저희를 남자와 여자를 만드시고 말씀하시길, 이러므로 사람이 그 부모를 떠나서 아내에게 합하여 그 둘이 한 몸이 될지니라 … 이러한즉, 이제 둘이 아니요, 한 몸이니 그러므로 하나님이 짝지어 주신 것을 사람이 나누지 못할지니라'[마9:4-6]라는 마태복음에 나오는 구절을 목사가 혼례의 신성한 서약으로써 읽는다. 그러나 남부의 목사들은 노예들을 결혼시킬 때는 '하나

님이 짝지어 주신 것을 사람이 나누지 못할지니라'라는 대목을 살짝 빼버리고 그 외의 부분만 읽었다. 심지어 어떤 목사는 강제로 헤어졌던 노예를 다른 사람과 재혼시킬 때, 전 남편의 상태는 'civil death'라는 모호한 말로 선언하면서 새로운 혼례를 정당화했다. 그 말은 아마도 강제로 헤어진 남편은 마치 민법상에서 아니면 사회적으로 죽은 것이나 다름없다고 여기면서 재혼의 죄의식을 경감하기 위함이었을 것이다."(김형인, 2009: 61)

23 미국 연방대법원의 동성결혼 합법화의 근거를 보면 가장 근본적인 이유는 바로 결혼제도가 신적인 제도가 아닌 진화하는 역사적인 산물로 보기 때문이다. 진화하는 것이 결혼제도다. 그렇다면 동성애자도 결혼할 수 있도록 결혼제도가 진화되어야 하지 않는가, 라는 의견을 취하고 있기 때문이다. "먼저 연방대법원은 다음 4가지 법철학을 근거로 동성결혼 합법화에 찬성하고 있다. 첫째, 결혼제도는 역사적으로 진화하였다. … 둘째, 연방 수정헌법 제14조의 공정 절차조항은 '결혼할 수 있는 권리'를 헌법이 보장하는 근본적인 권리 중 하나로 인정하고 있다. … 셋째, 개인의 자기 결정권 수호, 상호 헌신하기로 한 인간의 결합에 대한 지지, 아이들과 가족의 보호 그리고 마지막으로 동성애자들에 대한 사회적인 오명의 역사를 지우기 위한 인권의 차원에서 동성결혼을 합법화해야 한다. … 넷째, 연방 수정헌법 제14조의 공정 절차조항과 평등 절차조항은 상호 연관되어 있다. … 다섯째, 연방대법원은 민주적 절차와 공론에 따라 정책을 결정하도록 한 민주주의의 절차를 무시하고 있다. (정소영, 2020: 257-261. 강조는 본 연구자)

24 "『마음의 습관들』(Habits of the Heart)의 지은이는 정밀하게 조사를 해보니, 헌신하는 크리스천 말고는 배우자와 결혼생활을 유지하는 이유를 제대로 설명할 능력을 갖춘 이가 거의 없더라고 했다. 결혼을 사회계약으로 본다면, 그 관계는 주관적이고, 유동적이며, 얼마든지 새로이 정의될 수 있는 개념이 된다. 그러나 하나님이 설계하신 성례라고 믿는 경우, 얘기는 완전히 달라진다."(Yancey, 2012: 128-129)

25 스토트의 목사는 다음과 같이 적고 있다. "예수님 자신이 이 구약성경의 결혼에 대한 정의를 지지하셨음을 기억해야 한다. 예수님은 창세기 제1장 27절의 말씀으로 시작하셔서("사람을 지으신 이가 본래 그들을 남자와 여자로 지으시고"[마19:4]) 자신의 논평으로 말씀을 맺으셨다("그런즉 이제 둘이 아니요, 한 몸이니 그러므로 하나님이 짝지어 주신 것을 사람이 나누지 못할지니라"[마19:6]) 이 말씀에서 예수님은 창조주 하나님의 활동에 대해서 세 가지 진술을 하셨다. 첫째, 하나님이 사람을 남자와 여자로 "만드셨다", 둘째, 하나님이 남자가 자기 부모를 떠나 아내와 연합해야 한다고 "말씀하셨다", 셋째, 하나님이 그 누구도 나눌 수 없도록 그 둘을 함께 "짝지어 주셨다." 그렇다면 예수님이 주장하신 세 가지 진리는 아래와 같다.

1. 이성애 성별은 하나님의 창조물이다.

2. 이성애 결혼은 하나님이 만드신 제도다.

3. 이성 간 정절은 하나님의 의도다. 동성애 관계는 하나님이 의도하신 이 세 가지의 목적 모두를 위반하는 것이다."(Stott, 2011: 36)

26 Wolfhart Pannenberg, "Revelation and Homosexual Experience," Christianity Today (November 11, 1996);

https://www.christianitytoday.com/ct/1996/november11/6td035.html

27 창세기 제1~2장(창조의 원리)에서 동성애 옹호론자들은 다음을 강조한다. 1) 사람이 남자와 여자로 창조되었다는 성서의 진술은 가부장적인 전제일 뿐이며, 반드시 인간에게 이성애적인 행위가 요구되는 것은 아니다. 남자와 여자의 구분은 인류의 특징이기는 하지만 정신질환자, 독신자, 동성애자를 포함하지 못하는 진술이다. 남성과 여성의 성 분화(differentiation)가 하나님의 형상을 닮은 것은 아니다. 왜냐하면 남녀 구분은 인간만이 아니라 동물도 있으며, 하나님에게 남녀의 분화가 있다고 보기는 어렵기 때문이다. 3) 남자가 부모를 떠나 한 몸을 이루어야 한다는 말씀(창2:24-25)은 도덕적 명령이라기보다는 사회학적인 서술로 받아야 한다. 동성애는 인간의 잘못으로 이루어진 것이 아니라 주어진 것이기 때문이다. 인간에게 선천적으로 주어진 동성애 성향을 인위적으로 바꿀 수는 없다. 본성적으로 동성애자로 태어난 사람들이 동성애를 실천하는 것이 마땅하기 때문이다. (배정훈, 2016: 46)

28 웨인 믹스(Wayne A. Meeks)는 다음과 같이 적고 있다. "일부일처제는 유대법과 정서는 물론, 그리스와 로마의 법과 정서가 오랫동안 수용해 온 규범이었기 때문이다."(Meeks, 2021: 252) "로마 시대 그리스 연애소설을 보면 으레 남녀 한 쌍이 서로 상대에게 정숙히 헌신하며, 가장 괴이한 위협에도 불구하고 이런 헌신을 지켜 간다는 줄거리를 따른다. 예를 들면 에베소의 크세노폰이 쓴 Ephesiaca를 보면 하브로코메스와 안티아가 이렇게 서약한다. '그대는 내게 순결을 지키고 다른 남자를 받아들이지 않으며, 나는 다른 여자와 결코, 사귀지 않겠습니다'(1.11.3-5. trans. Hadas, 1964, 80) 이런 소설이 식자층에서는 호소력이 없었겠지만, 대중에게 인기를 끌었고, 한 남자만을 남편으로 삼은(μονανδρος/univira) 여자를 칭송하는 많은 별명이 존재했다는 것은 이 소설이 대변하는 정서를 중시하는 풍조가 널리 퍼져 있었음을 시사한다. Harry J. Leon, The Jews of Ancient Rome. (Philadelphia: Jewish Publication Society. 1960). 129-130는 유대인 무덤에서 나온 사례들을 제시한다."(Meeks, 2021: 252, 제3장 135번 각주)

29 로널드 롤하이저(Ronald Rolheiser)의 다음의 견해도 참조하십시오. "성행위가 성의 모든 것은 아니지만 하느님께서 사람들에게 주신 가장 큰 선물 중 하나이며, 인간은 이를 통해 영원한 세상의 순수한 친교를 맛보는 기회를 제공받는다. 어떤 신학자들은 성적 만남을 하늘나라의 영원한 생명을 미리 맛보는 것으로 간주하기도 한다. 그리고 많은 고전적 신비가들은 하느님과 피조물의 궁극적 합일을 기술할 때 성적 만남의 이미지로 묘사한다."(Rolheiser, 2006: 227); "결혼의 맥락에서 기독교 성경의 가르침은 오직 한 가지다. 성교는 한 몸이 되는 결혼에서 전적으로 긍정적 목적과 재생산, 기쁨, 욕구 충족에 기여하는 창조된 선이다(예, 히13:4; 딤전4:1-5). 성적 연합은 결혼의 기본이 되지만, 결혼은 이번에는 아이코닉(iconic)이라고 불리는 것 중의 하나인 중요한 목적을 수행한다. 아이콘(기독교의 다양한 전통에서 가장 보편적이던)은 초월자에게로의 '창구' 역할을 하는 만질 수 있는 물건이다. 성경은 결혼을 부활한 예수 그리스도와의 그의 '신부'인 교회(엡5:22-33) 관계의 아이콘 또는 지구상에서의 모델인 영적 진리의 예시라고 본다. 결혼은 성적 연합과 결혼 서약의 공식적 교환으로 형성된다. 배우자와의 성적 연합의 관계는 새롭기 때문에, 많이 어색하든지 또는 시간이 흐름에 따라 정서적으로 명백해지든지 간에 하나님과 남편과 아내 사이의 언약을 끊임없이 재개하고 재확인하는 기능을 한다."(Jones and Hostler, in Miller and Delaney, 2015: 181-182)

30 잭 O. 볼스윅과 주디스 K. 볼스윅(Jack O. Balswick & Judith K. Balswick)은 그들의 책 『진정한 성』
(Authentic Human Sexuality: An integrated Christian approach)에서 우리는 진정한 성을 확립하기 위
한 여섯 가지 성경적 원리를 제시하고자 한다. 제1원리에서 제4원리까지는 창조를 다루고, 제
5원리는 타락을, 제6원리는 구속과 회복을 다룬다. 그 내용을 정리해 보았다.

진정한 성의 원리

창조	1원리: 인간의 성은 남자와 여자의 차별성에서 그리고 둘의 연합에서 확립된다. 2원리: 성은 사람들로 하여금 깊은 차원에서 자신과 타인 그리고 하나님을 알도록 고안된 좋은 선물이다. 3원리: 인간은 선천적으로 성적 쾌락을 즐길 역량을 가지고 있으며, 인간의 성은 정서적으로 안전하고 신뢰할 만한 가정 안에서 가장 잘 개발될 수 있다. 4원리: 성과 영성은 서로 불가분의 관계에 있다.
타락	5원리: 타락 이후 성은 왜곡되었으며 구속(救贖)받을 필요가 있다.
구속	6원리: 그리스도는 회복을 주시고 진정한 성을 이룰 수 있는 우리의 잠재력을 새롭게 하신다.

자료: Balswick & Balswick, 2009: 46-47 내용을 표로 작성

31 "하나님이 함께하신 것을 사람이 나누지 못하리라! 이것이 이성애자들의 혼음, 간음, 일부다
처, 동성애 그리고 게이의 결혼과 같은 행위가 이치에 맞지 않는 이유다. 그러한 것들은 인간
의 속죄함과 궁극적인 운명을 밝히는 의미를 지닌 인간의 성적 관심 그리고 결혼과 같은 모든
것을 조롱거리로 만든다. 그것들은 인간 안에 있는 하나님 형상의 총체적인 일그러짐이다. 그
것들은 사람들이 하나님께 영광을 돌리는 것과 현재와 다가올 세대에 하나님과의 친밀함을
발견하는 것을 막기 위해 만들어진 거짓이다."(Foster, 2007: 86)

32 데이비드 반드루넨(David VanDrunen)은 다음과 같이 적고 있다. "… 창세기 제2장에서 아담은
하나님의 직접적인 명령(창2:19)과 하나님이 이 세계에 질서를 부여하시고서 아담에게 자신의
사역을 계속 발전시켜 나가라고 간접적으로 위임하신 것(1:5, 8, 10, 26-28을 보라)에 순종해 짐
승들에게 이름을 붙여 줌으로써(2:20), 그 창조 명령의 몇몇 측면을 성공적으로 수행했다. 그
러나 아담에게는 자신에게 적합한 짝(이것은 분명히 아담과 함께 자녀를 생산할 수 있는 짝을 가리킬
것이다)이 없었다(2:20). 그래서 하나님은 적합한 짝을 지으셔서 결혼을 통해 두 사람을 결합시
키셨다(2:21-24). 이 기사는 가족을 조직하는 기본적인 본을 보여준다. 결혼은 일부일처제여야
한다. 자녀를 낳고 양육하려면 한 남자와 한 여자의 연합이 필요하기 때문이다. 이것은 이성
간에 이루어지는 결혼이어야 한다. 자녀를 양육하려면 한 남자와 한 여자의 연합이 필요하기
때문이다. 이것은 지속적인 결혼이어야 한다. 한 남자가 자기 부모와의 이전 관계를 떠나 자
기 아내와 '합하여', '한 몸'을 이루어야 하기 때문이다(2:24). 창세기 제1~2장에서는 이성 간
의 일부일처제이고 지속성을 지닌 결혼이 도덕적으로 유일하게 바르거나 법적으로 유일하게
허용될 수 있는 가족 구조인지 아닌지에 대해 말하고 있지 않지만, 결혼은 생육하고 번성하여

땅에 충만하라는 명령을 밑받침해 줄 토대인 가족 구조여야 함을 보여준다. 성경에는 이것을 뒤집은 증거가 나오지 않으므로, 이것은 노아 언약에 나오는 동일한 명령에도 그대로 계속 적용되어야 한다."(VanDrunen, 2020: 328-329)

33 "이를테면 동성애가 법전에 쓰인 국가적 · 법적 범죄(crime)는 아니지만, 마음에 새겨진 종교적, 윤리적 죄(sin)로서의 의미를 잃어버린 것은 아니듯이 말이다. 스위스의 정신의학자 메닝거(K. Menninger)는 한때 모든 사람의 마음속에 있는 단어였으나 이제는 거의 들을 수 없는 죄가 고집스럽고, 반항적이며 누군가를 무시하거나 공격하거나 상처를 입히는 속성이 있음을 들어, 죄악을 결코 문화적 금기나 사회적인 실수 정도로 대강 처리할 것이 아니라 심각하게 취급해야 한다고 강조한 바 있다. 기독교적 관점에서 보면 동성애는 범죄이기 이전에 종교적인 의미에서 여전히 죄로 남는다."(김일수, 2019: 289) "동성애는 기껏 하여 사적 영역에서 묵인될 수 있는 정도에 머물 수는 있어도, 공적 영역에서 권리나 제도로 승인될 성질의 것은 못된다."(김일수, 2019: 318)

34 http://www.newsnjoy.or.kr/news/articleView.html?idxno=199510.; "지난 6월 26일[2015.06.26], 미국 연방대법원이 동성 결혼을 합법화했다."; 2015년 6월 미국 연방대법원의 판결로 사실상 동성 결혼이 합법화됐다. … 9명의 판사 중 5명이 찬성, 4명이 반대 입장(대법원장 포함)을 표명함으로써 결과적으로 동성결혼이 합법화됐다. … "5명의 대법관은 오만하게도 자신들이 가진 결혼에 대한 이상을 입법화했다."(대법원장 John Roberts) … "오늘의 판결은 미국 민주주의에 대한 미연방법원의 위협이다."(대법관 Antonin Scalia) … "오늘의 판결은 종교 자유에 대한 심각한 결과를 초래할 것이다."(대법관 Clarence Thomas) … "미국의 법 문화적 인식이 되돌릴 수 없을 만큼 부패했다."(대법관 Samuel Alito)(백상현, 2015: 173-187, "미국 연방대법원의 동성결혼 찬반 의견" 참조).; 이은혜, "정말 '동성애는 죄'라고 설교하면 감옥 갈까?"〈뉴스앤조이〉. (2015.07.08).; 참고로 같은 기사에 의하면, "텍사스주에서 통과된 '목회자 종교자유보호법'(Pastor Protection Act)은, 목사나 교회가 신앙 양심에 따라 동성 결혼 주례를 거부하거나, 교회 건물을 대여하지 않아도 불이익을 받지 않도록 보장한다. 텍사스주에 이어 테네시주에서도 유사한 법안을 준비 중이다"라고 한다.

35 진화심리학자들의 견해는 매우 성경과 거리가 있음을 발견할 수 있다. "예컨대 일부 진화심리학자들은 고대의 수렵채집인 무리는 일부일처제 부부를 중심으로 한 핵가족이 아니었다고 주장한다. 이들의 공동체는 사유재산이나 일부일처 관계, 심지어 아버지라는 개념도 없이 살았다는 것이다. 무리의 여성은 동시에 여러 명의 남자(그리고 여자)와 성관계하고 밀접한 유대를 맺을 수 있었을 것이다. 또한 무리의 성인들은 모두 힘을 합쳐 아이들을 키웠을 것이다. 누가 자기 친자식인지 확실히 아는 사람은 아무도 없었기 때문에 남자들은 모든 아이에게 공평하게 관심을 나타냈다. 이런 사회구조는 몽상적 유토피아만은 아니다. 기록을 보면 동물들, 그중에서도 우리의 가장 가까운 친척인 침팬지와 보노보들이 이렇게 살고 있다는 사실을 알 수 있다. 심지어 오늘날에도 남미의 원주민 바리족처럼 집단적 부권이 받아들여지는 문화가 적지 않다. 이런 사회에서 사람들은 아기가 생기는 것은 여성의 자궁에 한 남자의 정자가 아니라 여러 남자의 정자가 축적되기 때문이라고 믿는다. 좋은 엄마라면 반드시 여러 남자와 성관계를 하

도록 애를 쓰게 마련이고 임신 중에는 특히 더하다. … 오늘날 결혼 생활을 특징짓는 잦은 불륜, 높은 이혼율, 나아가 이들과 어른들이 겪는 갖가지 심리적 콤플렉스들은 어디에 연원을 두고 있을까. '고대 공동체' 이론의 지지자들은 사람들에게 인간의 생물학적 소프트웨어와 맞지 않는 핵가족과 일부일처제로 살도록 강제한 탓이라고 주장한다."(Harari, 2015: 71-73; Ryan and Jetha, 2010; Beckerman and Valentin. eds. 2002 참조). Ryan Christopher and Cacilda Jetha (2010). Sex at Dawn: The Prehistoric Origins of Modern Sexuality. New York: Harper.; Beckerman, S. and P. Valentine (Eds.). (2002). Cultures of Multiple Fathers,. The Theory and Practice of Partible Paternity in Lowland South America. Gainsville: University Press of Florida. 참조.

36 다음을 참고하자. 마이클 그리피스(Michael Griffiths)는 다음과 같이 말한다. "필자는 최근에 결혼한 여동생이 천국에 만일 결혼이 없다면 그것은 천국일 수 없지 않은가, 라고 한 말을 기억한다. 이것은 C. S. 루이스가 비유로 들었던 어린아이 얘기를 생각나게 한다. 그 어린아이는 어른들은 같은 침대에서 잠자는 것을 좋아하는데, 그것은 거기서 같이 초콜릿을 먹기 때문이 아니냐고 질문했던 것이다. 마치 이 어린아이가 초콜릿을 먹는 즐거움 이상을 생각할 수 없듯이, 우리도 결혼을 능가하는 기쁨의 가능성을 받아들이기가 어려운 것 같다. 그러나 이 땅에서 한 남자와 한 여자 사이에 있을 수 있도록 하나님께서 제정하신 배타적인 관계를 초월하여 여러 사람과 함께 누릴 수 있는 천상적인 관계를 상상해 볼 수는 있다. 그러나 우리가 아무리 천상의 것을 상상해 보고 싶은 마음이 있다고 하더라도 이 땅에서 사는 동안은 우리의 가정을 하나님께서 제정해 주신 제도로서 존중하여 기독교적 공동체라는 새로운 공동체의 맥락에서 충분히 향유할 수 있도록 해야 한다고 본다. 이것의 완전한 성취는 오직 천국에서 주님과 함께 있게 될 때 가능하게 될 것이다. 우리는 이 땅의 모든 기쁨을 초월하며 두 사람 사이의 배타적인 관계를 능가하게 될 천상적인 사랑을 기대한다. 그러나 이것은 어디까지나 천상적이다!"(Griffiths, 1992: 105)

37 결혼한 게이들의 게이바 등의 출입 문제다. "특이한 손님들을 살펴보면 우선 게이이면서 현실에 적응된 사람들, 즉 게이로 나서지 못했던 사람들이 자주 게이바를 찾는다. 즉 게이이면서 결혼해서 아내와 자식을 둔 사람들이 자신의 성 정체감과 애정의 갈증을 이곳 게이바에서 게이들과 함께 하면서 해소하는 것이다. 그들은 게이들 간에는 '보갈'(게이를 동경하는 사람)이라는 은어로서 말하고 있다."(이동일, 1999: 245-246)

38 다음을 참조하라. "칸트(I. Kant)는 결혼은 '서로 성이 다른 두 사람이 일생 동안 상대방의 성적 능력을 소유하기 위한 연합'이다. 로크(John Locke)는 사회가 결혼계약을 통해 만들어진 가정으로 이루어졌다고 했는데, 그에게 가정은 부부의 육체가 연합하여 서로 그에 대한 권리를 주장함으로써 형성된다."(Pateman, 2001: 238 재인용) Kant, I. (1887). The Philosophy of Law. trans. W. Hastie. Edinburgh: T & T Clark. Chapter second, section 24, 110.; Locke, John (1967). The Treatise of Government. ed. P. Lashett. Cambridge: Cambridge University Press. II. section 78.

39 이상한 상상력을 해보도록 하겠습니다. 변타이[變態]의 상상력 말입니다. 부부관계를 강하게 이어주는 것은 무엇일까? 부부관계에서 가장 약하게 이어주는 것은 성기를 통한 성적 결합이라고 생각합니다. 얼마 안 큰, 얼마 안 두꺼운, 팔루스(phallus)와 버자이너(vagina)의 결합 말입

니다. 이 결합에 불안을 느낀 이들은 더 강한 결합을 시도합니다. 손을 서로 잡는 등 다양한 방법을 시도합니다. 상대적으로 강한 결합은 자녀를 통한 결합이 아닌가 하는 생각을 자연스럽게 해봅니다. 서로 간의 결합이 약해지려고 하는 시점에서 자녀를 바라보며 약해진 결합에 다시 추스르지 않는가 하는 생각을 해봅니다.

40 http://v.media.daum.net/v/20150806114606218?f=o.; "동성애자 커뮤니티 사이트가 활성화되면서 청소년들도 인터넷 채팅을 통해 동성애 정보를 쉽게 얻고 있습니다. 그 결과 성인 동성애자들이 커뮤니티를 통해 만난 남학생들에게 3~4만 원으로 성매매를 시키는가 하면 ⋯." (이태희, 2016: 16-17); 다음의 가사도 참고하라. 박성훈 · 김동하, "10대 남 '동성 性 매매' 등장⋯여행 가려 3만 원 받고"〈문화일보〉(2015.08.06.)

41 "삽입 성교만을 중요시하는 사고방식은 아주 먼 나라 이야기처럼 들리겠지만, 실제로는 지금도 대부분의 사람이 삽입 성교만을 하지는 않으면서도 종종 섹스는 삽입 성교만을 의미한다고 여기곤 한다. 그래서 후천성면역결핍증의 확산을 걱정하던 연구자들은 설문지의 어구를 매우 신중하게 작성해야 한다는 걸 깨달았다. 그들이 단순히 사람들에게 섹스했는지 물었을 때 사람들은 흔히 '아니요.'라고 대답했다. 하지만 대화하다 보면 이 사람들이 실제로는 인간면역결핍바이러스(HIV)를 옮길 수 있는 온갖 종류의 성행위를 했다는 사실이 밝혀지곤 했다. 사람들은 자신들이 경험한 성행위가 삽입 성교는 아니었기 때문에 섹스를 하지 않았다고 말한 것이다. 그래서 연구자들은 서둘러서 설문지에 성행위들을 구체적으로 명시하기 시작했다."(Helminiak, 2003: 68)

42 "⋯ 동성애는 인권의 문제가 아니라 타락의 문제다."(이태희, 2016: 76)

43 전 대법관이었던 전수안의 다음의 말은 잘못된 성경의 이해에서 온 것이다. "이웃을 사랑하라는 성경 말씀은 동성애자를 제외한 나머지 사람들만 사랑하는 뜻이었을까. 동성애자는 창조주가 아닌 다른 누가 창조하였다는 말인가."(전수안, in Badgett, 2016: 9.; 전수안, "봄다운 봄을 기다리며", 7-11 참조)

44 윌라드 M. 스와틀리(Willard M. Swartley)의 다음을 참조하라. "동성애 주제에 직면해 있는 교회를 위해 두 가지 염두에 두어야 할 내용이 있습니다. 첫 번째로 고린도전서 제7장 6~7절에서 바울이 우리에게 준 훈계로서 가족에 묶이지 않고 하나님을 더 잘 섬길 수 있는 가치 있는 선물, 즉 독신으로 사는 모습에 대해 보다 더 많은 관심을 둘 필요가 있습니다. 두 번째로 우리는 게이 · 레즈비언을 포함한 모든 사람이 예수 그리스도를 그들의 구세주이자 주로 고백하고 따르고자 원한다면, 그리고 제자로서 영적 여정을 걷기 원하며 성생활을 포함하여 인생 전반에서 진정한 모습으로 생각과 마음의 변화를 추구하기 위해 성경을 진지하게 받아들인다면, 교회가 이들을 긍휼히 여기는 마음으로 환영해야 할 것입니다."(Swartley, 2014: 15)

45 H. A. 스나이더의 관점도 비슷하다. "오늘날 문제는 현대 사회의 성적인 집착이 성적인 정체성에 심각한 혼란을 야기하고 있는 점이다. 교회는 이런 사람들을 긍휼히 여기고 이해하고 받아주어야 하지만 결코 동성애를 허용해서도, 동성 간의 결혼을 기독교적인 행동으로 용인해서도 안 된다."(Snyder, 2005: 399)

46 "우리는 앞에서 이미 간음한 여인에 대한 예수의 태도를 통해 용서와 처벌의 상관관계에 대

해 살펴보았다. 사람들은 간음하다 현장에 붙잡힌 여인을 예수에게로 데려온다. 율법에 따르면 간음한 여인은 돌에 맞아 죽어야 한다. 사람들은 '법대로' 처벌을 요구하지만, 예수는 처벌 대신 용서를 한다. 그리고 그녀에게 가서 다시는 죄를 짓지 말라고 명한다. 예수에게서 용서의 목적은 죄를 은근슬쩍 덮어두거나 죄 자체를 눈감아주려는 것이 아니다. 죄의 재발을 막으려는 것이다."(안계정, 2013: 282. 강조는 본 연구자)

제2장

1 강상우(2016)는 간디의 동성애 유무에 대해서 일시적인 판단중지(Epoche, ἐποχή, epokhē)를 제안 하였다. 왜냐하면 "오늘날 동성애적 해석을 통해서 동성애자들과 친동성애자(pro-homosexualist) 들 그룹들이 동성애를 사회적 현상의 하나로, 그리고 성적 취향의 하나로 취급하려고 한다는 점에서다. 간디에 대한 동성애적 해석은 동성애자들과 그들을 지지하는 자들에 의해서 또 하나의 동성애를 정당화하려는 사례로 오용(誤用)될 소지가 있기 때문이다."(강상우, 2016) 마하트마 간디가 양성애자로 동성애자인 자신의 애인과 살기 위해서 부인을 버렸다는 내용의 책이 2011년도에 출간되었다. 이 책을 저술한 사람은 뉴욕타임스 편집장 출신 작가인 조지프 릴리벨드(Joseph Lelyveld)로 그 책 제목은 바로 『위대한 영혼: 마하트마 간디와 그의 투쟁』(Great Soul: Mahatma Gandhi and His Struggle With India. [Alfred A. Knopf, 2011])이다. 이 책에서 저자인 조지프 릴리벨드는 인도 독립의 리더인 [마하트마 간디]를 인종차별적 양성애자로 묘사하고 있다. ("[Joseph] Lelyveld allegedly describes the Indian independence leader as a racist bisexual. The book has not been published in India" : http://media.daum.net/foreign/others/newsview?newsid=20110330215107015.; "FILE USA LELYVELD GANDHI BOOK"〈연합뉴스〉. [2011.03.30.]. 참고)

2 프레데리크 마르텔(Frederic Martel)은 다음과 같이 묻고 다음과 같이 답한다. "그렇다면 이 둘은 과연 어떤 유형의 커플인가? 간디는 혹시 양성애자였던가?" "한마디로 단정 짓기는 어렵다. 게다가 그의 삶을 다룬 전기에서도 그 문제에 대해 명쾌한 결론을 내리지 않고 있다. 이 점과 관련해 몇몇 역사 전문가는 둘의 관계를 완전한 게이 커플로 보기보다는 '동성연애'를 좋아하는 관계로 봐야 한다고 주장했다. 프랑스의 두 지성인 몽테뉴와 라보에티의 관계처럼 말이다. 두 사람은 지적 교류로 친밀한 우정을 나누면서도 감정적인 애정이 우정 이상으로 짙었다. 하지만 정말 둘 사이에 육체관계가 있었는지를 추구하다 보면, 확실한 증거는 부족하다. 프랑스의 여류 소설가 마르그리트 유르스나르가 한 멋진 표현을 그대로 인용하자면, '팩트를 알기 원하도록 만드는' 이상야릇한 관계가 아닐 수 없다."(Martel, 2018: 275)

3 영국 브리스틀대학의 과학철학 교수인 사미르 오카샤(Samir Okasha)의 다음 지적도 참조하라. "불충실한 결혼 생활, 다시 말해 '혼외정사'는 인간 여성이 장기적인 배우자의 유전적 자질이 떨어질 때 자손을 위해 유전적 이익을 얻기 위해 사용하는 진화된 전략이라는 일부 진화심리학자의 견해를 생각해 보자. 이것이 사실이냐 아니냐는 답하기 쉬운 질문은 아니지만 아마도 과학적 사실에 관한 질문일 것이다. 하지만 사실과 가치는 별개다. 설사 혼외정사가 진화적 적응이라고 해도, 그 사실은 혼외정사를 도덕적으로 정당화하지는 않는다."(Okasha, 2017: 211); 메리 스튜어트 밴 르우윈(Mary Stewart van Leeuwen)은 다음을 지적한다. "어떤 약점(혹은 강점)에 유전적인 근거가 있다고 하더라도, 그렇다고 해서 그런 약점을 가진 사람에게 이를 잘 관리할 책임이 면제되는 것은 아니다. 예를 들어 혈우병은 성 관련 유전자를 통하여 생물학적으로 물려받는 것이다. 그러나 만일 당신이 혈우병이라는 진단을 받았다면, 당신은 적절한 약물 치료를 받고, 이 병에 대해 가능한 한 많이 알도록 노력해야 할 것이다."(van Leeuwen, 2000: 86)

4   Hamer, D. H., S. Hu, V. L. Magnuson, N. Hu, and A. M. L. Pattatucci (1993). "A linkage between DNA markers on the X-chromosome and male sexual orientation". Science. 261. 321-327.; LeVay, Simon (1991). "A difference in hypothalamus structure between heterosexual and homosexual men". Science. 253. 1034-1037.; "직접적 유전자결정 가설은 1993년에 딘 해머(Dean Hamer)가 에이즈 치료 프로그램에 참여한 사람들을 대상으로 한 조사에서 Xq28이라고 명명된, 이른바 '동성애 유전자'를 발견했다고 보고한 것을 뜻한다(Hamer, Magnuson, Hu and Pattatucci 1993, 320-26). 그러나 이 실험은 재현에 실패했고(Rice, Anderson, Risch and Ebers 1999, 665-67), 표본 선택이 잘못되었으며, Xq28 자체가 동성애와는 아무런 관련이 없음이 확인되었다(Jones and Yarhouse 2000, 81). 특히 2019년 미국 브로드 인스티튜트(the Broad Institute)의 안드레아 가나 박사가 이끄는 연구팀은 47만여 명의 유전자 자료를 분석한 결과 동성애 유발 유전자는 없다는 결론을 내려 동성애 유전자 실재 여부에 관한 논쟁에 종지부를 찍었다(엄남석 2018; 민성길 2020a, 178; Gana et al 2019)." (이상원, 2022: 480, 9번 각주) "시몬 르베이(Simon Levay)는 INAH3(intersitial nucleus of the anterior hypothalamus 3)가 동성애자들과 이성애자들 사이에 크기의 차이가 발견되었다고 보고했으나 이 연구는 표본조사의 편향성의 문제가 있었던 것이 발견되었다. 게다가 이 두 연구는 재현에 실패했다(Jones and Yarhouse 2000, 67-70)." (이상원, 2022: 480, 11번 각주) Jones, Stanton L. and Mark A. Yarhouse (2000). Homosexuality: The Use of Scientific Research in the Church's Moral Debate. Downers Grove, Il: IVP.

5   중국의 사회학자 정예푸(鄭也夫)가 동성애를 설명한 부분이다. 참고하라. "고릴라 세계에서 다수의 수컷은 영원히 주변에 머물면서 우두머리가 이성과 마음껏 즐기는 모습을 지켜보기만 했다. 그들 중 대다수는 영원히 뛸 기회가 없는 후보 선수이기 때문에, 억압을 받을 대로 받는다. 이 점을 이해하면, 동성 간 성행위가 왜 자연선택에서 도태되지 않았는가 하는 난제가 갑자기 시원하게 풀린다. 동성애는 생존 조력의 가치를 지닌다. 이는 우울함을 해소하고 교미를 연습할 기회가 되는데, 동성애가 없다면 행운이 찾아왔을 때 서투를 수밖에 없다." (鄭也夫, 2018: 47-48)

6   "그래서 갈등[과학과 종교 간이] 생기면, (1) 그 성경 구절을 우리가 올바로 이해했는지, (2) 그것이 잘못이란 과학의 주장이 과연 절대적인지를 물어보아야 하고, (3) 과학의 주장이 의심할 수 없이 참이라면 우리는 기다려야 한다. 우리의 성경해석도 잘못된 것으로 판명될 수 있고 과학의 주장도 잘못으로 드러날 수 있기 때문이다. 어느 한쪽은 거짓이라는 성급한 결론은 위험하다." (손봉호, 2018: 209)

7   Hays(1991:18). Hays, Richard B. (1991 July). "AWAITING THE REDEMPTION OF OUR BODIES". Sojourners 20. ; https://sojo.net/magazine/july-1991/awaiting-redemption-our-bodies

8   이민규 교수는 성경에서 동성애에 관한 토론이 적은 것은 그 당시에 관심이 적은 것[사회적 이슈가 아님]을 의미하는 것이지 동성애가 그 사회에서 받아들여진 것이 아니라는 지적을 한다. 사회의 강한 성 표준에 의한 통제가 잘 이루어진 것이라고 지적한다. 당시에는 동성 간의 관계를 용납하지 않았다고 한다.(이민규, 2020. "The Bible does not seem to tolerate same-sex relationship under any circumstances.")

9   "어떤 사람이 빈정대며, '예수께서 동성애를 주제로 무어라 말씀하셨는지 아세요?'라는 질문

을 던졌다. '당신이 예수와 동성애라는 책을 보신 적이 있으신가요?' '아니요. 뭐라고 기록되어 있는데요?' '아마, 당신이 그 책을 열어보면, 백지만 있을 겁니다.!' 그러나 정말 이건 사실이 아닌가? 만약 예수께서 동성애에 대해 아무 말씀도 하지 않으셨다면, 그것은 그가 이 부분에 대해 아무런 도덕적 지침을 주지 않았다는 의미가 아닌가? 나의 판단에 따르면, 예수는 전쟁에 참여하는 그의 제자들에게(그는 마태복음 8:5-12에서 백부장의 믿음을 칭찬하셨다. 마가복음 15:39절도 참고할 것) 직접적으로는 아무 말씀도 하지 않으셨다. 그리고 그가 사셨던 로마 시대에 만연해 있던 노예제도에 대해서도 직접적으로 반대한다는 말씀을 전혀 하지 않으셨다. 그렇다고 이것이 예수가 전쟁과 노예 관련 주제에 대해 이렇다 할 가르침을 주지 않았다는 의미일까?"(Swartley, 2014: 60)

10 Higgins, Patrick (1996). Heterosexual Dictatorship. London: Fourth Estate.

11 "이와 같이 한 낱말도 어떤 신념을 가진 독자가 해석하느냐에 따라 달라질 수 있다. 독자들은 텍스트를 집단적 의식에 기초하여 해석하는 경우가 있다. 이렇게 집단적 의식(공동체 의식)을 바탕으로 텍스트를 해석하는 독자 조직체를 '해석공동체'라 한다."(김도남, 2006: 2); "해석공동체(interpretive communities)는 피쉬(Fish, 1980: 167-173)가 사용한 말이다. 한 독자가 두 텍스트를 같은 방식으로 해석하거나 두 독자가 한 텍스트를 같은 방식으로 해석하는 이유를 탐색하면서 해석공동체라는 말을 사용하였다. 피쉬는 해석공동체 구성 조건으로 구성원의 해석 전략 공유를 들었다."(김도남, 2006: 2, 1번 각주) Fish, S. (1980). Is there a text in this class?. Harvard University press.

12 특별히 창세기 19:4-8과 사사기 19:22-24 사이의 언어적 유사성을 도표로 제시하면 다음과 같다. (강규성, 2017: 99-100) 위 도표는 분명히 사사시대 베냐민 땅 기브아에서 소돔과 고모라와 같은 동성애적 집단적 폭력이 자행되고 있었음을 은근히 보여준다. 특별히 저자는 기브아에서 불량배들의 행동이 "망령된 일"이라는 것을 노인의 말을 통해 꼬집는다.

창세기 19:1-11	사사기 19:16-24
저녁때에 … 롯의 환대	저녁때 … 노인의 환대
소돔의 백성들이 그 집을 에워싸고	그 성읍의 불량배들이 그 집을 에워싸고
오늘 밤에 네게 온 사람들이 어디 있느냐 … 우리가 그들을 상관하리라	네 집에 들어온 사람을 끌어내라 우리가 그와 관계하리라
내 형제들아 이런 악을 행하지 말라	이 같은 악행을 저지르지 말라
내게 남자를 가까이하지 아니한 두 딸이 있노라 … 네 눈에 좋을 대로 그들에게 행하고 … 이 사람들에게는 아무 일도 저지르지 말라	내 처녀 딸과 이 사람의 첩이 있은즉 … 너희 눈에 좋은 대로 행하되 … 이런 망령된 일을 행하지 말라

자료: 강규성(2017:99-100)

13 "이슬람에서는 '리와뜨'와 '수후끄'가 남녀 간의 동성애를 나타내는 용어로 사용되고 있다. 리와뜨(라와뜨)لِوَاط, 혹은 루띠야لُوطِيَّة는 남성 동성애 혹은 남녀를 불문한 항문 성교를 말하는 것으로, 지나가 성기의 결합이 있어야 인정된다는 점에서 지나와 구별될 수 있다. 구약성경과 꾸

란에 공히 등장하는 '롯'의 이야기에서 이 용어가 나왔음을 쉽게 짐작할 수 있다. 한편 수후ㄲ
قحب, 혹은 시하ㄲ(무사하까) سمحقة는 여성 동성애만을 나타내는 말로, 성기의 교접과 삽입이
없다는 점에서 이 또한 지나와 구별되는 지점이 있다."(안정국, 2013: 164)

14 오나니슴을, 자위행위를 뜻하는 것으로 이해되는 것은 잘못된 사용이다. "오나니슴(onanisme)
이라는 용어는 성서에서 따온 말이다. 오난은 레비레이트혼 법에 따라 죽은 형의 아내인 형수
를 통해 자손을 생산해야 하는데 이를 거부한다. 이 법에 따르면 한 집안의 차남은 죽은 형 대
신에 후손을 생산할 의무가 있다. 그런데 생물학적으로 분명 자신의 아이임에도 죽은 형이 아
버지가 되고 자신은 후견인이 될 수밖에 없다. 오난은 형수의 몸 밖에 정액을 뿌림으로써 신
에게 도전한다. 이는 분명 혼자만의 쾌락을 위한 자위행위는 아니었다. 그렇지만 '오나니슴'
은 건전하지 못하거나 도착적인 행위를 가리키는 학문적 용어가 되었고, 악덕과 신의 절대권
에 대한 도전으로 통용되었다."(Roudinesco, 2008: 115)

15 동성애적 읽기는 새삼스러운 것이 아니라 과거부터 존재했었다. 소돔의 범죄에 대해서 일반
적인 해석은 크게 세 가지로 나타나고 있다. "첫째, 소돔의 죄를 동성애로 보는 견해, 둘째,
소돔의 죄를 나그네와 약자를 환대하는 사회적 인습을 어겼다는 견해, 셋째, 소돔의 죄는 동
성애 또는 폭력과 약자에 대한 환대를 소홀히 하는 것이라는 견해이다."(강규성, 2017: 89-90)

16 Brown, F., S. R. Driver and C. A. Briggs (1952). A Hebrew and English Lexicon of the Old
Testament. Oxford.

17 김희수(2007)는 스톤(Ken Stone)과 베일리(Randal Bailey)를 인용하면서 다음과 같은 친동성애적
주장을 하는 것을 볼 수 있다. "소돔과 고모라 얘기 끝에 나오는 창세기 19:30-38절의 암몬 족
속과 모압 족속의 기원에 관한 이야기가 하나의 좋은 예가 될 것이다. 이스라엘 족속은 자기
자신들의 이기적인 목적과 두 족속에 대한 편견과 적대감을 가지고 이 이야기를 만들어 내었
다. 두 족속을, 근친상간을 통해서 태어난 불결한 족속들로 만든 데는 그 두 족속에 대한 자신
들의 억압과 착취를 정당화시키려는 의도가 숨어 있는 것이다."(김희수, 2007: 7) 김희수 (2007).
"동성애에 대한 윤리적 고찰: 동성애는 죄인가?". 『기독교사회윤리』. 13. 121-142.

18 존 보스웰(John Boswell)은 예일대학교의 교수로 고전 헬라어와 히브리어 등 17개 언어를 알
았던 언어학자이자 역사학자이면서 동시에 작가다. 33세에 쓴 『기독교, 사회적 관용, 동성애』
(Christianity, Social Tolerance, and Homosexuality)로 내셔널북어워드(National Book Award)를 받았고
그 밖에 '기독교 역사 속에서의 게이 사랑' 등의 동성애 변증을 위한 책들을 저술했다. 동성애자
들을 위한 열렬한 학문적 변증가로 활동하였던 보스웰 자신 역시 게이로서 20여 년간 파트너
와 함께 살았는데, 결국 AIDS로 인해 47세의 나이로 사망했다. https://en.wikipedia.org/wiki/
John_Boswell. 참조. Boswell, John (1980). Christianity, Social Tolerance, and Homosexuality.
Chicago: University of Chicago Press.; Bailey, Derreck S. (1995). Homosexuality and the
Western Christian Tradition. Hamden. Conn: Archon.; McNeill, J. J. (1976). The Church and
the Homosexuality Kansas City: Sheed, Andrews, and McMeel.

19 Temple, Gray (2004). Gay Unions: In the Light of Scripture, Tradition and Reason. New York:
Church Publishing.

20 "남자들만 있는 형무소에서 가장 심각한 문제는 바로 수감자들 사이에서 성행하는 강간이다. 존 허버트(John Herbert)의 희곡을 원작으로 1971년에 만들어진 영화 『버림받은 남자』(Fortune and Men's Eyes)에서, 교도소 안에서 자행되는 잔인한 강간이 적나라하게 묘사된 이후로 사람들은 형무소 안의 '속사정'을 알게 되었다. … 강간을 당한 남자가 느끼는 자기 모멸감은 강간당한 여자 못지않게 심각하다. 강 건너 불구경하듯, 개입하지 않고 수수방관하는 공권력 앞에서 절망감과 무력감을 느끼는 수인에게는 생지옥이 따로 없다. 에이즈 보균자가 날로 늘어가는 상황에서 교도소 성폭력의 만연은 에이즈의 또 다른 감염경로가 되고 있다."(Abbott, 2006: 507)

21 "구약성서에 등장하는 943회 중 10회의 사례에서는 임신의 결과를 수반하는 이성과의 성관계(대표적: 창4:1, "아담이 그의 아내 하와와 동침하매[יָדַע], 하와가 임신하여")를 의미한다."(곽혜원, 2022: 436)

22 "자유주의 성경학자들은 인용된 성경 본문에서 동사 "know"(히브리어로는 yāda)가 실제로 성관계를 언급하는지 논쟁의 여지가 있다고 생각한다. 창세기의 몇 개의 다른 구절에서는 히브리어 "yāda"라는 단어가 성관계의 표현으로 사용되고 있다. 예를 들면 창세기 제4장 1, 17, 25절, 제24장 16절 및 제38장 26절이다. 그리고 민수기 제31장 17절, 사사기 제11장 39절, 제21장 11절, 사무엘 상 제1장 19절 및 열왕기 상 제1장 4절 등에서 역시 성관계의 뜻으로 사용되어 있다."(강엽, 2005: 7)

23 창 19장에 나타난 '야다'의 용례가 이성 간의 성행위에 국한된다는 주장은 '논리의 왜곡'이며 '완곡어법 표현의 본질을 무시한 해석'이다. (유선명, 2017: 16)

24 리차드 J. 보컴 (2010). 『유다서 베드로후서』. WBC 성경 주석 50. 김철 역. 솔로몬.

25 Wenham, Gordon (2001). 『창세기 16-50』. WBC 2. 윤상문 · 황수철 공역. 솔로몬.

26

하나님께서 원하시는 나라 (창18:18-19)		소돔과 고모라의 현재(창18:20-33)
1. 아브라함을 통한 크고 강한 나라 2. 정의와 공의를 통해서 가능	대조공동체 〈-------〉	1. 울부짖음과 죄악이 큼(20-21) 2. 의인의 부재(22-23)

강철구(2021: 28)

27 "대표적으로 동성애 반대운동에 앞장서고 있는 단체는 한국기독교총연합회(1989년 결성, 회장 전광훈 목사)이며 이 밖에도 에스더기도 운동(2007년 결성, 이용희 교수)이다. 이 두 단체는 반게이 사상과 반공산주의가 특징이며 특히 한반도의 정세상 군부대 내에서의 동성애 문제에 대해 급진적인 목소리를 내고 있다."(김태식, 2020: 212)

28 "Thou shalt not lie with zachar, as with isha: it is to'evah (abomination, detestable)"(OJB, Orthodox Jewish Bible); "Do not practice homosexuality, having sex with another man as with a woman. It is a detestable sin."(NLT); "Homosexuality is absolutely forbidden, for it is an enormous sin."(TLB, Living Bible)

29 "If an ish also lie with zachar, as he lieth with an isha, both of them have committed to'evah; they shall surely be put to death; their dahm shall be upon them."(OJB); "If a man practices

homosexuality, having sex with another man as with a woman, both men have committed a detestable act. They must both be put to death, for they are guilty of a capital offense."(NLT, New Living Translation)

30 "'너는 여자와 동침함같이 남자와 동침하지 말라 이는 가증한 일이니라'(레18:22). '누구든지 여인과 동침하듯 남자와 동침하면 둘 다 가증한 일을 행함인즉 반드시 죽일지니 자기의 피가 자기에게로 돌아가리라'(레20:13). 하나님은 '너는 여자와 동침함같이 남자와 동침하지 말라' 라는 명령을 시대와 장소를 넘어서서 모든 기독교인이 준수해야 할 보편적이고 절대적인 도덕적 명령으로 제시하셨다." (Gagnon 2001, 110) 즉 이 규정은 정언명령이라는 것이다. (이상원, 2022: 483, 13번 각주); Gagnon, Robert A. J. (2001). The Bible and Homosexual Practice: Texts and Hermeneutics. Nashville: Abingdon Press.

31 Migrom, Jacob (2004). Leviticus: A Book of Ritual and Ethics. A Continental Commentary. Minneapolis: Fortress Press.

32 Boswell(1980: 101).

33 칠십인 번역본(LXX)은 레위기 18:22의 "너는 여자와 동침함같이 남자와 동침하지 말라"는 구절을 헬라어로 "Καὶ μετὰ ἄρσενος οὐ κοιμηθήσῃ κοίτην γυναικείαν"로 번역되었다고 한다.

34 "한편 구약성서 여러 곳에 나오는 mishkabh zakhar, 즉 '남자와 자는 것'(민31:17-18; 31:35; 삿 21:11-12)이라는 표현은 처녀와 처녀가 아닌 경우를 구분할 때 사용하는 관용어이다. '남자와 자는 것'을 모르는 여자가 처녀이며, '남자와 자는 것'을 아는 여자는 처녀가 아니라는 것이다. 따라서 '미슈카브 자칼'은 '남자와 성행위'를 하는 여성의 경험을 가리키며, '미슈케베 아샤' 곧 '여자와 자는 것'은 여자와 성행위를 하는 남자의 경험을 가리킨다."(박경미, 2020: 261-262, 208번 각주; 야마구찌, 2018: 74 참조); 야마구찌 사토꼬 (2018).『동성애와 성경의 진실』. 양희매 역. 무지개신학연구소.

35 Lings, K. R. (2009). "The 'Lyings' of Woman: Male-Male Incest in Leviticus 18:22?" Theology & Sexuality 15. 231-250. ; https://doi.org/10.1558/tse.v15i2.231

36 Sayler, G. B. (2005 Spring). "Beyond Biblical Impasse: Homosexuality Through the Lens of Theological Anthropology". Dialog. 44(1). 81-89.

37 Walsh, J. T. (2001). "Leviticus 18:22 and 20:13: Who is doing What to Whom?". JBL. 120(2) 201-209.

38 "'토에바'가 도덕적 죄와 관계가 있다는 것이 구약의 헬라어 번역인 칠십인역(LXX)에도 나타난다. 칠십인역 번역가들은 하나의 히브리어 단어를 문맥과 내용에 따라서 모두 네 가지로 번역했다: akathartos(아카타르토스, 부정), asebeia(아세베이아, 불경건), bdelygma(브델리그마, 가증한 것), anomia(아노미아, 불법). 그중에 가장 빈도수 높은 것이 '브델리그마'(68번)이고, 다음으로 '아노미아'(28번)이다. 그렇지만 이 둘은 서로 대조적인 것이 아니다. 제의적인 것에도 '아노미아'로 번역했기 때문이다(겔8:6). 다시 말해서 칠십인역이 레위기의 동성애 금지법의 이유로 제시된 '토에바'를 '아노미아'로 번역하지 않고, '브델리그마'로 번역했다고 해서 그것을 도덕적으로 불법이 아닌 것으로 보아서는 안 된다는 것이다."(신득일, 2016: 89)

39　Gaganon, Robert A. J. (2001). The Bible and Homosexual Practice: Texts and Hermeneutics. Nashville: Abingdon Press.

40　Wright, David F. (1984). "Homosexuals or Prostitutes?: The Meaning of ARSENOKOTAI". Vigiliac Christiana 38. 351-378.

41　영어 흠정역 본문은 다음과 같다. "There shall be no whore of the daughters of Israel, nor a sodomite of the sons of Israel"(Deuternomy 23:17) "An d there were also sodomites in the land: [and] they did according to all the abominations of the nations which the LORD cast out before the children"(1 Kings 14:24) 우리말 표준새번역은 다음과 같다. "이스라엘의 딸은 창녀가 될 수 없다. 또 이스라엘의 아들들도 남창이 될 수 없다."(신 23:17) "그 땅에는 신전 남창들도 있었다. 이와 같이 이스라엘 자손은, 주께서 그들 앞에서 내쫓으신 나라들이 지킨 그 혐오스러운 관습을 그대로 본받았다."(왕상 14:24) 흠정역에서 sodomites라고 번역한 것을 우리말 표준새번역의 경우 신명기 23:17에서는 '남창'으로, 열왕기상 14:24에서는 '신전 남창'이라고 번역했다. (박경미, 2020: 216, 184번 각주); 반면 qadhesh, qedhesha가 신전 매춘자가 아니라, 그냥 이교 신전의 남녀 사제를 가리킨다고 보는 학자들도 있다. Frymer-Kensky, Tikva (1998). "Deuteronomy" in Women's Bible Commentary. Expanded ed. Louisville. KY: Westminster John Knox Press. 64-65. (박경미, 2020: 217, 185번 각주)

42　Treese, Robert L. (1974). "Homosexuality: A Contemporary View of the Biblical Perspective" Loving Women/Loving Men. eds. Sally & William R. Johnson San Francisco: Glide. 23-60.

제3장

1 조지 마스덴(George Marsden)은 근본주의를 "호전적인 반현대주의 개신교 복음주의"라고 묘사한다. (Rogers, 2018: 43, 제1장 15번 각주; Marsden, 1980: 4). Marsden, George (1980). Fundamentalism and American Culture: The Shaping of Twentieth-Century Evangelicalism, 1870-1925. N. Y.: Oxford University Press.

2 최근 원숭이 두창이 샌프란시스코에서 증가하고 있는데 이는 남성 동성애와 어느 정도 관계가 있는 것 같다는 느낌이 든다. 물론 동성애=원숭이 두창(monkeypox, 猴痘)은 아니지만, 동성애가 원숭이 두창의 확산과 어느 정도 관계가 있지 않은가 하는 생각이 든다. 이는 동성애=에이즈라고는 할 수 없지만, 동성애가 에이즈 확산에 어느 정도 관계가 있는 것과 마찬가지다. 김원배, "'80년대 '에이즈로 피폐' 샌프란시스코, 원숭이 두창 확산…비상사태 선언". 〈YTN〉 (2022.07.29.)

3 Via(2003: 4-9); Via, D. O. (2003). "The Bible, the Church, and Homosexuality". D. O. Via and R. A. J. Gagnon eds. Homosexuality and the Bible: Two Views. Fortress.

4 Furnish(1979: 52-83). Furnish, Victor Paul (1979). "Homosexuality" The Moral Teaching of Paul. Nashville: Abingdon Press.

5 Nissinen(1998: 107); Nissinen, Martin (1998). Homoeroticism in the Biblical World: A Historical Perspective. trans. Kirsi Stjerna. Minneapolis: Fortress Press.

6 "보스웰은 바울이 본문에서 세 단어, 곧 '비정상적인'(para physin), '부끄러운'(atimia), '망측한'(aschemosyne)을 사용하여 동성 간 성행위를 묘사한 점을 주목한 후, 이 단어들을 자신이 의도하는 의미로 새롭게 비평적으로 해석할 것을 제안했다. 즉 1) 'para physin'은 '비정상적인' · '자연에 반하는'→'뜻밖에' · '평범한 · 일상적이지 않은'으로 재해석하면, '사람들의 기대에 부합하지 않는(도덕적으로 잘못이라거나 윤리적으로 단죄한다거나 하나님을 거스른다거나 창조물의 신성한 질서에 반대된다거나 비정상적 · 부자연스럽다거나 사물의 보편적 본성과 대립한다는 뜻의 함축이 전혀 들어 있지 않은) 행동'으로 이해된다. 2) 'atimia'은 '부끄러운'→'영예롭지 못한'(도덕적 · 윤리적으로 잘못되지 않은)으로 해석한다. 3) 'aschemosyne'은 '망측한'→'부적절한'(도덕적 · 윤리적 판단이 가미되지 않은)으로 해석한다." (곽혜원, 2022: 442)

7 Martin(1995: 336. n.11). Martin, D. (1995). "Heterosexism and the Interpretation of Roman 1:18-32" BibInt. 3. 332-355. 데일 마틴은 동성애에 대한 바울의 지적을 구약의 창조와 타락이 아닌 이방인들의 다신교와 우상 숭배와 연관된 것으로 주장한다.

8 Miller(1995: 1-11). Fredeickson(2000: 201.n.15); Miller, J. E. (1995). "The Practices of Romans 1:26: Homosexual or Heterosexual?" NovT 37. 1-11.; Fredeickson, D. E. (2000). "Natural use in Roman 1:24-27: Paul and the Philosophic Critique of Eros" D. L. Balch ed., Homosexuality, Science and the Plain Sense of Scripture. Grand Rapids, MI: Eerdmans. 178-199.

9 Scroggs(1983: 116-128). Scroggs, E. R. (1983). The New Testament and Homosexuality.

Philadelphia: Fortress.

10   Hays(1996: 396); Hays, Richard B. (1996). The Moral Vision of the New Testament: Cross, Community, New Creation. San Francisco: harperSanFrancisco.

11   France(1999: 249). France, R. T. (1999). "From Romans to the Real World: Biblical Principles and Cultural Change in Relation to Homosexuality and the Ministry of Women" S. K. Soderlund and N. T. Wright eds., Romans and the People of God. Grand Rapids,MI: Eerdmans. 234-253.

12   Moo(1996: 115). Moo, Douglas (1996). The Epistle to the Romans (NICNT). MI: Eerdmans.

13   Osborne(2004: 53). Osborne, Grant R. (2004). Romans. Downers Grove and Leicester: IVP.

14   Hays(1986: 185). Hays, Richard B. (1986). "Relations Natural and Unnatural: A Response to John Boswell's Exegesis of Romans 1." Journal of Religious Ethics. 14. 184-215.

15   Hays(1986: 184-215).

16   https://www.firstthings.com/article/1994/03/in-the-case-of-john-boswell.; Neuhaus(1994. 56). Neuhaus, Richard John (1994 March). "In the Case of John Boswell," First Things.

17   Talbert(2002: 66 재인용) Talbert, C. H. (2002),Romans. Macon: Smyth & Helwys Publishing.

18   Koester(1974: 9:263) Koester, H. (1974). "Physis" G. Friedrich ed., Theological Dictionary of the New Testament. Grand Rapids. MI: Eerdmans. 9:251-277.

19   Achtemeier(2003: 81) Achtemeier, P. J. (2003). 『로마서』. 김도현 역. 한국장로교출판사.

20   Martin, Dale B. (1996). "Arsenokaites and Malakos: Meanings and Consequences," in R. L. Brawley ed., Biblical Ethics and Homosexuality: Listerning to Scripture. Louisville, KY: Westminster John Knox Press. 117-136.

21   Fredrickson(2000: 178-199).

22   루터 성경 1984(Lutherbibel. 1984)는 말라코이와 아르세노코이타이를 Lustknabe와 Knabe nschänder라고 번역했다고 한다. Lustknabe는 '소년 매춘남'을 뜻하고, Knabenschänder는 소년 매춘남을 탐욕하는 자를 나타낸다. (김진호, 2021: 90)

23   Thiselton(2000: 448-449). Thiselton, A. C. (2000). The First Epistle to the Corinthians (NIGTC). Grand Rapids. MI: Eerdmans. 448-449.

24   Botha(2004: 87); Gagnon(2001: 330); Botha, Petrus Hendrik (2004) "The Apostle Paul and Homosexuality: A Socio-Historical Study" Ph.D diss. Potchefstroom. South Africa: North-West University.

25   Garland(2001: 456-457). Garland, David E. (2001). I Corinthians. ECNT. Grand Rapids. MI: Baker Academic; Gagnon, R. A. J. (2001). The Bible and Homosexual Practice: Texts and Hermeneutics. Nashville: Abingdon Press.

26   "바울은 동성애 행위자를 율법 조항 중에 십계명의 음행한 죄와 동일하게 취급한다. 동성애 행위는 음행의 행위와 같은 죄에 해당하지만, 동성애와 음행이 같은 행위로 취급하지 않고 구별되고 개별화된 범법 행위로 분리된다. 음행하는 자(πορνος, 포르노스)는 이성 간에 이탈된 성

적 행위로 십계명 제7계명을 위반한 남자를 의미한다면, 바울은 동성 간의 성적 행위의 이탈을 지적하기 위해 동성애자를 지칭하는 ἀρσενοκοίτης(아르세노코이테스, 남자와 함께 잠자리하는 자)란 새로운 용어를 사용한다. 바울은 동성 간의 성적 행위를 십계명의 명령을 거역한 범법자로 규정할 때 '아르세노코이테스'라는 특별한 용어를 사용하는 것은 동성애 행위가 레위기 18:22와 20:13과 같은 레위기 법에 언급된 남자가 남자와 함께 성적 행위를 하는 것에 대한 금지명령을 위반했다는 것을 암시한다."(최선범, 2020: 128; Gagnon, 2001: 334 참조); 윌리엄 L. 피터센(William L. Petersen)은 데이비드 F. 라이트(David F. Wright)가 주장한 'arsenokoitai'의 유래에 동의하지만, 그것을 '동성애자들'로 번역하는 것은 비판한다. 이러한 비판 가운데에는 이 용어는 20세기에 이해한 성적 지향이라는 개념으로 기원후 1세기의 본문을 해석하기 때문이다. (Petersen, 1986: 187-191) Petersen, William L. (1986), "Can ARSENOKOITAI be Translated by 'Homosexuals'?(1 Cor.6:9; 1 Tim.1:10)", Vigilae Christianae. 40(2). 187-191.

27 Wright(1984: 125-153). Wright, David F. (1984 June). "Homosexuals or Prostitutes: The Meaning of ἀρσενοκοῖται(1 Cor 6:9; 1 Tim 1:10)" Vigillae Christianae 38(2). 125-153.; https://doi.org/10.2307/1583059

28 Fitzmyer(1993: 288). Fitzmyer, J. A. (1993). Romans (AB). New York: Doubleday.

29 "칠십인 번역본(LXX)은 레위기 18:22의 '너는 여자와 동침함같이 남자와 동침하지 말라'라는 구절을 헬라어로 Καὶ μετὰ ἄρσενος οὐ κοιμηθήσῃ κοίτην γυναικείαν'로 번역했는데, 이 구절에서 등장하는 '남자'에 해당하는 헬라어 '알센'(ἄρσην)과 '침대'에 해당하는 '코이테'(κοίτη)의 합성어가 바로 '아르세노코이타이'라는 것이다. 그러므로 이 단어는 다른 남자와 동침하는 남자를 가리키되 주로 능동적으로 동성애를 행하는 남자 동성애자를 가리키는 것이었다."
(신원하, 2020: 308)

30 이경직 교수는 동성애 관련된 로마서 본문에 대해서 동성애 옹호자들과 반대자들을 다음과 같이 비교하고 있다. (이경직, 2003)

[표: 수정주의자들과 전통주의자들의 로마서 제1장 24-27절 해석 비교]

수정주의자들의 주장	전통주의자들의 주장
무절제한 정욕을 비난	착취 관계와는 무관
우상숭배의 결과	죄의 증상이 아니라 개인적 죄
기독교의 타락교리 때문에 자연법 개념을 받아들일 수 없음	현재 상태는 자연법 상태가 아님
동성애 금지는 문화적으로 상대적인 명령	가치관을 그대로 수용하지 않음

31 http://debunkingchristianity.blogspot.kr/2012/06/jesus-is-created-redacted-in-each-of.html; 해리 맥콜(H. H. McCall)은 이렇게도 말한다. "예수님의 마지막 시간은 기도와 그의 여인 팔에 안겨 보낸 것으로 여겨진다."("Jeus' final hours were likely spent in both prayer and in the arms

his lover")(이승구, 2016: 426-427, 5부. 제2장 17번 각주); MacCall H. H. "Jesus the Homosexual: Evidence From the Gospels"

32 "제닝스는 십자가 죽음을 앞둔 예수가 최후의 만찬에서 제자들의 발을 씻어주신 숭고한 행위도 참람하게 재해석한다. 당시 예수는 옷을 벗은 상태였고 제자들은 그의 무릎에 눕거나 가슴에 바짝 기대었는데, 이것은 육체적 성애 관계를 나타낸다는 것이다. 또한 제자들의 발을 씻겨주신 것은 예수가 여자의 역할을 한 것이라는 기괴한 해석을 내놓기도 한다."(곽혜원, 2022: 448: Jennings, Jr. 2011: 67-72, 291-298 참조)

33 "창세기 19:1-29, 사사기 19:1-30, 레위기 18:1-30, 레위기 20:1-27, 고린도전서 6:9-17, 디모데전서 1:3-13, 유다서 1-25, 로마서 제1장이 그것이다. 다 합쳐서, 이런 본문들은 성경에서 최대 12페이지에 불과하다. 이 본문 중에서 어느 것도 예수님에 대한 것이 아니고, 그분의 말씀 중에서 어느 것도 포함하고 있지 않다."(Rogers, 2018: 141)

34 "듀크대 신학과의 리처드 헤이스(R. B. Hays) 교수는 마리아와 마르다가 혈연적 자매라기보다는 레즈비언 관계였을 가능성도 주장한다."(곽혜원, 2020: 518); 곽혜원 (2020). "젠더주의의 도전에 봉착한 21세기 한국 기독교의 과제 – 한국 신학계는 패륜적 성 혁명을 막아낼 준비가 되었는가?". 〈기독학문학회〉. (통권 37호). 506-542. ; https://www.worldview.or.kr/library/article/3427

35 Gomes(1996: 152). Gomes, Peter J. (1996). The Good Book: Reading the Bible with Mind and Heart. New York: William Morrow & Co. Inc.

36 Schmidt(1995:96-97). Schmidt, Thomas E. (1995). Straight and Narrow: Compassion and Clarity in the Homosexuality Debate. Downers Grove. IL: InterVarsity Press. 96-97.

37 Bauckham, R. J. (1983). Jude, 2 Peter (WBC 50). Waco: Word Book.

제4장

1 이 글은 다음 글의 내용 일부를 보완하였다. 강상우 (2017). "동성애자들의 '세(勢세(勢, [數]) 불
리기'에 대한 재고: 그리스 · 로마 시대의 동성애와 여러 문화권의 '유사 동성애'를 중심" 기독
교학문학회. 통권 34호. https://www.worldview.or.kr/library/article/2885

2 로베르 메를르가 오스카 와일드에 관해 쓴 박사 학위 논문에는 다음과 같은 내용이 있다고 한
다. "어머니로부터 물려받은 의상이며 걸치장, 복장도착증, 재치에의 취향, 선량한 여성상을 찾
던 중에 맞이하게 된 여동생 이솔라의 죽음, 매력 없는 젊은 상속녀 콘스탄스 로이드와의 무미
건조한 오랜 결혼생활, 육체와 생식에 대한 혐오, 나이 듦에 대한 두려움, 태어날 때부터 상처
받음으로써 채워질 수 없었던 나르시시즘, 불안정하며 학대받고 싶어 하는 본성, 이 모든 것들
이 오스카 와일드를 동성애로 몰아갔다."(de Larocque, 2007: 55 재인용); 모리스 리베는 오스카 와
일드의 동성애에 대해서 다음과 같은 설명을 한다. "우선 그가 가지고 있는 동성애의 원인은 대
부분 미학적 선택에서 유래한다. 그에게 탐미주의는 단지 예술가로서의 선택이 아니다. 바꾸
어 말하면, '예술을 위한 예술'의 이름에 있어서, 또한 도덕적 및 사회에 있어서 예술가의 독립
을 정당화하는 선택이 아니다. 그것은 무엇보다도 하나의 윤리이고, 그리스 예술이나 사상에서
물려받은 미의 관념과 일치하는 존재 방식이다. 와일드의 동성애를 크게 부추긴 것은 그 자신
의 기질보다는 오히려 소크라테스 덕분이다. 와일드가 만난 무수한 남색 소년들은 모두 가니메
데스(그리스 신화에 등장하는 미소년)의 가면을 쓰고 있다. (모리스 리베, 1996: 345-346) 모리스 리베
(1996). "오스카 와일드의 비극 그리고 동성애의 복권". 장 보테로 외 공저 (1996). 『사랑과 결혼
그리고 섹슈얼리티의 역사』. 이선희 역. 서울: 새로운사람들. 341-372 참조.

3 "리처드 와그너(Richard Wagner) 신부(神父)가 1980년대 샌프란시스코 소재 인간 성의식 심층연
구소(Institute for Advanced Study of Human Sexuality)에서 실시한 연구에 따르면 표본에서는 대부
분의 사람(88%)이 동성애를 금하는 성서의 금지명령에 도전하는 글-존 맥 네일(John McNeill, S.
J. 예수회 소속)의 저서 『교회와 동성애자』(The Church and the Homosexual, [Sheed, Andrews & McNeil,
1976])를-을 읽은 적이 있었고, 그들 거의 전부가 거기에서 위안받았다"라고 한다. (Wills, 2005:
311)

4 "신앙을 가진, 즉 유신론적 사유를 하는, 한 개인의 종교관 또는 신앙관은 그 개인의 가치 판단
과 행동을 결정하는 최고의 가치체계임(Hassen, 1948)을 전제로 하였을 때"(김희철, 2018: 56 저자
가 Johannes Hessen을 Hassen으로 표기한 것 같다) 김희철 (2018). "죄인인가 클라이언트인가? 기독
교인 사회복지사가 동성애자 클라이언트를 만났을 때". 『비판사회정책』. 61. 51-94.; Hessen,
Johanne(1948). Religionsphilosophie, Vols 1-2, München & Basel: Reinhardt.

5 pseudepigrapha(from the Greek: ψευδής, pseudés, "false" and ἐπιγραφή, epigraphé, "name" or
"inscription" or "ascription"; https://en.wikipedia.org/wiki/Pseudepigrapha

6 참고로 어원적으로 베르다셰(Berdache)는 남자 매춘부 혹은 미동(美童)을 의미하는 아랍어의 바
르다주에서 왔기 때문에 대부분이 용어 사용을 거부하고, 그 대신에 '두 정신 사람'(two-spirit

people)이라는 용어를 사용한다고 한다. (Lang in Ramet, 2001: 320)

7   Ford C. and F. Beach (1951). Patterns of Sexual Behavior. New York: Harper. 참조.

8   "'로마는 헬레니즘 세계를 지배했으나 지배당했다'라는 통설대로 로마는 지중해 동부의 헬레
     니즘 세계를 군사력으로 지배하고 통치를 유지했으나, 헬레니즘의 통치와 문화 체계는 로마를
     압도했다."(박정수, 2019: 12) 박정수 (2019). "돈이 지배하는 세계에서 하나님 섬기기: 불의한 청
     지기 모델(눅16:1-13)". 『영산신학저널』. 47. 7-37.

9   참고로 그리스와 로마의 동성애 차이점을 다음과 같이 적고 있다. "로마에서는 오직 자유 시
     민만이 '능동적인 성적 역할'의 절대적인 위치였고 나머지 계급은 경우에 따라 모두 수동적
     인 성 역할을 감당해야 했다. 고대 그리스와 다른 점이었다면 자유민이 자기보다 낮은 신분
     의 남성이나 여성과 성관계를 맺는 것이 더는 부끄러운 일이 아니었으며 로마에서는 이를 상
     관하지 않았다는 점이다."(이민규, 2017: 315; Williams, 2010: 304): Williams, Craig (2010). Roman
     Homosexuality. Oxford: Oxford University Press; "우리가 결코 간과해서는 안 되는 것은 고대
     아테네의 소년애와 현대적 의미의 동성애 간의 차이점들이다. 현대의 동성애는 최종 목적이 성
     교에 있고, 나이 제한이 전혀 없으며, 강제나 위협 상태에서 발생하는데 바로 이러한 점들이 소
     년애와 다른 점이다."(조흥만, 2012: 60. 2번 각주; Brisson, 2006: 229. n.2)

10   길고 내용이 좀 그렇지만 레이 로렌스(Ray Laurence)의 다음의 글도 참조하라. "폼페이 유적지
     의 서버번 목욕탕에서 발견된 춘화에서는 성행위를 하는 인물의 신체, 발기된 음경, 성기의
     삽입 장면 등이 두드러져 보인다. 목욕탕에 온 손님들이 옷을 갈아입는 옷장들 가운데 I번부
     터 VIII번 옷장 문에 그려 놓은 이 그림들은 여러 가지 체위와 성행위에 따른 쾌감을 노골적
     으로 표현해 놓고 있다. … 폼페이 유적지에서 발견된 성애를 묘사한 그런 그림들을 통해 우
     리는 이런 결론을 내릴 수 있다. 남자가 여자에게 삽입한 그림이 가장 흔하다. 여자가 남자에
     게 일방적으로 펠라티오 해주는 그림은 없지만 '69' 자세의 그림은 있다. 남자가 남자의 항문
     에 삽입하는 그림은 드물다. 남자가 여자에게 쿤닐링구스 해주는 그림은 아주 귀하다. 두 여
     자만 어우러진 상태에서 한 여자가 다른 여자에게 쿤닐링구스 해주는 그림은 없다."(Laurence,
     2011: 176-181)

11   "어린 남성, 즉 에로메노스의 경우는 나이가 들어 성인이 되기 전까지는 사랑에서 쾌락(plaisir)
     을 끌어내서는 안 된다는 수동적 사랑의 관행이 존재한다."(박선아, 2017: 79)

12   https://global.oup.com/us/companion.websites/9780199315468/student/ch5/wed/plato/;
     https://en.wikipedia.org/wiki/Pederasty_in_ancient_Greece;
     https://en.wikipedia.org/wiki/Eromenos

13   Carlin, Norah (1989). and Colin Wilson (1995). 『동성애 혐오의 원인과 해방의 전망: 마르크
     스주의적 분석』. 이승민·이진화 공역 (2016). 서울: 책갈피. 참고로 이 번역서는 합본이다.
     Carlin, Norah (1989 Spring). "The roots of gay oppression" International Socialism 42.은 "1
     부. 동성애자 억압의 근원", 7-122.으로 Wilson, Colin (1995). Socialists and Gay Liberation.
     Bookmarks.은 "2부. 마르크스주의와 동성애 해방", 123-208을 번역한 것이다. Carlin, Norah
     (1989). The Roots of Gay Oppression. London, Chicago and Melbourne: Bookmarks. 심인숙

역 (1995). 『동성애자 억압의 사회사』. 서울: 책갈피에서 별도로 출판되었다.

14 긍정적인 대표적 주장은 "향연은 … 소년애에 대한 정교한 항변이다."(Plass, 1978: 50; 조홍만, 2012: 60 재인용) 한 같은 맥락으로는 Pender(1992: 79); Pender. P. P. (1992). "Spiritual Pregnancy in Plato's" Symposium Classical Quarterly. 42. 72-86.

15 파우사니아스에게 있어서 천상의 에로스에 영감을 받은 이들은 성숙한 사랑을 한다. 그래서 여성이나, 너무 어린 소년보다는 사춘기에 근접하여 지성적 대화가 가능한 나이 든 소년을 사랑한다. 하늘의 아프로디테는 어머니 없이 태어났기에 오직 남성의 혈통만 받은 존재다. 따라서 그녀에게 영감을 받은 자는 남성(소년)에게 이끌리는데 그 사랑은 천상적이고 지성적이다. 나이 든 소년을 사랑하는 이는 자제력이 있고 비난받을 행동을 하지 않는다. 그는 방종과 상관 없는 성숙한 사랑을 하기 때문이다. "반면에 천상의 아프로디테와 상관된 사랑은 첫째로 여성 적 요소는 갖고 있으며 이것이 바로 소년에 대한 사랑이라네, 둘째로 두 여신 중에서 더 나이 가 많고 정도를 넘어서는 격정은 전혀 갖고 있지 않은 여신으로부터 나온 사랑이라네! 이러한 사랑에 의해 영감을 받은 사람들은 본성상 더 강인하고 이성적 요소를 더 많이 간직하고 있는 사람을 좋아하기 때문에 남성에게로 마음이 향하게 된다네. 우리는 소년에 대한 사랑에서조 차도 그러한 에로스에 의해 고무되어 가장 순수하게 사랑하는 사람들을 구별해낼 수 있다네. 그런데, 이성적 요소를 지니기 시작하는 것은 턱에 수염이 나기 시작하는 나이에 도달해야 비 로소 가능한 것이 아니겠나? (〈향연〉 181c-d)"(이민규, 2018: 150); 이민규. "고대 그리스와 로마 의 동성애 그리고 신약의 입장" 한국개혁신학회 제45차 학술심포지엄. 한국개혁신학회 주최. (한국성서대학교. 2018.10.20.[토]). 145-160.

16 플라톤의 후기 작품 두 편, Republic(국가)과 Laws(법)에서 동성애를 자연에 어긋나는 것으 로 혹평하면서 그것에 맞서 확실한 선을 긋는다. The Republic, trans, Desmond Lee, (London: Penguin, 2003) 403B-C, pp.99-100.; The Laws, trans. Trevor J. Saunders. (Harmondsworth: Penguin, 1975). 636C-E, 그리고 838E, pp.61-62, 336-337을 볼 것 또한 Euthyphro, Apology, Crito, Phaedo, Phaedrus, trans. Harold North Fowler, (Cambridge. MA: Harvard University Press, 2005). 484-487, 500-501도 볼 것. (May, 2016: 475, 제3장 11번 주)

17 "그러나 여기서 중요하게 드러내고자 하는 점은 정작 동성애가 아니라고 보인다. (…) 여기서 플라톤이 주장하는 에로스의 미는 육체의 아름다움에도 우선을 두지만, 차후에 지혜와 관련 시킨다. 그것은 육체의 아름다움에서 정신적 아름다움으로, 궁극적으로는 '미 자체에 대한 사 랑'으로 발전하는 것이다."(이순이, 2004: 270)

18 CSH는 다음의 책을 지칭한다. Boswell, John (1980). Christianity, Social Tolerance and Homosexuality: Gay People in Western Europe from the Beginning of the Christian Era to the Fourteenth Century. University of Chicago Press.

19 "보스웰(John Boswell)의 저서는 동성애에 대한 태도와 문제와 그의 실태에 대해 매우 귀중한 조명을 해주었음에도 불구하고, 그가 내세우는 두 개의 주요한 논지는 내가 보기에 사실과 상 반되는 것으로 보인다. 기독교는 근본적으로 동성애에 대해 적대적이었다. 중세에 변화한 것 은 동성애에 대해 관용에서 비관용으로 나아간 것-기독교 신앙에는 본시부터 이렇게 변화할

근거가 전혀 없다-이 아니라 그것을 다루는 수단이 바뀐 것이다. 동성애에 대한 처벌이 중세 초에는 고행이었고, 중세 말에는 화형이었다. 하지만 동성애자들이 처벌받지 않는 가운데 계속해서 동성애 행각을 벌일 수 있었다는 데는 전혀 의문의 여지가 없다. 그들은 어쩔 수 없이 그것을 단념하거나 처벌을 무릅써야 한다. (Richards, 1999: 218-219). Richards, Jeffrey (1991). Sex, Dissidence and Damnation: Minority groups in the middle ages. London: Routledge. 유희수 · 조명동 공역 (1999). 『중세의 소외집단: 섹스 · 일탈 · 자주』. 서울: 느티나무.

20 http://philinst.snu.ac.kr/bbs/download.php?bo_table=supplement&wr_id=85&no=0; 김인권 (2005). 플라톤 〈향연〉 [철학사상] 별책 제5권 제4호.

21 이경직 교수도 자신의 논문의 '국문 초록'에서 다음과 같이 적고 있습니다. "동성애를 옹호하는 사람들이 〈향연〉 편에 나타난 아리스토파네스의 신화에서 그들의 근거를 찾곤 하지만, 플라톤은 정작 그 대화편에 아리스토파네스의 생각을 거부하고 있다. 소크라테스는 젊은 청소년과 남색을 즐긴 동성애자가 아니라 그들을 제대로 인도하려는 선생이었다. 당시에 소크라테스를 동성애자로 잘못 여긴 이유는 고대 아테네의 타락한 민주주의 체제에서 이루어지던 교육 방식에 대해 가한 비판을 당시 동성애가 이루어지던 귀족주의자의 향연과 연결해서 잘못 이해한 데 있다. 소크라테스는 대중의 설득을 목적으로 하는 설득술에 토대로 둔 당대 민주주의를 비판한 것이지, 동성애를 옹호하는 사람은 아니었다."(이경직, 2000: 〈국문 초록〉); "그리스 소년애에 대한 플라톤 자신의 명시적인 논박을 우리는 국가와 법률에서 발견할 수 있다. 이를 간략하게 정리해 보면, 우선 소년애적 관계에서 바른 사랑을 하려는 연인들에게 소크라테스는 광적 인성적 쾌락(ta aphrodisia)이 개입되는 것을 막는 입법청원을 독려한다(『국가』 402e-403b). 또한 아테네인은 동시대의 그리스적 소년애에 동의하지 않는데, 그 이유는 성적인 차원에 있어서 소년애가 비자연적이라는 데에 있었다(『법률』 836b8-e). 그는 남자들이 상호 간에 성적으로 끌린다는 것을 부정하지 않지만, 성교의 자연적인 목적은 자녀들의 생식이라고 분명하게 적시하고 있다(838e-839b). 나아가 덕(aretē)과의 관계에서도 소년애는 유혹당한 자의 혼에 용감한 성품이 그리고 유혹하는 자의 혼에 절제하는 종류의 성품이 생겨서 자라날 수 없게 만든다고 말해진다(836b8-e)."(조홍만, 2012: 61); "고대 그리스에서 여성은 영혼과 지혜를 충분히 소유하지 못한 존재로 인식되었고 따라서 플라톤은 여성과의 육체적 결합을 가장 열등한 형태의 에로스로, 반면에 아름다운 육체와 정신을 모두 소유한 소년과의 사랑을 최상의 에로스로 분류함으로써 서구 에로스 담론의 출발 토대를 여성 혐오적인 남성중심주의 위에 세우게 된다."(최성희, 2009: 325); "그러나 勿論 모든 그리스인이 동성애만을 한 것은 아니고, 그들의 대부분은 부인과 가정이 있었다. 다만 상당수의 귀족계급의 사람들이, 社會的으로 낮은 계급에 속한, 따라서 교육을 받지 못한 女人보다는 총명하고 아름다운 소년과 사귀기를 좋아했고 또한 그들을 性的으로 사랑했다. 이러한 현상에 대해서 Platon은 性的交接이 介在된 동성애를 맹렬히 비난하는 반면, 靈的인 사랑을 목적으로 하는, 다시 말하면 지식과 善의 추구에로 승화되는 동성애는 높이 평가했다."(박영식, 1966: 382)

22 다음의 기술은 주목할 만합니다. "서구철학은 정신과 몸을 대비시킬 때는 남성을 정신, 여성을 몸으로 설정하면서도, 정작 몸을 기반으로 진리를 유추하는 경우, 이 몸의 대표성은 오직

남성 몸만을 기반으로 하며, 이 남성 몸만이 인간 일반의 몸 혹은 가장 우월한 몸을 대표한다."(연희원, 2020: 7)

23 "아리스토텔레스는 벌 한 마리가 전체 벌 떼를 한 무리로 통솔한다는 점에 주목했다. 그는 여성보다 남성이 리더십에 훨씬 더 적합하므로, 통솔하는 이 벌은 수컷 왕벌이라고 설명했다(이것이 '아리스토텔레스의 논리학'이다) 그러나 그 벌은 여왕벌로 밝혀졌다."(Edwards, 2017: 48)

24 다음을 참조하시오. "고대 그리스에서 여성은 영혼과 지혜를 충분히 소유하지 못한 존재로 인식되었고 따라서 플라톤은 여성과의 육체적 결합을 가장 열등한 형태의 에로스로, 반면에 아름다운 육체와 정신을 모두 소유한 소년과의 사랑을 최상의 에로스로 분류함으로써 서구 에로스 담론의 출발 토대를 여성 혐오적인 남성중심주의 위에 세우게 된다."(최성희, 2009: 325) 최성희 (2009). "에로스, 에로티시즘, 페미니즘".『영미문학페미니즘』. 17(1). 323-349.

25 "그리스사회는남성의신체를가장이상적이고완벽한대상으로바라보기때문에남신이나남자의신체를벗은채로묘사되는것이일반적이다. 그러나 여성의 신체는 감추어지고 숨겨져야 할 대상으로 바라보는 경향이 아직 남아 있었다."(장영란, 2015: 254); "고대 그리스는 가부장제 사회로 남성우월주의와 여성혐오증이 확산하는 가운데 교육적으로 소년애를 권장하던 사회였다." (장영란, 2015: 304)

26 "무소니우스(Musonius) 역시 '혼인에조차 쾌락을 추구하는 성은 옳지 않다'(aphrodisia ⋯ ta de ge hedonen theromena ⋯ adika ⋯ kan en gamoi ei, 12)라고 경고한다. 이것은 새로운가? 그렇지 않다. 아내를 성애의 대상으로 삼지 않는다. 다시 말해 혼인은 쾌락(voluptas)의 공간이 아니라는 것은 역시 로마의 오랜 사고방식이었다. 아내는 오로지 출산을 위해 존재한다는 관념 때문이든, 아니면 아내에 관한 한 천부적으로 강한 여성의 성욕을 일깨우는 것은 위험하다는 편견에서든, 아내와의 성애는 기피되었다."(김경현, 2003: 37)

27 Aristotle (1943). Generation of Animals. trans. A. L. Peck. Cambridge. MA: Harvard University Press. 728a.; Horowitz, Mary Anne Cline (1976). "Aristotle and Women." Journals of the History of Biology. 9. 183-214.

28 "중세인들은 몸의 온도를 높이는 방법을 쓰면 냉성 체질에서 열성 체질로 전환이 가능하며, 더 완벽한 성(性)인 남성으로의 체질 변환도 가능하다고 믿었다."(차용구, 2011: 377)

29 "아리스토텔레스는 보다 완전하고 고등한 동물은 그보다 낮은 단계의 동물에 비해 본성상 더욱 많은 열을 가진다고 보았다. 이는 열이 위로 상승하는 본성을 지닌 것과 연결되는데 열의 상승 작용을 더욱 많이 공유할수록 고등한 존재로 인정받아 자연계 내에서 더욱 높은 위치를 할당받게 되는 것이다."(여인석, 2009: 192-193; De Generatione Animalium 2.1, 732b31-2.)

30 "여성들은 털이 없다. 왜냐하면 그들은 정액이 없을 뿐 아니라, 그들의 차디찬 몸이 그들의 몸을 통해서 정액을 만들지 못하기 때문이다. 그러나 그들의 머리털 끝에서 정액 증발을 감소시켜 준다(Hippocrates, Nat. Puer. 20)."(Martin, 2004: 211)

31 알렉산드리아의 교부 클레멘스(Clement, Instructor[Paidagogos] 3.19.)는 여자가 남자보다 열등한 존재라 주장하면서 털[턱수염]을 예로 든 것도 볼 수 있다. "'그의 [남자의] 턱수염은 남자의 표식이며 그가 틀림없이 남자라는 것을 나타낸다. 그것[턱수염]은 이브보다 더 오래된 것이며

[남자가 여자보다] 더욱 강한 본성을 지니고 있다는 상징이다. 털이 있다는 것은 남자의 뛰어난 속성 중의 하나이다. … 털이 있다는 것은 털이 없는 것보다 본질적으로 더 건조하고 따뜻하다는 것을 가리킨다. 그러므로 남자는 여자보다 더 털이 많고 더 따뜻한 피를 가지고 있으며 더욱 완벽하고 더욱 성숙하다.'"(정용석, 2017: 62); 털에 관련된 다음의 이야기도 참조하라. "철학자 칸트는 이런 명언을 남깁니다. 여자들은 과학 공부를 너무 열심히 하면 수염이 자랄 위험을 감수해야 한다고요. 수염이 자라면 여자로서 매력이 사라져서 남성에게 힘을 행사하지 못하게 될 것이라 경고했다지요. 이 경고는 또 다른 이야기와 연결됩니다. 1967년 캐서린 스위처가 성별을 숨기고 마라톤을 완주하기 전까지 마라톤은 여성에게 금지된 스포츠였습니다. 당시에 여성은 마라톤을 뛸 수 없다고 했던 이유가 뭔지 혹시 아실까요? 여러 말도 안 되는 이유가 있었는데, 그중 하나가 '여성이 마라톤을 뛰면 가슴에 털이 난다'였습니다. 여기서도 '털'이군요. 최초의 여성 마라토너 캐서린 스위처를 다룬 기사에서 이 내용을 접했을 때, 웃음도 웃음이었지만 왜 하필 '털'이었을까. 의문이었는데, 250년 전에 과학을 공부하는 여자들에게 '수염'의 위험을 경고한 칸트의 이야기를 들으면서 이해가 되었습니다. '털'은 남자들의 상상력이 만들어 낸 여성에 대한 일종의 경고였던 셈입니다."(김흥미리, 2019: 107)

32 "오스만 터키 제국의 경우, 주로 식자층과 고위층이 동성애를 즐겼던 것으로 보인다. 당시 그들이 동성애 대상으로 선호했던 부류는 '수염이 자라지 않은 이방 지역 출신 미소년'들이었다. 그리고 바로 이 부분에서도 율법의 망을 벗어나기 위한 두 가지 방책이 숨어 있음을 엿볼 수 있다. 첫째, 동성애 대상은 대부분 무슬림이 아니었다. 이방인과 남색(男色)을 즐길 경우 사회적 비난의 대상이 될 순 있어도 율법의 처벌 대상이 되긴 힘들었다. 둘째, 그들은 남색의 대상을 수염이 나지 않은 미소년에게만 국한시켰다. 이슬람 사회에서 남자의 수염은 어엿한 사내가 되었음을 나타내는 가장 중요한 표지다. 수염이 없는 자는 아직 덜 자란 젊은이거나 동성애의 대상일 뿐이다."(김정명, 2014: 10)

33 "남편의 귀염둥이를 질투하는 아내는 자기 앞에서 남편이 그에게 입을 맞추는 꼴을 참고 봐주지 못했다. 남편은 남의 눈에 띄지 않는 경우라면 더 심각한 짓을 하지 않았을까? … 이 귀염둥이들은 수염이 날 때부터 어려운 순간을 맞이했다. 아직 성적으로 불완전하다는 변명도 사라지게 되고, 이제 성인이 된 남자를 수동적인 성적 대상으로 취급하는 일은 빈축을 살 만했기 때문에 귀염둥이는 눈물을 참으며 이제까지 누리던 지위를 포기해야 했다. 주인은 귀염둥이가 마치 계집아이처럼 기르고 있던 긴 머리를 자르게 했고, 이때야 안주인은 크게 안심했다. 그러나 동성애에 집착하는 사람들은 귀염둥이가 어른이 된 뒤에도(exoletus) 그를 상대했는데, 이는 비난받을 만한 행동이었다."(Veyne, 2003: 148-149)

34 "고대 그리스에도 간통한 남성을 처벌하는 의례가 있었다. 그 남자는 합법적인 아내로부터 합법적인 아이를 출산시켜야 할 의무를 저버리고 향락을 위해 자신의 남성성을 사용했다. 즉 '태고의 성 규범'을 위반한 것이다. 따라서 사람들은 그의 잘못을 처벌하고 남성성을 거세하는 의례를 벌였다. 그에게 양털을 덮어씌우고 생식기의 털을 깎거나, 혹은 항문에 무의 일종인 래디쉬를 박아 넣기도 했다. 이런 의례들은 남성성의 제거와 여성으로의 변형을 상징했다."
(윤선자, 2014: 120-121, 강조는 본 연구자). Pantel, P. Schmitt (1981). "l'ane, l'adultere et la cite".

Jacques Le Gofff, Jean-Claude Schmitt eds. Charivari. Walter de Gruyter. 119-120 참조.

35 "이슬람 문화권에서 매끈하게 면도한 남자는 남자로 보지 않고, 그렇다고 여자도 아닌 제3
의 성으로 취급하곤 한다."(엄익란, 2009: 171) "체모가 있는 여성은 '남자의 형제'라 불리며 놀
림거리가 되곤 한다."(엄익란, 2015: 114); 이슬람 문화의 경우 "… 여성의 체모에는 성을 권력
화하는 가부장 사회의 여성 지배 이데올로기가 내재해 있다. 즉 남성성을 상징하는 체모를
제거하지 않는 것은 성에 대한 명확한 구분을 애매하게 만들며 그 경계를 혼란시키는 것이
다. 따라서 무슬림 여성은 자신의 성정체성을 더욱 확고히 표현하기 위해 제모를 한다. 여성
들이 제모를 하는 또 다른 이유는 여성의 체모가 타인에게 거북함과 불쾌감을 주기 때문이
다. 여성의 체모는 더러움과 오염의 근원으로 인식되며 이는 수치와 연결된다. 이 때문에 무
슬림 여성들은 더욱 여성스럽게 보이기 위해, 그리고 청결한 이미지 유지를 위해 정기적으로
미용실을 찾아가 체모를 정리한다. 단 애도 기간 중인 여성은 체모의 관리로부터 자유롭다."
(엄익란, 2015: 116. "체모에 대한 남성의 권력과 제모에 대한 여성의 복종". 114-116. 참조)

36 "다른 남성을 공격하거나 강간하는 남성들은 대부분 여성을 강간하는 남성들처럼 남성을 지
배하려는 욕구를 강하게 지니고 있다. [R. McMullen, 1990]" 한 강간자가 '나는 발기도 하
지 않았다. 섹스에 관심이 없다. 그를 괴롭히면서 내가 세다는 것을 느끼는 것이 재미있다. 나
의 성기를 빨도록 하는 것은 내가 신체적인 만족을 얻기 위해서가 아니라 그를 굴복시키기
위해서였다'(I didn't have an erection. I wasn't interested in sex. I felt powerful, and hurting him excited
me. Making him suck me was more to degrade him than for my physical satisfaction)라 표현한 것을 보
면, 공격자의 심리를 어느 정도 파악할 수 있을 것이다. [A. Groth and A. Burgess, 1980: 806-
810]"(윤가현, 1999: 234 재인용). McMullen, R. (1990). Male Rape: Breaking the silence on the
last taboo. London: Gay Men's Press.; Groth, A. and A. Burgess (1980). "Male rape: Offenders
and victims". American Journal of Psychiatry. 137. 806-810. 참조.; 오토 기퍼(Otto Kiefer)는 네
로 황제가 그의 의형제인 브리타니쿠스에 관련된 다음 사건을 기록하면서 다음과 같은 평가
를 한다. "네로는 권력을 잡은 직후에 그의 의형제인 브리타니쿠스를 독살했다. 이 불행한 소
년은 불과 14살이었으나, 네로에 의해서 자신의 권력을 위협할 가능성이 있는 자로 낙인찍혀
살해되었다. 그러나 다른 자료에서 그 동생은 잘생기고 훌륭하게 성장한 소년이었다고 나타나
고 있으며, 타키투스(Annals, xiii, 17)는 네로가 그를 독살하기 전에 그와 성관계를 맺었다고 전
하고 있다. 이것은 그가 동생을 변변치 못한 평범한 시민의 관점이나 당시의 도덕적인 관점에
서도 아무런 비난을 받을 이유가 없는 노예로 대하고 있음을 보여주는 것이다. 더구나 우리의
모든 자료는 네로가 자유롭게 태어난 평범한 소년들과 부도덕한 관계를 맺고 있었음을 확인
시켜 준다. (Kiefer, 2004a: 292); 로마 황제와 관련된 다음의 기술들도 참고하라. "역사가 수에토
니우스(Suetonius)에 의하면 수영장에서 수영하면서 황제의 국부를 빨도록 훈련된 '피라미'라
불리는 소년들이 티베리우스의 지친 욕구를 채워주고 있었다."(Montefiore, 2012: 207); "그리스
식 연애는 일반적이었고 동성애로 간주하지 않았다. 카이사르, 안토니우스, 티투스, 트라야누
스를 모두 양성애자로 부를 수 있다. 그러나 오늘날의 도덕과는 반대로 로마인들은 소년과의
성교는 용납했지만, 성인과의 성교는 용납하지 않았다. 하지만 하드리아누스는 안티누스가 성

인이 되었을 때도 아내를 무시한 채 안티누스를 배우자로 대접했다."(Montefiore, 2012: 243 각주)

37 읽기와 관련해서 다음도 참조하라. "시칠리아에서 발견된 어느 도리아식의 도자기에 새겨진 비문의 내용을 글자 그대로 믿는다면[비교 Forssmann, 1976: 39-44] 자유 시민들에게 있어 읽기가 경멸스러운 일이었던 것으로 보인다. 도자기에는 다음과 같은 내용의 비문이 새겨져 있다. '이 글씨를 쓰는 자는 그것을 읽는(ana-nemein) 자를 남색으로 만들 것이다(pygixein)' 남성 간의 동성애는 선사시대와 고대의 그리스에서는 보통 일로 여겨졌지만, 다른 사람의 의지대로 매춘하는 동성애자는 스스로를 도구화하고 주체적인 자율권을 잃어버린 자라 하여 비난하였다. 한편 글을 쓰는 사람은 지배자적인 역할을 하는 자이며, 수동적으로 읽기만을 강요하는 것은 몹쓸 짓이라고 생각했다. 그래서 읽기와 낭독은 노예의 업무가 되었다."(Griep, 2006: 116); Forssmann, B. (1976). "ANNEMOTA in einer dorischen Gefäßnschrift". Munchner Srudien zur Sprachwissenschaft. 34. 39-44.

38 참고로 "그리스 도덕은 성적 욕망을 부정적인 것으로 보지 않으면서 성적 쾌락(aphrodisia)을 능동적으로 향유하느냐, 아니면 수동적인 노예가 되느냐에 주목한다. 즉 (기독교처럼) 성적 행위와 도덕을 대립시키는 구도가 아니라 성적 행위와 관련된 능동성과 수동성을 구별한다." (양운덕, 2010: 177)

39 "입술을 한자어로는 구순(口脣)이라 한다. 그런데 사람의 몸에서 입술이라 불리는 것이 구순만은 아니다. 여성 생식기의 어느 부분도 음순(陰脣), 곧 입술이다. 두 기관의 닮음을 먼저 발견한 것은 서양 사람들이었다. 입술을 뜻했던 라틴어 라비움(labium: 복수는 라비아labia)은 이른 시기부터 음순을 가리키는 말을 겸했다. 이 말은 지금도 쓰인다. 현대의 영어권 의사들에게도 대음순은 labia majora(큰 입술)고 소음순은 labia minora(작은 입술)다. … 입술을 뜻하는 현대프랑스어의 레브르(levres)나 현대영어의 립스(lips)에도 음순이라는 뜻이 있다. 예컨대 프랑스인들이 '큰 입술들'(그랑드 레브르 grandes levres), '작은 입술들'(프티트 레브르 petites levres)이라 부르는 것은 입의 가장자리가 아니라 여성의 음부다." 고종석, "관능 내뿜는 사랑의 몸짓이 시작되는 곳"〈한국일보〉(2008.02.24.); http://v.media.daum.net/v/20080224172106727?f=o

40 "동성애 혐오에는 남자가 '여자처럼 군다'라는 것에서 비롯되는 혐오가 깔려 있다."(임옥희, 2015: 58)

41 커닐링구스(Cunnilingus)의 어원은 라틴어 cunnus(여성생식기)과 lingere(동사/핥다)에서 왔다.

42 안옥선은 "트랜스젠더와 불교"라는 논문에서 초기 불교의 변성(變性, ingavipallāsa, changing sex)의 인정과 대승불교의 무집착한 변성의 인정이 트랜스젠더 이슈에 대해서 긍정적인 역할을 할 수 있을 것으로 보는 이유와도 같은 맥락이다. (안옥선, 2007: 35-72); 불교의 '성(별) 공성'(emptiness of sex/gender, 성이라는 것은 고정되어 있지 않음)의 경우도 트랜스젠더의 가능성을 보여줄 수 있다는 것이다. (안옥선, 2009)

43 "본 논문의 취지는 『마하바라따』의 이야기 중에서 선과 악의 전쟁으로 대변되는 꾸루끄셰뜨라(Kurukṣetra) 전쟁에서 성전환자인 시칸디(Śikhaṇḍī)가 어떻게 한 개인으로서 전쟁의 승패를 가늠하는 중요한 역할을 하게 되었는지를 보여주며 현대 인도 사회에서 끼치고 있는 그의 영

향력을 보여주고자 한다. 종종 인도에서 성소수자를 지칭할 때 쓰이는 시칸디의 신화가 여전히 인도인의 마음에 존재하면서 영향을 끼치고 있으며, 2019년에 성소수자의 결혼이 합법이라는 판결을 하는 데에도 아주 결정적인 역할을 했다."(남승호, 2020: 〈국문초록〉에서)

44 이케가미 히데히로(Ikegami Hidehiro, 池上英洋)는 미켈란젤로 부오나로티의 스케치 작품 〈가니메데스의 납치〉[1530년대. 케임브리지(매사추세츠) 포그 미술관]에 대한 설명을 다음과 같이 기술하고 있다. 참고하기를 바란다. "미켈란젤로 특유의 육체미를 자랑하는 가니메데스는 자신보다 훨씬 큰 독수리에게 물려 납치당하고 있다. 독수리는 날카로운 발톱으로 가니메데스의 두 다리를 꽉 붙잡고 있다. 이 강력한 힘 때문에 다리 사이가 벌어진 미소년은 황홀에 찬 표정으로 요염하게 몸을 비틀어 독수리에게 시선을 던진다. 크로스 라인을 사용하지 않고 면적인 음영 처리만으로 형태를 나타내는 표현법 덕분에 이 순간이 한층 더 몽상적으로 다가온다. 성적 흥분으로 이어지는 이미지를 감추려고 하지 않는 이 데생에서 거장의 동성애 경향을 선명하게 느낄 수 있다."(Ikegami, 2016: 264-265).; "그리스인들의 경우를 보면 신들조차 엉덩이 키스는 물론이고 그 이상의 짓을 했다는 사실을 수많은 전설과 신화에서 드러나고 있다. 이를테면 그리스의 주신이자 평화를 애호하는 신, 그리고 기독교적 악마의 표상에 영향을 미쳤다고 알려진 모습을 지닌 디오니소스 신의 별명은 글루테스(glutes), 즉 '괄약근'이었다. 이것은 '항문 근육'이라고 번역할 수 있는 말로서 이 신이 지닌 항문애적 성향을 시사해 준다. 그리스의 화병화에는 디오니소스를 양육한 실레노스가 풍만한 디오니소스의 엉덩이를 도발적으로 떠받치고 있는 모티프가 나타나 있다. 올림포스의 제왕 제우스에 관해서도 이 최고신이 가니메데스의 '아름다운 엉덩이'에 매혹되어 그 미소년을 납치했다는 뒷이야기가 있다. 또한 디오스쿠리데스[Dioskurides von Alexandria]의 보고에 의하면 제우스의 관심을 가니메데스로부터 돌려놓기 위해서 에로스가 손수 소년 소자르도스의 엉덩이를 만들었는데, 그 모양이 어찌나 아름다웠는지 제우스도 어쩔 수 없이 가니메데스를 외면하게 되었다고 한다."(Best, 2001: 243-244)

45 "몇몇 힌두 신화에서 남성 신은 일부러 또 다른 남성 신과 성관계를 맺기 위해 여성의 모습으로 변신한다."(Nanda, 1998: 77); 그런가 하면 동성애를 무서운 죄악으로 간주하기도 한다. "비천한 자궁에서 성의 기쁨을 추구하는 자, 남자끼리 성행위를 하는 어리석고 사악한 남자들은 죽어서 아이를 낳을 수 없는 남자로 다시 태어난다."(Meyer, 1995: 318). "남성 간의 동성애(호모)는 남성으로 하여금 자신의 계급을 상실케 했다. 여성이 동성애(레즈비언)를 저지르면 채찍으로 열 대 맞은 후 많은 돈을 벌금으로 내야만 했다. 만일 결혼한 여성이 그 같은 죄를 저지르면 머리를 깎인 채 두 손가락을 잘리는 형벌을 받았다."(Meyer, 1995: 318, 제7장 11번 각주); 이 외에도 "마하바라타에서는 다음과 같이 말한다. '이때가 되면 선생은 제자의 애인이 된다.' 이것은 아마도 제자의 스승에 대한 존경심이 사라진다는 의미라고 할 수 있다. 이 밖에도 말세가 되면 남자가 여자의 옷을 걸치고 여자는 남자의 옷을 입은 채 서로 어울린다. 이것은 일종의 복장 도착이나 동성애를 상징한다."(Meyer, 1995: 319, 제7장 12번 각주)

46 다음을 참조하라. "인도에서 다른 성정체성과 성 취향을 가진 사람들을 위한 공간이 언제나 있었다는 것은 역설적이다. 인도 역사와 신화에서 성적 특이성에 대한 편견을 보여주는 사례

는 없다. 그와는 반대로, 위대한 서사시 마하바라타에서 성을 전환했던 시칸디는 비슈마를 죽였다. 아르다나리슈와라(양성이 한 몸인 신. 대개 오른쪽 반은 남성인 시바와, 왼쪽의 반은 여성 배우자인 파르바티-역주)의 개념은 신을 반은 남자, 반은 여자로 상상했는데, 1980년대 안드라 프라데시의 영화배우 출신 주 수상이었던 라마 라오(Rama Rao)는 아르다나리슈와라로서 옷을 입고 그의 지지자들을 놀라게 했었다. 이것이 특이하고 기이한 행동이지만, 인도의 전통을 따르는 것으로 아주 많은 사람이 여겼다. 성을 전환했던 사람들은 베다 문학과 푸라나 문학에서 나푼삭(성적 불능자-역주)으로 인식되었고, 역사를 통하여 인도에서 당연히 중요한 사람들이었다(그리고 심지어 무굴제국 시절 이슬람의 궁정에서도 그랬다)."(Tharoor, 2017: 176); 다음도 참조하라. 엘리즈 티에보(Elise Thiebaut)는 다음과 같이 기술하고 있다. "민족학자이며 철학자인 프랑수아즈 강주(Francoise Gange)는 일례로 거세 의식을 언급하기도 했는데, 이 의식은 키벨레 여신 숭배뿐만 아니라, 에페수스에서 이루어진 아르테미스 숭배 과정에서도 관찰되었으며, 여신을 섬길 권리를 갖기 위해 필수적인 조건으로 요구되었다. 그리스 고전기 몇몇 도시에서는 거세한 사제가 5000명에 이르렀다고 이 민족학자는 말한다."(Thiebaut, 2018: 95-96) Gange, Francoise (2006). Avant les Dieux, la Mere universelle. Paris: Alphee.

47 "이집트 신은 여러 명인데 남신 못지않게 여신도 많습니다. 각 신을 모시는 사제는 같은 성이 맡는 것이 일반적이었는데, 이는 여성의 지위 향상에도 도움이 되는 일이었습니다. 고대사회의 사제는 부유한 지배계층입니다. 여신을 모시는 여사제가 존재할 수 있었던 것은 그 신이 여자로 설정되어 있었기 때문에 가능했습니다. 가슴 문제[구체적으로 가슴 노출 문제]도 연관되어 있습니다. 이 시스처럼 여신이 가슴을 드러낸 경우라면 그녀를 섬기는 여사제도 가슴을 드러낼 수 있습니다."
(이민정, 2018: 32-33, 강조는 본 연구자)

48 참고로 트랜스젠더와 같은 퀴어들은 관음상(觀音像)에 관해서 관심이 큰 것 같다. 왜냐하면 인도에서 남성인 관음이 중국 등 동아시아에서는 여성으로 나타나기 때문이다. "원래 인도에서 남성이었던 관음은 오래전 중국·한국·일본 등에서 여성화되어 숭배되었으며 20세기 후반 미국의 여신 운동과 만나 '여신 관음'으로 새롭게 탄생했다. 이 같은 유연한 변화 과정과 걸림 없는 경계 넘기가 시사하듯 관음은 다른 종교들에서는 찾아보기 힘든 독특한 신성의 담지자로서 특히 모더니즘의 인식을 뛰어넘는 포스트모던적, 더 나아가 퀴어적 신격이라고 할 수 있다."(김명숙, 2013: 78); 캐스린 베일리(Cathryn Bailey)는 트랜스보살(Trans Bodhisattva)을 언급한다(Bailey, 2009: 178-179; 김명숙, 2013: 99); Bailey, Cathryn (2009). "Embracing the Icon: The Feminist Potential of the Trans Bodhisattva, Kuan Yin". Hypatia. 24(3). 178-196.; 퀴어 신학자들은 "성전환자의 경험은 인간을 이성애자(heterosexual)와 동성애자(homosexual), 그리고 남자(male)와 여자(female)로 양극적으로 구분하는 전통적인 구분법을 해체하고, 성정체성을 '부정의 미지(昧知)의 상태'(a state of apophatic unknowing) 곧, '이성애자인가, 동성애자인가를 최종적으로 알기를 거부하는 상태'('state of resisting any final knowledge of the polarities of heterosexual and homosexual')로 두는 것(Cornwell 2001, 25)이다."(이상원, 2022: 466 재인용) Cornwell, Susannah (2001). "Apophasis and Ambiguity: The 'Unknowingness' of Transgender." Althaus-Reid, Marcella, and Lisa Isherwood eds. Trans/formations. London: SCM Press. 13-40.

49 로베르 플라실리에르(Robert Flaceliere)는 다음과 같이 기록하고 있다. "국가가 이런 종류의 관계를 장려했을까? 육체적인 관계가 개입된 경우에는 절대 아니었다. 남색 관계가 상당히 공공연하게 이루어지던 스파르타와 크레타에서도 에페보스와의 육체적인 관계, 특히 강제로 아이의 순결을 더럽히려는 시도는 엄격히 금지되어 있었고, 적어도 원칙적으로는 법에 따라 처벌을 받았다. 아테네의 경우 아이스키네스의 『티마르코스에 반대하여』에 대한 연구를 통해 매춘, 매춘 알선, 어린이 강간에 대한 여론이 법 못지않게 엄격했다는 것을 알 수 있다. 그러나 남색 관계를 지지하는 사람들은 언제나 아주 순수한 우정만이 존재한다고 주장했으며 플라톤은 남색 관계가 아름다움과 선을 향한 영혼이 고양되도록 만들어주는 필요조건이며 진정으로 수준 높은 모든 지식을 이끄는 원리라고 규정했다."(Flaceliere, 2004: 187-188); "아에스키네스가 변론에서 근거로 든 것은 세 가지인데, 첫째, 티마르코스가 젊었을 때 남창(男娼)으로 일했다는 것, 둘째, 상속받은 재산을 함부로 낭비했다는 것, 셋째, 연로한 삼촌을 부당하게 대우했다는 것이다. 아테네 법이 비록 동성애나 매매춘을 금지한 것은 아니지만 애정이 결핍된 매매춘은 상대방에게나 자신에게나 오만(hybris)의 죄를 범한 것으로 보므로 남창 일을 했다는 것이 사실이면 시민권 제한의 사유가 될 수 있다."(Cohen 1991, 177-178; 하재홍, 2020: 31 재인용) Cohen, David (1991). "Sexuality, Violence, and the Athenian Law of 'Hubris'", Greece & Rome. 38(2). 177-188.; 하재홍 (2020). "소문의 여신과 수사적 변론전략-아에스키네스의 「티마르코스를 고발함」을 중심으로". 『수사학』. 37. 221-248.

50 "(그리스의 성적 회화에 관한 연구에서 드러나듯이) 그는 때때로 끈덕진 사랑하는 자들이 그의 욕망을 이른바 '다리들 사이의 교류'(intercrural intercourse)로 만족시키도록 허락한다. 도버[K. J. Dover]는 신체적 접촉이 이루어지기 전에도 사랑하는 자(erastēs)의 성기는 때때로 발기한 상태이지만 사랑받는 자(erōmenos)의 것은 허약한 상태로 flaccid 있다고 지적한다."(양운덕, 2010: 197. 14번 각주; Dover, 1978 참조); Dover, K. J. (1978). Greek Homosexuality. Harvard University Press.

51 쿠들라(Hubertus Kudla)는 소크라테스와 알키비아데스 사이를 다루면서 다음과 같이 적고 있다. "요컨대 알키비아데스가 이야기하는 소크라테스와의 관계에서 중심점이자 정점을 이루는 부분은 자신이 소크라테스를 유혹하려 했다는 것을 완전히 터놓고 언급하는 대목이라는 것이다. 이것은 역할 바꾸기와 비슷한 것으로서 연상의 사랑하는 남자와 연하의 사랑받는 남자 사이에 흔히 있던 일이었다. 그 당시 상당히 압도적으로 행해지던 허벅지 성교에서는(이는 무수히 많은 화병 그림에서 묘사되고 있다) 아레스테스는 성적인 쾌락을 체험했지만, 에루메노스는 그에 반해 대부분 그에 동참하지 않고 맨정신으로 남아 있었던 것이다. 그러나 갑작스러운 사랑의 도취상태에서는 상황이 달라질 수도 있었다는 것에 대한 증거들도 많다. '… 그리하여 아마도 한 번은 두 사람이 서로의 영혼이 감시되지 않고 있다는 것을 발견하고는 한데 모여 많은 사람들이 가장 지복한 일이라고 생각하는 것을 선택하고 수행하는 것이다.'"(플라톤, 『파이드로』 256c; Kudla, 2005: 450-451, 강조는 본 연구자) 참고로 소크라테스의 아내 크산티페(Xanthippe)가 그에게 뿔이 난 이유도 그가 소년들을 유혹하고 다녔기 때문이라고 이인 작가는 적고 있다. (이인, 2017: 202)

52 "또 한 가지 『게이컬처홀릭』의 특징은 '성'과 관련한 이야기가 많은 부분을 차지하고 있다는 점이다. 이 책을 구성하는 대부분의 콘텐츠는 성과 사랑 그리고 그것을 둘러싼 이야기로 이루어져 있다. 마치 '성'에만 집착하는 게이들로 보일 수도 있겠지만, 이것은 너무나 당연한 결과다. 오히려 '성'과 관련한 이러한 이야기들이야말로 이 책의 정체성을 극명하게 보여주고 있다. 『게이컬처홀릭』에서 '성'이 핵심이 될 수밖에 없는 것은 그것이 우리를 규정짓는 모든 것이기 때문이다. 동성애자들에게 '성적 지향'을 제외한다면 이성애자들과 구분될 것이 아무것도 없지 않은가."(한국게이인권운동단체 친구사이〈게이컬처홀릭〉편집위원회, 2011: 12)

53 다음을 참조하라. "게이들은 식성이 통하면 거의 대부분 첫날 성관계를 한다. '동성애자들은 식성을 보면 그의 신체를 탐하고자 하는 욕구가 급증합니다. 그래서 그들은 식성이 통하면 거의 대부분 만난 첫날 성관계를 가집니다. '식성 발견 ➔ 성욕 증대 ➔ 성관계 ➔ 애정 관계 형성' 이것이 이들의 사랑 방식입니다.'[김정현, "동성애자들이 말해주지 않는 '동성애자에 대한 비밀-동성애자의 양심고백'". 동성애차별금지법반대 국민연합 등, (2011). 4.] 이런 즉흥적인 성행위 패턴은 남성 동성애자들의 에이즈 감염을 방지하기 위해 한국성적소수자문화인권센터와 한국에이즈퇴치연맹이 제작한 『2011 아이샵 캠페인 1-출동! 원조우먼』에도 나온다. 홍보 영상에는 남자 두 명이 옷을 벗은 채 콘돔을 사용하지 않고 성행위를 하려다 실랑이를 벌이는 장면이 나온다.[http://www.youtube.com/watch?v=4EDcBx3stu.]
남성 1: "잠깐만, 지금 그냥 하려는 거야?"
남성 2: "그럼, 그냥 하지, 뭐가 필요해?"
남성 1: "그거 써야지, 콘돔."
남성 2: "아 콘돔, 괜찮아, 나 못 믿어?"
남성 1: "우리 처음 만났잖아, 정확히 57분 40초 전에 만났잖아."(백상현, 2015: 50-51)

54 이종원은 동성애자들의 자율성과 더불어 도덕적 책임을 언급하는 것을 볼 수 있다. "모든 행위에는 반드시 책임이 뒤따라야 한다. 동성애자들의 성행위에 책임이 동반되지 않을 경우 성적 쾌락을 향한 탐닉에 쉽게 빠져들 것이고, 이는 성적 방탕과 일탈로 직결되어 자신 스스로를 파괴할 뿐 아니라 상대방에게까지 폐해를 끼치게 될 위험성이 있다."(이종원, 2011). 이종원 (2011). "동성애자들의 자율성과 도덕적 책임". 『철학 논총』. 65(3). 313-331.

55 Symons, D. (1979). The evolution of human sexuality. New York: Oxford University Press; Saghir, M. and E. Robbins (1973). Male and Female homosexuality. Baltimore: William and Wilins; Ruse, M. (1988). Homosexuality: A philosophical inquiry. Oxford: Basil Blackwell.

56 "남성 동성애자들은 흔히 '상대를 가리지 않는다'라고 일컬어진다. 만약 가리지 않는 것이 난교의 핵심이라면, 일부 동성애 남성들은 실제로 난교를 즐긴다고 할 수 있다. 예를 들어 게이 목욕탕에서 하룻밤 동안 48명의 남성에게 비역[항문 성교]을 당했다고 보고한 남성[Hoffman, 1968 참조]은 아마도 상대를 구별하지 않은 사람일 것이다. 한편 이성애 남성들과 마찬가지로 동성애 남성들에게서도 정욕과 사정(射精)이 분명 섹스 파트너의 매력을 가늠하는 데 상당한 영향을 준다."(Symons, 2007: 487); "1982년 미국의 질병통제센터 (Center for Disease Control)에서 에이즈에 감염된 남성 동성애자 50명을 대상으로 분석한 결

과를 발표했는데, 이들이 성적으로 접촉한 상대자의 수는 평균 1,100명이었으며, 그중 몇 명은 2만 명까지 상대하였던 것으로 나타났다. 에이즈에 걸리지 않았던 120명의 동성애 비교 집단의 경우는 평균 550명의 상대자뿐이었다.[Meredith, N. (1984, January). "The Gay Dilemma" Psychology Today. 56-62. 참조] 남성 이성애자와 비교하면 동성애 남성은 약 10-100배의 남성과 성적으로 상대한 셈이다. 이러한 차이가 생기는 부분적인 이유는 남성 동성애자들이 사랑에 빠져 가정을 이루는 것을 기대하지 않기 때문이다. [Wilson, G. (1979). "The Sociology of Sex Differences". Bulletin of the Psychological Society. 32. 350-353.]"

(윤가현, 2007: 343)

57   Bell A. P. and M. S. Weinberg (1978). Homosexualities: A study of diversity among men and women. New York: Simon and Schuster.

58   임근준의 말이다. "특정 직업군에 대해 말씀드려 죄송합니다. 다만, 법조와 의료 분야에 있는 게이는 정말 결혼을 많이 해요. 대부분 버티고 버티다가 30대 후반에 결혼합니다. 후배들의 얘기를 어쩌다 들어보면, 아무리 피곤해도 비아그라를 먹고 일주일에 한 번은 한다는 거예요. 최선을 다해서 옆에 있는 게이들이 한마디씩 거들죠. '이성애자들은 그렇게 열심히 안 해!'"(이다혜·임근준, 2015: 61). 참고로 경제학자 "케인스는 42세라는 아주 늦은 나이에 8살 연하의 미모의 러시아 발레리나 리디아 로포코바(Lydia Lopokova)와 결혼한 뒤 동성애 경향이 많이 줄어들었다. 케인스를 아꼈던 마셜 부인은 그가 결혼한다는 소식을 듣고 케인스가 평생 중요한 일을 많이 했지만, 그중에서도 제일 훌륭한 일이 바로 결혼이라며 칭찬했다고 한다."(이정우, 2016: 24-25)

59   소아성애에 대해서는 Benecke and Benecke(2016: "4장 소아성애." 209-228. 참조); 래리 W. 하타도(Larry W. Hurtado)의 글 내용이 길지만 옮겨 보기로 하겠다. "로마 시대에는 청소년이나 어린 아이를 포함한 아동 성 학대가 널리 용인되었다. 심지어 유베날리스, 페트로니우스, 호라티우스, 스트라토, 루키아노스, 필로스트라투스 같은 이교도 작가들은 이런 행위를 칭송하는 시를 쓰기도 했다. 그리스어에는 실제로 명사형인 파이데라스테스(paiderastes, παιδεραστης, 사내아이 성애자), 동사형인 파이데라스테오(paiderasteo, παιδεραστεω, 소년·사내아이와 성관계를 가지다), 그리고 파이데라스티아(paiderastia, παιδεραστια, 소년애)처럼 소아 성 학대에 관련된 어휘들이 따로 있었다. 소년들과의 성관계가 널리 용인되었음을 암시하는 이들 단어는 전혀 부정적 의미를 담지 않았고, 그저 어떤 사실을 서술하는 표현일 뿐이었다. 하지만 존 마르텐스(John Martens)는 중요한 연구 논문에서 초기 기독교가 이러한 관계를 비난했으며, 심지어 비난의 뜻을 담아 기독교만의 독특한 용어를 만든 것으로 보인다고 제시했다. 기독교인들은 파이도프토레오(paidophthoreo, ου παιδοφθορεω)라는 동사와 파이도프트로스(paidophthoros, παιδοφθορος)라는 명사를 고안했다. 마르텐스는 이들 용어가 각각 "아이들을 성적으로 학대하다"(타락시키다)와 "아이들을 성적으로 학대한(타락시킨) 사람"이라는 의미를 띠었을 것이라고 설득력 있게 주장했다. 이런 용어들은 기독교가 '남색'을 강력히 배격했음을 보여준다. 따라서 남색을 가리켜 '아동학대'(파괴)라는 용어를 새로 만들었고, 아이들과 성관계를 맺는 사람을 가리켜서 '(성적인 의미에서) 소년을 사랑하는 자'(파이데라스테스)가 아니라, '아동을 타락시키는 자'(학대하는 자, 희롱

하는 자, 파이도프토로스)라는 용어로 대체했다. 새로운 동사 '아동을 타락시키다'(파이도프토레오)가 등장하는 가장 이른 시기의 작품은 2세기 기독교 문헌 『디다케』와 『바나바 서신』으로 신자들이 삼가야 할 특정 행위를 나열한 목록에서 이 용어가 등장한다. 『디다케』 제2장 2절에서 살인과 간통이 먼저 언급되고, 곧바로 "아이들을 (성적으로) 타락시키지 말라(그리스어로 우 파이도프토레세이스 ou paidophthoreseis, ου παιδοφθορησεις)"라는 명령이 등장한다. 이어서 "성적 부도덕"(우 포르네우세이스 ou porneuseis, ου πορνευσεις), 도둑질, 약령을 빌리는 마술과 요술, 낙태와 영아 살해(영아유기) 등을 금지 사항으로 열거하고 나서 이 외에도 신자들이 피해야 할 여러 죄악을 열거한다. (제2장 3~7절). '아동을 타락시키다'라는 뜻의 동사는 『바나바 서신』 제19장 4절에서 "주의 계명"으로 소개된 금기 사항에도 등장한다. 여기서 '주'는 예수를 지칭하는 것으로 보인다. 소아 성 학대는 여러 가지 형태의 성적 부도덕 및 간통과 더불어 언급되는 세 가지 금기 사항 중의 하나였다. 이들 초기 기독교 문헌에 사용된 용어에서 아이들을 '타락시키는' 행위는 아이들을 성적으로 착취한(남용한) 것을 가리키는 게 틀림없다. … 서기 2세기와 3세기 인물인 유스티누스, 타티아누스, 데오빌로, 알렉산드리아의 클레멘트, 오리게네스 등의 초기 기독교인 작가들의 글에도 소아 성 학대를 비난하기 위해 만든 이 특별한 용어들이 등장한다. 이런 용어들은 이방인과 이교도의 타락상을 예시하거나 '기독교의 적대 세력이었던 그리스 · 로마의 문명권을 공격하는 기독교 변증에' 무기로 등장하기도 했다. (Hurtado, 2017: 217-219. 특히 "소아 성 학대", 217-220 참조). Marten, John W. (2009). "'Do Not Sexuality Abuse Children': The language of Early Christian Sexual Ethics" Children in Late Ancient Christianity. eds. Corelia B. Horn and Robert R. Phenix. Tübingen: Mohr Siebeck. 참조.

60 "동성애에서 성인 남성의 역할은 적극적 삽입 역할이어야 한다는 것이다. 이것은 일반적으로 동성애가 소년애였음을 말해준다."(조승래, 2004: 31)

61 티마르코스라는 남자와 관련된 재판에 대한 K. J. 도버(K. J. Dover)의 언급을 참조하라. "도버(K. J. Dover)는 티마르코스라는 남자와 관련된 재판을 언급한다. 타미르코스의 정적들이 소년 시절 매춘을 했다는 죄목으로 그를 고발했다. 설사 티마르코스에 대한 고발이 소문에 의한 것이었다 해도-그는 직업적인 매춘부라기보다는 '남자에게 기대어 사는 〈헤픈〉 청년'이었다- 그는 유죄 판결을 받았고 시민의 모든 자유와 정치적 권리를 박탈당했다. 불운한 티마르코스는 합법적인 성매매와 불법적인 성매매 사이의 보이지 않는 경계를 넘은 것에 대한 대가를 치른 것이다."(Roberts, 2004: 67)

62 송민원 선생이 낸 문제입니다. 다음의 문제에 답해 보시기 바랍니다. 다음의 예에 있는 사람들 간에 성적 결합이 있을 경우, 고대 그리스에서 "비정상적인" 성행위로 간주하는 것은 무엇일까요?
1) 25세 미혼남성과 15세 소년
2) 25세 미혼남성과 25세 미혼남성
3) 35세 기혼남성과 25세 미혼남성
4) 17세 소년과 13세 소년
5) 여성과 여성

6) 그리스 남성과 외국 여성

고대 그리스의 세계가 각 도시국가로 나뉘어져 있는 데다 시간적으로도 천 년에 이르는 세월에 걸쳐 있기 때문에 이 문제에 단순하게 답을 할 수는 없습니다만, 고대 아테네의 경우, 이 여섯 가지의 예 중 사회적 용인된 "정상적인" 관계는 1번뿐, 나머지는 "비정상적"입니다. (송민원, "1. 고대 그리스의 Sex & Sexuality-사회적 신분과 성적 역할"[2016.06.23.]; http://newmj.kr/xe/index.php?mid=board_f&page=2&document_srl=133248

63 조안 라프가든(Joan Roughgarden)의 책에 나온 내용을 길지만 옮겨보겠다. "고대 그리스의 남성 간 성행위에는 '올바른 방법'과 '그릇된 방법'이 있었다. 고대 그리스에서 남성 간의 동성애 관계는 거의 언제나 나이가 많은 남자와 그보다 어린 파트너 간에 맺어졌다. 키가 다 자라고 사춘기를 넘긴 청년이 수동적인 역할을 맡았고, 나이 든 이가 능동적인 역할을 맡았다. 사춘기 이전의 남자들은 제외되었다. 성교는 능동적인 파트너가 한 손으로는 수동적인 파트너의 음경을 간질이고 다른 손으로는 뺨을 어루만지면서 시작되었다. 능동적인 파트너의 음경은 발기한 반면, 수동적인 파트너의 음경은 축 늘어진 채로 있었다. 만약 수동적인 파트너가 그 이상의 행위를 받아들이게 되면, 둘은 얼굴을 마주한 채로 서로 능동적인 파트너는 수동적인 파트너의 가슴을 잡은 채로 자기 머리를 수동적인 파트너의 어깨 또는 그 아래에 놓고서 무릎을 굽힌다. 그리고 음경을 수동적인 파트너의 음낭 아래에 있는 허벅지 사이로 찔러 넣는다. 이 자세는 가랑이 사이 체위라고도 불리는데, 허벅지 사이로 찔러 넣는 것이 삽입으로 간주하지 않았다는 점에서 구강성교나 항문성교와 다르다. 이 자세는 고대 그리스의 동성애 남성 성교의 정상 체위로 여겨졌을지도 모른다. 나이 든 사람의 수동적 파트너로서 젊은 남자가 남성 간의 성교를 하기 위한 규칙은 다음과 같았다. 돈을 받지 않을 것, 어울리지 않는 능동적인 파트너를 거부할 것, 쾌락을 피할 것, 똑바로 선 자세를 유지할 것, 능동적 파트너가 오르가슴을 느끼는 동안 그의 눈을 쳐다보지 않을 것, 삽입이 가능한 체위를 피할 것, 수동적인 파트너는 능동적인 파트너를 떠받드는 존재로 여겼다. 여성끼리의 성교는 어땠을까? 여성끼리의 성교를 설명할 때는 고대의 '딜도'가 종종 등장하는데, 이것은 가죽으로 만든 인공 음경으로 올리스보(olisbo)라고 불렀다. 여성들은 집단으로, 또는 둘이서 이 기구를 입, 질, 또는 항문에 집어넣는 모습으로 그려진다. 여성 간의 항문성교에서 올리스보를 사용하는 모습을 보면 성적 쾌락을 서로 느낀다는 것을 알 수 있는데, 지배와 복종에 기반을 둔 성교일 경우 꼭 필요하지는 않은 방법이다. … 동성애 남성 성교의 가랑이 사이 체위는 사회적으로 허용되었으며, '깨끗하다'라고 여긴 반면, 삽입에 관련된 체위는 '깨끗하지 않다'라고 여겨졌다. 이 차이는 거의 동시대의 히브리 문헌에서도 분명히 드러난다. 한 남자가 행동 규칙을 어기고 '깨끗하지 않은' 짓을 하면 어떻게 되는 것일까? 그러면 그 남자는 아테네의 '시민'이 될 자격을 잃었고, 대중들 앞에서 연설하거나 정부 관리가 되는 것과 같이 시민에게 허용된 활동을 더는 맡을 수 없었다. 시민의 역할을 맡다가 더는 가치가 없어진 사람에 대한 처벌은 죽음이었다. 고대 그리스인들은 명예 규칙을 진지하게 여겼다."(Roughgarden, 2010: 536-538)

64 참고로 "다른 한 사람은 사랑을 받는 자(erōmenos)로서 너무 쉽게 굴복하지 않도록 주의해야 한다. 경솔하거나 욕심 사납게 파트너의 가치를 확인하지도 않고 몸을 맡겨서는 안 된다."

(양운덕, 2010: 185)

65 "키나이두스(cinaedus, 수동적인 남자)는 사회적으로 매우 멸시받는 인물이었다. 창녀나 배우 혹은 검투사들과 마찬가지로, 시민으로서 권리는 거의 누리지 못했다."(Angela, 2014: 237); "로마인들이 중요하게 생각했던 것은 성행위의 주도성이었다. 결국 수동적으로 삽입을 당하는 사람은 여자, 노예, 청년 그리고 사내아이였다. 한편 남자이면서 삽입을 당하는 사람은 키나에두스라고 불렀는데, 소년 무희 정도의 취급을 받았다. 키나에두스는 남에게 쾌감을 주는 것에서 쾌감을 느끼는 변태적 인간으로 여겼다. 로마의 문학작품들이나 낙서를 보면 키나에두스를 혹평하고 조롱하는 내용들이 그득한데 당시 정상적인 로마 남자들이 키나에두스에게서 받는 느낌은 동성애를 혐오하는 현대인들의 그것과 별반 다르지 않은 것 같다."(Laurence, 2011: 195); 그리스와 로마는 노예제에 기반을 뒀고 여성을 극도로 억압했다. 우리가 당시 여성 사이의 성관계에 대해 별로 알지 못하는 이유다. 고대 그리스 도시 아테네에서는 10대 소년과 성인 남성의 성관계가 용인됐지만, 오로지 그 사회의 기본적 성 역할과 위계에 도전하지 않을 때만 허용됐다. 예를 들면 '능동적' 역할의 남성과 '수동적' 역할의 소년 사이에 나이 차가 적절히 나야 했고 역할이 조금이라도 뒤바뀌면 문란하다고 여겼다. 로마제국에서는 노예를 '자유민'의 소유물로 여겨 노예를 강간하는 것은 용인했지만 자유민이 수동적 역할로 노예와 성관계를 맺는 것은 허용하지 않았다. 한 법률가는 다음과 같이 썼다. "성적 봉사는 자유민으로 태어난 사람에게는 범죄지만, 노예에게는 당연한 일이고, 노예 신분에서 벗어난 자유민에게는 의무다."(Carlin, 1989: 73; Dee, 2014: 26 재인용) Carlin, Norah (1989 Spring). "The Roots of Gay Oppression" International Socialism. 42. 참조.

66 레즈비언인 쉴라 제프리스(Sheila Jeffreys) 교수에 의하면 다음과 같은 반대의 경우도 있다고 한다. "사도마조히즘에 빠진 클론들은 '남자다운 섹스'(Butch sex up)를 추구했다. [Levine, 1998: 95] 이들은 '바텀'으로서, 혹은 사도마조히즘의 수동적 역할의 파트너로서 피어싱 등의 폭력을 당하는 것이 '매우 남성답다'라고 여겼다. '최고의 바텀' 능력을 갖추었다는 것은 곧 피해자가 '막대한 양의 성행위와 고통'을 견딜 수 있다는 것을 의미했으며, 이것이 그 남성성을 증명했다. [Levine, 1998: 98]"(Jeffreys, 2018: 224). Levine, Martin P. (1998). Gay macho: The Life and Death of the Homosexual Clone. New York: New York University Press. 참조.

67 "[로마 시대에는] 남자의 입장에서 질 삽입을 하는 사람은 푸투토르(fututor), 항문 삽입을 하는 사람은 페디카토르(pedicator), 구강 삽입을 하는 사람은 이루마토르(irrumator)라고 불렀다. 정상적인 남자라면 이 세 가지 유형의 성교를 주도적으로 했다. 반면에 다른 남자에게 삽입을 당하는 남자는 멸시와 조롱의 대상이었는데 그런 사람들을 칭하는 낱말들도 따로 있었다. 다른 남자들로부터 항문 삽입을 받음으로써 쾌감을 느끼는 남자를 키나에두스(cinaedus) 혹은 파씨쿠스(pathicus)라고 불렀다."(Laurence, 2011: 192); "로마의 성행위를 연구하는 존 클라크가 언급한 바에 따르면 오럴 섹스를 한 원로원 의원을 고소하는 것은, 다수를 위한 활동에 그렇게 중요한 역할을 하는 입을 더럽혔다는 배신행위로 고소하는 것과 같다. 그래서 오럴 섹스에서 능동적인 역할을 하는 사람은 수동적인 입장의 사람보다 더 경멸받는다."(Angela 2012: 373-374); 다음은 로버트 냅(Robert Knapp)의 기술이다. "사회적 지위가 대등한 사람들,

가령 일반 사병들끼리 동성애 행위를 자제했던 이유는 문화적 지위 때문이었을 것이다. 성 관계에서 수동적인 파트너, 다시 말해 '받아들이는' 역할을 맡은 파트너는 여성적이라는 낙인이 찍혔다. 남자는 남자다워야 한다는 군대 문화에서 여성적이라는 낙인은 여간 모욕적인 게 아니었다. 따라서 군인이 동료 병사와의 성관계를 주저한 이유는 그것이 남자다움이라는 중요한 문화적 기준에서 벗어난다는 일종의 죄책감 때문이었다. 아마도 동료 병사와의 성관 계를 금기시하는 풍조는 공화정 중기와 말기의 군대에도 있었을 것이다.(Knapp, 2013: 329); "나는[로베르 플라실리에르(Robert Flaceliere)] 그리스의 동성애가 군대에서 시작되었다는 마루 (H. I. Marrou)의 주장이 옳다고 확신한다. 그의 설명에 따르면 동성애는 처음에 '군인들 간의 동 지애' 형태였다. 이런 형태의 동성애는 적어도 헬레니즘 시대 중반까지 계속되었고 아테네보 다는 옛것을 고집하는 도리아 국가에서 이런 형태가 더욱 잘 지켜졌다."(Flaceliere, 2004: 185 재 인용) Marrou, H. I. (1948). Histoire de l'Education dans l'Antiquite. du Seuil. 참조.

68 이성애 간의 성행위에도 금기가 존재했다. 대낮에 밝은 곳에서 그리고 옷을 모두 벗고 하는 것 은 성행위 시의 금기였다. 폴 벤느(Paul Veyne)가 『로마제국』(Das Römische Reich)에서 인용한 대로 세 번 어긴 금기에 있었다. "그 탕아는 세 개의 금기 사항을 어긴 남자였다. 그는 어둠이 오기 전에 정사를 나눴다(낮에 성교하는 것은 결혼식 후 다음 날 낮에만 허락된 신혼부부들만의 권리였다). 그는 어둡게 가리지 않은 밤에서(뻔뻔스럽게도 시인은 방을 밝혀주었던 등불을 그들의 쾌락을 목격한 증인으로 내세웠다). 정사를 나눴다. 그는 여자의 옷을 모두 벗긴 다음 성교를 했다(타락한 여자가 아니라면 적어도 브래지어조차 착용하지 않은 채 성교를 하지는 않는다. 폼페이 벽화를 보아도 알 수 있듯이 창녀촌의 창녀들 역시 마지막 실오라기 정도는 남겼다)."(Griep, 2006: 237 재인용)

69 케네스 도버(Kenneth Dover)는 "수동적인 젊은이의 성기가 '심지어 건강한 청년의 성기라면 누구나 싫든 좋든 반응을 보일 거라고 기대하는 상황에서조차 축 늘어져 있어야 한다'라 는 데에 놀라움을 표현한다."(Dover, 1978: Nussbaum, 1986: 188 재인용) Dover, Kenneth (1978). Greek Homosexuality. Cambridge. MA: Harvard University Press.; Nussbaum, Martha (1986). The Fragility of Goodness: Luck and Ethics in Greek Tragedy and Philosophy. Cambridge: Cambridge University Press. 참조.

70 "에로메노스의 단계를 벗어난 에라테스가 계속해서 에로메노스의 역할을 하려는 것은 바람직한 일이 아니었습니다. 성인이 되어서도 계속해서 '수동적인' 성적 역할을 하고 싶어 하는 사람은 '키나이도스'(κίναιδος)라고 불렸습니다. 이들은 자신의 남성적 역할을 포기하고 '여성화' 된 사람으로서, 고대 그리스 사회에서 '별종' 혹은 '타자'로 이해되었습니다. 고대 그리스 사회에서 주체로서의 자유 시민이 될 수 없던 여성은, 성적 역할에서도 결코 에라테스가 될 수 없는 영원한 에로메노스였습니다. 그러므로 여성 간의 관계는 사회적으로 인정 받는 정상적인 관계는 아니었습니다. 어느 누군가는 에라테스의 역할을 해야 했기 때문입니다."(송민원, "1. 고대 그리스의 Sex & Sexuality–사회적 신분과 성적 역할" [2016.06.23.])

71 이슬람 사회에서의 수동적 역할을 한 동성애자에 대한 상대적 차별에 대한 아얀 히르시 알리(Ayaan Hirsi Ali)의 다음 진술도 참조하라. "이란에서는 동성애자 중 능동적인 역할을 맡은 자가 100대의 태형을 받는 데 비해 수동적인 역할을 담당한 자는 사형에 처해진다."(Ali,

2016: 206) Whitaker, Brain (2010, December 15). "From Discrimination to Death-Being Gay in Iran" Guardian. www.theguardian.com/commentisfree/2010/dec/15/gay-iran-mahmoud-ahmadinejad. 참조.

72 "[17 · 18세기] 낭만적인 우정은 여성들이 동성애라기보다는 오히려 성격상의 특징으로 여겨졌다. 동성애에 대해 사회는 아주 불분명하고 모호한 입장을 가지고 있었다. 동성애는 상속권을 위협할 아무런 결과도 가져오지 않았기 때문에 위험하게 여겨지지 않았다."(Utrio, 2000: 354)

73 "또한 아무리 열심히 동성애를 변호하는 자라도 여성의 동성애를 무시했을 뿐만 아니라, 지드[프랑스 소설가 앙드레 지드]처럼 남성의 동성애보다 열등한 것으로 간주했다는 것은, 이 시기의 동성애가 어떤 것인가를 나타내는 하나의 증거가 되기도 한다."(Kern, 1996: 201)

74 https://namu.wiki/w/%EC%95%84%ED%94%84%EB%A1%9C%EB%94%94%ED%85%8C; "플라톤의 향연에선 아예 아프로디테가 두 명이라고 이야기하는데, 우라노스의 성기로부터 나온 것은 천상의 아프로디테(우라니아, [Aphrodite Ourania]), 제우스와 디오네의 딸은 지상의 아프로디테(판데모스, [Aphrodite Pandemo])로 전자는 이상적인, 플라토닉한 사랑을 가리키고 후자는 육체적인 사랑을 가리킨다고 한다."

제5장

1 다음의 자료들도 참조하라. Stone K. ed. (2001). Queer Commentary the Hebrew Bible. Sheffield: Sheffield Academic Press.; Frymer-Kensky, Tikva (1992). Reading the Women of the Bible. New York: Schoken Books.; Goss, Robert E. and Mona West eds. (2000). Take Back the Word: A Queer Reading of the Bible. Cleveland. Ohio: The Pilgrim Press.

2 "히브리 구전에 따르면 최초의 인간은 붉은 흙, 즉 토기용 찰흙으로 빚어진다. 아담을 뜻하는 히브리어의 뿌리는 '빨강'을 의미하며, '피'를 뜻하는 'dam'이라는 낱말과도 연관되어 있다. 다시 말해 아담(A-dam)은 '피의'(of blood)라는 뜻이다."(Evans, 2018: 23).

3 https://en.wikipedia.org/wiki/Androgyny; 고대 그리스어 안드로귀노스(ἀνδρόγυνος)에서 ἀνδρ (andro-, '사람' 또는 '남자'를 의미)와 γυνή(gunē-, gyné-, '여자'를 의미)의 합성어다.; "유대교 전통에서 제시되는 해석 중의 하나는 '인간이 본래 양성적 존재로 지어졌고 이후에 성이 분리되었다'라는 것이다. (안경승, 2017: 57; Wenham, 1987: 33) Wenham, Gordon J. (1987). World Biblical Commentary Geneses 1-15. Waco, TX.: Word.

4 "성서의 창조론 이야기에서 하나님(God)은 '엘로힘'(Elohim)이라는 단어에서 번역된 것인데 이 단어는 사실 남성 명사의 복수형이다. '엘로힘'은 문자 그대로 '신들'(gods)을 뜻하며, 신들, 여신들, 그리고 여타 신성시되는 존재를 포함할 수 있다. 창세기에서는 인간 창조에 관해 두 가지 이야기를 들려준다. 개정 표준역 창세기 제1장 26~27절에서는 '그러자 (신들이) 가라사대 우리의 형상을 따라 우리의 모양대로 (사람을) 만들고 …… 27. 그리하여 (신들이) 자신의 형상대로 (사람을) 창조하시되, (신들의) 형상대로 그를 창조하셨으며, 그들을 남자와 여자로 창조하시니라'라고 되어 있다. 이 이야기는 원래 인간이 심리적으로나 육체적으로 양성이거나 간성이었다는 점을 내포한다."(Wood, 2020: 149-150. 강조 본 연구자)

5 "고대 후기(late antiquity. 3~7세기)에는 창세기 제1장의 인간이 안드로진(남녀 성을 가진 한 인간)이라는 생각이 유대(그리고 결국 그리스도교) 전통의 플라톤주의자 사이에서 널리 퍼져 있었다. 창세기 라바(Genesis Rabba, 8:1)는 제1장의 인간이 안드로진이었다고 하며 이렇게 전한다: 엘아자르의 아들 이르메야(Yirmeyah son of El'azar) 랍비가 말했다. '찬양받으시는 거룩하신 분이 아담을 만드셨을 때 그는 그를 안드로진으로 만드셨다.' '남성과 여성을 그는 그들을 지으셨다'(창 1:27)라고 하신 바와 같다."(유연희, 2020: 192) 2세기의 예레미아 벤 엘레아자르 랍비[Rabbi Jeremiah ben Eleazar]와 3세기의 사무엘 벤 나흐만 랍비[Rabbi Samuel ben Nahman]도 비슷한 생각을 했다. (Greenblatt, 2019: 25)

6 "아리스토파네스는 『구름』이라는 작품에서 신화를 통해서 에로스를 재미있게 설명하고 있다. 애초에 인간은 세 가지 성을 가지고 있었다. 남성과 여성, 제3의 성으로 남녀성이라는 중성이다. 이들은 모두 등과 옆구리가 온몸에 둘러쳐져 있는 둥근 모습을 하고, 하나의 머리에 같은 얼굴이 앞뒤로 두 개 달려 있고, 귀는 네 개이며, 팔다리는 각각 넷이고 두 개의 성기가 달려 있다. 이 중 제3의 성을 가진 사람은 남성과 여성 모두 가지고 있었다. 이들은 전후좌우를 마음대로

다닐 수 있었으며, 엄청난 힘을 가진 존재로서 마침내 신들과 대항하여 싸우기 시작했다. 인간에게 공격받은 제우스는 어떻게 할까 고심하다가 이들을 말살하면 신에게 예배드릴 존재가 없어지므로 약화시키고자 했다. 그래서 그는 인간을 절반으로 갈라놓았다. 이후 이들은 서로 잃어버린 반쪽을 찾아 헤맸으며, 지금도 인간은 잃어버린 자신의 반쪽을 찾기 위한 열정에 빠진다. 원래 남녀성은 서로 남성과 여성이라는 이성을 찾고, 원래 남성과 여성은 같은 성을 찾는다는 것이다. 여기서 에로스는 원래 자기가 가지고 있었던 온전한 하나가 되려는 열망이라고 할 수 있다."(『향연』, 192e.; 서병창, 2004: 223-224; 이순이, 2004: 262-263 참조)

7   예수 그리스도에 대한 퀴어 신학자들에 의한 퀴어적 해석(queer reading)에도 양성구유적 해석이 존재한다. "지면에 싣기에 대단히 민망하지만, 사태를 냉정하게 직시하기 위해 반드시 지적해야 할 내용이 있다. 이는 곧 동정녀(童貞女) 마리아가 낳은 아기 예수가 남성으로부터 물질적 요소(남성성)를 전혀 물려받지 않고 여성인 마리아로부터만 자양분을 받았으므로, 예수의 몸이 '자웅동체(雌雄同體)'라는 주장이다. 이에 예수께서 상황에 따라 남성도 되었다가 여성도 되었다가 유동적으로 바뀌는데, 십자가상에서 창으로 옆구리가 찔린 상처에 대한 해석이 망령되기 이를 데 없다. 그들은 예수의 옆구리 상처를 여성의 몸으로 변화되신 자궁으로 해석하면서, 외부 상처는 여성 성기의 외음부이고, 피와 물은 여성 성기에서 나오는 애액이라는 것이다."(곽혜원, 2020: 200; Stuart, 2007: 65 참조) Stuart, Elizabeth (2007). "Sacramental Flesh" ed. Gerard Laughlin, Queer Theology. MA: Blackwell. 65-75.

8   Brown, F., Driver, S. R., & Charles A. Briggs (1906). A Hebrew and English Lexicon of the Old Testament: with an appendix containing the Biblical Aramaic, based on the Lexicon of William Gesenius. trans. E. Robinson. Oxford: Clarendon Press. 994-995.

9   Sedgwick, Eve (1993). Tendencies. Durham. N. C.: Duke University Press.

10 "롯이 하나님의 천사를 보호하려다 정혼한 두 딸을 성적 노리개로 내준 행위는 나중에 다시 두 딸이 아비를 범하는 근친상간의 죄악을 낳았고(창 19:30-38), 모압과 암몬의 탄생으로 이스라엘을 괴롭히는 족속이 되었다(왕하 1-3장)."(강호숙, 2014: 19-20)

11 Davis, David B. (2006). Inhuman Bondage: The Rise and Fall of Slavery in the New World. New York: Oxford University Press.

12 Nissines, M. (1998). Homoeroticism in the Biblical World: A Historical Perspective. trans. K. Stjerna. Minneapolis: Fortress. 52-53.; Robertson, O. P. (1998). "Current Critical Questions Concerning the 'Curse of Ham'(Gen9:20-27)" JETS 41. 1998). 177-188.

13 Gangnon, R. A. (2001). The Bible and Homosexual Practice: Texts and Hermeneutics. Nashville: Abingdon Press. 65-71.

14 케멀 샐리바이(Kamal Salibi)는 셈어 계통 언어들에 관한 광범위한 지식을 동원하여 그것을 히브리어 본문과 관련짓고 무엇보다도 사울과 다윗이 성관계를 맺었다고 결론짓는다. (Salibi, 1998); Salibi, Kamal (1998). The Historicity of Biblical Israel: Studies in 1 & 2 Samuel London: NABU Publications.; 톰 호너(Tom Horner)는 요나단과 다윗이 동성애 관계였을 개연성이 매우 높으며, 나오미와 룻도 동성애 관계였을 가능성이 있다는 의견을 제시한다. 또한 바울로의 동

성애적 특성과 예수 그리스도의 감수성도 조심스럽게 언급한다. (Horner, 1978); Horner, Tom (1978). Jonathan Loved David: Homosexuality in Biblical Times. Philadelphia: Westminster Press.

15 김종윤 (2004). "다윗과 요나단의 관계에 대한 한 연구". 『신학논단』. 37. 137-182.

16 Horner(1978: 26-39); Fewell, Danna Nolan and David M. Gunn (1993). Gender, Power and Promise: The Subject of the Bible's First Story. Nashville: Abingdon Press. 148-151; Comstock, Gary Daivd (1993). Unrepentant, Self-Affirming, Practicing: Lesbian/Bisexual/Gay People within Organized Religion. New York: Continnum. 79-90; Schroer, S and T. Staubi (2000). "Saul, David, and Jonatha: the Story of a triangle? A contribution to the issue of homosexuality in the first Testament" ed. Athalya Brenner, Samuel and Kings. Feminist Companion to the Bible, second series 7. Sheffield Academic Press. 22-36; Jennings, Theodore W. (2001). "YHWH as Erasers" K. Stone ed., Queer Commentary the Hebrew Bible. JSOTSS 334. Sheffield Academic Press. 36-74.

17 "철학자 소크라테스의 아내 크산티페가 악처로 유명한 것도 원인은 잠자리 불만이었다. 동성애자였다는 주장이 나올 만큼 소크라테스는 아내에게 무심했다. 어느 날, 독수공방을 견디다 못한 크산티페가 '왜 부부관계를 멀리하냐?'라고 묻자, 소크라테스가 '당신은 아이들의 어머니요, 신성한 모성(母性)이란 말이오. 그 신성한 모성을 어찌 장난감인 양 희롱한단 말이오. 나는 앞으로도 계속 당신을 모성으로서 존경하겠소'라고 대꾸했다. 그러자 크산티페가 '뭐라고요? 내가 언제 당신의 존경을 바랐단 말이오'라며 힐난했다고 한다." 김재영, "소크라테스의 부인이 악처가 된 이유"〈헬스조선〉(2016.07.13.); https://health.chosun.com/site/data/html_dir/2016/07/11/2016071101500.html

18 "사랑이라는 뜻으로 가장 자주 사용되는 히브리어 단어는 אהבה인데(ahavah) 그것은 단순히 하느님과 이웃에 대한 사랑만이 아니라 연인과 친구, 부모, 그리고 자녀의 친애도 포함한다. 성애는 또한 히브리어 단어 דוד(dod)로 표현된다. 한편 חסד(hesed)는 우애에 가까운 것을 나타내며, 그 성격은 충성, 자비, 그리고 타인을 제2의 자아로 동일시하는 것이다. 그러나 이런 단어 중 일부는 성경의 문맥에 따라 그 쓰임이 크게 달라진다."(May, 2016: 469, 제2장 4번 각주); 동성이었던 다윗과 사울, 다윗과 히람의 관계(삼상16:21; 왕상5:1 참조)를 표현한 사랑(아하바)의 관계는 다윗을 향한 사울의 신임과 다윗을 향한 히람의 정치적인 신뢰를 나타낸 것이다. (Els, 1997: 294-295); Els, P. J. J. S. (1997). "אהב", New International Dictionary of Old Testament Theology & Exegesis. Vangemeren, William A. Ed., Zondervan. 1: 277-299.

19 Jennings, Theodore (2010). "성서는 동성애를 긍정한다", 제3시대그리스도교연구소, 퀴어 신학자 테드 제닝스 강연회발표 논문, http://blogs.ildaro.com/794

20 Horner (1978: 122); Mader, D. (1980). "The Entimos Pais of Matthew 8:5-13 and Luke 7:1-19" eds., Dynes, W. R. & S. Doanldson Homosexuality and Religion and Philosophy. N. Y.: Garland. 223-235.

21 Greenberg, David F. (1988). The Construction of Homosexuality Chicago: University of

Chicago Press. 199-202.; Scrogg, Robin (19830. The New Testament and Homosexuality Philadelphia: Fortress Press 81-93을 참조할 것.

22 다음 유튜브[성인 유머]를 참고해 보십시오. '빠구리' 단어 사용에 있어서 지역 간의 차이점을 이해할 수 있습니다. 참고로 다시 말씀드리지만 저는 전혀 변태가 아닙니다.
https://www.youtube.com/watch?v=dhjqXTXh6Zs.

23 이준석 국민의힘 대표가 국민의당 안철수 대표에게 예의를 좀 가졌으면 합니다. 공적인 자리 에서 발언은 너무 심합니다. 사적인 자리에서는 가능하지만, 공적 자리에서는 예의가 더 필 요합니다. 이 대표의 '빠구리'는 앞으로 그의 발목을 잡을 것입니다. 안철수 대표에게 한 예 의 없는 발언 등과 함께 ….

24 조셉 셸비 스퐁(Joseph Shelby Spong)은 1980년대에 뉴아크의 성공회 주교로서 처음에는 동정 녀 탄생을 부정하다가 이내 인격화된 신의 존재조차 부정했지만, 아무런 제재도 받지 않았 다. (Douthat, 2017: 122)

25 "한국인에게도 익숙한 이런 사고 흐름으로 인해 동성애 혐오를 가장 노골적으로 표출하는 자 가 사실은 '디나이얼 게이'[denial gay]일지도 모른다는 의심이 발생한다."(전예은, 2021: 356)

26 "버틀러는 이성애자가 사실상 동성애 욕망을 갖고 있다는 도발적인 주장을 제시한다. 철저 히 이성애를 수행하는 사람일수록 강한 동성애를 숨기고 있다는 것이다."(이현재, 2007: 118)

27 "QBC[The Queer Bible Commentary]는 바울을 게이로 보는 경향이 있다. 바울은 성소수자 로서 스데반이나 디모데에게 애정을 느꼈을 것이라 한다(199, 298)."(이종철, 2022: 84)

28 "남성 동성애자의 성기가 이성애자보다도 통계적으로 0.8cm 정도 더 길다는 조사 결과도 있 다"(https://www.humanrights.go.kr/site/program/board/basicboard/view?menuid=001002002001&boardty peid=13&boardid=7604563)

29 Isherwood, Lisa (2001). "Queering Christ: Outrageous Acts and Theological Reflections," Literature and Theology 15(3). 249-61; Goss, Robert E. (2002). Queering Christ: Beyond Jesus Acted Up Cleveland, OH: Pilgrim Press.

30 Brown, Michael (2015. May 20). A Queer Thing Happened to America; "The Darker Side of LGBT Theology: From Queer Christ to Transgender Christ" The Stream.; https://stream.org/ the-darker-side-of-lgbt-theology-from-queer-christ-to-transgender-christ.

31 "독일개신교회[Evangelische Kirche in Deutschland; 이하 EKD]는 1990년대에 동성애에 대 한 격렬한 토론이 있었다. 일련의 사건들 때문이다. 1992년에 세계보건기구(WHO)에서 동성 애를 질병 목록에서 제외하였다. 1994년에 형법 175조가 완전히 폐지되었다. 2001년에 동 성 간의 '시민 연합'이 가능해졌다. 이러한 일련의 사건들을 겪으면서 독일 개신교회도 역시 공식적인 입장을 밝히게 되었는데, 그 결과가 1996년에 발표된 'EKD Texte 57'이다."(우병 훈, 2019: 14)

32 "영어 욕설 중 남자 동성애자를 비하하는 말 'Faggot'는 원래 묶어놓은 장작더미를 일컫는 말 이었다가 게이를 향한 욕설로 쓰이게 된 것은 여기에서 출발했다는 가설이 있다." https://gall. dcinside.com/mgallery/board/view/?id=south&no=68215

33 "그리스의 여성관은 여성에 대한 남성들의 태도를 형성하는 데 큰 영향을 끼쳤다. 그리스의 세계관은 전 유럽에 영향을 미쳤으며, 그리스인이 중동을 정복한 주전 300년 이후에는 이스라엘의 사고방식에도 엄청난 영향을 끼쳤다. 불행히도 이러한 그리스인의 세계관은 유대인의 정신뿐 아니라 이후 그리스도인의 정신에도 스며들었다. 서구 정신의 아버지라 할 만한 아테네의 세 남성[소크라테스, 플라톤, 아리스토텔레스]은 놀라울 정도로 여성을 비하하는 시각을 갖고 있었다. 역설적이게도 아테네는 여성의 이름을 딴 도시다."(Edwards, 2017: 46)

34 이 책은 동성애를 찬성하는 책으로 이 책이 위험한 것은 저자인 잭 로저스(Jack Rogers)가 신조와 교리사를 전공한 보수적인 복음주의자라는 점과 그가 2001년 미국 장로교의 213번째 총회장으로 선출된 인물이라는 점이다. 이 책은 임보라 목사의 부록 II "동성애 문제와 한국교회"(287-296)라는 내용의 글과 데이비드 맥스웰, "Study Guide"를 포함하고 있다.

제6장

1 김영한(2020; 2018; 2016) 교수의 자료를 많이 참고했음을 밝힌다.

2 하나님을 남성으로 보는 여성주의자들[臆測에 가까운]은 예수님 또한 남성이라는 점에 대해서는 언급하지 않는다. 이는 하나님에 대해서 남성이라는 주장이 억측에 불과하다는 점을 방증한다고 볼 수 있다.

3 "퀴어 신학은 퀴어 이론(queer theory)과 결합하여 완전한 체계를 갖추기 전 다음 세 가지 비평 단계를 거쳤다. 첫째는 변증 신학으로 성서의 동성애 구절들에 대한 비평적 분석을 통해 성서가 동성애에 비판적이지 않다는 결론을 내렸다. 둘째는 해방신학과 접목하여 성소수자들이 바로 억압받는 자이며 하나님의 편드심과 해방이라는 주제로 모색되었다. 셋째는 페미니즘 신학을 이용하여 이성애적 가부장제를 공격하였다."(이종철, 2022: 77)

4 "내 레즈비언 정체성을 형성하고 수용하도록 도와준 많은 이들에게 감사한다. 또한 그런 범주들을 초월해 움직이는 가치들을 보도록 고무해 준 사람들도 고맙다"(Rudy, 2012: 9, "감사의 말", 8-10)에서 저자의 성적 정체성을 확인할 수 있다.

5 로버트 단턴(Robert Darnton)이 지적한 "돼지비계 끼워 넣기"라고 하는 것과 비슷하다(larding). (Darnton, 2004: 69) Darnton, Robert (1995). The Forbidden Best-Sellers of Pre-Revolutionary France. W. W. Norton. 주명철 역 (2004). 『책과 혁명: 프랑스 혁명 이전의 금서 베스트셀러』. 서울: 길.

6 "일반론이란 사람은 누구나 성적 욕구가 있고, 사회는 이런 욕구를 결혼이라는 제도적 형태로 수용한다는 논리이다."(이형도, 2005: 53-54; 강상우, 2018)

7 참고로 "달리(Mary Daly)가 주장한 것처럼, 기독교에서는 고대 여신들의 창조적인 힘이 '양성적인 예수'에 의해서 극복되고 대체되었다. 한 몸에 여성과 남성뿐만 아니라 구세주, 구원자 그리고 화목제로서의 역할을 모두 가지고 태어난 예수가 여성의 원칙을 위한 논리적인 대리자였다."(Pateman, 2001: 136; Daly, 1984: 93); Pateman, Carole (1988). The Sexual Contract. Polity Press. 이충훈 · 유영근 공역 (2001). 『남과 여, 은폐된 성적 계약』. 서울: 이후. Daly, Mary (1984). Pure List: Elemental Feminist Philosopher. Boston: Beacon Press.

8 Furish(1994: 22). Furish, Victor Paul (1994). "The Bible and Homosexuality". in Homosexuality in the Church: Both Sides of the Debate. ed., Jeffrey S. Siker. KY: Westminster John Knox Press.

9 신득일 교수는 '하나님의 형상'(Imago Dei)을 근거로 신은 성(性)을 초월함에 대해서 언급한다. "지나가면서 언급하고자 하는 것은 사람이 하나님의 형상을 따라서 남자와 여자로 창조되었기 때문에 하나님이 남신과 여신으로 존재한다고 주장해서는 안 된다는 것이다. 또는 '아버지 하나님, 어머니 하나님'이라고 해서는 안 된다. (…) 그리고 역사적으로 이스라엘에서 '야훼의 아내'란 문구가 적힌 석비가 발견되었다고 해서(Dijkstra, 2001: 114-115) 하나님의 배우자가 있는 것으로 이해해서는 안 된다. 그것은 이스라엘이 바알을 숭배하듯이 야훼 하나님을 섬기는 타락한 종교적 관행에서 비롯된 것이다. 하나님은 문법적으로 남성으로 표기되지만, 창조주로서 성

을 초월한 영이시다."(신득일, 2016: 10)

10 Althaus-Reid, Marcella (2003). The Queer God. London and New York: Routledge.

11 Cheng, Patrick S. (2011). Radical Love. Seabury Books.

12 Brown, Michael (2016. May 20). A Queer Thing Happened to America; "The Darker Side of LGBT Theology: From Queer Christ to Transgender Christ" The Stream. https://stream.org/ the-darker-side-of-lgbt-theology-from-queer-christ-to-transgender-christ.

13 텍스트를 기이하게 읽으면 어떤 결과를 가져오는지 확인할 수 있는 최근의 논문은 유연희 (2022)이다. 퀴어-페미니스트 관점(queer-feminist perspective)에서 기이한(queer) 것들을 만들어 내고 있다.

14 메릴린 옐롬(Yalom, Marilyn)은 바이얼(David Biale)을 참고하며 다음과 같이 적고 있다. "초기 유대교에서 발견되는 신성한 유방은 신 자신과도 직접적으로 관련되어 있다. 언제나 다산을 비는 기도와 함께 나오는 신의 이름인 엘 샤다이(El Shaddai)는 '유방이 있는 신'(El)이나 '젖을 주는 신'과 같은 것을 의미했다. [Biale, 1992: 27] 이 말은 단지 은유적으로만 이해되었다 하더라도, 그것은 분명 근본적으로는 여성이 가진 속성을 남성이 전유한 예이다. 신은 인간의 성별을 구분하는 편협한 경계를 초월해 있으므로 남성으로도 볼 수 있고 여성으로도 볼 수 있을 것이다."(Yalom, 1999: 45) Biale, David (1992). Eros and the Jews: From Biblical Israel to Contemporary America. New York: basic Books 참조.

15 Laughlin, Gerard (2007). "Omphalos," Queer Theology. Blackwell. 115-127.

16 Jennings(2001: 36-74); 0Jennings, Theodore W. (2001). "YHWH as Erastes" K. Stone ed., Queer Commentary And the Hebrew Bible. JSOTSS 334. Sheffield: Sheffield Academic Press. 36-74.

17 Boehler, G. (2011). "The Queer God: The God we must free from the mirror of our own ideologies." https://ofld.mccchurch.org/download/Garner-Institute/Boehler%20-%20The%20 Queer%20God%20-%20English.pdf; Brum, Eliane. Revista Época, Edição 329, 06-09-2004. Disponivel: http://revistaepoca.globo.com/Revista/Epoca/0,,EMI63840-15230,00-ARQUIVO+ELIANE+BRUM.html.

18 대럴 W. 레이(Darrel W. Ray)는 참으로 이상한 상상의 이야기를 많이 하는 것 같다. "여담이지만 흥미로운 이야기를 하나 하자면, 음경에 음경 뼈(baculum)라고 불리는 뼈가 들어 있는 동물이 많다. 이 점에 대해서는 나중에 다시 이야기하겠지만, 음경 뼈를 가진 동물이 많은 반면, 인간에게는 그런 뼈가 없다는 사실을 고대인들이 알아차렸을 가능성이 있다. 실제로 신이 아담에게서 떼어간 것이 갈비뼈가 아니라 음경 뼈라고 주장하는 사람들도 있다. 남녀의 갈비뼈 숫자가 똑같기 때문이다."(Ray, 2013: 135)

19 "예수님은 처녀 잉태의 결과로 태어나셨기 때문에 예수님의 출생은 생물학적으로 보면 단성생식(單性生殖, parthenogenetic)이라는 것이다. 예수님은 남자에게서 오는 Y 염색체가 없으므로 두 개의 X 염색체를 가지고 있는 셈이다. 따라서 예수님은 표현형으로서는(phenotypically) 남성이지만 염색체상으로는 여성이다"라는 것이다. (이상원, 2022: 470; Cheng 2011, 83-94; Stuart

20 Stuart, Elizabeth (2007). "Sacramental Flesh" in Gerard Laughlin ed., Queer Theology. MA: Blackwell. 65-75.

21 "특히 '예수 아내 복음서'의 콥트어 파피루스가 2012년 세상에 공개되자 하버드대학교 신과대학 캐렌 킹(Karen L. King) 교수가 이에 대한 논문을 써서 Harvard Theological Review (Jan. 2013)에 발표하면서 이 문서를 통해 초기 기독교인들이 예수의 혼인 가능성을 믿었다고 주장했지만 이후 이 논문이 해당 학술지에서 철회되었고 킹 교수 또한 이 문서가 위조되었음을 인정하면서 희대의 센세이션은 뜨거운 뒷맛만을 남긴 채 막을 내리게 되었다."(차정식, 2019: 110. 24번 각주) 차정식 (2019). "먹고 마시는 일상적 향유와 예수의 신학적 지향-복음서의 '공동식사' 모티프를 중심으로".『한국기독교신학논총』. 114. 99-133.

22 휴 몬테피오르(Hugh Montefiore)는 이어서 말한다. "만일 예수가 본성적으로 동성애적이었다면 (그리고 만일 이것이 그의 독신 상태에 대한 진정한 설명이라면) 이것이야말로 '기성 사회'와 사회적 관습의 옹호자들에게 용인될 수 없는 사람들에 대한 신의 자기 동일시라는 진일보한 증거가 될 것이다."(Jennings, 2011: 166 재인용)

23 "And the companion of the Saviour is Mary Magdalene. But Christ loved her more than all the disciples and used to kiss her often on the mouth. The rest of the disciples were offended by it and expressed disapproval. They said to him Why do you love her more than all of us? The Saviour answered and said to them, Why do I not love you like her?"(The Gospel of Phillip, trans. by Wesley W. Isenberg;

http://wesley.nnu.edu/fileadmin/imported_site/biblical_studies/noncanon/gospels/gosphil. htm

24 "There were three who always walked with the Lord; Mary, his mother, and his sister and Magdalene, the one who was his companion. His sister and his mother and his companion were each a Mary." The Gospel of Phillip, Translation by Wesley W. Isenberg

http://wesley.nnu.edu/fileadmin/imported_site/biblical_studies/noncanon/gospels/gosphil. htm

25 Peter said to Mary, "Sister, we know that the Savior loved you more than all other women. Tell us the words of the Savior that you remember, the things which you know that we don't because we haven't heard them.". Gospel of Mary trans. by Andrew Bernhard.

http://www.earlychristianwritings.com/text/gospelmary2.html.

26 번역문은 Miller, R. J. (1992). The Complete Gospels. Polebrebridge Press에서 인용.

27 "예수의 십자가형 집행 현장에 있었던 여자들은 왜 성모 마리아와 그녀의 언니와 막달라 마리아뿐이었는지, 그리고 왜 성모 마리아와 막달라 마리아가 함께 묘지로 예수의 시신을 찾으러 갔는지를 생각해 보면 막달라 마리아가 예수의 아내였을 것이라는 추측에 힘이 실린다. 예수가 어머니와 아내와 함께하는 것은 아주 자연스러운 일이었을 테니 말이다. 우리가 앞에서 엘리사벳과 마리아가 임신 기간 동안 나누었을 우정을 추측해 봤듯이, 한 사람은 예수의 어머니

이고 또 한 사람은 그의 제자이자 아내였을지도 모르는 두 마리아 사이에도 우정이 존재했을 것이라고 당연히 상상할 수 있다. 십자가형이 집행되는 현장에서 두 여인이 함께 슬퍼하고 서로를 위로하려 하는 모습을 상상하는 일은 전혀 무리가 없다."(Yalom & Brown, 2016: 38) Yalom, Marilyn and Theresa Donovan Brown (2015). The Social Sex: A History of Female Friendship. HarperCollins. 정인지 역 (2016).『여성의 우정에 관하여』. 서울: 책과함께.

28 "그림에 대한 해석의 경우 배신을 주제로 인물들에 대한 르네상스 예술의 심미적 기준은 불문하더라도, 또한 레오나르도의 성적인 충동이 은밀하게 가려져 있다고 보는 프로이트적 동성애 중심 해석보다『다빈치 코드』는 여성스러운 사내를 이성애의 대상으로서 동시에 종교적 진실로서 해석하고자 한다."(양병현, 2008: 37)

29 "프로이트는 레오나르도의 많은 작품에서 유연한 이미지와 부드러운 모습을 보이는 여성스러운 형태를 발견할 수 있다고 한다(Schapiro 177). 다른 한편으로, 에이슬러(Eissler)는 이러한 작품에서 보이는 여성스러운 주제들은 치료적 카타르시스를 제공하고 있다며, 레오나르도가 자신의 동성애적 경향과 사생아적 출생에서 오는 죄의식과 분노를 해소해 주었다고 주장한다(157)."(양병현, 2008: 21-22)

30 Young, A. E. (1876). Wife. No 19. Hartford. Conn.

31 친동성애자들이 이 본문을 게이 리딩(gay reading)하는 것과 다르게 조재형(2016: 7-39)은 영지주의적 관점에서 '영혼의 여행'으로 해석한다. 조재형 (2016). "알몸으로 빠져나간 청년과 영혼의 여행(막 14:51-52)".『신학 사상』. 172. 7-39.; 참고로 "오히려 육신을 버린다는 의미에서의 '옷을 벗는 행위'는 종말론적이며 신비적인 내용을 지닌 문헌에서 3신을 보기 위한 전제 조건이다."(배철현, 2005) 배철현 (2005). "『도마복음서』에 나타난 영지주의-'몸'을 통해 본 이원론을 중심으로".『인문논총』. 54. 131-163.

32 메릴린 옐롬(Marilyn Yalom)은 "여성들 간의 우정"의 관계를 논증할 목적으로 예수님의 결혼에 대해서 긍정적으로 진술하는 것을 볼 수 있다. 제닝스의 주장과는 전혀 다른 해석이 이루어지고 있는 부분이다. "예수의 십자가형 집행 현장에 있었던 여자들은 왜 성모 마리아와 그녀의 언니와 막달라 마리아뿐이었는지, 그리고 왜 성모 마리아와 막달라 마리아가 함께 묘지로 예수의 시신을 찾으러 갔는지를 생각해 보면 막달라 마리아가 예수의 아내였을 것이라는 추측에 힘이 실린다. 예수가 어머니와 아내가 함께하는 것은 아주 자연스러운 일이었을 테니 말이다. 우리가 앞에서 엘리사벳과 마리아가 임신 기간 동안 나누었을 우정을 추측해 봤듯이, 한 사람은 예수의 어머니이고 또 한 사람은 그의 제자이자 아내였을지도 모르는 두 마리아 사이에도 우정이 존재했을 것이라고 당연히 상상할 수 있다. 십자가형이 집행되는 현장에서 두 여인이 함께 슬퍼하고 서로를 위로하려 하는 모습을 상상하는 일은 전혀 무리가 없다"라는 것이다. (Yalom and Brown, 2016: 38)

33 "이 사람이 마리아의 아들 목수가 아니냐, 야고보와 요셉과 유다와 시몬의 형제가 아니냐, 그 누이들이 우리와 함께 여기 있지 아니하냐, 하고 예수를 배척한지라."(막6:3, 〈개역 개정〉)

34 게르하르트 로핑크(Gerhard Lohfink)는 다음과 같이 적고 있다. "이미 살펴보았듯이 예수님은 적대자들에게 자주 악의적인 공격을 받으셨다. 그들은 예수님을 '먹보', '술꾼', '죄인들의 친

구'라고 불렀다. 그들은 그분의 독신을 비웃기 위해 아마 '고자'라고 불렀을지도 모른다. 예수님은 이런 비방을 당신 특유의 방식으로 받아들여 긍정적인 것으로 바꾸신다. 말하자면, 그분은 이렇게 말씀하신다. '태어나면서부터 불구인 고자들이 있고, 사람들이 불구로 만든 고자들이 있다. 그러나 하느님의 다스림 때문에 순전히 자유로이 자신의 결정에 따라 스스로 고자가 된 이들도 있다. 받아들일 수 있는 사람은 받아들여라.'"(Lohfink, 2015: 400)

35 댄 브라운의 『다빈치 코드』(DaVinci Code)의 표절 문제가 있었을 때 변론의 내용을 보면 예수 그리스도의 결혼에 대한 음모이론이 보편적으로 퍼져 있는 내용이어서 법적으로 보호받을 수 없다고 했다. "1982년에 마이클 베이젠트(Michael Baigent), 리처드 레이(Richard Leigh), 헨리 링컨(Hanry Lincoln)이라는 세 작가가 『성혈과 성배』(Der heilige Gral und seine Erben)라는 전문 서적을 펴냈다. 이 책에는 예수가 십자가에서 죽지 않았고, 마리아 사이에서 아이를 낳았으며, 그 후손이 프랑스 왕가와 결혼하여 혈통이 오늘날까지 이어지고 있다는 주장이 제시되었다. 템플기사단은 이런 비밀을 엄수하는 사람들이며, 이를 파헤치는 것은 기독교의 근간을 뒤흔드는 일이라고 했다. … 그때 댄 브라운은 소송인의 저서를 알고 있다는 사실을 비밀로 하지 않았다. 『신성모독』에 나오는 소설의 주인공 중 한 명인 레이 티빙 경(Leigh Teabing)은 『성혈과 성배』의 저자 이름의 철자를 바꾸어 만들어 낸 것이었다. 하지만 댄 브라운은 38권의 책과 수백 개의 서류를 조사했으며, 소설의 기본이 되는 이론은 오래전부터 음모이론가들 사이에서 떠돌던 이야기라는 변론이 적용되었다. 게다가 예수 그리스도의 생애에 대한 아이디어는 보편적으로 퍼져 있는 내용이어서 법적으로 보호받을 수 없다고도 했다. (Bluhm, 2015: 260-261)

36 "Michael Hilton과 Gordian Marshall은 복음서가 이 문제에 대하여 침묵한 것은 예수님이 결혼하셨다는 것을 나타내는 것일 수 있다고 했다. '랍비가 결혼을 하지 않는다는 것은 매우 이례적인 일이었기 때문에 (예수님이 결혼하지 않으셨다는) 그러한 사실은 아마도 언급이 되었을 것이다. 그러므로 (그런 기록이 없는-역자 주) 복음서를 읽은 유대인들은 예수님이 결혼하셨다고 생각했을 것이다.'"(Hilton and Marshal, 1988: 135; Bivin, 2018: 136, 10. 1번 각주 재인용)

37 "폴리아모리를 지지하는 어떤 이들은 구약성서에도 다양한 폴리아모리적 관계가 기록되어 있다고 주장한다. 예를 들어 라멕과 에서는 두 명의 아내를 두었고(창4:23; 36:2), 야곱은 네 명의 아내를 두었으며(창30:1-9), 잘 알려진 다윗은 미갈(삼상18:27), 아히노암(삼상25:43), 아비가일(삼상27:3), 밧세바(삼하12:24) 및 다수의 처첩을 두었다(삼하5:13). 이 외에도 다수 사례가 있다. (Ambrose, 2014)"(권혁남, 2018: 1123)

http://theologyattheedge.co.uk/chistian-lesbian-gay/10-a-theolological-treatment-of-polyamory.; Ambrose, E. (2014). "A Theological Treatment of polyamory".

에필로그

1   In general, there are several broad categories of arguments that gay revisionists are employing to cast doubt on God's Word concerning homosexual behavior: 1 Christians' prejudice against homosexuals leads them to misread biblical texts about homosexuality; 2 Scriptures that supposedly condemn homosexual behavior have actually been mistranslated; 3 Scriptures that supposedly condemn homosexual behavior have been taken out of context and do not apply to our present society; (Dalls, 2007: 105)

   https://www.focusonthefamily.com/get-help/revisionist-gay-theology-did-god-really-say/
   Dallas, Joe (2007). The Gay Gospel? How Pro-Gay Advocates Misread the Bible, Eugene, OR: Harvest House Publishers.

2   김희수는 다음과 같은 주장을 합니다. "… 때에 따라서는 며느리와 시아버지의 성교(창세기 38:12-30)와 아버지와 딸의 성교(창세기 19:30-38)도 용납하였다. 또한 여러 명의 아내를 가진 아브라함과 야곱이 의인으로 간주되기도 한다. (창세기)"(김희수, 2014: 236) 이러한 주장에 대해서 재고할 필요가 있을 것 같습니다. 성경이 기록되었다고 해서 그것이 곧 신적 추인(追認)으로 이어지는 것은 아니기 때문입니다.

3   비록 친동성애자(수정주의자)의 견해를 지니고 있지만 김희수(2007)의 다음과 같은 질문은 의미가 있다. "어떤 사람들은 동성애자들은 예수를 믿을 자격도 교회에 출석할 자격도 없고 구원을 받을 수도 없는 사람들이라고 주장한다. 원죄를 물려받은 모든 사람, 다양한 형태의 성범죄를 범한 사람이나, 심지어 수많은 사람을 죽인 사람이라고 할지라도 구원받을 수 있다는 것이 기독교의 기본적인 가르침인데, 동성애자들에게는 그런 자격이 없다고 한다면, 이는 동성애가 원죄나 살인죄보다도 더 무서운 죄라는 말이 되는 것이다. 그러나 과연 이러한 주장이 타당하며 성경적인 주장인가?"(김희수, 2007: 3)

4   "그야말로 '동성애를 옹호하느냐? 아니냐?'라는 이 단 한 가지 질문에 어떻게 대답하느냐에 따라 신앙의 진위 여부를 단박에 판결받게 되는 '신앙의 전체주의'에 직면해 있는 것이다."(김혜령, 2020: 174-175)

5   "참회 고행 지침서[liber paenitentialis]는 남성의 동성애뿐만 아니라 여성 간의 성행위에 대해서도 언급한다. 이 경우 3년의 참회와 그 빈도가 심한 경우(saepe faciens) 7년의 중징계를 규정하고 있는데, 이는 신이 정한 질서(창세기 2, 24)에 역행하는 끔찍한 짓(nefas)을 자행하였기 때문이었다. 참회서 저자들은 간음(fornicatio)과 같은 이러한 죄악(iniquitas)을 저지른 자들에게 천국의 문은 굳게 닫혀 있는 것으로 보았다."(차용구, 2007: 21)

6   양혜원 박사는 다음과 같은 언급에 귀 기울일 필요가 있다. "성 문제를 다루면서 오늘날 피해갈 수 없는 것은 바로 동성애입니다. 저는 이성애자로서 동성애자의 경험을 모르기 때문에 인사이더 지식이 없습니다. 오히려 그러므로 더욱 교회의 원칙을 따라서, 나는 할 수 있는 섹스를 '너는 하면 안 돼'라고 간단하게 말하고 넘어갈 수 없습니다. 그 사람이 실제로 무엇을 겪는

지 모르기 때문입니다. 그런데도 결론적으로는 교회는 동성 결혼을 허용할 수 없다고 말할 수밖에 없습니다. 이 말은 동성 결혼을 한 사람들 혹은 동성애 관계를 맺는 사람들은 다 지옥에 간다는 말이 아닙니다. 그것은 제가 알 수 있는 영역이 아닙니다. 살인자를 마지막 순간에 낙원으로 데려가신 분이 예수인 만큼 구원은 제가 건드릴 수 없는 하나님의 영역입니다.˝(양혜원, 2020: 268. 강조는 본 연구자)

기독교와 동성애

동성애에 대한 수정주의와 전통주의 두 시선

초판인쇄 2024년 11월 29일
초판발행 2024년 11월 29일

지은이 강상우
펴낸이 채종준
펴낸곳 한국학술정보(주)
주 소 경기도 파주시 회동길 230(문발동)
전 화 031-908-3181(대표)
팩 스 031-908-3189
홈페이지 http://ebook.kstudy.com
E-mail 출판사업부 publish@kstudy.com
등 록 제일산-115호(2000. 6. 19)

ISBN 979-11-7318-108-5 93230